جِـيْـدِ گردن۔ Neck.

حَـبْـلٌ رسی۔ Halter, string.

مَـسَـدَ کھجور کی بٹی ہوئی۔

Twisted palm-fibre.

الاخلاص رکوع ۱ پارہ ۳۰ رکوع ۳۷

Part-30.R-37 Al-Ikhlas.R-1

اَلـصَّـمَـد بے نیاز ہے بے احتیاج ہے۔

The Independent (وہ کسی کا محتاج نہیں)

and Besought of all.

لَـمْ يَـلِـد اُسنے نہیں جنا یعنی اسکا کوئی بیٹا نہیں

He begets not. (*has no son*)

لَـمْ يُـوْلَـدْ نہ وہ جنا گیا یعنی اس کا کوئی باپ

Nor is He begotten. نہیں

(*has no father*)

كُـفُـوًا برابری کرنے والا۔

Like, equal (اس کی صفات میں)

(*In His attributes*).

الفلق رکوع ۱ پارہ ۳۰ رکوع ۳۸

Part-30.R-38 Al-Falaq.R-1

اَلْـفَـلَـق تمام مخلوقات All creation,

غَـاسِـق اندھیرا کرنے والا۔

One that overspreads.

وَقَـبَ وہ اندھیرا کردے۔(خ ii)

It overspreads.

اَلـنَّـفَّـاثَـات پھونکیں مارنے والے۔

Those who blow.

اَلْـعُـقَد گرہیں۔(تعلقات کی گرہیں)

The knots.

الناس رکوع ۱ پارہ ۳۰ رکوع ۳۹

Part-30. R-39 Al-Nas. R-1

مَـلِـكِ الـنَّـاسِ بادشاہ۔

The King of mankind.

اَلْـوَسْـوَاسِ وسوسے Whisperings.

خَـنَّـاس پیچھے ہٹ جانے والا۔

The (وسوسہ اور شک ڈال کر)

sneaking one (whispering).

يُـوَسْـوِسُ وہ شبہات اور شک ڈالتا ہے۔

He whispers.

☆☆☆

یَحُضُّ ترغیب دیتا ہے۔ Urges.

مُصَلِّیْنَ نماز پڑھنے والے۔نمازی۔
Those who pray.

سَاھُوْنَ غافل۔بے خبر Unmindful,
forgetful, inattentive.

یُرَآءُوْنَ وہ دکھاوا کرتے ہیں۔ They
like only to be seen.

یَمْنَعُوْنَ وہ روکتے ہیں۔ They
withhold, restrain.

اَلْمَاعُوْنَ عام استعمال کی چیزیں۔
Legal alms, usual things.

الکوثر رکوع ۱ پارہ ۳۰ رکوع ۳۳
Part-30.R-33 Al-Kauthar.R-1

اَعْطَیْنٰکَ ہم نے تجھے دی ہے۔ We
have bestowed upon thee.

اَلْکَوْثَرَ کوثر یعنی ہر چیز کی کثرت۔
Abundance of good.

صَلِّ عبادت کر۔نماز پڑھ۔ Pray.

وَانْحَرْ اور قربانی کر۔
And offer sacrifice.

شَانِئَکَ تیرا دشمن۔ Thy enemy.

اَلْاَبْتَرُ نرینہ اولاد سے محروم۔ One
without issue, childless.

الکافرون رکوع ۱ پارہ ۳۰ رکوع ۳۴
Part-30.R-34 Al-Kafirun.R-1

لَآاَعْبُدُ میں نہیں عبادت کرتا۔
I worship not.

مَاتَعْبُدُوْنَ جس طرح، جس طریق سے
تم عبادت کرتے ہو۔ As you worship.

وَلَآاَنَاعَابِدٌ میں نہیں عبادت کرتا۔
And nor do I worship.

مَاعَبَدْتُّمْ جن کی تم عبادت کرتے ہو۔
That you worship.

لَکُمْ دِیْنُکُمْ تمہارا دین تمہارے لئے
(ایک طریق کا رمقرر کرتا) ہے For you
your religion (*appoints a way*)

وَلِیَ دِیْنِ اور میرا دین میرے لئے (دوسرا
طریق کار مقرر کرتا) ہے And for me my
religion(*appoints another way*).

النصر رکوع ۱ پارہ ۳۰ رکوع ۳۵
Part-30.R-35 Al-Nasr.R-1

اَلْفَتْحُ کامل غلبہ(خ ii) The victory.

اللھب رکوع ۱ پارہ ۳۰ رکوع ۳۶
Part-30.R-36 Al-Lahab.R-1

تَبَّتْ ہلاک ہو گئے۔ Perished.

تَبَّ وہ ہلاک ہوا۔ He perished.

مَآاَغْنٰی عَنْهُ نہ کام آیا اس کے۔
Availed him not.

سَیَصْلٰی ضرور وہ داخل ہوگا۔وہ جلے گا۔
Soon shall he enter, burn.

ذَاتَ لَھَبٍ شعلوں والی، شعلے مارنے والی
Flaming.

حَمَّالَةَ اٹھانے والی ہے۔ Bearer.

الْحَطَبِ ایندھن۔ Slander.

الفیل رکوع ۱ پارہ ۳۰ رکوع ۳۰
Part-30. R-30 Al-Fil. R-1

اَصۡحٰبُ الۡفِیۡلِ ہاتھی والے۔
The people of the Elephant.

کَیۡدَ منصوبہ، مکر، تدبیر. Plan, scheme.

تَضۡلِیۡلٍ باطل کرنا۔ بے اثر کرنا۔ ضائع کرنا ناکام کرنا۔
To miscarry, fail.

طَیۡرًا (واحد sing طَائِرٌ) پرندے. Birds.

اَبَابِیۡلَ جھنڈ کے جھنڈ۔ Swarms, flock, gathering.

تَرۡمِیۡهِمۡ وہ (پرندے) ان (اصحاب فیل) پر پھینکتے تھے۔
They (*birds*) struck them (*people of Elephant*).

بِحِجَارَةٍ مِّنۡ سِجِّیۡلٍ سخت قسم کے کنکر۔
Stones of clay.

تَرۡمِیۡهِمۡ بِحِجَارَةٍ مِّنۡ سِجِّیۡلٍ

ترجمہ حضرت مصلح موعودؓ ۔

جو (پرندے۔ناقل) ان (اصحاب الفیل۔ناقل) کے گوشت کو سخت قسم کے پتھروں پر مارتے تھے (اور) نوچتے تھے (اس طرح نرم کرکے (ناقل) توڑ کر کھانے کے لئے)۔

They (*birds*) struck their meet against stones of clay and notched. (*to soft and cut for eating*)

ترجمہ حضرت خلیفۃ المسیح الرابعؒ ۔

وہ (پرندے) ان (اصحاب الفیل۔ناقل) پر کنکر ملی خشک مٹی کے ڈھیلوں سے پتھراؤ کر رہے تھے۔

They (*birds*) were throwing stones of clay on them.

سِجِّیۡلٍ سخت قسم کی چیز کو کہتے ہیں (کنکر)
Hardened and petrified clay.

فَجَعَلَهُمۡ ان (اصحاب فیل) کو بنا دیا۔ کردیا۔
Made them (*people of Elephant*).

کَعَصۡفٍ بھوسے کی طرح۔
Like broken straw.

مَّاۡکُوۡلٍ کھائے ہوئے۔ Eaten up.

القریش رکوع ۱ پارہ ۳۰ رکوع ۳۱
Part-30.R-31 Al-Quriash.R-1

لِاِیۡلٰفِ مانوس کرنے کیلئے ربط پیدا کرنے جوڑنے کیلئے
In order to attach, join.

اٖلٰفِهِمۡ ان (قریش) کو مانوس کرنے کیلئے
To make them attached.

رِحۡلَةَ سفر۔ Journeys.

الشِّتَآءِ سردی (سرمائی سفر) Winter.

الصَّیۡفِ گرمی (گرمائی سفر) Summer.

اَطۡعَمَهُمۡ اس (خدا) نے انکو کھلایا۔
He (*God*) has fed them.

جُوۡعٍ بھوک۔ Hunger.

اٰمَنَهُمۡ ان کو امن دیا۔
Gave them security.

الماعون رکوع ۱ پارہ ۳۰ رکوع ۳۲
Part-30.R-32 Al-Ma`un.R-1

یَدُعُّ وہ دھکے دیتا ہے. He drives away.

ھَاوِیَۃ جہنم۔ Hell.

حَامِیَۃ جلتی ہوئی۔ Blazing.

التکاثر رکوع ۱ پارہ ۳۰ رکوع ۲۷
Part-30.R-27 Al-Takathur.R-1

اَلْھَاکُمُ تم کو غفلت میں ڈال دیا۔
Diverted you, distracted.

اَلتَّکَاثُرِ ایک دوسرے سے آگے بڑھنے کی خواہش نے۔ Mutual rivalry in seeking worldly increase, an emulous quest for more.

زُرْتُمُ تم ملوگے۔
You will come to know.

اَلْمَقَابِرَ (واحد sing مَقْبَرَۃ) قبریں۔ قبر کی جگہ۔
Graves.

لَتَرَوُنَّ تم ضرور دیکھوگے۔
You will surely see.

تُسْئَلُنَّ تم سے سوال کیا جائے گا۔ You will be called to acount.

اَلنَّعِیْمِ بڑی نعمت کے متعلق (خ ii) ہر قسم کی نعمتوں کے متعلق۔
(*About*) the favours.

العصر رکوع ۱ پارہ ۳۰ رکوع ۲۸
Part-30. R-28 Al-Asr. R-1

اَلْعَصْرِ خاص زمانہ (نبی کا زمانہ مراد ہے)
The time (*age of Prophet*).

اَلْاِنْسَانَ خاص انسان۔ The man, (نبی کا مخالف مراد ہے) (opponent of Prophet)

تَوَاصَوْا وہ ایک دوسرے کو نصیحت کرتے ہیں۔ تلقین کرتے ہیں۔
They exhort one another.

الھمزۃ رکوع ۱ پارہ ۳۰ رکوع ۲۹
Part-30.R-29 Al-Hamazah.R-1

وَیْلٌ ہلاکت۔ عذاب۔ Woe, punishment

ھُمَزَۃ غیبت کرنے والا Back-biter.

لُمَزَۃ عیب چینی کرنے والا Slanderer.

عَدَّدَہٗ اسنے شمار کیا اسکو. He counted it.

اَخْلَدَہٗ وہ (مال) باقی رکھے گا اسکو۔
That (*wealth*) will make him immortal.

لَیُنْبَذَنَّ وہ ضرور پھینکا جائے گا۔
He shall surely be cast.

اَلْحُطَمَۃِ تیز آگ۔ دوزخ۔ (المنجد)
The crushing torment, Hell.

اَلْمُوْقَدَۃ خوب بھڑکائی ہوئی (آگ)
Kindled (*fire*).

تَطَّلِعُ (جو دلوں کے اندر تک) چلی جاتی ہے۔ (خ ii) Rises over (*hearts*).

اَلْاَفْئِدَۃ (واحد sing فُؤَادٌ) دل Hearts.

مُؤْصَدَۃٌ وہ (آگ) بند کی جائے گی۔
It will be closed in.

عَمَدٍ مُّمَدَّدَۃٍ (واحد sing عُمُوْدٌ)
لمبے لمبے ستون Extended columns.

اَخْـرَجَـتْ وہ (زمین) نکالے گی۔
It (*earth*) will throw up.

اَ ثْقَـالَ بوجھ۔ Burdens.

مَـالَـهَـا (زمین) کو کیا ہو گیا ہے۔
What is the matter with her (*earth*).

تُـحَـدِّثُ وہ (زمین) بیان کردے گی۔
She (*earth*) will tell.

اَخْـبَـارَهَـا اپنی خبریں۔ Her news.

يَصْـدُرُ نکل پڑیں گے۔ جمع ہوں گے۔
Will issue forth.

اَشْـتَـاتًـا مختلف گروہوں میں، سوسائیٹیوں میں
In scattered groups.

لِّيُرَوْا تاکہ انہیں دکھائے جائیں۔
That they may be shown.

العادیات رکوع ۱ پارہ ۳۰ رکوع ۲۵
Part-30.R-25 Al-Adiyat.R-1

وَالْـعَادِيَاتِ قسم ہے خوب دوڑنے والیوں کی
By chargers.

ضَـبْـحًـا ہانپ کر۔ Snorting.

اَلْـمُـوْرِيَـاتِ آگ نکالنے والیاں (جماعتیں سواریاں)
Striking sparks of fire.

قَـدْحًـا چوٹ مارنا۔
Strike with their hoofs.

اَلْـمُـغِـيْـرَاتِ حملہ کرنے والی (جماعتیں)
Making raids.

اَثَـرْنَ وہ (سواریاں) اڑاتی ہیں۔
Raising thereby. پیچھے چھوڑ جاتی ہیں۔

نَـقْـعًـا گردوغبار۔ Dust.

وَسَـطْـنَ گھس جاتی ہیں۔ Penetrate.

جَـمْـعًـا لشکر میں۔ Into the centre of the enemy ranks.

كَـنُـوْدٌ ناشکرا ہے۔ Ungrateful.

حُـبَّ محبت۔ Love.

اَلْـخَـيْرِ مال۔ Wealth.

بُـعْـثِـرَ اٹھایا جائے گا۔ Will be raised.

اَلْقُـبُـوْرِ (واحد *sing* قَبْرٌ) قبر Graves.

حُـصِّـلَ نکالا جائے گا۔ ظاہر کیا جائیگا، حاصل کیا جائیگا۔
Will be brought forth.

اَلصُّدُوْرِ (واحد *sing* صَدْرٌ) سینے Breasts.

القارعہ رکوع ۱ پارہ ۳۰ رکوع ۲۶
Part-30.R-26 Al-Qariah.R-1

اَلْـقَـارِعَـةُ ٹھوکنے والی۔ ایک شدید مصیبت
The great calamity, adversity.

اَلْـفَـرَاشِ پروانے۔ ٹڈیاں۔ Moths.

مَـبْـثُـوْثِ پراگندہ۔ Scattered.

عِـهْـنِ پشم۔ روئی۔ Wool.

مَـنْـفُـوْشِ دھنکی ہوئی۔ Carded.

ثَـقُـلَـتْ بھاری ہوگا Will be heavy.

مَـوَازِيْـنُـهُ اسکا وزن His scales.

عِـيْـشَـةٍ اس کی زندگی۔ His life.

رَاضِـيَـةٍ پسندیدہ۔ دل پسند۔ Pleasant.

خَـفَّـتْ ہلکے۔ Light.

اُمُّ ماں۔ ٹھکانا A nursing mother.

عَبْدًا عظیم بندہ۔ A servant.

لَمْ يَنْتَهِ وہ باز نہ آیا۔ He desist not, abstained not.

لَنَسْفَعًا ہم ضرور گھسیٹیں گے۔ We will assuredly seize and drag.

بِالنَّاصِيَةِ پیشانی کے بالوں (کو پکڑ کر) By the forelock.

نَاصِيَةٍ كَاذِبَةٍ جھوٹی پیشانی۔ A lying forelock.

خَاطِئَةٍ خطا کار پیشانی ہے۔ Sinful.

نَادِيَةٌ اپنے ہم مجلس کو۔ اپنی مجلس کو۔ His associates. ہمدردوں کو۔

اَلزَّبَانِيَةَ اپنی پولیس کو (بلائیں گے) (عذاب کے فرشتوں کو) Our angels of punishment.

لَاتُطِعْهُ تو اس کی پیروی نہ کر۔ Yield not thou to him, obey not.

اِقْتَرِبْ قرب حاصل کر۔ Draw near.

القدر رکوع ۱ پارہ ۳۰ رکوع ۲۲

Part-30. R-22 Al-Qadr. R-1

اَلْفَ ہزار۔ A thousand.

شَهْرًا مہینے۔ Months.

اَلرُّوْحُ کامل روح، جبرائیل۔ The spirit.

مَطْلَعِ الْفَجْرِ طلوع فجر۔ The rising of the dawn.

البیّنہ رکوع ۱ پارہ ۳۰ رکوع ۲۳

Part-30.R-23 Al-Bayyina.R-1

مُنْفَكِّيْنَ باز رہنے والے۔ Those who desist, abstain.

اَلْبَيِّنَةُ واضح دلیل۔ The clear evidence.

يَتْلُوْا وہ پڑھتا ہے۔ پڑھ کر سناتا ہے۔ He recites.

صُحُفًا صحیفے۔ The Scriptures.

مُطَهَّرَةً پاکیزہ۔ Pure.

كُتُبٌ احکام۔ (دوسری کتب) Commandments, (*other books*)

قَيِّمَةٌ قائم رہنے والے Lasting.

مَاتَفَرَّقَ نہیں تقسیم ہوئے۔ نہیں تفرقہ کیا۔ Did not become divided.

مُخْلِصِيْنَ خالص کرتے ہوئے۔ Being sincere.

اَلدِّيْنَ اطاعت۔ Obedience.

حُنَفَآءَ خدا کی طرف جھکتے ہوئے۔ Being upright.

اَلْقَيِّمَةِ قائم رہنے والا The right, Lasting one, eternal.

شَرُّالْبَرِيَّةِ بدترین مخلوق۔ The worst of creatures.

خَيْرُالْبَرِيَّةِ بہترین مخلوق۔ The best of creatures.

الزلزال رکوع ۱ پارہ ۳۰ رکوع ۲۴

Part-30. R-24 Al-Zilzal. R-1

اِذَازُلْزِلَتْ جب وہ (زمین) ہلائی جائیگی When it (*earth*) will be shaken.

اَغۡنٰی اس نے بے نیاز کر دیا۔غنی کر دیا۔
Enriched thee, made nutritive.

Oppress not. لَا تَقۡھَرۡ نہ سختی کر۔

Chide not, لَا تَنۡھَرۡ نہ ڈانٹ۔جھڑک,
scold not, rebuke not.

حَدِّثۡ بار بار بیان کر۔با کثرت بیان کر
Proclaim, tell, explain.

الم نشرح رکوع ۱ پارہ ۳۰ رکوع ۱۹
Part-30.R-19 Al-Inshirah.R-1

We opened. نَشۡرَحۡ ہم نے کھول دیا.

We removed. وَضَعۡنَا ہم نے اتار دیا.

Thy burden. وِزۡرَکَ تیرا بوجھ۔

اَنۡقَضَ اس (بوجھ) نے توڑ دی تھی۔
(*Burden*) had broken.

Thy back. ظَھۡرَکَ تیری کمر۔

Thy name. ذِکۡرَکَ تیرا ذکر۔

Hardship. عُسۡرًا تنگی۔

Ease. یُسۡرًا آسانی۔

You are free. فَرَغۡتَ تو فارغ ہو

فَانۡصَبۡ کوشش کر۔محنت کر۔
Strive hard.

فَارۡغَبۡ توجہ کر۔متوجہ ہو۔رغبت کر۔
Do attend.

التین رکوع ۱ پارہ ۳۰ رکوع ۲۰
Part-30. R-20 Al-Tin. R-1

By the fig. وَالتِّیۡنِ انجیر کی قسم۔

By the olive. وَالزَّیۡتُوۡنِ زیتون کی قسم

وَطُوۡرِ سِیۡنِیۡنَ سینا کے پہاڑوں کی قسم۔
(واحد sing سَیۡنَا) پہاڑ۔
By Mount Sinai.

اَحۡسَنِ تَقۡوِیۡمٍ اچھی سے اچھی، موزوں
The best make. سے موزوں حالت

رَدَدۡنٰہُ ہم نے اس کو لوٹا دیا۔
We rejected him.

اَسۡفَلَ سب سے نچلا ادنیٰ درجہ۔ بدتر درجہ
The lowest.

The low. سَافِلِیۡنَ نچلے درجوں والے

Unfailing. غَیۡرُ مَمۡنُوۡنٍ نہ ختم ہونیوالا

فَمَا یُکَذِّبُکَ کیا چیز تجھے جھٹلاتی ہے۔
What is there to give
the lie to thee.

The judgement. اَلدِّیۡنِ جزا سزا۔

العلق رکوع ۱ پارہ ۳۰ رکوع ۲۱
Part-30. R-21 Al-Alaq. R-1

عَلَقٍ (چمٹ جانیوالا) خون کا لوتھڑا۔
A clot of blood.

اَلۡاَکۡرَمُ بہت کرم کرنے والا کریم ہے۔
The Most Bounteous. معزز ہے۔

Transgresses. یَطۡغٰی سرکشی کرتا ہے

رَاٰہُ اس (انسان) نے اپنے آپ کو دیکھا۔
He thought himself.

اسۡتَغۡنٰی بے نیاز (خدا کے فضل سے لاپروا)
To be independent.

The return. اَلرُّجۡعٰی لوٹ کر جانا۔

He forbids. یَنۡھٰی وہ روکتا ہے

دَمْدَمَ عَلَيْهِمْ ان کو ہلاک کر دیا۔تباہ کر دیا
Destroyed them.

فَسَوّٰهَا اس بستی کو ہموار کر دیا۔مٹا دیا۔
Utterly destroyed them.

عُقْبٰهَا اس کا انجام۔(اس کے پسماندگان
The (کی بھی پرواہ نہیں کرتا)
consequences thereof, its result,
(*He does not care remaining behind*)

الليل رکوع ۱ پارہ ۳۰ رکوع ۱۷
Part-30. R-17 Al-Lail. R-1

يَغْشٰى وہ (رات) ڈھانک لے۔
It (*night*) covers up.

تَجَلّٰى وہ (دن) روشن ہو جائے۔
It (*day*) shines forth.

ذَكَرَ نر۔ Male.

اُنْثٰى مادہ۔ Female.

سَعْيَ کوششیں Strivings, efforts.

شَتّٰى مختلف ہیں۔ الگ الگ ہیں۔
Are diverse.

نُيَسِّرُ ہم مہیا کرینگے، باہم پہنچائیں گے۔
We will provide.

يُسْرٰى آسانی۔ Facility.

بَخِلَ بخل کیا He was niggardly, he stinted.

اِسْتَغْنٰى لاپرواہی کی Is disdainfully indifferent, neglected.

اَلْعُسْرٰى تنگی Distress, difficulty.

تَرَدّٰى وہ ہلاک ہو گیا He perished.

تَلَظّٰى بھڑکنے والی (آگ)
A blazing (*fire*).

لَا يَصْلٰهَا نہیں داخل ہو گا اس (آگ) میں۔
Will not enter it (*fire*).

اَلْاَشْقٰى بدبخت۔
The most wicked one.

يُجَنَّبُ دور رکھا جائے گا (آگ سے)
Shall be kept away (*from fire*)

يَتَزَكّٰى وہ پاکیزگی اختیار کرتا ہے۔
He may be purified.

الضحى رکوع ۱ پارہ ۳۰ رکوع ۱۸
Part-30. R-18 Al-Duha. R-1

اَلضُّحٰى چاشت کا وقت The growing brightness of the forenoon.

سَجٰى ڈھانک لے۔اس کی تاریکی پھیل جائے
Its darkness spreads out, it became still.

مَا وَدَّعَكَ نہیں چھوڑا تجھے۔
Has not forsaken thee.

قَلٰى ناراض ہوا۔نفرت کی Displeased, became angry.

تَرْضٰى تو خوش ہو جائیگا۔راضی ہو جائیگا۔
Thou wilt be well-pleased.

اٰوٰى پناہ دی۔ Gave shelter.

ضَآلًّا (اپنی قوم کی محبت میں) سرشار۔
(خدا کی تلاش میں) سرگرداں پایا۔(خIV)
Lost in love for thy people.

عَآئِلًا کثیر العیال (خii) فقیر، ضرورتمند
Having a large family, poor, needy.

اِطْعَامٌ کھانا کھلانا۔ Feeding.

ذِیْ مَسْغَبَةٍ بھوک والے (دن)
(*A day*) of hunger.

ذَامَقْرَبَةٍ قریبی (یتیم)
(*Orphan*) near of kin.

ذَا مَتْرَبَةٍ زمین پر گرا ہوا۔ گردآلود۔
Lying in the dust.

اَصْحَابُ الْمَيْمَنَةِ دائیں طرف والے لوگ۔ برکت والے لوگ۔
The people of the right hand.

اَصْحَابُ الْمَشْئَمَةِ بائیں طرف والے لوگ۔ بدبخت اور نحوست والے۔
The people of the left hand.

مُؤْصَدَةٌ بندکی ہوئی (آگ کی بھٹی)۔
(*Fir*) closed over.

الشّمس رکوع ۱ پارہ ۳۰ رکوع ۱۶
Part-30. R-16 Al-Shams. R-1

ضُحٰهَا اس (سورج) کی دھوپ کی قسم
By its brightness. (IV خ)

ضُحٰی جب وہ اونچا ہو جاتا ہے۔
When it goes up.

تَلٰهَا وہ (چاند) اس (سورج) کے پیچھے آتا ہے
It (*moon*) follows (*sun*).

جَلّٰهَا جب وہ (دن) اس (سورج) کو ظاہر کردیتا ہے۔
When it (*day*) reveals (*sun's glory*).

يَغْشٰهَا وہ (رات) اس (سورج) کو ڈھانک دیتی ہے۔ چھپا دیتی ہے او جھل کردیتی ہے۔
It (*night*) draws a veil over (*light of the sun*).

بَنٰهَا اس (آسمان) کے بنائے جانے کو۔
Its wonderful structure.

طَحٰهَا اس (زمین) کے بچھائے جانے کو
Its expanse.

سَوّٰهَا اس (نفس) کے بےعیب بنائے جانے کو۔
Its perfection.

فَاَلْهَمَهَا اس (خدا) نے اس (نفس) کو الہام کردیا' دل میں ڈال دیا
He (*God*) revealed to it (*soul*).

فُجُوْرَهَا اس (نفس) کی بدکاری کی راہیں
Its ways of evil.

تَقْوٰهَا اس (نفس) کے تقویٰ کی راہیں۔
Its ways of righteousness.

اَفْلَحَ کامیاب ہو گیا۔ Prospered.

زَكّٰهَا اس (نفس) کو پاک کیا۔
Purified it.

خَابَ ناکام ہو گیا۔ نامراد ہو گیا۔ Ruined.

دَسّٰهَا جس نے اس (نفس) کو مٹی میں گاڑ دیا۔
Who corrupted it.

كَذَّبَتْ جھٹلا دیا۔ Rejected.

بِطَغْوٰهَا (اپنے نفس کی) سرکشی کی وجہ سے
Because of their rebelliousness.

اِذِنْبَعَثَ جب اٹھا۔ When got up.

اَشْقٰهَا اس قوم کا بدبخت
The most wretched among them.

صَبَّ ڈالا۔ برسایا۔ Let fall on.

سَوْطَ کوڑا۔ The scourge, whip.

مِرْصَاد گھات۔ The watch.

اِذَامَا جب۔ When.

ابْتَلٰهُ اس (انسان) کو آزماتا ہے۔
Tries him.

اَکْرَمَهٗ اس (انسان) کی عزت کرتا ہے
Honours him.

نَعَّمَهٗ اس پر انعام کرتا ہے۔
Bestows favours on him.

قَدَرَ تنگ کرتا ہے۔ Straitens.

اَهَانَنِ اس نے مجھے ذلیل کیا۔
He has disgraced me.

تُکْرِمُوْنَ تم عزت کرتے ہو۔
You honour.

تَحٰٓضُّوْنَ تم ایک دوسرے کو رغبت دلاتے ہو
You urge one another.

تُرَاث ورثہ۔ Heritage.

لَمًّا سب کا سب۔ Wholly.

حُبًّا جَمًّا بہت ہی محبت۔ انتہائی محبت۔
Exceeding love.

دُکَّتْ توڑی جائیگی Will be broken.

دَکًّا دَکًّا ٹکڑے ٹکڑے کی جائے گی۔
Will be broken into pieces.

جِایْٓءَ لائی جائیگی Will be brought.

یُوْثِقُ وہ گرفت کرے گا مضبوط باندھے گا
He will bind. قید کرے گا

وَثَاقَهٗ اس جیسی گرفت۔
Like unto His binding.

رَاضِيَةٌ تو اس (خدا) سے راضی ہو۔
Thou well-pleased with Him.

مَرْضِيَّةٌ تو اس کا پسندیدہ ہو۔
(خدا تجھ سے راضی ہو)
Thou well-pleased with thee.

البلد رکوع ۱ پارہ ۳۰ رکوع ۱۵
Part-30. R-15 Al-Balad. R-1

اَلْبَلَدُ شہر۔ City.

حِلٌّ اترنے والا۔ واپس آنے والا (خ ii)
Alight, descendant.

کَبَد محنت۔ Struggle.

فِيْ کَبَدٍ مسلسل محنت میں (رہنے کیلئے)
To toil and struggle.(خ IV)

لَنْ يَّقْدِرَ ہرگز غالب نہ آئے گا۔
Will have no power over.

اَهْلَکْتُ میں نے خرچ کیا (مال) لٹا دیا
I have wasted (*wealth*).

لُبَدًا ڈھیروں ڈھیر۔ Enormous.

شَفَتَيْنِ (واحد sing شَفَةٌ) دو ہونٹ۔
Two lips.

نَجْدَيْنِ دو راستے Two highways.

اِقْتَحَمَ وہ چڑھا He attempted.

اَلْعَقَبَةَ چوٹی The steep ascent.

فَکُّ چھڑانا۔ Freeing.

رَقَبَةٍ گردن (غلام آزاد کرنا) Slave.

سَعْيِهَا اپنی کوشش Their labour.

رَاضِيَةٌ مطمئن۔خوش Well-pleased.

لَاغِيَةٌ لغو باتیں۔ Vain talk.

جَارِيَةٌ بہتا ہوا۔(چشمہ)
Running (*spring*).

سُرُرٌ تخت۔ Couches.

مَرْفُوعَةٌ اونچے۔ Raised.

اَكْوَابٌ آب خورے۔پیالے Goblets.

مَوْضُوعَةٌ رکھے ہوں گے۔
Will be properly placed.

نَمَارِقُ (واحد sing نَمْرِقَةٌ)
Cushions. تکیے۔

مَصْفُوفَةٌ قطاروں میں In rows.

زَرَابِيُّ (واحد sing زِرْبِيٌّ) قالین۔
Carpets. بچھونے۔

مَبْثُوثَةٌ بچھائی ہوئی۔ Spread.

اَلْاِبِلُ اُونٹ۔ بادل۔(خ ii)
Camels, clouds.

خُلِقَتْ پیدا کئے گئے Are created.

رُفِعَتْ وہ بلند کیا گیا۔اونچا کیا گیا۔
It is raised high.

نُصِبَتْ وہ(پہاڑ) گاڑے گئے۔
They (*mountains*) are fixed.

سُطِحَتْ بچھائی گئی۔ہموار کی گئی۔
Is spread out.

ذَكِّرْ بار بار نصیحت کر۔ Admonish, advise repeatedly.

مُذَكِّرٌ بار بار نصیحت کرنیوالا ہے۔
Admonisher.

اَلْمُصَيْطِرُ داروغہ۔
Authority, keeper.

اِيَابَهُمْ ان کا لوٹنا Their return.

الفجر رکوع ۱ پارہ ۳۰ رکوع ۱۴
Part-30. R-14 Al-Fajr. R-1

لَيَالٍ (واحد sing لَيْلٌ) راتیں Nights.

اَلشَّفْعُ جوڑا۔جفت۔ The even.

اَلْوَتْرُ تنہا۔طاق۔ The odd.

يَسْرِ وہ(رات) چل پڑے۔
It (*night*) moves on.

قَسَمٌ شہادت۔ Evidence.

حِجْرٍ عقل۔ Understanding.

اَلْعِمَادِ (واحد sing عَمَدٌ) عمارتیں۔
Buildings. ستون۔

اَلْبِلَادُ (واحد sing بَلَدٌ) ملکوں Parts.

جَابُوْا انہوں نے کھودا۔تراشا۔ They hewed out, chopped, cut.

اَلصَّخْرَ (جمع Plu صَخُوْرٌ)
Rocks. پتھر۔

اَلْوَادِ وادی۔ Valley.

ذِی الْاَوْتَادِ (واحد sing وَتَدٌ) میخوں والا
پہاڑوں والا (خ ii)(یعنی طاقتور تھا)
Lord of vast camps.

طَغَوْا انہوں نے سرکشی کی۔
They committed excesses.

اَمۡهِلۡهُمۡ انکومہلت دو۔ Respite them.

رُوَیۡدًا تھوڑی (مہلت کیلئے)
A little while.

الاعلیٰ رکوع ۱ پارہ ۳۰ رکوع ۱۲
Part-30. R-12 Al-A`la. R-1

فَسَوّٰی بے عیب بنایا۔ ٹھیک ٹھاک کیا۔
He perfected.

قَدَّرَ اس نے اندازہ کیا (طاقتوں کا) He determined his capacities.

اَلۡمَرۡعٰی چارہ (مویشیوں کیلئے)۔
Pasturage (*for cattle*).

غُثَآءً کوڑا کرکٹ۔ Stubble, short stumps.

اَحۡوٰی سیاہ۔ Black.

نُقۡرِئُکَ ہم تجھے پڑھائیں گے، قرأت سکھائیں گے۔ We shall teach you.

تَنۡسٰٓی تو بھول جائے گا۔
You will forget it.

فَلَا تَنۡسٰٓی تو نہیں بھولے گا
You will not forget it.

یَخۡفٰی مخفی ہے۔ Is hidden.

نُیَسِّرُکَ ہم میسر کردینگے، مہیا کردینگے تیرے لئے۔ We shall provide you.

اَلۡیُسۡرٰی آسانی۔ سہولت Facility.

سَیَذَّکَّرُ ضرور نصیحت حاصل کرے گا۔
Will heed.

یَخۡشٰی وہ ڈرتا ہے۔ He fears.

یَتَجَنَّبُ وہ ہٹ جائے گا۔ بچے گا۔ (نصیحت سے) ایک طرف ہوجائیگا۔ He will turn aside (*from advice*).

اَلۡاَشۡقٰی بدبخت۔ Wretched.

تَزَکّٰی وہ پاک بنا He purified.

تُؤۡثِرُوۡنَ تم ترجیح دیتے ہو۔ You prefer.

اَبۡقٰی باقی رہنے والی ہے Is lasting.

الغاشیہ رکوع ۱ پارہ ۳۰ رکوع ۱۳
Part-30.R-13 Al-Ghashiyah.R-1

اَلۡغَاشِیَۃُ چھاجانیوالی، مدہوش کرنیوالی بات
The overwhelming calamity.

خَاشِعَۃٌ (چہرے) اترے ہوئے ہونگے خوف زدہ ہونگے۔ Will be downcast.

عَامِلَۃٌ محنت کرنے والے Toiling, hard workers.

نَاصِبَۃٌ تھکے ہوئے Weary, tired.

حَامِیَۃٌ بھڑکتی ہوئی (آگ)۔
Blazing (*fire*).

اٰنِیَۃٌ اُبلتے ہوئے چشمے۔
Boiling springs.

ضَرِیۡعٍ تھوہر۔ خشک گھاس۔ Dry herbage.

یُسۡمِنُ وہ موٹا کریگا۔
He will fatten

یُغۡنِیۡ وہ بچائے گا۔ بے نیاز کریگا۔
He will satisfy.

جُوۡعٍ بھوک۔ Hunger.

نَاعِمَۃٌ خوش بخوش۔ تروتازہ Joyful.

غَیْرُمَمْنُوْنٍ نہ ختم ہونے والا۔
Unending.

البروج رکوع ۱ پارہ ۳۰ رکوع ۱۰
Part-30. R-10 Al-Buruj. R-1

اُخْدُوْد خندقیں۔ Trenches.

اَلْوَقُوْد ایندھن۔ Fuel.

قُعُوْدٌ بیٹھے ہوئے۔ Sitting.

شُهُوْدٌ حاضر۔گواہ۔ Witnesses.

نَقَمُوْا انہوں نے عیب پکڑا۔انہوں نے دشمنی کی۔برامنایا۔ They found fault, hated.

عَذَابُ الْحَرِيْقِ جلانیوالا عذاب۔
The torment of heart-burning.

فَتَنُوْا انہوں نے ایذادی۔
They persecute.

بَطْشَ پکڑ۔گرفت۔ Seizing, sudden attack.

يُبْدِئُ وہ شروع کرتا ہے۔ He originates, initiates, begins.

يُعِيْدُ وہ (بار بار) دھراتا ہے۔
He reproduces.

فَعَّالٌ کرکے رہنے والا۔ Doer.

مُحِيْطٌ گھیرنے والا۔
One who encompasses.

الطارق رکوع ۱ پارہ ۳۰ رکوع ۱۱
Part-30. R-11 Al-Tariq. R-1

اَلطَّارِقُ صبح کا ستارہ۔(رات کو آنے والا)
The morning star.

مَآ اَدْرٰكَ تجھے کس چیز نے علم دیا ہے What should make you know.

اَلثَّاقِبُ چمکنے والا۔(ستارہ)
(*Star*) piercing brightness.

لَمَّا مگر (حرف استثنا ہے اِلَّا کے معنی میں) But
(*It is an exceptional word which came in the meaning of* اِلَّا)

دَافِقٌ اچھلنے والا۔ Gushing.

صُلْبٌ (جمع *Plu* اَصْلَابٌ)
Loins. پیٹھ کی ہڈی۔

تَرَآئِبَ (واحد sing تَرِيْبَةٌ) سینہ کی ہڈیاں
Breast-bones. (چھاتی یا سینہ کی ہڈی)

تُبْلٰى ظاہر کیا جائے گا۔
Shall be disclosed.

اَلسَّرَآئِرُ (واحد sing سَرِيْرَةٌ)
Secrets. پوشیدہ باتیں۔

اَلسَّمَآءِ (یہاں) بادل (مراد ہے)
Here It means cloud.

ذَاتَ الرَّجْعِ بارش سے بھرا ہوا بار بار لوٹنے والا۔(برسنے والا)
Which gives rain repeatedly.

ذَاتِ الصَّدْعِ پھٹنے والی،نباتات اگانے والی
Which opens out with herbage.

قَوْلٌ فَصْلٌ وہ (قرآن) قطعی کلام ہے۔
It is a decisive word, authoritative.

هَزْلٌ کمزور،بے فائدہ،بے ہودہ A vain.

فَمَهِّلْ پس مہلت دے۔ڈھیل دے۔
So give respite.

يَتَغَامَزُوْنَ وہ آنکھ سے اشارہ کیا کرتے تھے
They winked at one another. twinkled, closed and opened eyes quickly.

فَكِهِيْنَ بے ہودہ باتیں بناتے ہوئے۔
Exulting, rejoicing.

ثُوِّبَ پورا پورا بدلہ دیا گیا۔
Fully requited, rewarded.

الانشقاق رکوع ۱ پارہ ۳۰ رکوع ۹
Part-30.R-9 Al-Inshiqaq.R-1

اِنْشَقَّتْ پھٹ جائے گا (آسمان)
(The heaven) will burst asunder.

اَذِنَتْ وہ (آسمان) کان دھرے گا۔
It will hearken. (یعنی بات سنے گا)

حُقَّتْ یہی اس (آسمان) کا حق ہے۔ فرض ہے
This is incumbent upon her, it is its duty.

مُدَّتْ پھیلائی جائے گی (زمین)۔
(*Earth*) will be spread out.

اَلْقَتْ نکال پھینکے گی Will cast out.

تَخَلَّتْ وہ خالی ہو جائے گی۔ It will appear to become empty.

كَادِحٌ...... كَدْحًا پورا زور لگانے والا۔
A hard toiling, مشقت کرنیوالا ہے hard worker.

مُلٰقِيهِ اس (خدا) سے ملنے والا ہے۔
One who will meet the God.

يُحَاسَبُ اس سے حساب لیا جائیگا۔
He will be reckoned.

حِسَابًا يَّسِيْرًا آسان حساب۔
An easy reckoning.

مَسْرُوْرًا خوش بخوش Rejoicing, glad, delight.

مَنْ اُوْتِيَ كِتَابَهٗ جس کو اعمال نامہ دیا جائیگا
Whoever will be given his book.

وَرَآءَ ظَهْرِهٖ اپنی پیٹھ کے پیچھے سے۔
پس پردہ کئے ہوئے اعمال کا (خIV)
Behind his back.

يَدْعُوْا وہ بلائے گا۔ He will call.

ثُبُوْرًا ہلاکت۔ Destruction.

يَصْلٰى وہ داخل ہوگا۔ جلے گا۔
He will enter, burn.

سَعِيْرًا بھڑکتی ہوئی آگ۔
A blazing fire.

لَنْ يَّحُوْرَ وہ ہرگز نہیں اٹھایا جائے گا (خIV)
اس پر ہرگز تنگی نہ آئے گی (خII) He would never return, trouble.

وَسَقَ اس (رات) نے اکٹھا کیا۔ سمیٹا۔
It (*night*) enveloped.

اتَّسَقَ پورا ہو جاوے۔
It becomes full.

لَتَرْكَبُنَّ تم پہنچو گے۔ تم ترقی کرو گے (خIV)
You will pass on, succeed.

طَبَقًا عَنْ طَبَقٍ درجہ بدرجہ۔
From one stage to another.

يُوْعُوْنَ وہ چھپائے ہوئے ہیں۔ وہ جمع کر رہے ہیں
They keep hidden.

اِكْتَالُوْا وہ ماپ کر لیتے ہیں (لوگوں سے)
They take by measure (*from people*).

یَسْتَوْفُوْنَ وہ پورا لیتے ہیں۔
They take it full.

كَالُوْهُمْ ماپ کر کے ان کو دیتے ہیں۔
They give by measure to them.

وَزَنُوْهُمْ ان کو وزن کر کے دیتے ہیں۔
They weigh to them.

يُخْسِرُوْنَ وہ کم دیتے ہیں۔
They give them less.

يَظُنُّ وہ یقین رکھتے ہیں۔
They know, are sure.

مَبْعُوْثُوْنَ وہ اٹھائے جائیں گے۔
They will be raised again.

كِتَابَ الْفُجَّارِ بدکاروں کا حکم، فیصلہ بدکاروں کا اعمال نامہ۔
The record of the wicked.

سِجِّيْنَ دائمی کتاب (ii خ) Eternal book,
Register of prison, record which preserves the deeds of the evil doers.

كِتَابٌ مَّرْقُوْمٌ لکھا ہوا حکم۔
A written book.

مُعْتَدٍ حد سے نکلا ہوا Transgressor.

اَثِيْم گنہگار۔ Sinful.

رَانَ زنگ لگا دیا۔ He rusted.

مَحْجُوْبُوْنَ وہ روکے جائینگے They will be debarred, prohibited.

لَصَالُوْا وہ ضرور داخل ہوں گے، جلیں گے
They will enter, burn.

يَشْهَدُهُ اس (حکم) کو دیکھیں گے۔
Will witness it.

تَعْرِفُ تو محسوس کریگا You will find, perceive, feel.

نَضْرَةَ تازگی۔ شادابی Freshness.

يُسْقَوْنَ وہ پلائے جائیں گے۔
They will be given to drink.

رَحِيْقٍ شراب
Pure beverage, drink.

مَخْتُوْم سربمہر۔ Sealed.

خِتَامُهٗ اس (شراب) کے آخر میں۔
The sealing of it.

فَلْيَتَنَافَسِ پس چاہے کہ خواہش کریں رغبت کریں۔
Let they aspire, desire.

مُتَنَافِسُوْنَ رغبت کرنے والے، خواہش کرنے والے
Aspirants, desirous.

مِزَاجُهٗ اس کی ملونی۔ اس کی آمیزش۔
Its admixture.

اَجْرَمُوْا انہوں نے جرم کیا۔
They committed crime.

يَضْحَكُوْنَ وہ ٹھٹھا کرتے ہیں۔
They laugh, make fun.

كَانُوْا يَضْحَكُوْنَ وہ ٹھٹھا کیا کرتے تھے
They used to laugh.

مَرُّوْا بِهِمْ ان کے پاس سے گزرتے تھے
Passed by them.

سَوّٰکَ اس (خدا) نے تجھے بے عیب بنایا۔ ٹھیک ٹھاک کیا۔ تجھے درست کیا۔
He (*God*) perfected you.

عَدَلَکَ تجھے مناسب قوتیں بخشیں (خ ii)
Proportioned you aright, bestowed you proper abilities.

رَکَّبَکَ اس (خدا) نے تجھے ڈھالا۔
He fashioned you. ترکیب دیا تجھے
formed, shaped.

Guardians. نگران۔ حَافِظِیْنَ

Noble. معزز۔ بزرگ۔ کِرَامًا

Recorders. لکھنے والے۔ کَاتِبِیْنَ

The virtuous. نیک لوگ۔ اَبْرَارَ

The wicked. بدکار لوگ اَلْفُجَّارُ

یَصْلَوْنَ وہ داخل ہوں گے۔ جلیں گے۔
They will enter, burn.

غَآئِبِیْنَ غائب ہونے والے۔
Those who (بچنے والے دوزخ سے)
will be able to escape.

لَا تَمْلِکُ نہ اختیار رکھے گا (کوئی نفس)
Shall have no power.

Command. فیصلہ۔ اَلْاَمْرُ

المطففین رکوع ۱ پارہ ۳۰ رکوع ۸
Part-30. R-8 Al-Tatfif. R-1

وَیْلٌ ہلاکت۔ عذاب۔ لعنت۔
Woe, punishment, curse.

مُطَفِّفِیْنَ وزن کم کرکے دینے والے۔
Those who give short measure.

مَکِیْنٍ بڑا درجہ ہے (یعنی رسول کریم کا) مقام ہے۔
Established, honourable (*of Prophet*).

مُطَاعٍ واجب الاطاعت ہے۔
(اس کی اطاعت کی جاتی ہے)
Entitled to obedience.

There, وہاں (اللہ کے ہاں) ثَمَّ
over there, in that direction.

ضَنِیْنَ بخیل (غیب کی باتیں بتانے میں)
Niggardly, stingy.

Whither. کہاں۔ اَیْنَ

You are going. تم جاتے ہو۔ تَذْهَبُوْنَ

یَسْتَقِیْمُ وہ سیدھے راستہ پر چلنا چاہتا ہے
He desires to go straight.

مَا تَشَآءُوْنَ تم نہیں چاہ سکتے۔
You desire not.

الانفطار رکوع ۱ پارہ ۳۰ رکوع ۷
Part-30. R-7 Al-Infitar. R-1

اِنْفَطَرَتْ پھٹ جائے گا (آسمان)
(*heaven*) is cleft asunder, partly divided.

اَلْکَوَاکِبُ (واحد *sing* کَوْکَبٌ)
Stars. ستارے۔

اِنْتَثَرَتْ وہ (ستارے) جھڑ جائیں گے
Will be scattered. بکھر جائیں گے

فُجِّرَتْ پھاڑے جائیں گے۔
Will be made to flow forth.

بُعْثِرَتْ اُکھیڑی جاویں گی۔
Will be laid open.

قَـتَـرَةٌ سیاہی۔ Darkness.

اَ لْـفَـجَـرَة بدکار۔ The doers of evil.

التکویر رکوع ۱ پارہ ۳۰ رکوع ٦
Part-30. R-6 Al-Takwir. R-1

اَ لـشَّـمْـسُ آفتاب۔ The sun.

كُـوِّرَتْ لپیٹ دیا جائے گا۔
Will be folded up.

اِنْـكَـدَرَتْ دھندلے ہو جائیں گے۔
Will be obscured, dark.

سُـيِّـرَتْ چلائے جائیں گے۔
Will be made to move.

اَ لْـعِشَـارُ دس ماہ کی گابھن اونٹنیاں The she-camels ten-month pregnant.

عُـطِّلَتْ چھوڑ دی جائیں گی، معطل ہو جائینگی ان سے کام نہ لیا جائے گا۔
Will be abandoned, deserted .

حُـشِـرَتْ اکٹھے کئے جائیں گے۔
Will be gathered together.

اَلْـبِـحَـارُ (واحد sing بَحْرٌ) دریا۔ سمندر۔
Rivers, seas.

سُـجِّـرَتْ چیرے جائینگے، خشک کیے جائینگے پانی سے بھرے جائیں گے۔
Will be drained away, made to flow.

زُوِّجَـتْ اکٹھے کیے جائیں گے۔
Will be brought together.

اَلْمَـوْءُ دَةُ زندہ در گور لڑکی۔ زندہ گاڑی جانے والی لڑکی۔
The female-infant buried alive.

سُـئِـلَـتْ پوچھا جائے گا۔
Will be questioned.

بِـاَيِّ ذَنْـبٍ کس گناہ کے بدلہ۔
For what crime.

قُـتِـلَـتْ قتل کی گئی۔ Killed.

اَلـصُّـحُـفُ (واحد sing صَحِيْـفَـةٌ)
Books. کتب۔

نُـشِـرَتْ پھیلائی جائیں گی۔
Will be spread abroad.

كُـشِـطَـتْ کھال اتاری جائیگی۔
Will be laid bare.

سُـعِّـرَتْ بھڑکائی جائے گی۔
Will be set ablaze.

اُزْلِـفَـتْ قریب کر دی جائے گی۔
Will be brought nigh.

اَحْـضَـرَتْ اس نے حاضر کیا۔
It has produced.

اَ لْـخُـنَّـس (واحد sing خَانِسٌ) چلتے چلتے پیچھے ہٹ جانیوالے
Planets that recede.

اَ لْـجَـوَار سیدھا چلنے والے۔ ناک کی سیدھ چلنے والے
Those who go ahead.

اَ لْـكُـنَّـسِ (واحد sing كَـانِـسٌ) تھم رہنے والے پیچھے بیٹھنے والے۔ غائب ہونے والے
Those who hide, disappear.

عَـسْـعَـسَ وہ (رات) خاتمہ کو پہنچ گئی۔
It (*night*) passed away, drew to a close.

تَـنَـفَّـسَ (صبح) سانس لینے گی۔
(*Dawn*) begins to breathe.

تَـذْكِـرَة (یہ قرآن) نصیحت ہے۔
It is a reminder.

ذَكَـرَهُ اس سے نصیحت حاصل کرے۔
اپنے ذہن میں مستحضر کرے۔
Let him pay heed to it.

مُـكَـرَّمَةٌ عزت والے (صحیفے)۔
Honoured (*sheets*).

مَـرْفُـوْعَـةٌ Exalted. بلندشان والے

مُـطَـهَّـرَةٌ Purified. پاک۔

سَـفَـرَةٍ Writers. لکھنے والے۔

Travellers. دوردور سفر کرنے والے (ii)۔

كِـرَامٍ Noble. معزز۔

بَـرَرَةٍ Virtuous. نیکوکار۔

قُـتِـلَ Is ruined. ہلاک ہوگیا۔ مارا گیا

مَـا اَكْـفَـرَهُ کیسا ناشکرا ہے۔
How ungrateful he is!

فَـقَـدَّرَهُ پھر اسی نے اس کا اندازہ مقرر کیا۔
(اس میں مختلف استعدادیں پیدا کیں)
Then he proportioned him.
(*He devised different qualities in him*)

يَـسَّـرَهُ اس (خدا) نے اس (راستہ) کو
He made it easy. آسان کردیا۔

اَقْـبَـرَه اس (خدا) نے اس کو قبر میں رکھا۔
He assigned a grave to him.

اَنْـشَـرَهُ He وہ اس کو اٹھائے گا۔
will raise him up again.

لَـمَّـا يَـقْـضِ ابھی (اس نے) نہیں پورا کیا
He has not yet carried out.

صَـبَـبْـنَـا......صَـبًّـا ہم نے خوب برسایا (پانی)
We poured down water in abundance.

شَـقَـقْـنَـا...... شَـقًّـا ہم نے خوب پھاڑا
We cleaved (*earth*) (زمین کو)۔
a proper cleaving.

حَـبًّـا Grain. دانے۔ یعنی اناج۔

عِـنَـبًـا Grapes. انگور۔

قَـضْـبًـا Vegetables. سبزیاں۔

حَـدَآئِـقَ (واحد sing حَدِيْقَة)
Gardens. باغات۔

غُـلْـبًـا Thickly. گھنے۔

فَـاكِـهَـة Fruits. پھل۔ میوے قسم قسم کے

اَبًّـا Herbage. چارہ۔ خشک گھاس۔

اَلصَّـاخَـةُ کان پھاڑنے والی (آواز)
Deafening shout.

شَـاْنٌ Matter, حالت۔
state, condition.

يُـغْـنِـيْـهِ وہ اسکو (دوسروں سے) بے نیاز کردیگی
Will make (یعنی اپنی طرف الجھائے رکھے گی)
him indifferent to others.

مُـسْـفِـرَةٌ Bright. روشن۔

ضَـاحِـكَـةٌ Laughing. ہنستے۔

مُـسْـتَـبْـشِـرَةٌ خوش خوش۔ ہشاش بشاش۔
Joyous, delightful. glad.

غَـبَـرَةٌ Dust. گردوغبار۔

تَـرْهَـقُـهَـا چھائی ہوگی (انکے چہروں پر)
Will cover them.

یَسۡعٰی مخالف تدبیریں کرتے ہوئے
Striving, کوشش کرتے ہوئے۔
devising schemes.

نَکَالَ Punishment. عذاب۔

اَلۡاُوۡلٰی The present world. دنیا

عِبۡرَۃً Lesson. نصیحت۔سبق۔

النازعات رکوع ۲ پارہ ۳۰ رکوع ۴
Part-30. R-4 Al-Naziat. R-2

اَشَدُّ Harder. زیادہ مشکل۔

خَلۡقًا To create. پیدا کرنا۔

بَنٰهَا اس (خدا) نے اس کو بنایا۔
He (*Allah*) has built it.

رَفَعَ He has raised. اس نے اونچا کیا

سَمۡکَهَا اس (آسمان) کی بلندی۔
The height of it (*sky*).

اَغۡطَشَ اس نے ڈھانک دیا یعنی تاریک
He has made dark. بنایا۔

لَیۡلَهَا Its night. اس کی رات۔

دَحٰهَا اس (زمین) کو بچھایا۔
Spread forth it (*Earth*).

مَرۡعٰی Pasture, herbage. چارہ۔

اَرۡسٰهَا اس نے گاڑا ان (پہاڑوں) کو
He made them firm.

اَلطَّآمَّۃُ Calamity, disaster. آفت

بُرِّزَتۡ ظاہر کردی جائے گی۔
Will be made manifest.

اٰثَرَ ترجیح دی۔مقدم کیا۔
Prefered, chose.

اَیَّانَ When will. کب ہوگا۔

مُرۡسٰهَا اس (قیامت) کا قیام۔
Its coming. اس (قیامت) کا آنا

فِیۡمَ اَنۡتَ تیرا کیا تعلق ہے؟
What have you to do.

مِنۡ ذِکۡرٰهَا اس (ساعۃ) کے ذکر سے
With the mentioning thereof.

لَمۡ یَلۡبَثُوۡۤا They وہ نہیں ٹھہرے۔
had not tarried, stayed.

عبس رکوع ۱ پارہ ۳۰ رکوع ۵
Part-30. R-5 Al-Abasa. R-1

عَبَسَ اس نے تیوری چڑھائی، چیں بجیں
He frowned. ہوگیا

تَوَلّٰۤی He turned aside. منہ موڑلیا

یَذَّکَّرُ وہ یاد کرے گا۔نصیحت سنے گا۔
He would take heed.

فَتَنۡفَعَهُ اس کو نفع دے گی (نصیحت)۔
(*Advice*) would benefit him.

اَلذِّکۡرٰی Advice, reminder. نصیحت

اِسۡتَغۡنٰی He لاپرواہی کی۔
considered himself sufficient.

تَصَدّٰی تو پیچھے پڑا ہوا ہے، اس کی طرف
You pay attention. توجہ کرتا ہے

یَسۡعٰی Hastening. دوڑتا ہوا (آیا)

تَلَهّٰی تو لاپرواہی کرتا ہے۔
You neglect.

دِهَـاقًا چھلکتے ہوئے۔ Over-flowing.

كِـذّٰبًا جھٹلانا۔ Lying.

عَـطَآءً انعام ' بدلہ۔ Gift.

حِسَـابًا مناسب حال۔ In proportion to their works.

لَايَـمْلِـكُـوْنَ وہ نہ اختیار رکھیں گے۔ They will not have the power.

خِـطَابًا کلام کرنے کا۔ To address.

صَـوَابًا ٹھیک ٹھیک۔ Right.

اَلْـيَـوْمُ الْـحَـقُّ ہو کر رہنے والا دن۔ Day is sure to come.

مَـاٰ بًـا لوٹنے کی جگہ۔ٹھکانا بنانا۔ Recourse.

تُـرَابًـا مٹی۔ Dust.

النازعات رکوع ا پارہ ۳۰ رکوع ۳
Part-30. R-3 Al-Naziat. R-1

وَالـنّٰـازِعَـاتِ قسم ہے ان (ہستیوں) کی جو کھینچنے والی ہیں (علوم دینیہ) By those who draw people to the true Faith.

غَـرْقًـا پوری توجہ سے Vigorously.

اَلـنّٰـاشِـطَـاتِ نَـشْـطًـا جو پوری بشاشت سے (کھینچے والی ہیں غم کو) جو خوب اچھی طرح گرہ باندھتی ہیں (خ ii) By those who tie their knots firmly.

اَلـسّٰـابِـحَـاتِ تیرنے والی (ہستیاں) تیزی سے اپنے کام میں لگ جانے والی جماعتیں جو دور دور نکل جاتی ہیں (خ ii) Those who glide along swiftly.

اَلـسّٰـابِـقَـاتِ ایک دوسرے سے مقابلہ میں آگے بڑھنے والی ہیں۔ Those who advance and excel others.

مُـدَبِّـرَاتِ تدبیریں کرنے والی منصوبے بنانے والی (ہستیاں) Administer affair, they manage the affair.

تَـرْجُـفُ کانپے گی۔ Will quake.

اَلـرَّاجِـفَـةُ کانپنے والی The quaking.

تَـتْـبَـعُـهَـا اسکے (زلزلہ یا جنگ کے بعد) پیچھے آئیگی Shall follow it (*quake or war*).

اَلـرَّادِفَـةُ پیچھے آنے والی۔ One that comes after another without break, follower.

وَاجِـفَـةُ دھڑکنے والے ہوں گے۔ دھڑک رہے ہوں گے۔ Will tremble.

خَـاشِـعَـةٌ جھکی ہوئی ہوں گی۔ Will be cast down.

مَـرْدُوْدُوْنَ (ہم) لوٹائے جائیں گے۔ (We) shall be restored.

اَلْـحَـافِـرَة اُلٹے پاؤں (یعنی پہلی حالت میں) Former state.

نَـخِـرَةً بوسیدہ Rotten, decaying.

كَـرَّةً لوٹنا۔ واپسی۔ Return.

خَـاسِـرَةً گھاٹے والی۔ Losing.

زَجْـرَةٌ ڈانٹ۔ Cry.

اَلـسّٰـاهِـرَة کھلا میدان۔ The open.

اَدْبَـرَ اُسنے پیٹھ پھیرلی۔ He turned away.

النباء رکوع ۱ پارہ ۳۰ رکوع ۱
Part-30. R-1 Al-Naba. R-1

عَمَّ کس چیز کے متعلق What about?

یَتَسَاءَلُوْنَ وہ ایک دوسرے سے سوال کرتے ہیں
They question one another.

مِهَادًا بچھونا۔ Bed.

اَوْتَادًا میخیں۔ Pegs.

سُبَاتًا آرام وراحت۔ Rest.

لِبَاسًا پردہ پوش۔ Covering.

مَعَاشًا (ذریعہ) معاش، زندگی کے اظہار کا ذریعہ
For the pursuits of life, activities of life.

شِدَادًا مضبوط۔ Strong.

سِرَاجًا سورج (چراغ) The sun, lamp.

وَهَّاجًا روشن۔چمکتا ہوا۔ Bright, dazzling, glowing.

اَلْمُعْصِرَات گھنے بادل۔لبریز۔
The dripping clouds.

ثَجَّاجًا خوب بہنے والا۔
Pouring forth abundantly.

اَلْفَافًا گھنے Luxuriant growth.

مِيْقَاتًا مقررہ وقت۔
An appointed time.

كَانَتْ ہو جائینگے Shall become.

سَرَابًا ریت۔ریزہ ریزہ A mirage, plains of sand.

مِرْصَادًا گھات۔ Ambush, hiding-place to attack.

اَحْقَابًا (واحد sing حُقُبٌ) برسوں (خ ii)
Ages. صدیاں۔

يَذُوْقُوْنَ وہ چکھیں گے، محسوس کریں گے
They will taste.

بَرْدًا ٹھنڈک (محسوس کرنا) Coolness.

حَمِيْمًا سخت گرم (پانی)۔
Boiling (*water*).

غَسَّاقًا انتہائی ٹھنڈا (پانی) (خ ii)
Intensely cold and bitter (*water*), stinking fluid.

وِفَاقًا پورا پورا۔ Meet, fitting.

يَرْجُوْنَ وہ امید رکھتے ہیں۔
They hope, expect, fear.

اَحْصَيْنٰهُ ہم نے اسکو گن رکھا ہے، ہم نے اسکو محفوظ کرلیا ہے We have recorded.

كِتَابًا تحریر (میں لکھ کر) In a book.

النباء رکوع ۲ پارہ ۳۰ رکوع ۲
Part-30. R-2 Al-Naba. R-2

مَفَازًا کامیابی Triumph, victory.

حَدَآئِقَ (واحد sing حَدِيْقَةٌ) باغات۔ایسے باغ کو کہتے ہیں جس کے گرد چاردیواری ہو۔
Walled gardens.

اَعْنَابًا انگور۔ Grape-vines.

كَوَاعِبَ (واحد sing كَاعِبٌ) نوجوان (عورتیں)
Young (*maidens*).

اَتْرَابًا ہم عمر۔ Of equal age.

كَاْسًا پیالے۔ Cups.

وَالنّٰشِرَاتِ نَشْرًا خوب پھیلا دینے والی ہستیوں کی قسم۔
By those who spread the truth, a good spreading.

فَالْفٰرِقَاتِ حق و باطل میں فرق کرنیوالی جماعتیں
Those who distinguish fully between good and evil.

فَالْمُلْقِيَاتِ ذِكْرًا خدا کا کلام سنانے والی (جماعتیں)
Those who carry the exhortation far and wide.

عُذْرًا حجت کے طور پر۔ حجت پوری کرنے کے لئے
To excuse some.

نُذْرًا لوگوں کو ہوشیار کرنے کے لئے۔ تنبیہ کرنے کیلئے۔ بیدار کرنے کے لئے۔
To warn others.

طُمِسَتْ ماند پڑ جائیں
Made to lose.

فُرِجَتْ شگاف ہو جائے گا۔
Will be rent asunder.

نُسِفَتْ اڑائے جائیں گے۔
Will be blown away.

اُقِّتَتْ وقت مقررہ پر لائے جائیں گے
Will be made to appear at the appointed time.

اُجِّلَتْ وقت مقرر کیا گیا ہے۔
Have been appointed.

نُتْبِعُهُمْ ہم ان کے پیچھے لگائیں گے
We shall cause to follow them.

قَدَّرْنَا ہم نے اندازہ کیا۔
We did measure.

كِفَاتًا سمیٹنے والی۔
Place in which a thing is drawn together, collected.

رَوَاسِيَ (واحد sing رَاسِيَةٌ) پہاڑ۔
Mountains.

شٰمِخٰتٍ (واحد sing شَامِخٌ)
High. اونچے اونچے۔ بلند

فُرَاتًا میٹھا۔
Sweet.

شُعَبٍ (واحد sing شُعْبَةٌ) پہلو۔ شاخیں
Sections, branches.

ظَلِيلٍ سایہ۔
Shadow.

اَللَّهَب تپش۔ گرمی۔ شعلے مارنا۔
The flame.

شَرَرٍ چنگاریاں۔
Sparks.

كَالْقَصْرِ محل۔ قلعے کی طرح۔
Palace, like huge castles.

جِمَالَاتٌ اونٹ۔
Camels.

صُفْرٌ زرد۔
Tawny.

يَعْتَذِرُوْنَ عذر کریں گے۔
Will offer excuses.

المرسلٰت رکوع ۲ پارہ ۲۹ رکوع ۲۲
Part-29.R-22 Al-Mursalat.R-2

يَشْتَهُوْنَ وہ چاہیں گے۔
They will desire.

هَنِيْئًا مزے سے۔
Pleasantly.

☆☆☆

مُخَلَّدُوْنَ ہمیشہ رہنے والے۔
Those who will not age.

Pearls. موتی۔ لُؤْلُؤًا

مَنْثُوْرًا بکھرے ہوئے۔
Scattered about.

حُلُّوْا وہ پہنائے جائیں گے۔
They will be made to wear.

Bracelets. کنگن۔کڑے۔ اَسَاوِرَ

الدھر رکوع ۲ پارہ ۲۹ رکوع ۲۰
Part-29. R-20 Al-Dahr. R-2

اَلْعَاجِلَة جلدی آنے والی (یعنی دنیا)
Quick-passing (*world*).

شَدَدْنَا ہم نے مضبوط بنایا۔
We have strengthened.

Their make. ان کے جوڑ اَسْرَھُمْ

بَدَّلْنَا...... تَبْدِيْلًا ہم یکسر تبدیل
We shall replace. کردیں گے۔

اَمْثَالَهُمْ ان کی صورتیں (خiv)
Their shapes.

ہم ان جیسی اور مخلوق پیدا کردیں گے (خII)
We shall create others like them.

المرسلٰت رکوع ۱ پارہ ۲۹ رکوع ۲۱
Part-29.R-21Al-Mursalat.R-1

وَالْمُرْسَلٰتِ اُن کی قسم جو چلائی جاتی ہیں۔
By those who are sent forth.

عُرْفًا آہستگی سے۔نرمی سے۔
With goodnes.

فَالْعٰصِفٰتِ عَصْفًا پس تیز رفتار چلنے والیاں
Then they push on with a forceful pushing.

They fulfil. وہ پوری کرتے ہیں۔ يُوْفُوْنَ

Vows. نذریں۔ اَلنَّذْرُ

Widespread. پھیلنے والا مُسْتَطِيْرًا

Frowning. تیوری چڑھانیوالا قَمْطَرِيْرًا

Distressful. منہ بگاڑنے والا عَبُوْسًا

فَوَقٰهُمْ وہ ان کو بچائے گا۔
He will save them.

لَقّٰهُمْ ان کو عطا کرے گا۔
Will grant them.

Cheerfulness. تازگی۔ نَضْرَةً

Happiness. خوشی۔ سُرُوْرًا

Silk. ریشم۔ حَرِيْرًا

Excessive heat. انتہائی گرمی شَمْسًا

Bitter cold. شدید سردی زَمْهَرِيْرًا

Close over. جھکے ہوئے دَانِيَةً

Will ذُلِّلَتْ قریب کردیئے جائیں گے
be brought within easy reach.

Fruits. پھل۔ قُطُوْفُ

Vessels. برتن۔ اٰنِيَةٍ

Silver. چاندی۔ فِضَّةٍ

اَكْوَابٌ (واحد sing كُوْبٌ)
Goblets. (خii) صراحیاں

Glass. شیشے۔ قَوَارِيْرًا

مِزَاج ملونی۔ملی ہوئی ہوگی۔
Will be tempered with.

Ginger. سونٹھ۔ زَنْجَبِيْلًا

تُسَمّٰى اس کو نام دیا جائے گا۔
That will be named.

جَمْعَهٗ اس (قرآن) کا جمع کرنا۔
Its collection.

قُرْاٰنَهٗ اس (قرآن) کا پڑھ کر سنانا۔
Its recital.

تَذَرُوْنَ تم چھوڑ جاتے ہو۔نظر انداز کر جاتے ہو
You neglect.

نَاضِرَةٌ روشن۔خوش خوش۔تازہ۔
Bright, soft, beautiful.

بَاسِرَةٌ منہ بسورے۔
Dismal.

وُجُوْهٌ چہرے۔لوگ۔
Faces.

يُفْعَلُ سلوک کیا جائیگا
Will befall.

فَاقِرَةٌ کمر کے منکے۔
Backbreaking calamity.

اَلتَّرَاقِيَ (واحد sing تَرْقُوَةٌ) حلق۔ گلے کی ہنسلیاں۔
Throat, hearken of the throat.

رَاقٍ جھاڑ پھونک کرنے والا
Wizard.

فِرَاقُ جدائی (کا وقت ہے)
Parting.

اِلْتَفَّتِ لپٹ جائے۔رگڑ کھا رہی ہوگی۔
Will rub against.

اَلسَّاقُ پنڈلی۔
Shank.

القیامۃ رکوع ۲ پارہ ۲۹ رکوع ۱۸
Part-29.R-18 Al-Qiyamah.R-2

اَلْمَسَاقُ چلنا۔جانا۔
Driving.

صَدَّقَ اس نے تصدیق کی۔
He accepted the truth.

يَتَمَطّٰى اکڑتا ہوا۔فخر کرتا ہوا۔
Strutting along.

اَوْلٰى لَكَ تجھ پر ہلاکت ہو۔
Woe unto thee.

اَوْلٰى ہلاکت۔
Woe.

يُتْرَكُ وہ چھوڑ دیا جائے گا۔
He is to be left.

سُدًى بے لگام
Without purpose.

نُطْفَةٌ قطرہ۔
Drop.

يُمْنٰى ڈالا گیا
Emitted forth.

فَسَوّٰى مکمل کردیا
Perfected.

الدھر رکوع ۱ پارہ ۲۹ رکوع ۱۹
Part-29. R-19 Al-Dahr. R-1

حِيْنَ وقت۔گھڑی۔
Time.

اَلدَّهْرِ زمانہ۔
A period.

مَذْكُوْرًا قابل ذکر۔
Worth mentioning.

اَمْشَاجٍ ملے ہوئے۔مرکب نطفہ جس میں مختلف قوتیں ہیں (خ ii)
Mingled, mixed semen.

نَبْتَلِيْهِ ہم اس (انسان) کو مختلف شکلوں میں ڈھالتے ہیں (خ IV)
We try him in different shapes.

مِزَاجُ ملا ہوا ہوگا
Will be tempered.

عَيْنًا چشمہ۔
Spring.

يُفَجِّرُوْنَ وہ اس (چشمہ) کو خود چلائینگے
They will make it gush forth.

يُفَجِّرُوْنَ تَفْجِيْرًا وہ اس چشمہ کو خوب کشادہ کرتے جائیں گے (خ IV)
They will make it a forceful gushing forth.

عَنِیْدًا دشمن Hostile, enemy.

اُرْهِقُهٗ میں اس کو مبتلا کرونگا ایسے عذاب میں۔ I shall inflict on him such torment.

صَعُوْدًا جو بڑھتا چلا جائے گا۔ Which will increase overwhelmingly.

عَبَسَ اُسنے تیوری چڑہائی He frowned, wrinkled his brows in displeasure.

بَسَرَ اس نے منہ بسورا He scowled.

سِحْرٌ جھوٹ۔جادو۔ Magic.

یُؤْثَرُ نقل کیا جاتا ہے۔ Is handed down.

لَوَّاحَةٌ جلانے والی۔ جھلسانے والی۔ One who scorches.

لِلْبَشَرِ چہرہ۔کھال۔ Face.

المدثر رکوع ۲ پارہ ۲۹ رکوع ۱۶
Part-29.R-16 Al-Muddaththir.R-2

اَسْفَرَ وہ (صبح) روشن ہو جاتی ہے۔ It (*the dawn*) shines forth.

یَتَقَدَّمَ آگے بڑھے (نیکی میں) Advance (*in virtue*).

یَتَاَخَّرَ پیچھے ہٹے (بدی سے) Hang back. (*in evil*)

مَاسَلَکَکُمْ کیا چیز تم کو لے گئی۔ What has brought you.

سَقَرَ دوزخ۔ Hell.

نَخُوْضُ ہم بے حکمت باتیں کرتے تھے We indulged in idle talk.

اَلْیَقِیْنُ موت۔ Death.

حُمُرٌ (واحد sing حِمَارٌ) گدھے. Asses.

مُسْتَنْفِرَةٌ ڈرے ہوئے، بدکے ہوئے Frightened.

فَرَّتْ بھاگ گئے۔ Fled.

قَسْوَرَةٌ شیر۔ Lion.

صُحُفًا مُّنَشَّرَةً کھلی کتاب۔ An open book.

یَذْکُرُوْنَ وہ نصیحت حاصل کریں گے۔ They will remember.

القیامۃ رکوع ۱ پارہ ۲۹ رکوع ۱۷
Part-29.R-17 Al-Qiyamah.R-1

نُسَوِّیَ ہم درست کردیں گے۔ We shall restore.

بَنَانَهٗ اس کے جوڑ جوڑ۔ پور پور۔ His very finger-tips.

اَمَامَهٗ آئندہ بھی۔آگے بھی. In front of.

بَرِقَ الْبَصَرُ نظر پتھرا جائیگی، چندھیا جائیگی The eye will be dazzled.

اَلْمَفَرُّ بھاگنے کی جگہ To escape.

وَزَرَ جائے پناہ۔ بچنے کی جگہ۔ Refuge, place of rest.

یُنَبَّؤُ آگاہ کیا جائے گا۔خبر دی جائیگی۔ Will be informed.

بَصِیْرًا خوب دیکھنے والا ہے، آگاہ ہے۔ Is a witness against himself.

اَلْقٰی پیش کرے۔ Put forward.

اَلْقٰی مَعَاذِیْرَهٗ عذر کرے، صفائی پیش کرے. Put forward his excuses.

عَلَیْنَا ہمارے ذمہ ہے۔ Upon us.

لَنْ تُحْصُوْهُ تم ہرگز اندازہ نہیں کرسکوگے
You cannot (نماز کے اوقات کا)
calculate the time accurately.

المدثر رکوع ۱ پارہ ۲۹ رکوع ۱۵
Part-29.R-15 Al-Muddaththir.R-1

مُدَثِّرُ کوٹ پہن کر تیار ہونیوالا۔ کپڑا اوڑھنے والا
One who hast covered thyself with thy cloak.

Thy clothes. ثِيَابَكَ اپنے کپڑے۔

Purify. فَطَهِّرْ پاک کر۔

ثِيَابَكَ فَطَهِّرْ اپنے پاس رہنے والوں کو پاک کر۔(خii)
Purify those who live nearby you.
Thy clothes do thou purify,

اَلرُّجْزَ فَاهْجُرْ ناپاکی سے دوررہ۔
Uncleanliness do thou shun.

Remove idolatry. تو شرک کو مٹادے(خii)

Will be sounded. نُقِرَ پھونکا جائیگا

Trumpet. النَّاقُوْرُ بگل۔

مَالًا مَمْدُوْدَ بہت مال۔
Abundant wealth.

شُهُوْدًا موجود رہتے ہیں۔ نظر کے سامنے رہتے ہیں
Dwelling in presence.

مَهَّدْتُّ میں نے بچھایا۔
I equipped with.

مَهَّدْتُّ لَهٗ تَمْهِيْدًا میں نے اس کیلئے بہت سی ترقیات کے سامان پیدا کئے (خii)
I equipped him with all necessary things.

هَجْرًا جَمِيْلًا شریفانہ طور پر علیحدگی۔
To part in a decent manner.

Leave me. ذَرْنِيْ مجھے چھوڑ دے۔

مَهِّلْهُمْ ان کو مہلت دے ڈھیل دے۔
Give them respite.

اَنْكَالًا بیڑیاں ہیں۔ عبرتناک سزائیں۔
Are heavy fetters, punishment as a warning to others.

ذَاغُصَّةٍ گلے میں پھنسنے والا۔
That who chokes. اٹکنے والا۔

Shall quake. تَرْجُفُ کانپے گی۔

Sand-hills. كَثِيْبًا ٹیلے۔

Crumbling. مَهِيْلًا بھربھرے

Seizing. اَخْذًا پکڑنا۔

Terrible. وَبِيْلًا سخت۔

Children. اَلْوِلْدَان جوان۔

Grey-headed. شِيْبًا بوڑھا۔

مُنْفَطِرٌ پھٹنے والا۔
One who will be rent asunder.

To be fulfilled, come about. مَفْعُوْلًا ہوکر رہنے والا۔

Reminder. تَذْكِرَةٌ نصیحت۔

المزمل رکوع ۲ پارہ ۲۹ رکوع ۱۴
Part-29.R-14 Al-Muzzammil.R-2

Nearly. اَدْنٰى کم۔

ثُلُثَيِ الَّيْلِ دو تہائی رات۔
Two-thirds of night.

He determines the measure. يُقَدِّرُ چھوٹا بڑا کرتا رہتا ہے۔

The right course. ہدایت رَشَدًا

Fuel. ایندھن۔ حَطَبً

اَسْقَیْنَا ہم نے پلایا۔
We provided to drink.

Abundant. وافر۔ بافراغت غَدَقًا

یَسْلُکْهُ وہ (خدا) اس کو داخل کرے گا۔
He will drive him.

عَذَابًا صَعَدًا ایسے عذاب میں جو بڑھتا چلا جائے گا
An overwhelmingly severe punishment.

لِبَدًا جھپٹ کر آ گرنا۔ دوڑ کر حملہ کرنا۔
Crowding and suffocating, stifling to death.

الجن رکوع ۲ پارہ ۲۹ رکوع ۱۲
Part-29. R-12 Al-Jinn. R-2

لَنْ یُجِیْرَنِیْ مجھے ہر گز پناہ نہ دیگا۔
Will never protect me.

مُلْتَحَدًا پناہ کی جگہ۔ ٹھکانا۔
Place of refuge.

Convey بَلٰغًا پہنچانا (اللہ کی بات)
(*word of God*)

Distant. لمبا۔ اَمَدًا

یَسْلُکُ وہ (خدا) لگا دیتا ہے۔
He causes to go.

رَصَدًا گارڈ (پہرہ کے لئے حفاظت کے لئے)
Guarding.

اَحْصٰی اس نے گن رکھا ہے۔
He has kept count.

المزمل رکوع ۱ پارہ ۲۹ رکوع ۱۳
Part-29. R-13 Al-Muzzammil. R-1

اَلْمُزَّمِّلُ اے چادر میں لپٹے ہوئے
(آنحضرت صلی اللہ علیہ وسلم کا صفاتی نام ہے)
O wrapped up in robes.
(*Attributive name of Prophet may peace be upon Him*)

Stand up. اُٹھ۔ قُمْ

رَتِّلِ الْقُرْاٰنَ قرآن کو خوش الحانی سے پڑھ
Recite the قرآن کو نکھار کر پڑھ (خ۱۱)
Quran slowly and thoughtfully.

قَوْلًا ثَقِیْلًا بوجھل کلام۔ بھاری بات۔
A weighty word.

نَاشِئَةَ الَّیْلِ رات کا اٹھنا۔
Getting up at night.

وَطْأً نفس کشی۔ نفس کو پاؤں تلے مسلنا۔
Subduing the self.

اَقْوَمُ مضبوط کرنے والا (رات کو اٹھنا)
(*Getting up at night*)
Most effective.

Speech. بات۔ قِیْلًا

سَبْحًا کام۔
Chain of engagements.

سَبْحًا طَوِیْلًا (لمبا) بہت کام ہوتا ہے
A long chain of engagements.

Devote. علیحدگی اختیار کر۔ تَبَتَّلْ

Full devotion. مکمل علیحدگی تَبْتِیْلًا

Guardian. کارساز۔ وَکِیْلًا

Part ان سے الگ ہو جا۔ وَاهْجُرْهُمْ
with them, withdraw from them.

طِبَاقًا اوپر تلے۔ایک دوسرے کے مطابق
In perfect harmony.(iiخ)

بِسَاطًا بچھونا۔ہموار۔
A wide expanse.

لِتَسْلُكُوْا That you تاکہ تم چلو۔
may traverse, travel

سُبُلًا Ways. راستے۔

فِجَاجًا Spacious, کھلے۔کشادہ
wide, broad.

نوح رکوع ۲ پارہ ۲۹ رکوع ۱۰
Part-29. R-10 Nuh. R-2

عَصَوْنِيْ انہوں نے میری نافرمانی کی۔
They have disobeyed me.

مَكَرُوْا انہوں نے تدبیریں کیں۔
They have planned.

كُبَّارًا Mighty. بڑی بڑی۔

لَاتَذَرُنَّ Forsake not. ہرگز نہ چھوڑنا

لَايَلِدُوْا وہ نہیں جنیں گے۔
They will not beget.

لَا تَزِدْ Increase not. نہ بڑھانا

تَبَارًا Ruin, ہلاکت۔تباہی۔
perdiction.

الجن رکوع ۱ پارہ ۲۹ رکوع ۱۱
Part-29. R-11 Al-Jinn. R-1

نَفَرٌ Company. جماعت۔گروہ۔

تَعَالٰي Exalted. بلند۔

جَدُّ The majesty. شان۔

شَطَطًا ناواجب باتیں (iiخ)
Extravagant lies.

يَعُوْذُوْنَ They وہ پناہ مانگتے ہیں۔
seek the protection.

زَادُوْهُمْ (انسانوں) نے بڑھادیا
They (*men*) ان (جنوں) کو
increased them (*Jinn*).

رَهَقًا Arrogance. تکبر

مُلِئَتْ Filled with. بھرا ہوا۔

حَرَسًا (واحد حَارِسٌ) پہریداروں
Guards. چوکیداروں۔

شَدِيْدًا Strong. مضبوط۔

شُهُبًا (واحد sing شِهَابٌ) شہاب ثاقب
Shooting stars. (شعلہ زن ستارہ)

رَصَدًا Ambush, گھات۔
hiding place to attack.

طَرَآئِق Paths. راستے۔

قِدَدًا Different. مختلف۔

لَنْ نُعْجِزَاللّٰهَ ہم ہرگز اللہ کو عاجز اور
We cannot ناکام نہیں کر سکتے۔
frustrate the plan of Allah.

هَرَبًا By flight. بھاگ کر۔

بَخْسًا Loss. نقصان۔کمی۔

رَهَقًا Injustice. زیادتی۔ظلم۔

قَاسِطُوْنَ Deviated from ظالم۔
the right course.

اَسْلَمَ فرمانبردار ہوا۔اسلام لایا۔
He submitted to God.

تَحَرَّوْا انہوں نے جستجو کی۔تلاش کی۔
They sought.

نوح رکوع ۱ پارہ ۲۹ رکوع ۹
Part-29. R-9 Nuh. R-1

يُؤَخِّرُ وہ مہلت دیگا۔ He will put off.

يُؤَخَّرُ وہ مہلت دیا جائے گا۔ٹالا جائے گا
He will be put off.

دَعَوْتُ میں نے پکارا۔دعوت دی۔
I have called.

فِرَارًا بھاگنے (میں) To flee.

اِسْتَغْشَوْا انہوں نے لپیٹ لئے۔
They drew close.

ثِيَابٌ (واحد sing ثَوْبٌ)
کپڑے۔ Garments.

اَصَرُّوْا انہوں نے اصرار کیا۔
They persisted.

وَاسْتَكْبَرُوا اسْتِكْبَارًا۔
انہوں نے شدید تکبر سے کام لیا۔
They were disdainfully proud.

جِهَارًا بلند آواز سے۔پکار ا ظاہر میں۔
Openly, loudly.

اَسْرَرْتُ ...... اِسْرَارًا پوشیدہ دعوت دی۔
Appealed in private.

مِدْرَارًا خوب برسنا In abundance.

يُمْدِدْكُمْ وہ تمہاری مدد کرے گا۔
He will grant you increase, help you.

تَرْجُوْنَ تم امید رکھتے ہو You hope.

وَقَارًا حکمت۔عزت۔وقار Wisdom.

اَطْوَارًا مختلف استعدادیں۔ Different conditions, abilities, capacities

اِبْتَغٰى آگے بڑھنے کی کوشش کی۔
Sought to go beyond

رَاعُوْنَ رعایت کرنیوالا۔حفاظت کرنیوالا
Watchful, care-taker.

مُكْرَمُوْنَ عزت دیئے جائیں گے۔
Will be honoured.

المعارج رکوع ۲ پارہ ۲۹ رکوع ۸
Part-29. R-8 Al-Ma`arij.R-2

قِبَلَكَ تیری طرف (آرہے ہیں)
Towards you.

مُهْطِعِيْنَ سر اٹھا کر دوڑنے والے۔
They will be running in panic with their necks outstretched.

Hurrying on. دوڑتے ہوئے۔

عِزِيْنَ گروہ در گروہ۔
In different parties.

وَمَا نَحْنُ بِمَسْبُوْقِيْنَ
کوئی ہم کو اس ارادہ سے باز (نہیں)
رکھ سکتا۔(خII) We cannot be frustrated in our plans.

يَخُوْضُوْا وہ جھگڑا کریں، گند اچھالیں۔
They indulge in idle talk.

اَجْدَاث قبریں۔ Graves.

سِرَاعًا جلدی جلدی Hastening.

نُصُبٍ ستونوں (لیڈروں، پناہ گاہوں)
Targets. (*leaders, shelters*)

يُوْفِضُوْنَ وہ دوڑیں گے۔
They will race.

تَرْهَقُهُمْ چھا جائے گی ان پر ڈھانک
دے گی ان کو Will cover them.

صَلُّوْهُ اسکوجھونک دو۔ڈال دو۔ Cast him.

ذَرْعٌ پیمائش۔لمبائی۔ The length.

سَبْعُوْنَ ستر۔ Seventy.

ذِرَاعًا ہاتھ۔ گز۔ Cubits.

فَاسْلُكُوْهُ اس کو جکڑ دو Bind him.

يَحُضُّ وہ ترغیب۔تحریک کرتا ہے۔
He urges, encourages.

حَمِيْمٌ دوست ہمدرد۔ Friend.

الحاقۃ رکوع ۲ پارہ ۲۹ رکوع ۶
Part-29. R-6 Al-Haqqah. R-2

تُبْصِرُوْنَ تم دیکھتے ہو۔ You see.

تَقَوَّلَ اس نے جھوٹی بات کہی۔ He forged, fabricated lies, told a lie.

اَلْوَتِيْنَ رگِ جان۔ Life-vein.

حَاجِزِيْنَ روکنے والا۔بچانیوالا۔
One who hold off.

المعارج رکوع ۱ پارہ ۲۹ رکوع ۷
Part-29. R-7 Al-Ma`arij. R-1

وَاقِعٌ اٹل۔لازماً ہونیوالا۔ About to fall. certainly to happen.

دَافِعٌ ہٹانے والا۔بچانے والا۔ One who repels, drives back.

ذِى الْمَعَارِجِ درجہ بدرجہ ترقی دینے والا (خ ii)
Lord of great ascents.

تَعْرُجُ چڑھتے ہیں۔ Ascend.

مُهْلٌ پگھلائے ہوئے تانبا۔
Molten copper.

عِهْنٌ دُھنکی ہوئی اُون۔(دھنی ہوئی)
Flakes of wool.

يُبَصَّرُوْنَ وہ دکھائے جائیں گے۔
They will be placed in sight.

يَفْتَدِىْ وہ فدیہ اور بدلہ میں دیدے۔
He would fain ransom.

فَصِيْلَةٌ کنبہ۔قبیلہ۔ Kinsfolk.

تُؤْيِهِ وہ (قبیلہ) اس کو پناہ دیتا تھا They (*kinsfolk*) sheltered him.

لَظٰى شعلہ۔ Flame of fire.

نَزَّاعَةً اُدھیڑنے والا Stripping off.

لِلشَّوٰى سر تک کے چمڑے کو۔
The skin even to the extremities of the body.

تَدْعُوْا وہ بلائے گی۔ It will call.

اَدْبَرَ اُسنے پیٹھ پھیر لی۔ He turned back.

تَوَلّٰى وہ بھاگ گیا He retreated, went back.

اَوْعٰى ذخیرہ کیا۔گن گن کر رکھا۔ Withheld.

هَلُوْعًا بے صبرا ہے۔
Impatient and miserly.

جَزُوْعًا گھبرا جاتا ہے۔گھبرانا۔
Full of lamentations.

مَنُوْعًا روکنے والا۔منع کرنے والا۔
بخل کرنے والا۔ Niggardly, one who holds back.

مَحْرُوْم جو سوال نہیں کر سکتے۔نہ مانگنے والے۔ Those who do not ask.

مُشْفِقُوْنَ ڈرنے والے Fearful.

مَاْمُوْنَ امن دیا گیا۔بچایا گیا، محفوظ کیا گیا
Secured.

الحاقۃ رکوع ۱ پارہ ۲۹ رکوع ۵
Part-29. R-5 Al-Haqqah. R-1

اَلْحَاقَّۃُ سچ مچ ہو کر رہنے والی (خبر)
The Inevitable, unavoidable.

بِالطَّاغِیَۃِ سرکشی، نافرمانی میں۔ حد سے بڑھنے والی
With a violent blast.

اُھْلِکُوْا ہلاک کئے گئے۔
Were destroyed.

صَرْصَر مسلسل چلنے والی (ہوا)
Roaring (*wind*).

عَاتِیَۃ حد سے نکلنے والی (تیزی اور شدت میں)
A fierce.

حُسُوْمًا متواتر۔ لگاتار
Continuously.

صَرْعٰی گری ہوئی۔
Lying.

اَعْجَازُ تنے۔
Trunks.

خَاوِیَۃٌ کھوکھلے
Fallen down.

خَاطِئَۃٌ خطاکار
One who Commit sins, sinned.

رَابِیَۃٌ بڑھنے والا۔ بہت سخت عذاب
Increasing, a severe seizing.

طَغَا الْمَآءُ پانی نے جوش مارا، طغیانی آئی
The waters rose high.

اَلْجَارِیَۃ کشتی۔
Boat.

تَذْکِرَۃٌ نشان۔
Reminder.

تَعِیَھَا اُذُنٌ یاد رکھیں اس کو کان۔
Ears might retain it.

وَاعِیَۃٌ سننے والے۔ یاد رکھنے والے۔
Retaining.

حُمِلَتْ اٹھالیا جائے گا۔
Will be heaved up.

دُکَّتَا ان دونوں (زمین اور پہاڑ) کو ٹکڑے ٹکڑے کیا جائے گا۔
Both of them (*the earth and the mountain*) will be crushed.

وَاھِیَۃٌ وہ بودا نظر آئے گا۔
It will be very frail, fragile, weak.

اَرْجَآءٌ کنارے۔
Borders.

تَخْفٰی مخفی رہے گی۔
Will remain hidden.

خَافِیَۃٌ کوئی مخفی بات۔
Secret.

ھَآؤُمُ آؤ۔
Come.

ظَنَنْتُ مجھے یقین تھا
Surely, I knew.

مُلٰقٍ ملونگا۔ دیکھونگا
Would meet.

عِیْشَۃٍ رَّاضِیَۃٍ پسندیدہ زندگی۔
A delightful life.

قُطُوْفٌ پھل۔
Fruit.

دَانِیَۃٌ جھکے ہوئے ہوں گے۔
Will be within easy reach, bending.

ھَنِیْئًا خوشی اور مزے سے
Joyfully.

اَسْلَفْتُمْ تم نے آگے بھیجا تھا
You did.

اَیَّامِ خَالِیَۃِ گذشتہ زمانہ میں۔
In days gone by.

اُوْتَ دیا جاتا۔
Had been given.

لَمْ اَدْرِ مجھے پتہ نہ لگتا۔ میں نہ جانتا۔
Nor I knew.

غُلُّوْہُ اسکے گلے میں طوق ڈالو
Fetter him, bind him down with fetters.

كَالصَّرِيْمِ کٹی ہوئی چیز کی طرح۔ جڑ سے کٹی ہوئی چیز کی طرح

Like it cut down.

تَنَادَوْا انہوں نے ایک دوسرے کو پکارا۔

They called to one another.

غَدَوْا وہ صبح صبح چلے۔

They went forth early in the morning.

يَتَخَافَتُوْنَ وہ آہستہ آہستہ باتیں کرتے تھے۔

They talked to one another in low tones.

حَرْد بخل کا

Purpose, prevention, niggardly.

قَادِرِيْنَ اندازہ کرتے ہوئے فیصلہ کرتے ہوئے (خii)

Determining, those who have power.

اَوْسَطُهُمْ ان میں سے سب سے اچھا۔

The best among them.

يَتَلَاوَمُوْنَ ملامت کرتے ہوئے۔

Reproaching, blaming.

القلم رکوع ۲ پارہ ۲۹ رکوع ۴

Part-29. R-4 Al-Qalam. R-2

تَدْرُسُوْنَ تم پڑھتے ہو

You read.

تَخَيَّرُوْنَ تم پسند کرو گے۔

You will choose.

اَيْمَانٌ قسمیہ وعدہ۔

Covenant.

تَحْكُمُوْنَ تم فیصلہ کرتے ہو یا کرو گے

You judge or will judge.

زَعِيْمٌ ذمہ دار۔

Vouch for, responsible.

يُكْشَفُ ننگا کیا جائے گا۔

Shall be laid bare.

يُكْشَفُ عَنْ سَاقٍ مصیبت کا وقت آ جائے گا (خii)

Time of misery and trouble will come.

خَاشِعَةً جھکی ہوئی ہوں گی۔

Will be cast down.

تَرْهَقُهُمْ ان پر چھا جائے گی۔

Will cover them.

سَالِمُوْنَ صحیح سلامت تھے۔

Were safe and sound.

اُمْلِيْ میں مہلت دوں گا۔

I shall grant respite.

مَتِيْنٌ مضبوط۔

Strong.

مَغْرَمٍ چٹی۔

Burden.

مُثْقَلُوْنَ وہ بوجھ میں دبے ہوئے ہیں

They feel weighed down with burden.

مَكْظُوْمٌ غصہ سے بھرا ہوا

Full of grief.

تَدَارَكَهٗ اس کو پہنچتی۔ اس کا تدارک کرتی۔

Had reached him.

نُبِذَ پھینک دیا جاتا۔

Would have been cast upon.

بِالْعَرَآءِ چٹیل میدان میں۔ جنگل میں

In a bare tract of land, jungle.

مَذْمُوْمٌ مذمت کیا جاتا

To be blamed.

يُزْلِقُوْنَكَ وہ تجھے گرا دینگے (اپنے مقام سے) پھسلا دیں گے (نظر سے)

They will fain dislodge you (*from your station*), move, disturb.

يَمْشِيْ وہ چلتا ہے۔ He walks.

مُكِبًّا اوندھا۔ Grovelling.

عَلٰى وَجْهِهٖ اپنے منہ کے بل۔
Upon his face.

سَوِيًّا سیدھا۔ Upright.

ذَرَأَكُمْ اس (خدا) نے تم کو پیدا کیا، پھیلایا
He (*Allah*) multiplied you.

زُلْفَةً قریب۔ Near.

سِيْٓئَتْ بگڑ جائیں گے۔ Will
become grief-stricken.

تَدَّعُوْنَ تم بلا رہے تھے۔
You were asking for.

يُجِيْرُ وہ پناہ دیگا۔ He will protect.

اَصْبَحَ ہو جائے۔ It become.

غَوْرًا خشک۔ Disappear.

مَعِيْنٌ جاری، بہنے والا (پانی) چشموں کا
Flowing (*water*) of springs.

القلم رکوع ۱ پارہ ۲۹ رکوع ۳
Part-29. R-3 Al-Qalam. R-1

نٓ دوات۔ Inkstand.

يَسْطُرُوْنَ وہ لکھتے ہیں۔ They write.

مَمْنُوْنٍ ختم ہونیوالا۔ Ending.

تُبْصِرُ تو دیکھ لیگا You will see.

مَفْتُوْنُ دیوانہ۔ گمراہ۔
Afflicted with madness.

تُدْهِنُ تو نرمی کرے (دین میں)
Thou shouldst compromise.

حَلَّافٍ بہت قسمیں کھانے والا۔ Swearer.

مَهِيْنٍ ذلیل۔ Mean, poor, shabby.

هَمَّازٍ طعنہ کرنے والا۔
عیب چینی کرنے والا۔ Backbiter.

مَشَّآءٍ دوڑ دھوپ کرنے والا۔ چلنے والا۔
One who goes about.

بِنَمِيْمٍ چغلخوری کرتے ہوئے۔
Slandering, backbiting.

عُتُلٍّ سنگ دل۔ بدلگام (خii)
Ill-mannered.

زَنِيْمٍ ولدالحرام۔ بد Low-born,
Of doubtful birth,
(خدا کا بندہ ہو کر شیطان سے تعلق رکھنے والا) (خii)
(***Believer in God and connected with Satan also***)

نَسِمُهٗ ہم داغ دیں گے۔
We shall brand.

خُرْطُوْمِ ناک (سونڈ ہاتھی کی) Snout.

بَلَوْنَا ہم نے ابتلا میں ڈالا۔ We tried.

اَقْسَمُوْا انہوں نے قسمیں کھائیں۔
They vowed, sworn.

يَصْرِمُنَّ وہ کاٹیں گے۔ توڑیں گے (پھل)
They would pluck (*fruit*).

لَايَسْتَثْنُوْنَ خدا کا نام نہ لیا تھا۔ (خII)
انشاءاللہ نہ کہا تھا۔
Said not, " If God please."

طَافَ گئی Visited,
went round about.

طَآئِفٌ ایک آفت A visitation,
calamity, disaster.

اَصْبَحَتْ وہ (باغ) ہو گیا۔
That (*garden*) became.

الملک رکوع ۱ پارہ ۲۹ رکوع ۱
Part-29. R-1 Al-Mulk. R-1

تَبَارَكَ الَّذِيْ بہت برکت والی
Blessed is He. ہے وہ ذات

طِبَاقًا درجہ بدرجہ (خ ii) اوپر تلے۔
Harmony, One upon onother in conformity with each other.

تَفٰوُت نقص۔رخنہ Incongruity, imperfection, fault.

فُطُوْرٍ شگاف۔دراڑ Flaw, crack.

خَاسِئًا ناکام۔ Confused.

حَسِيْر تھکی ہوئی Fatigued, tired.

مَصَابِيْح (واحد sing مِصْبَاحٌ)
Lamps. چراغ۔

رُجُوْمًا سنگساری۔ Driving away, throwing like a stone.

اَلسَّعِيْر بھڑکنے والی دوزخ۔
Blazing fire.

اُلْقُوْا وہ ڈالے جائینگے They will cast.

شَهِيْقًا بڑی چیخ۔زور کی آواز۔
(ایسی آواز جو آگ کی تیز چلنے کی ہوتی ہے)
Roaring. (*like a sound of blazing fire*)

تَفُوْرُ وہ (جہنم) جوش مارے گی۔
It (*Hell*) will boil up.

تَمَيَّزُ وہ (دوزخ) پھٹ جائیگی۔
It (*Hell*) would burst.

اَلْغَيْظ غصہ Fury, violence, anger.

خَزَنَةٌ دربان۔چوکیدار۔داروغہ۔
The wardens.

نَعْقِلُ ہم سمجھتے ہیں۔پلے باندھ لیتے۔
We sense, realize.

سُحْقًا ہلاکت۔دوری۔لعنت ہو۔
Be far away, curse be.

لَطِيْفٌ مخفی در مخفی رازوں کا جاننے والا The Knower of all subtleties, secrets.

الملک رکوع ۲ پارہ ۲۹ رکوع ۲
Part-29. R-2 Al-Mulk. R-2

ذَلُوْلًا رہنے کے قابل۔ماتحت۔ Even and smooth, well-trained.

مَنَاكِبٌ (واحد sing مَنْكِبٌ) وادیاں
راستے۔ Spacious sides, paths, regions.

اَلنُّشُوْرُ اٹھایا جانا۔لوٹنا۔ The resurrection, rising from the dead.

تَمُوْرُ وہ (زمین) چکر کھاتی ہے۔
It begins to shake.

حَاصِبًا پتھروں کا مینہ Sand-storm.

نَكِيْرٌ (میرا) عذاب Punishment.

صَآفَّاتٍ پر پھیلائے ہوئے ہیں (اڑتے ہوئے)
Spreading out wings.

يَقْبِضْنَ وہ (پرندے) سمیٹتے ہیں۔
They (*birds*) draw in.

يُمْسِكُهُنَّ۔ وہ (رحمٰن) ان (پرندوں) کو روکتا ہے
He withholds them.

لَجُّوْا وہ بڑھ گئے۔ They obstinately persist.

عُتُوًّا سرکشی۔ Rebellion.

نُفُوْرًا نفرت Aversion, dislike.

خُسۡرًا گھاٹا ہے۔ Is ruin, loss.

التحریم رکوع ۱ پارہ ۲۸ رکوع ۱۹
Part-28. R-19 Al-Tahrim. R-1

تُحَرِّمُ تو حرام کرتا ہے۔ You do forbid.

تَبۡتَغِیۡ تو چاہتا ہے۔ You seek.

تَحِلَّۃَ کھولنا۔ The dissolution, Thing by which an oath is expiated.

اَسَرَّ النَّبِیُّ نبی نے ایک راز کی بات بتائی
The prophet confided a matter, told a secret.

نَبَّاَتۡ اس (عورت) نے بتا دی۔ She divulged, disclosed, revealed.

اَظۡھَرَہُ اللّٰہُ اللہ نے اسکو ظاہر کر دیا۔
Allah informed him.

عَرَّفَ اس (نبی) نے ظاہر کر دیا۔
He made known.

اَعۡرَضَ پردہ پوشی کی۔ Avoided.

تَتُوۡبَا تم دونوں (عورتیں) توبہ کرو You two (women) turn unto Allah repentant.

صَغَتۡ جھکے ہوئے ہیں۔ Are inclined.

تَظٰھَرَا تم دونوں ایک دوسرے کی اس کے خلاف مدد کرو گی۔ پشت پناہی کرو گی۔
You will back up one another against him.

ظَھِیۡرٌ مددگار۔ پشت پناہ Helpers.

سٰٓئِحٰتٍ روزے رکھنے والیاں۔
Those who fast.

ثَیِّبٰتٍ (واحد sing ثَیِّبٌ)
Widows. بیوائیں۔

اَبۡکَارًا (واحد sing بِکۡرٌ)
Virgins. کنواریاں۔

غِلَاظٌ سخت دل، سخت گیر Stern, strict, harsh, merciless.

شِدَادٌ طاقتور۔ قوی Severe, forcful.

یَعۡصُوۡنَ وہ نافرمانی کرتے ہیں۔
They disobey.

التحریم رکوع ۲ پارہ ۲۸ رکوع ۲۰
Part-28. R-20 Al-Tahrim. R-2

تُوۡبُوۡا رجوع کرو۔
Turn to repentance.

نَصُوۡحًا خالص طور پر In sincere.

اَتۡمِمۡ پورا کر دے۔ مکمل کر دے۔
Perfect, complete.

جَاھِدُ تبلیغ کر۔ (خ ۱۱) Preach, strive hard.

اُغۡلُظۡ سختی کر۔ Be stern, strict.

یُغۡنِیَا وہ دونوں (نوح اور لوط) (نہ) کام آئے
They both (*Nuh and Lot*) availed them naught.

مَثَلًا حالت۔ An example.

نَجِّنِیۡ مجھے نجات دے Deliver me.

اَحۡصَنَتۡ اس (عورت) نے حفاظت کی
She guarded her.

فَرۡجَھَا اپنے ناموس کی۔ اپنی عصمت کی۔
Her private part, chastity.

رُوۡحِنَا اپنا کلام۔ Our spirit.

تَعْفُوْا تم معاف کرو۔ عفو کرو۔
You overlook.

تَصْفَحُوا تم درگذر کرو۔ You forgive.

تَغْفِرُوْا تم پردہ پوشی کرو۔ (یعنی دوسروں سے ان کی کمزوری بیان نہ کرو)۔ You pardon. (*Don`t express their weakness among them*)

يُوْقَ بچایا جائے۔ بچایا گیا۔
Is rid of, free of, clear of.

شُحَّ بخل۔ Covetousness.

الطلاق رکوع ۱ پارہ ۲۸ رکوع ۱۷
Part-28. R-17 Al-Talaq. R-1

لِعِدَّتِهِنَّ ان (عورتوں) کے مقررہ وقت پر
For their prescribed period.

اَحْصُوْا گن رکھو۔ اس کا حساب رکھو۔
Reckon, count.

يُحْدِثُ پیدا کر دیگا Will bring.

لَا تَدْرِی تونہیں جانتا۔
You know not.

مَخْرَجًا نکلنے کا راستہ A way out.

بَالِغُ اَمْرِهٖ اپنے فیصلہ کو پورا کر کے رہتا ہے
One who accomplishes His purpose.

قَدْرًا اندازہ۔ A measure.

اُولَاتُ الْاَحْمَالِ حمل والیاں۔
Those who be with child.

يَضَعْنَ وہ وضع کر دیں (اپنا حمل) فارغ ہوجائیں۔ They are delivered (*of their burden*)

حَمْلَهُنَّ اپنا حمل Their burden.

اَرْضَعْنَ وہ (مطلقہ عورتیں) دودھ پلائیں They (*divorced women*) give suck.

وَاْتَمِرُوْا مشورہ کرلو۔ Consult.

تَعَاسَرْتُمْ تم ایک دوسرے سے تنگی محسوس کرو۔ (یعنی کسی فیصلہ پر اکٹھے نہ ہوسکو) You meet with difficulty from each other(*you can`t take decision*)

تُرْضِعُ لَهٗ دودھ پلائے اس (بچہ) کو۔
Let suckle him (*child*).

اُخْرٰى کوئی دوسری عورت۔
Another woman.

عُسْرٍ تنگی۔ Hardship.

يُسْرًا آسانی۔ فراخی۔ Ease.

الطلاق رکوع ۲ پارہ ۲۸ رکوع ۱۸
Part-28. R-18 Al-Talaq. R-2

كَاَيِّنْ کتنی ہیں۔ How many.

عَتَتْ نافرمانی کی۔ سرکشی کی۔ انکار کیا۔
Rebelled, refused.

حَاسَبْنَا ہم نے حساب لیا۔
We called it to account.

عَذَابًا نُكْرًا تکلیف دہ عذاب۔
Dire punishment.

فَذَاقَتْ چکھ لیا۔ Tasted.

وَبَالَ اَمْرِهَا اپنے کئے کی سزا The evil consequences of its conduct.

عَاقِبَةُ اَمْرِهَا ان کے کاموں کا انجام
The end of its affair.

جُـنَّـةٌ ڈھال۔
Shield.

فَـصَـدُّوْا وہ روکتے ہیں۔
They hinder.

تُـعْـجِـبُـکَ تجھے اچھے معلوم ہوتے ہیں۔
تیرا دل لبھاتے ہیں (ٹخ IV)
Please you.

خُـشُـبٌ (واحد sing خَـشَـبٌ) شہتیر ہیں
لکڑیاں ہیں۔
Blocks of wood.

مُـسَـنَّـدَةٌ جو اٹکائے ہوئے ہیں (دیواروں) پر
ایک دوسرے کے سہارے چنی ہوئی۔
(یعنی منافق دوسروں کے سہارے پر ہوتے ہیں)
They are propped up.
(*Hypocrite depend upon others*)

صَـيْـحَـةٌ آواز عذاب کی۔ بجلی کی کڑک
حادثہ
Cry, shout, blast.

فَـاحْـذَرْهُـمْ ان سے محتاط رہ۔ بچ۔
Beware of them.

قَـاتَـلَـهُـمُ اللّٰهُ اللہ ان کو ہلاک کرے۔
اللہ لعنت کرے ان پر۔
Allah's curse be upon them.

اَنّٰى يُـؤْفَـكُـوْنَ وہ کہاں الٹے پھرائے
جاتے ہیں۔
How are they being turned away.

تَـعَـالَـوْا آؤ۔
Come.

لَـوَّوْا وہ پھیر لیتے ہیں۔
They turn aside.

رُءُوْسَـهُـمْ اپنے سر
Their heads.

يَـنْـفَـضُّـوْا وہ بھاگ جائیں۔
They may disperse.

اَعَـزُّ سب سے معزز (آدمی)
The one most exalted.

اَذَلُّ سب سے زیادہ ذلیل۔
The one most mean, malicious.

المنافقون رکوع ۲ پارہ ۲۸ رکوع ۱۴
Part-28. R-14 Al-Munafiqun. R-2

لَا تُـلْـهِـكُـمْ نہ غافل کرے تم کو۔
Let not divert you.

لَـوْلَا کیوں نہیں۔
Why not.

اَخَّـرْتَـنِـيْ تو نے مجھے ڈھیل دی، مہلت دی
You respited me.

اَجَـلٍ قَـرِيْـبٍ تھوڑی دیر کیلئے۔
For a little while.

فَـاَصَّـدَّقَ میں صدقہ کر دیتا۔
I would give alms.

لَـنْ يُّـؤَخِّـرَ ہر گز مہلت نہیں دیگا۔
Will not grant respite.

التغابن رکوع ۱ پارہ ۲۸ رکوع ۱۵
Part-28. R-15 Al-Taghabun. R-1

صَـوَّرَكُـمْ اس نے تمہاری شکلیں بنائی ہیں
He shaped you.

فَـاَحْـسَـنَ بہت اچھا۔ خوبصورت بنایا۔
Made beautiful.

صُـوَرَكُـمْ تمہاری صورتیں۔
Your shapes.

زَعَـمَ اس نے خیال کیا۔
He asserted, thought.

لَـنْ يُّـبْـعَـثُـوْا وہ ہر گز نہ اٹھائے جائیں گے
They will not be raised up.

يَـوْمَ الـتَّـغَـابُـنُ ہار جیت کا دن۔
The day of the determination of losses and gains.

التغابن رکوع ۲ پارہ ۲۸ رکوع ۱۶
Part-28. R-16 Al-Taghabun. R-2

فَـاحْـذَرُوْهُـمْ اُن سے ہوشیار رہو۔
Beware of them.

الصّف رکوع ۲ پارہ ۲۸ رکوع ۱۰
Part-28. R-10 Al-Saff. R-2

اَدُلُّکُم میں تم کو خبر دوں۔ مطلع کروں۔
I point out to you.

مَسَاکِنَ (واحد sing مَسْکَنٌ) گھروں
Dwellings.

جَنّٰتُ عَدْنٍ ہمیشہ رہنے والی جنتیں۔
Gardens of Eternity.

فَتْحٌ قَرِیْبٌ جلدی حاصل ہونے والی فتح
A nigh victory.

مَنْ اَنْصَارِیْ کون میری مدد کریگا۔
Who are my helpers.

اِلَی اللّٰہِ اللہ کی طرف لے جانے والے
In the cause of Allah. کاموں میں

اَیَّدْنَا ہم نے مدد کی۔ تائید کی
We aided.

فَاَصْبَحُوْا پس وہ ہو گئے۔
They became.

ظَاھِرِیْنَ غالب
Predominant.

الجمعہ رکوع ۱ پارہ ۲۸ رکوع ۱۱
Part-28. R-11 Al-Jumu`ah. R-1

لَمَّا یَلْحَقُوْا وہ نہیں ملے ابھی۔
They have not yet joined.

حُمِّلُوا التَّوْرٰاۃَ جن پر تورات کی اطاعت واجب کی گئی ہے۔ جو اُٹھوائے گئے تھے تورات۔
They were charged with the Law of Torah.

لَمْ یَحْمِلُوْھَا انہوں نے اس پر عمل نہ کیا۔ انہوں نے نہ اٹھایا اس کو
They did not carry it out.

کَمَثَلِ الْحِمَارِ اس گدھے کی مثال کی طرح ہے
Is as the likeness of an ass.

یَحْمِلُ وہ اٹھاتا ہے۔
He carries.

اَسْفَارًا کتابیں۔
Books.

تَفِرُّوْنَ تم بھاگتے ہو۔
You flee.

مُلٰقِیْکُمْ وہ تم کو آ لے گی۔ آ پکڑے گی
It will overtake you.

تُرَدُّوْنَ تم لوٹائے جاؤ گے۔
You will be returned.

الجمعہ رکوع ۲ پارہ ۲۸ رکوع ۱۲
Part-28. R-12 Al-Jumu`ah. R-2

نُوْدِیَ بلایا جائے۔
Call is made.

فَاسْعَوْا دوڑ کر جایا کرو۔ جلدی جایا کرو
Hasten.

ذَرُوْا چھوڑ دیا کرو۔
Leave off.

قُضِیَتْ ختم ہو جائے۔
Is finished.

فَانْتَشِرُوْا پھیل جایا کرو
Disperse.

وَابْتَغُوْا اور تلاش کرو
And seek.

اِنْفَضُّوْا وہ بھاگ جاتے ہیں۔
They break out.

اِلَیْھَا اس (تجارت اور کھیل) کی طرف۔
For it (*merchandise and amusement*).

تَرَکُوْکَ وہ تجھے چھوڑ دیتے ہیں۔
They leave you.

قَآئِمًا کھڑا۔ اکیلا۔
Standing.

المنافقون رکوع ۱ پارہ ۲۸ رکوع ۱۳
Part-28. R-13 Al-Munafiqun. R-1

يَبْسُطُوْا وہ دراز کریں گے۔
They will stretch forth.

بِالسُّوْءِ بدنیتی کے ساتھ
With evil.

بُرَءٰٓؤُا ہم بیزار ہیں۔
We have nothing to do with.

بَدَا ظاہر ہوگیا ہے۔
Has become manifest.

اَنَبْنَا ہم جھکتے ہیں۔
We turn.

يَتَوَلَّ پیٹھ پھیرلیگا۔
Will turn away.

الممتحنہ رکوع ۲ پارہ ۲۸ رکوع ۸
Part-28.R-8 Al-Mumtahanah.R-2

تَبَرُّوْهُمْ تم ان سے نیکی کرو۔
You be kind to them.

تُقْسِطُوْا تم عدل کا معاملہ کرو
You deal equitably with them.

مُقْسِطِيْنَ انصاف کرنے والے۔
Those who are equitable.

ظَاهَرُوْا انہوں نے مدد کی۔
They have helped.

فَامْتَحِنُوْهُنَّ ان کی اچھی طرح جانچ پڑتال کرلیا کرو۔ان کو آزمالیا کرو۔
Examine them.

لَا تُمْسِكُوْا نہ روکو۔اپنے قبضہ میں نہ رکھو
Have hold not.

عِصَمَ ننگ و ناموس۔
Matrimonial ties.

اَلْكَوَافِرَ کافر عورتیں (واحد sing کَافِرَةٌ)
Disbelieving women.

فَاتَكُمْ چلی جائیں۔
Go away.

فَعَاقَبْتُمْ تم ہرجانہ لے چکے ہو۔(خ IV)
You have retaliated.

لَا تَتَوَلَّوْا دوستی نہ کر۔
Make not friends.

يَئِسُوْا وہ مایوس ہوگئے۔
They despaired.

الصّف رکوع ۱ پارہ ۲۸ رکوع ۹
Part-28. R-9 Al-Saff. R-1

سَبَّحَ تسبیح کی۔اور اللہ کا بے عیب ہونا بیان کرتا ہے
Glorifies Allah.

كَبُرَ بہت بڑا۔
Most.

مَقْتًا گناہ۔بیزاری کی بات ہے۔
It is hateful.

بُنْيَانٌ دیوار۔
Structure.

مَرْصُوْصٌ سیسہ پلائی ہوئی مضبوط۔
Cemented with molten lead.

تُؤْذُوْنَنِيْ تم مجھے دکھ دیتے ہو۔
You malign me, vex, slander.

زَاغُوْا وہ ٹیڑھے ہوگئے۔
They deviated.

اَزَاغَ اللّٰهُ اللہ نے ٹیڑھا کردیا۔
Allah caused to deviate.

مُبَشِّرًا بشارت دینے والا۔
Giving glad tidings.

يُدْعٰى وہ بلایا جاتا ہے۔
He is invited.

لِيُطْفِئُوْا کہ وہ بجھادیں۔
That they extinguish, blow out.

كَرِهَ ناپسند کریں۔
May dislike.

لِيُظْهِرَهٗ کہ وہ (خدا) اس (دین حق) کو غالب کرے۔
That He (*Allah*) may cause it to prevail over.

رِكَابٍ اونٹ۔ Camel.

يُسَلِّطُ وہ غلبہ دیتا ہے۔مسلط کرتا ہے۔
He gives authority.

دُوْلَةً چکر لگاتا رہے. It may circulate.

تَبَوَّؤُا الدَّارَ گھر پناہ کیلئے تیار کر رکھے تھے
Had established their home for refuge.

حَاجَةً خواہش۔غرض۔ Desire.

خَصَاصَةً تنگی۔ Poverty.

يُوْقَ بچایا جائے گا Will be rid of.

شُحَّ نَفْسِهٖ اپنے نفس کے بخل سے From covetousness of his own soul.

غِلًّا کینہ۔ Rancour.

الحشر رکوع ۲ پارہ ۲۸ رکوع ۵
Part-28. R-5 Al-Hashr. R-2

اُخْرِجْتُمْ تم نکالے گئے۔تم کو نکالا گیا۔
You are turned out.

قُوْتِلْتُمْ تم سے جنگ کی گئی۔
You are fought against.

اُخْرِجُوْا وہ نکالے گئے۔
They are turned out.

اَشَدُّ زیادہ۔ Greater.

رَهْبَةً خوف۔ڈر۔ Fear.

قُرًى بستیوں۔گاؤں Towns.

مُحَصَّنَةٍ قلعوں کے ذریعہ محفوظ کی ہوئی ہیں۔ Fortified.

جُدُرٍ (واحد sing جدار) دیواریں Walls.

بَاْسُهُمْ ان کی لڑائی. Their fighting.

شَتّٰى پھٹے ہوئے ہیں Are divided.

الحشر رکوع ۳ پارہ ۲۸ رکوع ۶
Part-28. R-6 Al-Hashr. R-3

قَدَّمَتْ اس (جان) نے آگے بھیجا ہے۔
It has sent forth.

لِغَدٍ (آئندہ) کل کے لئے۔
For the morrow.

نَسُوا اللّٰهَ انہوں نے اللہ کو چھوڑ دیا' بھلا دیا
They forgot Allah.

اَنْسٰهُمْ اس (خدا) نے ان کو بھلا دیا۔
He caused them to forget.

اَنْفُسَهُمْ اُن کی اپنی جانیں۔
Their own souls.

خَاشِعًا جھکا ہوا۔گرا ہوا۔عجز اختیار کرتا ہوا
Humbled.

مُتَصَدِّعًا ٹکڑے ٹکڑے ہو جاتا۔
Rent asunder.

اَلْمُهَيْمِنُ نگہبان۔حفاظت کرنیوالا۔
The Protector.

اَلْجَبَّارُ ٹوٹے ہوئے دلوں کو جوڑتا ہے۔
ٹوٹے کام بنانے والا ہے The subduer, compensator of losses.

اَلْمُتَكَبِّرُ بڑی عظمت والا. The Exalted.

اَلْبَارِئُ موجد ہے۔ The Maker.

الممتحنہ رکوع ۱ پارہ ۲۸ رکوع ۷
Part-28.R-7 Al-Mumtahanah.R-1

تُلْقُوْنَ تم پیغام بھیجتے ہو. You offer.

اَلْمَوَدَّةُ محبت۔ Love.

تُسِرُّوْنَ تم پوشیدہ اور مخفی پیغام بھیجتے ہو۔
You send messages in secret.

يَثْقَفُوْكُمْ وہ تم پر قابو پالیں They get the upper hand of you.

قَدِّمُوْا تم پیش کرو۔ You give.

بَيْنَ يَدَىْ پہلے۔سامنے۔ Before.

اَشْفَقْتُمْ تم ڈر گئے You are afraid.

المجادلہ رکوع ۳ پارہ ۲۸ رکوع ۳
Part-28. R-3 Al-Mujadilah. R-3

تَوَلَّوْا دوست بنایا Made friends.

اَيْمَانَهُمْ اپنی قسمیں Their oaths.

جُنَّةٌ ڈھال۔ Shield.

صَدُّوْا انہوں نے روکے رکھا۔ They turn away.

اِسْتَحْوَذَ غالب آ گیا۔ Has gained mastery, dominated.

فَاَنْسٰهُمْ اس (شیطان) نے انکو بھلا دیا He (*satan*) has made them forget.

يُحَآدُّوْنَ وہ مخالفت کرتے ہیں۔ They oppose.

الْاَذَلِّيْنَ ذلیل لوگ Most abject.

يُوَآدُّوْنَ وہ محبت کرتے ہیں۔ They love.

حَآدَّاللّٰهَ جو اللہ سے مخالفت کرتا ہے۔ Who opposes Allah.

كَتَبَ فِىْ قُلُوْبِهِمْ
ان کے دلوں میں نقش کر دیا۔ Has inscribed in their hearts.

اَيَّدَهُمْ ان کی تائید کی۔ Has strengthened them.

بِرُوْحٍ مِّنْهُ اپنی کلام سے۔ With inspiration from Himself.

الحشر رکوع ۱ پارہ ۲۸ رکوع ۴
Part-28. R-4 Al-Hashr. R-1

سَبَّحَ وہ تسبیح کرتا ہے He glorifies.

لِاَوَّلِ الْحَشْرِ پہلی جنگ، پہلے اجتماع The first banishment, assembly.

مَانِعَتُهُمْ ان کو بچا لیں گے۔حفاظت کریں گے Would defend them.

حُصُوْنُهُمْ (واحد *sing* حِصْنٌ) ان کے قلعے۔ Their fortresses.

مِنْ حَيْثُ جہاں سے۔ Whence.

لَمْ يَحْتَسِبُوْا ان کو گمان تک نہ تھا۔ They did not expect.

قَذَفَ اس نے ڈال دیا۔ He cast.

يُخْرِبُوْنَ وہ خراب کر رہے تھے۔ They were demolishing.

اُولِى الْاَبْصَارِ آنکھوں والے یعنی سمجھ بوجھ رکھنے والے Who have eyes.

اَلْجَلَآءُ جلاوطنی۔ Exile.

شَآقُّوا اللّٰهَ انہوں نے اختلاف کیا اللہ سے They opposed Allah.

مَنْ يُّشَآقِّ اللّٰهَ جو اللہ سے اختلاف کرتا ہے Whoso opposes Allah.

لِيْنَةٍ کھجور کا درخت۔ Palm tree.

اُصُوْلِهَا اپنی جڑیں Their roots.

لِيُخْزِىَ وہ رسوا کرے گا۔ He will humiliate.

اَفَآءَ اللّٰهُ جو مال اللہ نے دیا۔ Whatever Allah has given.

اَوْجَفْتُمْ تم نے دوڑائے۔ You urged.

خَيْلٌ گھوڑے۔ Horse.

الجادله رکوع ۱ پاره ۲۸ رکوع ۱
Part-28. R-1 Al-Mujadilah. R-1

قَدْسَمِعَ اللّٰهُ یقیناً اللہ نے سن لیا ہے
Allaha has indeed heard.

تُجَادِلُ وہ جھگڑتی ہے۔ بحث کرتی ہے۔
She pleads.

تَشْتَكِيْ شکایت کرتی ہے۔فریاد کرتی ہے
She complains.

تَحَاوُرَكُمَا تم دونوں کی گفتگو۔
Your dialogue, talk.

يُظٰهِرُوْنَ وہ ظِہار کرتے ہیں (اپنی بیویوں کو ماں کہہ دیتے تھے)
They put away wives by calling them mothers.

وَلَدْنَهُمْ انہوں نے ان کو جنا۔
They gave them birth.

Evil. ناپسندیدہ۔ مُنْكَرًا

Untrue. جھوٹ۔ زُوْرًا

يَعُوْدُوْنَ وہ رجوع کرتے ہیں۔وہ لوٹ
They would go back. آتے ہیں

To free. آزاد کرنا۔ تَحْرِيْرُ

A slave. گردن (یعنی غلام) رَقَبَةٍ

يَتَمَآسَّا وہ ایک دوسرے کو چھوئیں۔
Touch one another.

يُحَآدُّوْنَ وہ مخالفت کرتے ہیں۔
They oppose.

كُبِتُوْا وہ ذلیل کئے جائیں گے۔وہ ہلاک کئے جائیں گے۔
They will be abased, degraded.

اَحْصٰهُ اللّٰهُ اللہ نے اس کو گن رکھا ہے۔
Allah has kept account of it.

نَسُوْهُ وہ اس کو بھول گئے۔
They have forgotten.

الجادله رکوع ۲ پاره ۲۸ رکوع ۲
Part-28. R-2 Al-Mujadilah. R-2

Secret counsel. پوشیدہ مشورہ نَجْوٰى

Less. کم۔ اَدْنٰى

نُهُوْا وہ روکے گئے۔
They were forbidden.

اَلْعُدْوَانِ سرکشی۔زیادتی۔
Transgression.

Disobedience. نافرمانی مَعْصِيَتِ

حَيَّوْكَ وہ تجھے سلام کرتے ہیں۔
They greet you. دعا دیتے ہیں

حَسْبُهُمْ کافی ہے ان کے لئے۔
Is sufficient for them.

يَصْلَوْنَهَا وہ اس (جہنم) میں داخل ہوں گے۔وہ اس میں جلیں گے۔
They will enter, burn in it (*Hell*).

تَنَاجَيْتُمْ تم خفیہ مشورہ کرو۔
You confer together in private.

You confer. تم مشورہ کرو تَنَاجَوْا

تَفَسَّحُوْا کشادگی پیدا کرو۔کھل کر بیٹھو جگہ کھلی کردو (یعنی دوسروں کے لئے جگہ بناؤ)
Make room (*for anothers*).

يَفْسَحِ اللّٰهُ اللہ کشادگی عطا کردیگا۔
Allah will make ample room.

Rise up. اُٹھ جاؤ۔ اُنْشُزُوْا

You consult. تم مشورہ کرو نَاجَيْتُمْ

تَرَبَّصْتُمْ تم نے انتظار کیا۔
You hesitated, waited.

اِرْتَبْتُمْ تم نے شک کیا۔ You doubted.

غَرَّتْكُمْ تم کو دھوکا دیا۔ Deceived you.

اَلْاَمَانِیُّ آرزوئیں۔ Desires.

يَأْنِ وقت آیا۔ The time has arrived.

اَمَدُ زمانہ۔ The period.

اَلْمُصَّدِّقِيْنَ صدقہ دینے والے مرد۔
The men who give alms.

اَقْرَضُوْا انہوں نے قرض دیا۔ They lend.

الحدید رکوع ۳ پارہ ۲۷ رکوع ۱۹
Part-27. R-19 Al-Hadid. R-3

لَعِبٌ کھیل۔ کود۔ A sport.

لَهْوٌ دل بہلاوا۔ A pastime.

غَيْثٌ بارش۔ Rain.

اَعْجَبَ بہت خوش کرتا ہے۔ پسند آتا ہے۔
It rejoices.

اَلْكُفَّارُ کافر۔ Disbeliever.

نَبَاتُهٗ اس کا اُگنا۔ Vegetation.

يَهِيْجُ وہ لہلہاتی ہے It rejoices.

مُصْفَرًّا زرد۔ Yellow.

حُطَامًا چوراچورا۔
Worthless stubble.

عَرْضُهَا اس کی قیمت۔ (خ۔ii)
چوڑائی۔ وسعت Its value, width.

نَبْرَاَهَا ہم اس (مصیبت) کو پیدا کریں۔
We bring it into being.

لَاتَاْسَوْا نہ تم غم کرو۔ نہ افسوس کرو۔
You may not grieve.

فَاتَكُمْ تم سے جاتا رہا۔ You lost.

لَا تَفْرَحُوْا نہ تم خوش ہو۔
Nor you exult.

مُخْتَالٌ متکبر۔ تکبر کرنے والا۔
Self-conceited.

فَخُوْرٌ فخر کرنے والا۔ اکڑباز۔ Boaster.

اَلْمِيْزَانَ عدل کا ترازو۔
The balance of justice.

بَاْسٌ شَدِيْدٌ سخت جنگ کا سامان The material for violent warfare.

الحدید رکوع ۴ پارہ ۲۷ رکوع ۲۰
Part-27. R-20 Al-Hadid. R-4

مُهْتَدٍ ہدایت پانے والا۔ One who follows the guidance.

قَفَّيْنَا ہم نے متواتر بھیجے۔ پے در پے
We caused to follow.

عَلٰۤى اٰثَارِهِمْ ان کے نقش قدم پر۔
In their footsteps.

اِبْتَدَعُوْهَا انہوں نے اس (رہبانیت) کو بدعت بنالیا (خ۔IV)
They invented it (*Monasticism*).

مَا كَتَبْنٰهَا ہم نے اس (رہبانیت) کو فرض نہ کیا
We did not prescribe it (*Monasticism*).

فَمَا رَعَوْهَا پس انہوں نے اس کا لحاظ نہ رکھا
But they observed it not.

كِفْلَيْنِ دو حصے۔ دُہرا حصہ۔
A double portion.

لَا يَعْلَمَ وہ نہیں جانتا۔
He does not know.

اَلْمُزْن بادل۔ Clouds.

اُجَاجًا کھارا۔کڑوا۔ Bitter.

تُوْرُوْنَ تم روشن کرتے ہو. You kindle.

اَنْشَاْتُمْ تم نے پیدا کیا ہے۔
You have produced.

لِلْمُقْوِیْنَ مسافروں کے لئے۔
For the wayfarers.

الواقعہ رکوع ۳ پارہ ۲۷ رکوع ۱۶
Part-27. R-16 Al-Waqi`ah. R-3

مَوَاقِعَ (واحد sing مَوْقَع) ٹوٹنا۔
Place of ستاروں کے گرنے کی جگہ
falling of stars.

مَوَاقِعُ النُّجُوْم ستاروں کے جھرمٹ
The shooting of stars.(iv خ)

قُرْاٰنٌ کَرِیْمٌ عظمت والا قرآن ہے۔
A noble Qur'an. عزت والا ہے

مَکْنُوْنٌ چھپی ہوئی. Well-preserved.

مُدْھِنُوْنَ کمزوری اور سستی دکھانے والے
(خ iv)۔چاپلوسی کی باتیں کرنیوالے (خ iv)
Those who adopt a conciliatory attitude, rejet.

اَلْحُلْقُوْم (واحد sing حَلْقٌ)
Throats. گلے۔

حِیْنَئِذٍ اس وقت That moment.

غَیْرَ نہیں۔ Not.

مَدِیْنِیْنَ قرض چکانے والے۔
Those who requite.

رَوْحٌ راحت۔آرام۔رحمت. Comfort.

رَیْحَانٌ معطر فضا(خ iv) Fragrance.

نُزُلٌ مہمان نوازی۔دعوت۔
Entertainment.

حَمِیْمٌ گرم پانی Boiling water.

الحدید رکوع ۱ پارہ ۲۷ رکوع ۱۷
Part-27. R-17 Al-Hadid. R-1

یَلِجُ وہ داخل ہوتا ہے۔ He enters.

یُوْلِجُ وہ داخل کرتا ہے۔
He causes to pass.

مُسْتَخْلَفِیْنَ تم کو جانشین بنایا ہے۔
تم کو مالک بنایا ہے۔(خ-II)
Has made you heirs.

الحدید رکوع ۲ پارہ ۲۷ رکوع ۱۸
Part-27. R-18 Al-Hadid. R-2

یَسْعٰی دوڑ رہا ہوگا۔تیزی سے چل رہا ہوگا
Will be running.

اُنْظُرُوْنَا ہمارا بھی انتظار کرو۔ہم پر بھی نظر ڈالو۔
Wait for us, look at

نَقْتَبِسْ ہم روشنی حاصل کرلیں۔
We may borrow light.

فَالْتَمِسُوْا تلاش کرو۔ Seek.

ضُرِبَ حائل کردی جائے گی۔
Will be set up.

بِسُوْرٍ ایک دیوار۔ A wall.

بَاطِنُهٗ اس کے اندر Inside of it.

ظَاهِرُهٗ اس کے باہر Outside of it.

قِبَلِهٖ اس کے سامنے. In front of it.

فَتَنْتُمْ تم نے فتنہ میں ڈالا You led yourselves into temptation.

مَا جو۔
That.

تُمْنُوْنَ تم نطفہ گراتے ہو(عورتوں کے پیٹوں میں)(رحم مادر میں)
You emit the spermdrop, ejaculate.

مَسْبُوْقِيْنَ عاجز کئے جانے والا۔
Hindered.

وَمَانَحْنُ بِمَسْبُوْقِيْنَ اور ہم باز نہیں رکھے جاسکتے۔(موت کے عمل سے)(خ۔IV)
We cannot be hindered.
اور ہم سے کوئی آگے نہیں نکل سکتا۔(خ۔II)
We cannot be surpassed.

نُبَدِّلَ ہم بدل دیں۔
We bring in place.

اَمْثَالَكُمْ تمہاری طرح کے اور لوگ۔
Others like you.

نُنْشِئَكُمْ اور تم کو اٹھائیں۔
And we raise you.

اَلنَّشْاَةَ الْاُوْلٰى پہلی پیدائش۔
The first creation.

تَحْرُثُوْنَ تم بوتے ہو۔تم کاشت کرتے ہو
You sow.

تَزْرَعُوْنَ تم اگاتے ہو۔
You cause to grow.

حُطَامًا ریزہ ریزہ۔چورا
Stubble.

ظَلْتُمْ تم ہو جاتے
You would keep.

تَفَكَّهُوْنَ تم باتیں بناتے رہ جاتے۔
You lament.

اِنَّا لَمُغْرَمُوْنَ ہم پر چٹی پڑگئی۔
We are laden with debt.

ءَ اَنْزَلْتُمُوْهُ کیا تم نے اس کو اتارا ہے
Do you send it down.

سَمُوْمٌ گرم ہوا۔جھلسانے والی۔
Scorching winds.

حَمِيْمٌ کھولتا ہوا گرم پانی۔
Scalding water.

ظِلٌّ سائے۔
Shadow.

يَحْمُوْمٌ سیاہ دھواں۔کالا دھواں۔
Pitch-black smoke.

بَارِدٌ ٹھنڈا۔
Cool.

كَرِيْمٌ آرام دہ۔عزت بخشنے والا۔
Wholesome, beneficent.

مُتْرَفِيْنَ آسودہ حال تھے۔آرام سے رہتے تھے
Lived a life of ease.

كَانُوْا يُصِرُّوْنَ وہ اصرار کیا کرتے تھے
They persisted.

اَلْحِنْثُ گناہ۔
Sinfulness.

اَلْعَظِيْمُ بڑا
Extreme.

لَمَبْعُوْثُوْنَ ضرور اٹھائے جائیں گے۔
Will be raised again.

لَمَجْمُوْعُوْنَ ضرور اکٹھے کئے جائینگے
Will all be gathered together.

اِلٰى مِيْقَاتٍ وعدہ کی طرف۔
Unto the fixed time.

زَقُّوْمٌ تھوہر۔
Zaqqum.

فَمَالِئُوْنَ بھرنے والے ہوں گے۔
Those who will fill.

شَارِبُوْنَ پینے والے۔
Drinking.

شُرْبَ پینا۔
To drink.

هِيْمٌ پیاسے اونٹ
Thirsty camels.

اَفَرَءَيْتُمْ کیا تم نے غور کیا۔دیکھا۔
Did you think, see.

رُجَّتْ ہلائی جائے گی (زمین) جنبش دی جائے گی
(*Earth*) will be shaken.

بُسَّتْ ریزہ ریزہ کیا جائے گا Will be shattered, broken into pieces.

هَبَآءً غبار۔خاک۔ذرے Particles.

مُنْبَثًّا بکھرے ہوئے۔پراگندہ۔
Scattered, dispersed.

اَزْوَاجًا گروہ۔ Groups.

ثُلَّةٌ تین۔ Three.

سُرُرٍ (واحد sing سَرِيْرٌ)
Couches. پلنگ

مَوْضُوْنَةٌ مرصع۔جڑاؤ۔جواہرات اور سونے وغیرہ سے بنی ہوئی۔
Inwrought with gold and jewels, decorated.

مُخَلَّدُوْنَ ہمیشہ رہنے والے۔ Who will not age, ever-lasting.

اَكْوَابٌ (واحد sing كُوْبٌ)
Goblets. آبخورے۔

اَبَارِيْقَ (واحد sing اِبْرِيْقٌ)
Ewers. صراحیاں۔جگ۔

كَاْسٍ گلاس۔ Cups.

لَايُصَدَّعُوْنَ انکو سر درد نہ ہوگی۔نہ خمار ہوگا
No headache will they get. (iiخ)

لَايُنْزِفُوْنَ نہ وہ بہکی بہکی باتیں کرینگے
نہ وہ لغو اور بے ہودہ باتیں کریں گے۔
Nor will they be intoxicated.

اَللُّؤْلُؤُ موتی۔ Pearls.

اَلْمَكْنُوْنُ۔ ڈھکے ہوئے۔
Well-preserved.

تَاْثِيْمًا گناہ کی بات Sinful talk.

سِدْرٍ بیری۔ Lote-trees.

مَخْضُوْدٍ بغیر کانٹوں کے Thornless.

طَلْحٍ کیلے۔ Bananas.

مَنْضُوْدٍ ایک دوسرے پر چڑھے ہوئے
Clustered.

ظِلٍّ سائے۔ Shade.

مَمْدُوْدٍ لمبے لمبے۔ Extended.

فِيْ مَآءٍ مَّسْكُوْبٍ برسائے، گرائے جانے والے پانی
Flowing water.

لَامَقْطُوْعَةٍ نہ منقطع کئے جائیں گے۔
نہ ختم کئے جائیں گے Neither failing.

وَلَامَمْنُوْعَةٍ نہ ان سے روکا جائیگا۔
Nor forbidden.

فُرُشٍ مَّرْفُوْعَةٍ اونچی بچھائی ہوئی
مسندوں پر شاندار بیویوں کے ساتھ رہینگے (iiخ)
They will have noble spouses.

اَنْشَاْنٰهُنَّ ہم نے ان کو پیدا کیا۔
We have created them.

اِنْشَآءً عمدہ اور اعلیٰ طریق پر پیدا کیا۔
A good creation.

جَعَلْنٰهُنَّ ہم نے ان کو پیدا کیا۔
We made them.

اَبْكَارًا کنواریاں۔بے مثل (ivخ)
Virgins.

عُرُبًا خوبصورت۔من موہن Loving.

اَتْرَابًا ہم عمر۔ Of equal age.

الواقعہ رکوع ۲ پارہ ۲۷ رکوع ۱۵
Part-27. R-15 Al-Waqi`ah. R-2

اَلــنَّـوَاصِــي پیشانی کے بالوں. Forelocks.

اَ لْاَقْـدَام پاؤں۔ Feet.

حَــمِـيْـمٌ گرم۔ The fierce, hot.

اٰنٍ کھولتے ہوئے پانی۔ The boiling water.

الرحمٰن رکوع ۳ پارہ ۲۷ رکوع ۱۳
Part-27. R-13 Al-Rahman. R-3

ذَوَاتَـآ اَفْـنَـان بہت ٹہنیوں والی' شاخوں والی Having many varieties of branches.

اَ فْـنَـانٌ (واحد sing فَـنٌّ) ٹہنیاں۔ اقسام۔ Branches, kinds.

مِـنْ كُـلِّ فَـاكِـهَـةٍ زَوْجَـانِ ہر قسم کے میوے پھل دو دو قسم کے ہوں گے۔ Every kind of fruit in pairs.

فُـرُشٍ (واحد sing فَـرْشٌ) بچھونے. Couches.

بَـطَـآئِـنُـهَـا (واحد sing بِطَانَةٌ) ان کے استر۔ Their carpets.

جَـنَـا (پکے ہوئے) پھل (iv خ) Fruits.

دَانٍ جھکے ہوئے۔ Easy reach.

قٰـصِـرَاتُ نیچی رکھنے والی. Restraining.

اَلـطَّـرْفِ نگاہ۔نظر۔ Glances.

لَـمْ يَـطْـمِـثْـهُـنَّ نہ چھوا ہوگا ان کو نہ تعلق رکھا ہوگا ان سے۔ Nor will have touched them.

مُـدْهَـامَّـتَـانِ بہت ہی سرسبز۔ Dark green with foliage.

نَـضَّـاخَـتٰـنِ بڑے جوش سے پھوٹ رہے ہوں گے (دونوں چشمے) Will be (*two springs*) gushing forth with water.

رُمَّـانٌ انار۔ Pomegranates.

خَـيْـرَاتٌ (واحد sing خَيْرَةٌ) نیک عورتیں Good maidens.

حِـسَـانٌ (واحد sing حَسَنٌ) خوبصورت Beautiful.

حُـوْرٌ کالی آنکھوں والی عورتیں۔ Fair maidens with lovely black eyes.

مَـقْـصُـوْرٰتٌ رکھی ہوں گی بعض نے معنی کئے ہیں۔بٹھائی ہوئی ہوں گی Well-guarded. confined, restrained.

اَلْـخِـيَـامُ (واحد sing خَيْمَـةٌ) خیمے. Pavilions.

حُـوْرٌ مَّـقْـصُـوْرَاتٌ محلات جیسے مکانوں میں رکھی ہوئی۔ٹھہرائی ہوئی حوریں (iv خ) Fair maidens with lovely black eyes.

رَفْـــرَفٍ قالین۔ فرش۔ Carpets.

خُـــضْـــرٍ سبز۔ Green.

عَـبْـقَـرِيٍّ فرش۔ Cushions.

حِـسَـانٌ خوبصورت۔ Beautiful.

الواقعہ رکوع ۱ پارہ ۲۷ رکوع ۱۴
Part-27. R-14 Al-Waqi`ah. R-1

خَـافِـضَـةٌ نیچا کرنے والی۔ One who will bring low, abasing.

رَافِـعَـةٌ اونچا کرنے والی One who will exalt, raising, lifting.

اَلْاَنَـام تمام مخلوق۔ Creatures.

ذَاتُ الْاَكْـمَـام غلاف والی۔
With sheaths.

ذُو الْعَـصْـفِ خول والے۔ بھوسے والے
With husk, outer covering.

اَلـرَّيْـحَـانِ خوشبودار پھول۔
Fragrant plants.

صَـلْـصَـال بجنے والی مٹی۔ Ringing clay.

كَـالْفَـخَّـارِ پکائے ہوئے برتن کی طرح
Like baked pottery.

مَـارِجٍ شعلہ۔ The flame.

مَـرَجَ اس (خدا) نے چلایا۔
He (*Allah*) has made flow.

يَلْـتَـقِـيَـانِ وہ دونوں مل جائیں گے۔
They both will meet.

بَـرْزَخٌ روک۔ آڑ۔ پردہ Barrier.

لَايَـبْـغِـيَـانِ وہ ایک دوسرے میں داخل نہیں ہوسکتے۔
They cannot encroach one upon the other.

اَللُّؤْلُؤُ موتی۔ Pearls.

اَلْـمَـرْجَان مونگے۔ Coral.

اَلْـجَـوَار کشتیاں۔ Ships.

اَلْـمُـنْـشَـأٰتُ بلند۔ اٹھی ہوئی Lofty.

كَـالْاَعْـلَام پہاڑوں کی طرح۔
Like mountains.

الرحمٰن رکوع ۲ پارہ ۲۷ رکوع ۱۲
Part-27. R-12 Al-Rahman. R-2

يَبْقٰـى وَجْـهُ رَبِّـكَ تیرے رب کا جاہ وحشم باقی رہے گا (iv)
There will remain only the Person of thy Lord.

كُـلَّ يَـوْمٍ هُـوَ فِـيْ شَـانٍ وہ ہر گھڑی ہر وقت ایک نئی حالت اور شان میں ہوتا ہے۔
Every day He reveals Himself in a different state.

سَـنَـفْـرُغُ لَـكُـمْ ہم ضرور تم سے نپٹیں گے
Soon shall we attend to you.

اَيُّـهَ اے۔ O ye.

اَلـثَّـقَـلَانِ دو بڑی طاقتو۔ Two big groups, super powers.

اَنْ تَـنْـفُـذُوْا تم نکل جاؤ۔
You break through.

اَقْـطَارَ (واحد sing قَطَرٌ) کناروں۔
The confines.

يُـرْسَـلُ گرایا جائے گا۔ برسایا جائے گا۔ چھوڑا جائے گا۔
There shall be sent.

شَـوَاظٌ شعلہ۔ Flame.

نُـحَـاسٌ تانبہ۔ Molten copper.

فَـلَا تَـنْـتَـصِـرَانِ تم (دونوں) بدلہ نہ لے سکو گے (iv)
You (*both*) shall not be able to help themselves.

اِنْـشَـقَّـتْ پھٹ جائے گا۔
Will be rent asunder.

وَرْدَةً سرخ۔ Red.

كَـالـدِّهَـانِ چمڑے کی طرح۔
Like red hide.

يُـعْـرَفُ پہچانے جائیں گے۔
Will be known.

بِـسِـيْـمٰـهُـمْ اپنے چہروں کی علامتوں سے
By their marks.

ضَلَالٌ گمراہی۔ Manifest error.

سُعُر جلانے والا عذاب۔
Suffer from madness.

يُسْحَبُوْنَ وہ گھسیٹے جائیں گے۔
They will be dragged.

مَسَّ چھوجانا۔(عذاب کا)
The touch (*of Hell*).

سَقَرَ دوزخ۔ Hell.

اَشْيَاعَكُمْ تمہارے جیسے لوگ۔
People like you.

مُسْتَطَر لکھی ہوئی ہے۔
Written down.

مَقْعَدِ مقام۔ Abode.

صِدْقٍ قائم رہنے والا (مقام ومرتبہ) Eternal.

مَلِيْكٍ مُقْتَدِرٍ دائمی طاقت رکھنے والا
بادشاہ The Omnipotent King.

الرحمٰن رکوع ۱ پارہ ۲۷ رکوع ۱۱
Part-27. R-11 Al-Rahman. R-1

بِحُسْبَانٍ حساب اور قاعدہ کے مطابق
According to a fixed reckoning.

يَسْجُدَانِ سرنگوں ہیں۔ Humbly submit to His Will.

اَلنَّجْمُ جڑی بوٹیاں۔
The stemless plants.

وَضَعَ مقرر کر دیا۔ Has set.

الْمِيْزَانَ نمونہ عدل (iVخ)
توازن کا اصول۔ The measure.

اَلَّا تَطْغَوْا نہ سرکشی کرو۔ نہ تجاوز کرو۔
May not exceed.

(*Lot`s opponents*) deceitfully sought to turn him (*Lot*) away.

عَنْ ضَيْفِهٖ اس (لوط) کے مہمانوں کے
خلاف Away from his guests.

طَمَسْنَا ہم نے پردہ ڈال دیا (IIخ)
We covered.

ہم نے بے نور کر دیں (IVخ) We blinded.

مُسْتَقِرٌ قائم رہنے والا۔ Lasting.

القمر رکوع ۳ پارہ ۲۷ رکوع ۱۰
Part-27. R-10 Al-Qamar. R-3

عَزِيْزٍ مُّقْتَدِرٍ ایک غالب اور طاقتور
The Mighty and the Powerful.

بَرَآءَةٌ حفاظت کا وعدہ ہے۔
An exemption.

اَلزُّبُر پہلی کتابیں۔
The Scriptures.

جَمِيْعٌ جماعت۔ Host, people.

مُنْتَصِر بدلہ لینے والے (iVخ)
Well-defended.

غالب آ کر رہیں گے۔(iiخ)
Shall be victorious.

سَيُهْزَمُ ضرور عنقریب شکست دی جائیگی
Shall soon be routed.

يُوَلُّوْنَ الدُّبُر پیٹھ پھیر کر بھاگ جائینگے
Shall turn their backs in flight.

اَلسَّاعَةُ تباہی کی گھڑی۔ The hour.

اَدْهٰى بہت سخت اور ہلاک کرنے والی۔
Most calamitous, disastrous.

اَمَرُّ بہت کڑوی۔ تلخ Most bitter.

وَازۡدُجِرَ دھتکارا ہوا۔ پھٹکار ڈالی گئی One who is spurned, contempted.

مُنۡهَمِرٌ مسلسل بہنے والے (آنسو۔ پانی) جوش سے بہنے والے۔
(*Water, tears*) fell in torrents.

فَجَّرۡنَا ہم نے پھاڑا۔ بہادیا۔ We caused to burst forth.

فَالۡتَقَى پس ملایا گیا۔ اکٹھا ہو گیا۔
So it met.

قُدِرَ مقدر ہو چکا ہے۔ جس کا فیصلہ ہو چکا ہے۔
That was decreed.

ذَاتِ اَلۡوَاحٍ تختوں والی۔
Made of planks.

دُسُرٍ میخوں والی Made of nails.

مُدَّكِرٍ نصیحت حاصل کرنے والا۔
One who would take heed.

رِيۡحًا صَرۡصَرًا مسلسل اور تیز چلنے والی ہوا۔
A furious wind.

يَوۡمِ نَحۡسٍ منحوس وقت۔ A day of unending ill luck.

مُسۡتَمِرٍّ دیر تک رہنے والا۔ ٹھہرنے والا (وقت)۔
Unending (*time*).

تَنۡزِعُ النَّاسَ وہ (ہوا) لوگوں کو اکھیڑ پھینکتی تھی
Tearing people away.

اَعۡجَازُ (واحد sing عَجۡزٌ)
Trunks. تنے۔

مُنۡقَعِرٍ کھوکھلے۔ (جن کے اندر کا گودا کھایا ہوا تھا)
Uprooted.

القمر رکوع ۲ پارہ ۲۷ رکوع ۹
Part-27. R-9 Al-Qamar. R-2

سُعُرٍ جلنے والا عذاب۔ Suffering from madness, burning fire.

اَشِرٌ متکبر۔ خود پسند
An impudent, boastful.

قِسۡمَةٌ بانٹنا۔ تقسیم۔
To be shared, division.

مُحۡتَضَرٌ حاضر ہوا کرے۔ Attended.

فَتَعَاطٰى اس نے پکڑ لیا (اونٹنی کو)۔
He seized (*she-camel*).

عَقَرَ اس نے کونچیں کاٹ دیں۔
He hamstrung, crippled, cut.

كَهَشِيۡمِ ایک کٹی ہوئی باڑ کی طرح۔
Like the dry stubble.

اَلۡمُحۡتَظِرُ باڑ جو پاؤں تلے روندی جا چکی ہے (خ iv)
Trampled down, trod under foot.

حَاصِبًا کنکروں سے بھری ہوئی ہوا (خ ii)
A storm of stones.

سَحَرٍ صبح کے وقت By early dawn.

اَنۡذَرَ اس (لوط) نے ڈرایا۔
He (*Lot*) had warned.

بَطۡشَتَنَا ہماری گرفت۔ ہماری پکڑ۔
Our punishment.

فَتَمَارَوۡا انہوں نے بحث کی۔
They doubted.

رَاوَدُوۡهُ انہوں (لوط کے مخالفوں) نے اس (لوط) کو بہکانا چاہا۔
They

النجم رکوع ۳ پارہ ۲۷ رکوع ۷

Part-27. R-7 Al-Najm. R-3

اَکْدٰی ہاتھ روک لیا۔ بخل کیا Withheld grudgingly, stopped.

لَمْ یُنَبَّا وہ نہیں آگاہ کیا گیا۔ اس کو خبر نہیں دی گئی
He has not been informed.

وَفّٰی وفادار تھا۔ اس نے عہد پورا کیا۔
He fulfilled.

اَلْجَزَاءَ الْاَوْفٰی پوری پوری جزا۔
The fullest reward.

اَضْحَکَ وہ ہنساتا ہے۔
He makes laugh.

اَبْکٰی وہ رُلاتا ہے He makes weep.

اَغْنٰی وہ غنی کرتا ہے۔ وہ خزائن بخشتا ہے (خ IV)
He enriches.

اَقْنٰی وہ غریب کرتا ہے۔ (خ-II)
He makes poor.

اَلْمُؤْتَفِکَۃُ الٹائی ہوئی بستیاں۔
The subverted cities.

تَتَمَارٰی تو شک کرے گا۔ جھگڑے گا۔
You will dispute. بحث کرے گا

اَزِفَتْ قرب آ گئی Has came drawn near, close.

اَلْاٰزِفَۃُ قریب آنے والی۔ Taht is coming very soon, imminent, approaching close.

کَاشِفَۃٌ دور کرنے والی۔
One who removes, averts.

سَامِدُوْنَ غافل لوگ ہو۔ (خ iv)
Those who make merry.

حیران کھڑے ہو۔ (خ ii)
Those who stand agape.

القمر رکوع ۱ پارہ ۲۷ رکوع ۸

Part-27. R-8 Al-Qamar. R-1

مُسْتَمِرٌّ ہمیشہ چلا آتا ہے۔
Oft-repeated.

مُسْتَقِرٌّ اپنے وقت پر قرار پکڑنے والا۔
One that comes to pass.

کُلُّ اَمْرٍ مُّسْتَقِرٌّ ہر کام کے لئے ایک وقت مقرر رہوتا ہے۔
For everything there is an appointed time.

مُزْدَجَرٌ تنبیہ۔ ڈانٹ Warnings.

حِکْمَۃٌ بَالِغَۃٌ کمال تک پہنچی ہوئی حکمت (خ ii) اثر کرنے والی حکمت کی باتیں (خ iV)۔
Consummate wisdom, wise sayings.

فَتَوَلَّ پس تو منہ پھیر لے۔
Therefore, turn you away.

شَیْءٍ نُّکُرٍ ناپسندیدہ چیز۔
A disagreeable thing.

خُشَّعًا جھکی ہوئی ہونگی Will be cast.

اَجْدَاثٌ (واحد sing جَدَثٌ)
Graves. قبریں

جَرَادٌ (واحد sing جَرَادَۃٌ)
Locusts. ٹڈیاں

مُنْتَشِرٌ بکھری ہوئی۔ منتشر۔
Scattered about.

مُهْطِعِیْنَ دوڑ رہے ہونگے Hastening.

یَوْمٌ عَسِرٌ سخت دن۔ تنگ دن۔ مشکل دن
A hard day.

سَاقِطًا گرتا ہوا ہے۔ Falling down.

سَحَابٌ بادل۔ Clouds.

مَرْكُوْمٌ تہہ بہ تہہ۔ گھنا۔ Piled up.

يُصْعَقُوْنَ وہ بے ہوش کر دیئے جائینگے
ان پر بجلی گرائی جائیگی۔
They will be thunder-struck.

اِدْبَارَ بعد غروب۔ پیچھے۔ پیٹھ پھیر لینا۔
At the (یعنی ستارے غروب ہونے کے بعد)
setting, declining, turning back.
(*At the setting of the stars*)

اَلنُّجُوْمُ ستارے۔ The stars.

النجم رکوع ۱ پارہ ۲۷ رکوع ۵
Part-27. R-5 Al-Najm. R-1

هَوٰى وہ (ستارہ) گرا. That (*star*) fell.

مَاضَلَّ وہ نہیں گمراہ ہوا۔ (خIV)
He has (خ-II) وہ نہیں (راستہ) بھولا
neither erred, lost his way.

مَاغَوٰى نہ ہی نامراد رہا۔ (خ-II)
Nor has he gone astray.

شَدِيْدُ الْقُوٰى بڑی طاقتوں والا۔
Lord of mighty powers.

ذُوْمِرَّةٍ جس کی قوتیں بار بار ظاہر ہونیوالی
The One Possessor (خII) ہیں
of Powers who manifests
himself repeatedly.

فَاسْتَوٰى وہ عرش پر قائم ہوا۔ (خ-II) He
settled Himself on the throne.

دَنَا وہ قریب ہوا He drew near.

فَتَدَلّٰى پھر وہ نیچے آ گیا۔
Then He leaned down.

اَفَتُمَارُوْنَهٗ کیا تم اس سے جھگڑتے ہو۔
Will you dispute with him.

سِدْرَةٌ بیری۔ Lote-tree.

سِدْرَةُ الْمُنْتَهٰى انتہائی مقام پر واقع
The farthest Lote-tree. بیری

جَنَّةُ الْمَاْوٰى پناہ دینے والی جنت The
Garden of Eternal Abode.

يَغْشٰى ڈھانک لیا۔ ڈھانپ لیا. Covered.

مَازَاغَ نہ کج ہوئی۔ نہ ادھر ادھر پھری (نظر)
(*The eye*) deviated not.

مَاطَغٰى نہ حد سے بڑھی۔ نہ آگے نکل گئی (نظر)
Nor did it wander.

قِسْمَةٌ تقسیم۔ Division.

ضِيْزٰى ناقص۔ Unfair.

تَهْوٰى چاہتے ہیں۔ (نفس)
(*Their souls*) desire.

تَمَنّٰى وہ تمنا کرتا ہے۔ آرزو کرتا ہے۔
He desires.

اَلْاُوْلٰى دنیا۔ پہلی زندگی. This world.

النجم رکوع ۲ پارہ ۲۷ رکوع ۶
Part-27. R-6 Al-Najm. R-2

مَبْلَغُهُمْ ان (کے علم) کی انتہاء ہے۔
That is the utmost limit of their knowledge.

اَللَّمَمَ معمولی یا چھوٹا گناہ خیال میں گذرے
Minor faults. (بدی کا خیال)۔

اَجِنَّةٌ جنین (بچے) پوشیدہ Embryos.

اَلْمَرْفُوْع اونچا۔بلند۔ Elevated.

اَلْمَسْجُوْرُ جوش مارنے والا Swollen.

تَمُوْرُ خوب لہریں مارے گا۔سخت لرزہ کھائے گا(IV خ) Will heave with awful heaving, will shake, move.

مَوْرًا خوب لہریں مارنا Shaking, moving.

اَلسَّمَآءُ۔ بادل (روحانی بادل علم قرآن) The heaven, cloud. (*the knowledge of Quran*)

تَسِيْرُ الْجِبَالُ پہاڑ چلیں گے اڑائے جائینگے The mountains shall move.

فِيْ خَوْضٍ بے ہودہ باتوں میں۔ In idle talk.

يُدَعُّوْنَ وہ دھکیلے جائیں گے۔ They shall be thrust, pushed.

هَنِيْئًا خوشی خوشی۔مزے سے۔ With happy enjoyment, delightfully.

زَوَّجْنٰهُمْ ہم ان کو ساتھی بنا دینگے We shall give them as companions.

بِحُوْرٍ عِيْنٍ سیاہ آنکھوں والی عورتیں۔ Fair maidens having wide beautiful eyes.

اَلْحَقْنَا ہم ملا دینگے We shall join.

مَا اَلَتْنٰهُمْ نہ ہم کم کرینگے ان کے (عمل) We shall not diminish their (*works*).

رَهِيْنٌ گرفتار۔گروی۔ Pledged.

مَكْنُوْنٌ لپٹے ہوئے۔حفاظت میں رکھے ہوئے ڈھانپ کر رکھے ہوئے Well-preserved, carefully guarded, hidden.

اَلسَّمُوْمُ گرم۔ Burning.

اَلْبَرُّ احسان کرنیوالا The Beneficent.

الطّور رکوع ۲ پارہ ۲۷ رکوع ۴
Part-27. R-4 Al-Tur. R-2

كَاهِنٌ جو اندازے سے ظنی طور پر آئندہ یا گزری ہوئی باتیں بتاتا ہے Soothsayer, person who predicts.

نَتَرَبَّصُ ہم انتظار کرتے ہیں We wait.

رَيْبَ الْمَنُوْنِ حوادث زمانہ، گردش زمانہ Some calamity.

اَحْلَامُهُمْ انکی عقلیں Their intellect.

تَقَوَّلَهٗ اس نے اس (کلام) کو جھوٹے طور پر بنالیا ہے۔اپنی طرف سے بنالیا ہے۔ He has fabricated it, construct.

اَلْمُصَيْطِرُوْنَ داروغے۔نگران۔ The guardians.

سُلَّمٌ سیڑھی۔ Ladder.

مُسْتَمِعُهُمْ ان کا سننے والا Their listener.

مَغْرَمٌ چٹی۔ A load of debt.

مُثْقَلُوْنَ وہ (چٹی کے) بوجھ میں دبائے گئے ہیں۔ They are weighed down (*with a load of debt*).

كَيْدًا تدبیر کرنا۔چال چلنا۔ To plot, stratagem.

مَكِيْدُوْنَ انہیں کے خلاف تدبیر چلائی جائے گی۔ Those who will be caught in the plot.

كِسَفًا ٹکڑا۔ Fragment.

الذاریات رکوع ۲ پارہ ۲۷ رکوع ۱
Part-27. R-1 Al-Dhariyat. R-2

قَالَ فَمَا خَطْبُكُمْ اُس (ابراہیم) نے کہا تمہارا کیا مقصد ہے؟ تمہارے ذمہ کیا کام لگایا ہے۔
He (*Abraham*) said, what is your errand, object?, what brouth you here?.

لِنُرْسِلَ تاکہ ہم برسائیں۔ چلائیں۔ بھیجیں
That we may send down.

مُسَوَّمَةٌ نشان لگایا گیا ہے Marked.

فَتَوَلّٰى بِرُكْنِهٖ پس وہ پیٹھ پھیر کر اپنے بت خانہ کی طرف لوٹ گیا (خ II)
But he turned away to his idol-temple.
اس (فرعون) نے اپنے معتمدین سمیت اعراض کیا (خ IV)
He (*Pharaoh*) turned away with his confidants.

مُلِيْمٌ ملامت کیا جاتا ہے۔
One who deserves blame.

اَلرِّيْحَ الْعَقِيْمَ ویران کر دینے والی ہوا
Destructive wind.

كَالرَّمِيْمِ چورے کی طرح، سڑی گلی ہڈیوں کی طرح (خ II)
Like a rotten bone.

فَعَتَوْا پس انہوں نے نافرمانی کی۔
But they rebelled.

مُنْتَصِرِيْنَ مدد لینے والے۔ (خ II)
بدلہ لینے والے (خ IV)
Those who defend themselves.

الذاریات رکوع ۳ پارہ ۲۷ رکوع ۲
Part-27. R-1 Al-Dhariyat. R-3

مُوْسِعُوْنَ وسعت دینے والے ہیں (خ IV)
Those who pervade, extend.
ہم بڑی وسیع طاقت رکھتے ہیں (خ II)
We have vast powers.

فَرَشْنَا ہم نے اس (زمین کو) ہموار بنایا
(خ IV) ہم نے بچھونے کی طرح بنایا (خ II)
We have spread out. (*Earth*)

اَلْمَاهِدُوْنَ بچھونا بنانے والے۔
Those who spread out.

اَتَوَاصَوْا بِهٖ کیا وہ ایک دوسرے کو اس کی وصیت کر گئے ہیں؟
Have they made it a legacy to one another?

طَاغُوْنَ سرکش لوگ۔ Rebellious.

مَلُوْمٌ ملامت کیا گیا۔ Blamed.

ذَنُوْبًا حصہ۔ A share.

يَسْتَعْجِلُوْنِ وہ مجھ سے جلدی مانگتے ہیں
They ask Me to hasten.

يُوْعَدُوْنَ وہ وعدہ دیئے گئے ہیں۔
They have been promised.

الطّور رکوع ۱ پارہ ۲۷ رکوع ۳
Part-27. R-3 Al-Tur. R-1

مَسْطُوْرٍ لکھی ہوئی۔ Inscribed, written.

رَقٍّ (باریک اور نرم) کاغذ Parchment, high grade paper.

مَنْشُوْرٍ کھلے ہوئے۔ Unfolded.

اَلْمَعْمُوْرِ آباد۔ Frequented, populated, inhabited.

تَشَقَّقُ پھٹ جائے گی۔(زمین)۔
(*Earth*) will cleave asunder.

سِرَاعًا جلدی سے (جلدی سے نکلیں گے)
Hastening.

الذاریات رکوع ۱ پارہ ۲۶ رکوع ۱۸
Part-26. R-18 Al-Dhariyat. R-1

وَالذّٰرِيَاتِ قسم ہے خوب اُڑانے والیوں کی (ہوائیں۔جماعتیں)
By (*the winds*) that scatter with a true scattering.

ذَرْوًا بکھیرنا۔اڑانا۔ Scattering.

وِقْرًا بوجھ۔ The load.

جَارِيَاتِ چلنے والیاں۔
Those who flow.

يُسْرًا نرمی سے۔آہستگی سے Gently.

مُقَسِّمَاتٍ تقسیم کرنے والیاں Those who distribute, administer and execute affairs.

اَمْرًا حکم۔ Command.

اَلدِّيْنُ جزاسزاء۔ Judgment.

ذَاتِ الْحُبُكِ (واحد sing حَبِيْكَةٌ)
Full of tracks. راستوں والا

قَوْلٍ مُخْتَلِفٍ اختلافی بات۔
Discordances in utterances.

يُؤْفَكُ پھیرا جاتا ہے (حق سے)
Is turned away (from the truth)

مَنْ اُفِكَ جس کے پھیرے جانے کا حکم ہوا
Who is decreed to be turned away.

قُتِلَ ہلاک کئے گئے۔مارے گئے۔
Are killed

اَلْخَرَّاصُوْنَ اٹکلیں دوڑانیوالے۔
Liars. اٹکل پچو مارنے والے۔

غَمْرَةٍ گمراہی۔غفلت Ignorance.

سَاهُوْنَ بھولے ہوئے ہیں Headless.

اَيَّانَ کب ہوگا۔آئے گا When will.

يُفْتَنُوْنَ وہ مبتلا کئے جائیں گے۔
They will be tormented.

فِتْنَتَكُمْ اپنا عذاب Your torment.

يَهْجَعُوْنَ وہ سوتے ہیں They sleep.

اَلْمُكْرَمِيْنَ معزز۔ Honoured.

مُنْكَرُوْنَ اجنبی۔ناواقف Strangers.

رَاغَ وہ چپکے سے گیا He went quietly.

عِجْلٌ بچھڑا۔ Calf.

سَمِيْنٌ بھنا ہوا۔ Fatted.

اَقْبَلَتْ وہ آگے آئی۔
She came forward.

فِيْ صَرَّةٍ اسکے چہرہ پر شرم کے آثار تھے (خ ۱۱)
Crying, moaning, extremely embarrassed, vociferating.

صَكَّتْ اس نے ہاتھ مارا۔
Smote her hand.

عَجُوْزٌ بڑھیا۔ Old woman.

عَقِيْمٌ بانجھ۔ Barren.

☆☆☆

سَكۡرَةُ الۡمَوۡتِ موت کی غشی۔
The stupor of death. بے ہوشی

تَحِيۡدُ کنارہ کرتا تھا۔ بچتا تھا۔
Triying to run from.

اَلۡوَعِيۡد عذاب کا وعدہ Promise.

يَوۡمُ الۡوَعِيۡدِ انذار کا دن۔
The day of promise.

سَآئِقٌ ہانکنے والا۔ چلانے والا۔ Drive.

شَهِيۡد گواہ۔ Witness.

كَشَفۡنَا ہم نے اٹھادیا۔
We have removed.

غِطَآءَ پردہ۔ Veil.

حَدِيۡدٌ تیز۔ Sharp.

كَفَّارٌ ناشکرا۔ Ungrateful.

عَنِيۡدٌ دشمن۔ Enemy.

مَنَّاعٌ بہت روکنے والا۔ Hinderer.

مُعۡتَدٍ زیادتی کرنیوالا Transgressor.

مُرِيۡبٌ شک وشبہات پیدا کرنیوالا Doubter.

مَا اَطۡغَيۡتُهٗ میں نے اسکو سرکش نہیں بنایا
It was not I that caused him to rebel.

لَاتَخۡتَصِمُوۡا نہ جھگڑو Quarrel not.

ظَلَّامٍ ظلم کرنے والا Unjust.

ق رکوع ۳ پارہ ۲۶ رکوع ۱۷
Part-26. R-17 Al-Hujurat. R-3

اِمۡتَلَاْتِ تو بھر گئی ہے۔
You filled up?

هَلۡ مِنۡ مَّزِيۡدٍ کیا کچھ اور بھی ہے۔
Are there any more?

اُزۡلِفَتۡ قریب کردیجائے گی۔
Will be brought near.

اَوَّابٌ جھکنے والا (اللہ کی طرف)۔
One who turns (*to God*).

حَفِيۡظٌ حفاظت کرنے والا Watchful.

خَشِيَ وہ ڈرا۔ He feared.

بِالۡغَيۡبِ علیحدگی میں۔ بن دیکھے۔
In private.

قَرۡنٌ قومیں۔ نسلیں Generation.

بَطۡشًا گرفت کرنے۔ پکڑنے میں۔
In prowess.

فَنَقَّبُوۡا انہوں نے سرنگیں بچھادیں (خ ۱۱) انھوں نے غاریں بنالیں۔
They went about lands.

فِي الۡبِلَادِ سارے ملک میں۔
In the lands.

هَلۡ مِنۡ مَّحِيۡصٍ کیا کوئی بھاگنے کی جگہ ہے؟
Is there any place of refuge.?

اَلۡقَى السَّمۡعَ کان دھرتا ہے (سننے کیلئے)
Gives ear.

شَهِيۡدٌ دیکھنے والا۔ گواہ Attentive.

مَامَسَّنَا نہیں چھوا ہم کو
Not touched us.

لُغُوۡبٌ تھکان۔ تھکاوٹ Weariness.

اَدۡبَار پیچھے۔ بعد۔ After.

اَلصَّيۡحَةُ ایک ہولناک آواز۔
The inevitable blast.

قٓ قدیر۔ قادر
The Mighty.

وَالْقُرْاٰنِ الْمَجِیْدِ عزت والے قرآن کی قسم
By the glorious Quran.

رَجْعٌ لوٹنا۔
Return.

بَعِیْدٌ دُور کی بات ہے۔
That is far from possible.

تَنْقُصُ وہ (زمین) کم کرتی ہے۔
It (*the earth*) diminishes.

اَمْرٍ مَّرِیْجٍ الجھاؤ والی بات ہے۔
A state of confusion.

مَرِیْجٌ ملے جلے خیالات (سچ اور جھوٹ کے) اضطراب کی حالت
Confusion.

فُرُوْجٌ شگاف۔ سوراخ۔ رخنہ۔
Flaws.

مَدَدْنَا بچھایا ہم نے۔ پھیلایا۔ لمبا کیا (زمین کو)
We have spread (*Earth*).

اَلْقَیْنَا ہم نے ڈالے۔ بنائے۔
We have placed.

رَوَاسِیَ پہاڑ۔
Mountanins.

زَوْجٍ بَھِیْجٍ خوبصورت جوڑے۔
Beautiful species.

تَبْصِرَۃً بصیرت کیلئے آنکھیں۔
A means of enlightenment.

اَلذِّکْرٰی نصیحت ہے۔
It is admonition, advice.

مُنِیْبٌ اللہ کی طرف جھکنے والا۔
One who turns to Allah.

حَبٌّ دانے۔ اناج۔
Grains.

اَلْحَصِیْدُ کاٹی جانے والی کھیتی
Harvests.

بَاسِقَاتٍ لمبے لمبے (درخت)
Tall (*tree*).

طَلْعٌ پھل۔ شگوفے۔
Spathes.

نَضِیْدٌ تہہ بہ تہہ ہوتا ہے۔ ایک دوسرے پر چڑھا ہوتا ہے۔
Piled one above the other.

حَقَّ وَعِیْدِ میرے عذاب کا وعدہ پورا ہو کر رہا
My threatened punishment befell.

اَصْحَابُ الرَّسِّ معدنیات والے (IVخ) کنویں والے (IIخ)
The people of the well (*Ancient Arab tribes*).

اَفَعَیِیْنَا کیا ہم تھک گئے۔
Were we wearied.

فِیْ لُبْسٍ شبہ میں ہیں۔
Are in confusion.

ق رکوع ۲ پارہ ۲۶ رکوع ۱۶
Part-26. R-16 Al-Hujurat. R-2

تُوَسْوِسُ وسوسہ ڈالتا ہے
It whispers.

حَبْلُ الْوَرِیْدِ رگِ جان
Jugular vein.

یَتَلَقّٰی لیتے ہیں۔ محفوظ کرتے ہیں۔
They receive.

مُتَلَقِّیَانِ دو لینے والے، دو محفوظ کرنیوالے
Two recording.

قَعِیْدٌ بیٹھے ہوئے۔
Sitting.

مَا یَلْفِظُ مِنْ قَوْلٍ وہ کوئی بات نہیں کرے گا
He utters not a word.

رَقِیْبٌ محافظ۔ نگہبان
A guardian.

عَتِیْدٌ تیار۔
Ready.

لَایَسۡخَرۡ نہ تمسخر کرے۔ Let no one deride, mock.

لَا تَلۡمِزُوۡا نہ عیب لگاؤ۔ Don`t defame.

لَا تَنَابَزُوۡا بِالۡاَلۡقَابِ نہ پکارو ایک دوسرے کو بُرے ناموں سے۔ نہ نام بگاڑو۔ Don`t call one another by nick-names.

وَلَا تَجَسَّسُوۡا اور نہ جاسوسی کرو۔ نہ عیب تلاش کرو۔ And spy not.

لَایَغۡتَبۡ نہ غیبت کرو۔ Neither backbite.

شُعُوۡبًا (واحد sing شُعۡبَۃٌ) کنبے۔ قومیں۔ ٹکڑے۔ Tribes.

قَبَآئِلَ (واحد sing قَبِیۡلَۃٌ) قبیلے۔ Sub-tribes.

لِتَعَارَفُوۡا تا کہ تم ایک دوسرے کو پہچانو۔ That you may know one another.

اَکۡرَمَ زیادہ معزز۔ The most honourable.

اَتۡقٰی زیادہ پرہیزگار۔ The most righteous.

لَایَلِتۡکُمۡ وہ نہیں کم کرے گا نہیں ضائع کرے گا تم سے He will not detract.

یَمُنُّوۡنَ وہ احسان جتاتے ہیں۔ They presume to regard it as a favour.

ق رکوع ۱ پارہ ۲۶ رکوع ۱۵
Part-26. R-15 Al-Hujurat. R-1

اِمۡتَحَنَ جائزہ لے لیا ہے۔ آزما لیا ہے۔ Has purified.

بِنَبَاٍ کوئی خبر لے کر۔ With any news.

فَتَبَیَّنُوۡا تو تحقیق کر لیا کرو۔ چھان بین کر لیا کرو۔ Investigate.

تُصِیۡبُوۡا تم نقصان پہنچا دو۔ حملہ کر دو۔ You harm.

لَعَنِتُّمۡ ضرور تم تکلیف میں پڑ جاؤ۔ مشکل میں پڑ جاؤ۔ You would surely come to trouble.

حَبَّبَ (اللہ نے) محبوب بنایا۔ پیارا بنایا۔ (*Allah*) has endeared.

زَیَّنَہٗ اس (اللہ) نے خوبصورت بنایا ہے سجا دیا ہے اس کو۔ He (*Allah*) has made it look beautiful.

کَرَّہَ ناپسند بنا دیا۔ کراہت پیدا کی۔ Has made hateful.

اَلۡعِصۡیَانُ گناہ۔ نافرمانی۔ Disobedience.

تَبۡغِیۡ (جو گروہ) بغاوت اور نافرمانی کرتا ہے (*The party*) transgresses.

حَتّٰی تَفِیۡٓءَ یہاں تک کہ وہ لوٹ آئے۔ رجوع کرے Until it returns.

اِنۡ فَآءَتۡ اگر وہ (اللہ کے فیصلہ کی طرف) لوٹ آئے۔ If it (*the command of Allah*) returns.

الحجرات رکوع ۲ پارہ ۲۶ رکوع ۱۴
Part-26. R-14 Al-Hujurat. R-2

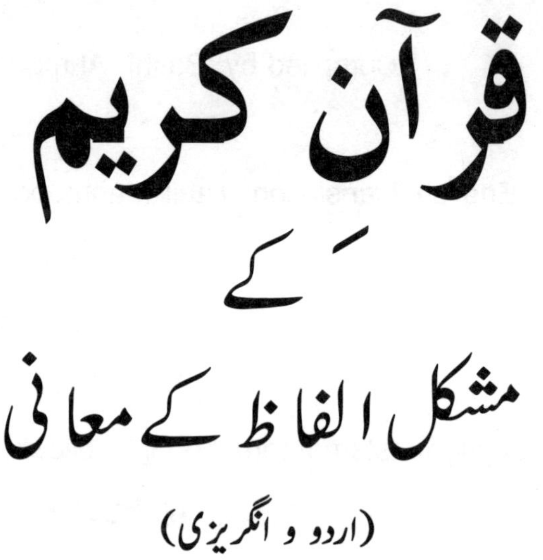

Meanings of the difficult words

of

The Holy Qur`an

(Urdu & English)

قرآن کریم کے مشکل الفاظ کے معانی

Meaning of the difficalt words of the Holy Quran

مؤلف: بشیر احمد قمر

Compiled by: Bashir Ahmad Qamar

انگریزی ترجمہ: طاہر محمود احمد

English Translation: Tahir Mahmood Ahmad

ایڈیشن: یوکے 2006

Edition: 2006

کمپوزنگ: رحمان کمپوزنگ سنٹر ربوہ

Composed by: Rehman Composing Centre Rabwah

ناشر: اسلام انٹرنیشنل پبلیکیشنز لمیٹڈ

Publisher: Islam International Publications Ltd.

مطبع: باتھ پریس۔ یوکے

Print at :

Bath Press, UK

ISBN: 1 85372 838 1

انڈیکس

اظہارِ خیال مولانا بشیر احمد صاحب قمرؔ

✓ **ایڈیشنل ناظر اصلاح و ارشاد (تعلیم القرآن و وقف عارضی)**

خدا تعالیٰ کا فضل و احسان ہے کہ خاکسار نے ''قرآن کریم کے مشکل الفاظ کے معانی'' کے نام سے ایک کتاب تصنیف کرنے کی توفیق پائی جو نظارت اشاعت ربوہ کی طرف سے چھاپی گئی۔ اُردو جاننے والے اس سے استفادہ کر رہے ہیں۔

ایک روز مکرم طاہر محمود احمد صاحب مربی سلسلہ ایم۔اے نے خواہش ظاہر کی تھی کہ اگر قرآن کریم کے مشکل الفاظ کا اُردو ترجمہ کے ساتھ ساتھ انگریزی ترجمہ بھی ہو جائے تو یہ کتاب بہت زیادہ مفید ثابت ہو سکتی ہے۔ اس طرح اُردو جاننے والے انگریزی ترجمہ اور انگریزی جاننے والے اُردو ترجمہ سیکھ جائیں گے۔ یہ سن کر مجھے بڑی خوشی ہوئی چنانچہ میں نے مربی سلسلہ عالیہ احمدیہ کو اس نیک کام کے شروع کرنے کے لئے کہا۔

ابتدا میں پہلے پارے کے مشکل الفاظ کے اُردو ترجمہ کو انگریزی میں ترجمہ کر کے حضور انور ایدہ اللہ تعالیٰ بنصرہ العزیز کی خدمت میں پیش کیا گیا۔ حضور انور نے ملاحظہ فرما کر خوشنودی کا اظہار فرمایا اور اس کو پایۂ تکمیل تک پہنچانے کے لئے ان الفاظ میں خیر و برکت کی دُعا دی۔

''اللہ آپ کو یہ کام احسن رنگ میں سر انجام دینے کی توفیق دے۔ آپ کی کوششوں میں برکت عطا کرے اور ان کے کامیاب نتائج ظاہر فرمائے۔ اس کے پیاروں میں آپ کا شمار ہو اور ہمیشہ اس کی رضا کی راہیں آپ کے پیش نظر رہیں۔ اللہ آپ کو اپنی جناب سے ہر خیر کا وارث بنائے اور دین و دنیا کی سعادتیں عطا فرمائے۔ آمین۔''

مربی سلسلہ نے بڑی محنت اور لگن سے یہ کام جاری رکھا اور ساتھ ساتھ مکرم پروفیسر عبد الجلیل صاحب صادقؔ کو پروف دِکھاتے رہے اور اِصلاح لیتے رہے۔ آپ بھی اس سلسلہ میں بہت لگن سے کام کرتے رہے۔

مکرم کرامت الرحمٰن صاحب نے بھی اس کتاب کی کمپوزنگ کا کام بڑی محنت اور لگن سے کیا اور بڑی مہارت سے اس کی سیٹنگ کی۔

آخر کار خدا کے فضل و کرم سے انگریزی ترجمہ مکمل ہوا اور دونوں ترجموں کی بہت خوبصورت سیٹنگ کی گئی ہے۔ اللہ تعالیٰ تمام احباب کو جزا دے اور ان کی مساعی میں خیر و برکت ڈالے اور آئندہ بھی مفید دینی کام کرنے کی توفیق عطا کرے۔

جزاهم الله احسن الجزاء

بشیر احمد قمر

ایڈیشنل ناظر اصلاح وارشاد

تعلیم القرآن و وقف عارضی

۲۰۰۵-۷-۱۱

پیش لفظ

حضرت محمد مصطفےٰ صلی اللہ علیہ وسلم کی پیشگوئیوں کے مُطابق حضرت مسیح موعود علیہ الصلوٰۃ والسلام نے جماعت احمدیہ عالمگیر کی بنُیاد ایک چھوٹی سی بستی قادیان میں رکھی جواب تائیداتِ الٰہیہ کے ساتھ ساری دنیا میں پھیل گئی ہے۔ ہر رنگ ونسل اور مختلف زبانیں بولنے والے احباب اس عالمگیر جماعت میں داخل ہوئے ہیں اور داخل ہو رہے ہیں۔ برِّ اعظم امریکہ ہو یا برِّ اعظم افریقہ ' برِّ اعظم آسٹریلیا ہو یا برِّ اعظم ایشیا ' برِّ اعظم یورپ ہو یا مختلف جزائر۔ تمام علاقوں سے سعید روحیں جماعتِ احمدیہ میں داخل ہو کر اپنے معبودِ حقیقی پر ایمان لا رہی ہیں۔

اس عالمگیر پسِ منظر میں خاکسار کے دل میں خیال پیدا ہوا کہ محترم مولٰنا بشیر احمد قمر صاحب کی کتاب ''قرآنِ کریم کے مُشکل الفاظ کے معانی'' کا اُردو کے ساتھ ساتھ انگریزی زبان میں بھی ترجمہ ہونا چاہیئے۔ کیونکہ انگریزی ایک بین الاقوامی زبان کا درجہ رکھتی ہے اور ہر جگہ یہ زبان بولی اور سمجھی جاتی ہے۔ اگر قرآن کریم کے مشکل الفاظ کا ایک ہی جگہ دو زبانوں میں ترجمہ مہیا کر دیا جائے تو اُردو جاننے والے انگریزی ترجمہ اور انگریزی جاننے والے اُردو ترجمہ سیکھ سکتے ہیں۔ چنانچہ خاکسار نے اس مقدس کام کے کرنے کی خواہش کا اظہار محترم مولانا موصوف صاحب سے کیا تو انہوں نے اس کام کے شُروع کرنے کے لئے فرمایا۔

اس کے بعد خاکسار نے پہلے پارے کا انگریزی میں ترجمہ کر کے حضور انور کی خدمتِ اقدس میں بھجوایا۔ بعد ملاحظہ آپ نے درج ذیل مُبارک الفاظ میں اظہارِ خیال فرمایا۔

''اللہ آپ کو یہ کام احسن رنگ میں سرانجام دینے کی توفیق دے۔ آپ کی کوششوں میں برکت عطا کرے اور ان کے کامیاب نتائج ظاہر فرمائے۔ اس کے پیاروں میں آپ کا شمار ہو اور ہمیشہ اس کی رضا کی راہیں آپ کے پیش نظر رہیں۔ اللہ آپ کو اپنی جناب سے ہر خیر کا وارث بنائے اور دین و دنیا کی سعادتیں عطا فرمائے۔ آمین۔''

حضور انور کے ان حوصلہ افزا الفاظ نے خاکسار کے دل میں مزید ولولہ پیدا کر

دیا۔ایک عرصہ تک یہ بابرکت کام جاری رہا۔آخر کار حضور انور کی دُعاؤں سے یہ کام پایۂ تکمیل تک پہنچا۔ترجمہ کے دوران حضرت مولانا شیر علی صاحبؓ اور حضرت ملک غلام فرید صاحبؓ کے انگریزی ترجمہ سے بھی استفادہ کیا گیا۔

اس سلسلہ میں جن احباب نے تعاون کیا اُن کا ذکر کرنا چاہتا ہوں۔سب سے پہلے مکرم ومحترم مولانا بشیر احمد قمر صاحب کا ممنون ہوں کہ انہوں نے اپنی خصوصی دُعاؤں کے ساتھ ساتھ قیمتی ہدایات سے بھی نوازا۔وقتاً فوقتاً قیمتی مشورے دیتے رہے۔اللہ تعالیٰ آپ کو صحت والی زندگی عطا کرے اور دینی کاموں کی توفیق دیتا چلا جائے۔اسی طرح مکرم کرامت الرحمٰن صاحب کا ذکر کرنا بھی ضروری سمجھتا ہوں کہ جنہوں نے اپنی خداداد صلاحیتوں کو بروئے کار لاتے ہوئے ترجمے کے مراحل کو آسان بنا دیا اور اس میں خصوصی تعاون کیا۔نیز اس کے علاوہ دن رات کی انتھک محنت اور محض خدا تعالیٰ کے فضل کے ساتھ اسکی کمپوزنگ اور سیٹنگ کر کے اس کو ایک خوبصورت کتابی شکل دی۔اللہ تعالیٰ ان کو خدمتِ دین کا کام کرنے والی لمبی عمر عطا فرمائے۔اسی طرح مکرم ومحترم پروفیسر قریشی عبدالجلیل صاحب صادق نے اپنی گوناگوں مصروفیات کے ساتھ ساتھ اس کے پروف چیک کیے اور ہدایات سے نوازا۔آپ نے یہ کام بڑی محنت ولگن سے سرانجام دیا۔اللہ تعالیٰ انہیں ہر قسم کی خیر وبرکت سے نوازے۔

اللہ تعالیٰ ان سب محترم احباب کو جزائے خیر عطا کرے اور خدماتِ دینیہ کی توفیق عطا کرتا چلا جائے۔ان کی عمروں اور صحت وسلامتی میں خیر وبرکت ڈالے اور خلافت کی برکات سے متمتع کرتا چلا جائے۔جزا ھم اللّٰہ احسن الجزاء

طاہر محمود احمد مربی سلسلہ

ایم۔اے

۲۰۰۵۔۷۔۱۹

(نظارت اشاعت ربوہ)

قرآن کریم کے پڑھنے سننے والوں کے لئے

چند ضروری ہدایات

1۔ سورۃ فاتحہ کے آخر میں اور ایسے ہی دوسری دعائیہ آیات پڑھتے ہوئے یا سنتے ہوئے (آمین) کہا جائے۔ (اے اللہ تو ہماری دعا قبول فرما) خواہ اونچی آواز سے یا دھیمی آواز سے۔

نوٹ:۔بعض احباب جہاں اور جب رَبَّنَا کا لفظ سنتے ہیں تو وہ سمجھ لیتے ہیں کہ یہاں کوئی دعا ہوگی وہ آمین کہہ دیتے ہیں حالانکہ وہ موقع آمین کہنے کا نہیں ہوتا۔

2۔ قرآن کریم پڑھنے یا سننے میں جہاں بھی سیدنا حضرت محمد رسول اللہ علیہ وسلم کا مبارک نام آئے تو وہاں دلی محبت سے صلی اللہ علیہ وسلم کہا جائے۔قرآن کریم میں نبی کریمؐ کا مبارک نام چار دفعہ آیا ہے۔

3۔ سورۃ بقرہ کی آخری آیت کے جواب میں جو رَبَّنَا کے ساتھ دعائیں کی گئی ہیں ان کے ساتھ ساتھ آمین کے ساتھ قبولیت کی درخواست کی جائے۔اور جب یہ الفاظ پڑھے یا سنے جائیں وَاعْفُ عَنَّا وَاغْفِرْ لَنَا وَارْحَمْنَا ۔(یعنی ہم سے درگزفرما۔ہمیں بخش دے۔ہم پررحم فرما) تو اس کے جواب میں کہے آمین۔ساتھ یہ دعا بھی پڑھی جائے۔ رَبِّ اغْفِرْلِیْ اَللّٰھُمَّ رَبَّنَا لَکَ الْحَمْدُ۔اے اللہ یہ دعا قبول فرما۔میرے رَب میرے گزشتہ گناہ بخش دے اور آئندہ مجھے ہر قسم کے گناہوں سے بچا اور محفوظ رکھ۔اے ہمارے رَب تیرے لئے ہی سب تعریفیں ہیں۔

4۔ سورۃ آل عمران میں آتا ہے کہ شَهِدَ اللّٰهُ اَنَّهٗ لَا اِلٰهَ اِلَّا هُوَ وَ الْمَلَائِكَةُ وَ اُولُوا الْعِلْمِ قَائِمًا بِالْقِسْطِ۔ (آل عمران:۱۹)

کہ اللہ گواہی دیتا ہے۔کہ اسکے سوا کوئی معبود نہیں اور فرشتے بھی اور علم والے بھی

انصاف پر قائم ہوتے ہوئے یہی گواہی دیتے ہیں۔ اسکے جواب میں اقرار کیا جائے وَ اَنَا اَشْهَدُ بِهٖ۔ کہ میں بھی گواہ ہوں کہ اے میرے رب تیرے سوا کوئی معبود نہیں۔

5۔ سورۃ بنی اسرائیل کے آخر میں ہے وَ كَبِّرْهُ تَكْبِيْرًا (آیت ۱۱۲) کہ تو اس (خدا) کی اچھی طرح بڑائی بیان کر۔ اسکے جواب میں اَللّٰهُ اَكْبَرُ کہا جائے کہ اللہ سب سے بڑا ہے۔

6۔ جہاں جنت کا ذکر ہو تو دعا کریں۔ اَللّٰهُمَّ اَدْخِلْنَا فِىْ رَحْمَتِكَ کہ اے اللہ ہم کو اپنی رحمت میں داخل فرما۔ اس میں نیکی کرنے اور اس پر قائم رہنے کی دعا ہے۔ جو جنت میں لے جانے کا موجب ہے۔

7۔ اور جہاں عذاب کا ذکر ہو تو وہاں دعا کی جائے۔ اَللّٰهُمَّ لَا تُعَذِّبْنَا ۔ اے اللہ ہمیں عذاب نہ دینا۔ گویا بدیوں، بے عملیوں سے جو عذاب وسزا کا موجب ہوتی ہیں بچنے کی دعا ہے۔

8۔ آپ جب یہ کلام سنیں یا پڑھیں جیسا کہ سورۃ واقعہ رکوع نمبر ۲۔۳ میں آیا ہے کہ فَسَبِّحْ بِاسْمِ رَبِّكَ الْعَظِيْمِ تُو اپنے رب عظیم کے نام کی تسبیح کر۔ اس کا بے عیب ہونا بیان کر۔ تو اس کے جواب میں سُبْحَانَ رَبِّیَ الْعَظِيْمِ ۔ کہا جائے (پاک ہے میرا رب بڑی عظمت والا۔)

9۔ اور جہاں آپ یہ کلام سنیں یا پڑھیں سَبِّحِ اسْمَ رَبِّكَ الْاَعْلٰى (سورۃ الاعلی) کہ تو اپنے بلند شان والے رب کے نام کا بے عیب ہونا بیان کر تو جواب میں کہیں۔ سُبْحَانَ رَبِّیَ الْاَعْلٰى پاک ہے میرا رب ہر قسم کے عیب سے۔ بلند شان والا ہے۔

10۔ سورہ قیامہ پارہ نمبر ۲۹ میں آتا ہے۔ اَلَيْسَ ذٰلِكَ بِقَادِرٍ عَلٰٓى اَنْ يُّحْيِىَ الْمَوْتٰى۔ کہ کیا خدا اس بات پر قادر نہیں کہ مردوں کو پھر زندہ کرے؟ تو اس کے جواب میں کہا جائے۔ بَلٰٓى اِنَّهٗ عَلٰى كُلِّ شَىْءٍ قَدِيْرٌ۔ ہاں بیشک وہ جس چیز کا ارادہ کرے اس کے کرنے پر قادر ہے۔

11۔ سورہ الملک پارہ نمبر ۲۹ کے آخر میں آتا ہے۔ فَمَنْ يَّاْتِيْكُمْ بِمَآءٍ مَّعِيْنٍ کہ اگر تمہارا پانی زمین کی گہرائی میں غائب ہو جائے تو کون ہے جو تمہارے لئے چشموں کا پانی لائے گا؟ اس کے جواب میں کہا جائے۔ اَللّٰهُ يَاْتِيْنَا بِهٖ وَ هُوَ رَبُّ الْعَالَمِيْنَ ۔ کہ اللہ ہی اس کو ہمارے پاس لائے گا اور وہ سب جہانوں کا پالنے والا ہے۔

12۔ قرآن کریم میں مختلف مقامات پر استغفار کرنے کا حکم ہے۔ مثلاً بقرہ آیت ۲۰۰ نساء آیت ۱۰۷۔ ھود آیت ۵۳ وغیرہ۔ اس کے جواب میں کہا جائے۔ اَسْتَغْفِرُ اللّٰهَ ۔ کہ میں اللہ کی بخشش چاہتا ہوں۔

13۔ سورۃ الغاشیہ پارہ ۳۰ میں آتا ہے۔ اِنَّ اِلَيْنَا اِيَابَهُمْ ثُمَّ اِنَّ عَلَيْنَا حِسَابَهُمْ یقیناً ہماری طرف ہی انہیں لوٹنا ہے اور پھر ان سے حساب لینا بھی یقیناً ہمارا ہی کام ہے۔

اس کو سننے یا پڑھنے پر یہ دعا کرنی چاہیے۔ اَللّٰهُمَّ حَاسِبْنِىْ حِسَابًا يَّسِيْرًا.

کہ اے اللہ میرا حساب آسان کیجیو۔

14۔ سورۃ التین کے آخر میں ہے کہ اَلَيْسَ اللّٰهُ بِاَحْكَمِ الْحَاكِمِيْنَ کیا اللہ سب حاکموں سے بہتر فیصلہ کرنے والا نہیں ہے۔ اس کے جواب میں کہا جائے۔ بَلٰى وَ اَنَا عَلٰى ذٰلِكَ مِنَ الشَّاهِدِيْنَ ۔ ہاں کیوں نہیں۔ میں اس بات پر گواہوں میں سے ہوں۔

15۔ سورۃ النصر میں آیا ہے۔ فَسَبِّحْ بِحَمْدِ رَبِّكَ وَاسْتَغْفِرْهُ کہ اپنے رب کی حمد کے ساتھ اس کی پاکیزگی بیان کر۔ اس پر کہا جائے۔ سُبْحَانَكَ اَللّٰهُمَّ رَبَّنَا وَ بِحَمْدِكَ اَللّٰهُمَّ اغْفِرْلِىْ ۔ یعنی پاک ہے تو اے اللہ ہمارے رب اپنی تعریف کے ساتھ۔ اے اللہ مجھے بخش دے۔

16۔ سورۃ واقعہ پارہ ۲۷ کی مندرجہ ذیل آیات کے جواب میں بَلْ اَنْتَ يَا رَبِّ پڑھیں۔ (ترجمہ: بلکہ تو ہی اے میرے رب یہ کام کرتا ہے)۔

☆ آیت نمبر ۶۰۔ ءَ اَنْتُمْ تَخْلُقُوْنَهٗ اَمْ نَحْنُ الْخَالِقُوْنَ (ترجمہ کیا تم اس

(نطفہ) کو پیدا کرتے ہو یا ہم اسے پیدا کرتے ہیں؟ کے جواب میں کہا جائے (بَلْ اَنْتَ یَارَبِّ. بیشک تو ہی اے میرے رب اس (مادہ تولید) کو پیدا کرنے والا ہے)۔

☆ آیت نمبر ۶۵۔ ءَ اَنْتُمْ تَزْرَعُوْنَهٗ اَمْ نَحْنُ الزّٰرِعُوْنَ۔ترجمہ: کیا تم اس (درخت) کے بیج کو اگاتے ہو یا ہم اس کو اگاتے ہیں؟ کے جواب میں کہا جائے (بَلْ اَنْتَ یَارَبِّ۔اے میرے رب بیشک تو ہی اس کو اگاتا ہے۔ایک حقیر بیج کو بڑا درخت بنا دیتا ہے)۔

☆ آیت نمبر ۷۰۔ ءَ اَنْتُمْ اَنْزَلْتُمُوْهُ مِنَ الْمُزْنِ اَمْ نَحْنُ الْمُنْزِلُوْنَ۔ترجمہ: کیا تم نے اس (پانی) کو بادل سے اتارا ہے یا ہم اسے اتارتے ہیں؟ کے جواب میں کہا جائے (بَلْ اَنْتَ یَارَبِّ۔اے میرے رب بیشک تو نے ہی اس کو اتارا ہے)۔

☆ آیت نمبر ۷۳۔ ءَ اَنْتُمْ اَنْشَاْتُمْ شَجَرَتَهَا اَمْ نَحْنُ الْمُنْشِئُوْنَ۔ترجمہ: کیا تم نے اس (آگ) کے درخت کو پیدا کیا ہے یا ہم اس کو پیدا کرتے ہیں؟ کے جواب میں کہا جائے۔(بَلْ اَنْتَ یَارَبِّ۔اے میرے رب بیشک تو نے ہی اس آگ کے درخت کو پیدا کیا ہے)۔

☆ سورۃ یٰسین آیت نمبر ۷۹و۸۰ میں مَنْ یُّحْیِ الْعِظَامَ وَ هِیَ رَمِیْمٌ۔ترجمہ: جب ہڈیاں گل سڑ جائیں گی تو ان کو بھلا کون زندہ کرے گا؟ کے جواب میں کہا جائے۔ یُحْیِیْهَا الَّذِیْ اَنْشَاَهَا اَوَّلَ مَرَّةٍ وَّ هُوَ بِکُلِّ خَلْقٍ عَلِیْم۔ترجمہ: ایسی ہڈیوں کو وہی زندہ کرے گا جس نے ان کو پہلی دفعہ پیدا کیا تھا اور وہ ہر قسم کی خلق کا خوب علم رکھنے والا ہے۔

☆ آیت نمبر ۸۲ میں اَوَلَیْسَ الَّذِیْ خَلَقَ السَّمٰوٰتِ وَ الْاَرْضَ بِقٰدِرٍ عَلٰی اَنْ یَّخْلُقَ مِثْلَهُمْ۔ ترجمہ: کیا وہ (خدا) جس نے آسمانوں اور زمین کو پیدا کیا ہے اس بات پر قادر نہیں کہ ان کی طرح کی اور مخلوق پیدا کر دے؟ کے جواب میں کہا جائے بَلٰی وَ هُوَ الْخَلّٰقُ الْعَلِیْمُ۔ایسا خیال (کہ وہ پیدا نہیں کر سکتا) درست نہیں بلکہ وہ بہت پیدا کرنے والا اور بہت علم والا ہے۔

☆ سورۃ شمس آیت نمبر ۹۔ فَاَلْهَمَهَا فُجُوْرَهَا وَ تَقْوٰیهَا۔ترجمہ: کہ اس (اللہ)

نے نفس پر اس کی بدکاری (کی راہوں کو بھی) اور اس کے تقویٰ (کی راہوں) کو بھی اچھی طرح کھول دیا ہے۔اس کے جواب میں پڑھا جائے۔ اَللّٰھُمَّ اٰتِ نَفۡسِیۡ تَقۡوٰیھَا وَ زَکِّھَا اَنۡتَ خَیۡرُ مَنۡ زَکّٰھَا اَنۡتَ وَلِیُّھَا وَ مَوۡلٰھَا ۔ترجمہ: اے اللہ میرے نفس کو تقویٰ عطا فرما اور اسے پاک کردے تو ہی بہتر پاک کرنے والا ہے۔تو ہی اس کا ساتھی اور مالک ہے۔

☆ قرآن کریم کی سورۃ احزاب آیت نمبر ۵۷ میں آیا ہے۔اِنَّ اللّٰہَ وَ مَلٰٓئِکَتَہٗ یُصَلُّوۡنَ عَلَی النَّبِیِّ. یٰٓاَیُّھَا الَّذِیۡنَ اٰمَنُوۡا صَلُّوۡا عَلَیۡہِ وَ سَلِّمُوۡا تَسۡلِیۡمًا ۔کہ یقیناً اللہ اس نبی پر رحمت نازل فرماتا ہے اور فرشتے بھی اس کے لئے دعائیں کرتے ہیں۔اے مومنو! تم بھی اس نبی پر درود بھیجتے رہو اور دعائیں کرتے رہو اور اس کے لئے سلامتی مانگتے رہو۔اس آیت کے سننے یا پڑھنے پر اس کے جواب میں نماز والی درود پڑھی جائے یا کم از کم دلی محبت اور چاہت کے ساتھ اس طرح دعا کی جائے۔ اَلسَّلَامُ عَلَیۡکَ اَیُّھَا النَّبِیُّ وَ رَحۡمَةُ اللّٰہِ وَ بَرَکَاتُہٗ. اَللّٰھُمَّ صَلِّ عَلٰی مُحَمَّدٍ ۔(آمین)۔کہ اے نبیؐ تجھ پر اللہ تعالیٰ کی رحمتیں اور برکتیں ہوں۔اے اللہ محمد صلی اللہ علیہ وسلم پر رحمتیں اور برکتیں نازل فرما۔(آمین)۔

نوٹ:۔ بعض جگہ ترجمہ میں حوالہ کے ساتھ ''خ'' لکھا ہے۔اس سے مراد خلیفہ ہے اور ساتھ ہی رومن ہندسوں I۔II۔III۔IV سے اوّل۔دوم۔سوم اور چہارم خلفاء مراد ہیں۔بعض جگہ ایک لفظ کے ایک سے زائد معانی لکھے گئے ہیں تا کہ ہر قاری اس کو اپنی اپنی استطاعت کے مطابق سمجھ سکے۔

سجداتِ تلاوت کی دعائیں

قرآن کریم میں چند جگہ سجدات آئے ہیں۔ قاری اور سننے والے کو اس وقت سجدہ کرنا چاہئے اور جہاں سجدہ آتا ہے اگر اس کے سیاق وسباق کو دیکھ کر اور سمجھ کر سجدہ کیا جائے کہ کس بنا پر سجدہ کیا گیا ہے تو اس میں ایک روحانی سرور نصیب ہوتا ہے اور انسان سچے خلوص اور محبت سے اپنے آقا کے سامنے سربسجود ہو کر اپنی اطاعت وفرمانبرداری کا اظہار کرتا ہے۔ سجدۂ تلاوت کی مختلف دعائیں کتب احادیث اور صلحاء کی تحریروں سے ملتی ہیں۔ اگر وہ یاد نہ ہوں تو سجدۂ نماز والی تسبیح ہی پڑھ لی جائے اور اپنی زبان میں بھی دعائیں کی جائیں۔ بعض دعائیں جو ملتی ہیں ان میں سے چند ایک یہاں درج کی جاتی ہیں۔

سَجَدَ وَجْهِیَ لِلَّذِیْ خَلَقَهٗ وَ شَقَّ سَمْعَهٗ وَ بَصَرَهٗ بِحَوْلِهٖ وَ قُوَّتِهٖ.

(ترمزی باب الدعوات ما جاء یقول فی سجود القرآن)

ترجمہ:- میرا چہرہ اس ہستی کے سامنے جھک گیا اور اس کی اطاعت اور فرمانبرداری کا اقرار کیا جس نے اس کو پیدا کیا اور اس نے اپنی قوت اور طاقت سے قوت شنوائی اور بینائی بھی عطاء کی یعنی کان اور آنکھیں بھی عطا کیں۔

اَللّٰهُمَّ اكْتُبْ لِیْ بِهَا عِنْدَكَ اَجْرًا وَضَعْ لِیْ بِهَا عَنِّیْ وِزْرًا وَ اجْعَلْهَا لِیْ عِنْدَكَ ذُخْرًا وَ تَقَبَّلْهَا مِنِّیْ كَمَا تَقَبَّلْتَهَا مِنْ عَبْدِكَ دَاوٗدَ.

ترجمہ:- اے اللہ میرے لئے اس (سجدہ) کے بدلے اپنے پاس اجر مقدر کر دے اور اس کے بدلے مجھ سے (میرے گناہوں کا) بوجھ اتار دے اور اس (سجدہ) کو میرے لئے اپنے پاس بہترین خزانہ بنا کر رکھ لے اور میری طرف سے اس سجدہ کو اسی طرح قبول فرما جس طرح تو نے اپنے پیارے بندے داؤد علیہ السلام سے قبول فرمایا تھا۔ (آمین)

اَللّٰهُمَّ سَجَدَ لَكَ سَوَادِیْ وَ آمَنَ بِكَ فُؤَادِیْ.

ترجمہ:- اے میرے اللہ! میرا سارا وجود میری ساری طاقتیں تیری اطاعت اور فرمانبرداری میں جھک گئیں۔اور میرادل تجھ پرایمان لے آیا۔

سَجَدَ لَکَ رُوْحِیْ وَ جَنَانِیْ.

ترجمہ:-میری روح اور میرے دل نے تیری فرمانبرداری اوراطاعت کوقبول کیا۔

یہ کلمات سچے خلوص اور دلی محبت سے دہرائے جائیں تو یقیناً اس کا اثر دل پر پڑے گا۔

Preface

Hazrat Mirza Ghulam Ahmad laid down the foundation of the world-wide Ahmadiyya Community in a small village of Qadian in accordance with the prophecies of Hazrat Muhammad (*P.B.U.H*) which now, by the Grace of God has spread all over the world. People of all ages, colour, race and language have entered in its fold and this process continues unabated. In short pious souls of all the continents of the world are embracing Ahmadiyyat, or true Islam.

It occurred to my mind in this universal back-ground that the book "*Meanings of the difficult words of the Holy Qur`an*" written by Maulana Bashir Ahmad Qamar, a scholar of Ahmadiyya community should be translated into English, along with its Urdu version, so that it may become intelligible and useful for the people who are associated with English & Urdu languages.

Subsequently, I translated the first para of the Holy Quran into English and sent the same to Hazoor-a-Anwar for receiving the blessings. Hazoor-a-Anwar very kindly and graciously expressed his views in the following auspicious words.

May God strengthen you to perform this work in a better way. May God bring good fortune in your achievements and bring about their successful results. May God account you in His dears and you always keep in view His paths of consent. May God make you successor of every good and bless with felicities of faith and world. Ameen!

These encouraging words of Hazoor-a-Anwar created additional tumult in my heart. This blessed work continued for some period. Finally this work reached its completion with the prayers of Huzur Anwar.I also took advantage of the English Quranic version of Maulawi

Sher Ali and Malik Ghulam Farid during translation.

I would like to mention the co-operation of those who helped me during the translatin of the book. First of all I am grateful to respected Maulana Bashir Ahmad Qamar who instructed and guided me from time to time in accomplishing this task. May allah grant him long and healthful life!

Secondly I am grateful to Karamat Rehman, a man of rare qualities and having the ability of doing every work in an easy and simple manner. He made the stages of translation easy and specially co-operated with me. He worked day and night. He did composing and setting and gave it a fairly good-looks bookish form. May Allah enable him to work with greater zeal and devotion.

Thirdly, I extend my heartfelt thanks to Professor Abdul Jalil Sadiq who gave his precious time out of his busy life for proofreading and general guidance. May Allah bless him with long and healthful life!

In the end, I extend my thanks to all those persons who assisted me in any form. May Allah give them a befitting reward!

Translator

Tahir Mahmood Ahmad

Missionary, M.A.

(Nazarat Isha`at Rabwah)

SOME IMPORTANT INSTRUCTIONS
FOR
READERS AND LISTENERS
OF
THE HOLY QUR`AN

1. One should say *"AMEEN"* (O God! accept our prayer) in loud or low voice, at the end of chapter *Alfatiha* and similar other supplicatory verses of the Holy Quran when read or hear them.

Note:- Some people while listen to the word (of) "*RABBANA*" they think that here would be some prayer. So, they say *"AMEEN"* whereas that occasion is not for saying *"AMEEN"*.

2. Where ever the Holy name of Prophet Mohammad comes, then should be spoken the words "*peace be upon Him*". The Holy name of Holy Prophet has been mentioned four time in the Holy Qur`an.

3. In reply to the last verse of Sura Al-Baqarah in which with *Rabbana* prayers are recited, acceptance should be ought along with *"AMEEN"*. When these words are read or heard.

وَاعۡفُ عَنَّا وَ اغۡفِرۡ لَنَا وَ ارۡحَمۡنَا.

(And efface our sins, and grant us forgiveness and have mercy on us) Then in reply to this one should say *"AMEEN"*. This prayer should be read.

رَبِّ اغۡفِرۡ لِیۡ اَللّٰهُمَّ رَبَّنَا لَکَ الۡحَمۡدُ

(My God! forgive my previous sins and protect and save me from every type of sins in future. O our God all praise belongs to thee).

4. It comes in Sura Al-Imran that

شَهِدَ اللّٰهُ اَنَّهٗ لَا اِلٰهَ اِلَّا هُوَ وَ الۡمَلَا ئِکَةُ وَ اُولُوا الۡعِلۡمِ

قَآئِمًا بِالۡقِسۡطِ. (آلِ عمران: ۱۹)

(Allah bears witness that there is no God but He and also

do the angels and those possessed of knowledge Maintainer of justice.(Al-Imran:19)

In its reply let it be affirmed that I am also witness O, my God! there is no God except thee.

5. It has been mentioned at the end of Sura Bani Isra'il

وَ كَبِّرْهُ تَكْبِيْرًا. (بنی اسرائیل:۱۱۲)

(And thou describe the greatness of Him in a good manner).

In reply it is said,

اَللّٰهُ اَكْبَرُ.

(Allah is the greatest).

6. Where is the mention of paradise then pray ;

اَللّٰهُمَّ ادْخِلْنَا فِیْ رَحْمَتِکَ.

(Make us enter your mercy).

There is a prayer of doing goodness and holding firm at it that causes to lead to paradise.

7. And where punishment is mentioned then there should be prayed.

اَللّٰهُمَّ لَا تُعَذِّبْنَا.

(O Allah! Do not punish us).

In other wourds, it is the prayer of refraining from the evils and irregularities which results into affliction and punishment.

8. When you listen or read this verse has been mentioned in Sura Al-Waqiah.

فَسَبِّحْ بِاسْمِ رَبِّکَ الْعَظِيْمِ.(الواقعه:۷۵)

(So glorify the name of thy Lord, the Great).

In reply it should be said,

سُبْحَانَ رَبِّیَ الْعَظِيْمِ.

(Holy is my Lord, the most Magnificent).

9. And where you listen or read this verse.

سَبِّحِ اسْمَ رَبِّکَ الْاَعْلٰى. (الاعلى:۲)

(Glorify the name of thy Lord, the Most High).

Then in reply it should be said,

سُبْحَانَ رَبِّیَ الْاَعْلٰى

(O my Lord! Thou hast the highest status).

10. It is mentioned in Sura Al-Qiyamah verse 41.

اَلَیْسَ ذٰلِکَ بِقَادِرٍ عَلٰی اَنْ یُّحْیِ ےَ الْمَوْتٰی.(القیامۃ:۴۱)

(Has not such a One the power to raise the dead to life?)

In reply one should say,

بَلٰی اِنَّہٗ عَلٰی کُلِّ شَیْءٍ قَدِیْرٌ.

(Yes, surely He has the power over all things).

11. It comes in the Suref Al-Mulk:31.

فَمَنْ یَّاْتِیْکُمْ بِمَآءٍ مَّعِیْنٍ. (الملک:۳۱)

(Who then will bring you clear flowing water?).

In reply it should be said.

اَللّٰہُ یَاْتِیْنَا بِہٖ وَ ھُوَ رَبُّ الْعَالَمِیْنَ.

(Only Allah will bring water to us Who is Lord of all the words).

12. It has been ordained to seek forgiveness at various occasions in the Holy Quran. For instance, Al-Baqarah Verse No. 200, Al-Nisa Verse No. 107 and Al-Hadid Verse No. 53 etc. In reply it should be said,

اَسْتَغْفِرُ اللّٰہَ.

(May God forgive me)-

13. It has been mentioned in Sura Al-Ghashiyah Para No. 30

اِنَّ اِلَیْنَا اِیَابَھُمْ ثُمَّ اِنَّ عَلَیْنَا حِسَابَھُمْ. (الغاشیہ:۲۶،۲۷)

(Unto Us surely is their return. Then, surely, it is for us to call them to account)-

On hearing or reading these words should be prayed.

اَللّٰھُمَّ حَاسِبْنِیْ حِسَابًا یَسِیْرًا.

(O God make easy my reckoning).

14. It comes in Sura Al-Tin.

اَ لَیْسَ اللّٰہُ بِاَحْکَمِ الْحَاکِمِیْنَ. (التین:۹)

(Is not Allah the Most Just of judges?).

In reply it is said.

بَلٰی وَ اَنَا عَلٰی ذٰلِکَ مِنَ الشَّاھِدِیْنَ.

(Yes, Why not, I am among witnesses on this point?)

15. It comes in Sura Al-Nasr "

فَسَبِّحْ بِحَمْدِ رَبِّکَ وَ اسْتَغْفِرْهُ. (النصر:۳)

(Glorify thy Lord with His praise and seek His forgiveness).

In reply following words are spoken.

سُبْحَانَکَ اَللّٰهُمَّ رَبَّنَا وَ بِحَمْدِکَ اَللّٰهُمَّ اغْفِرْ لِیْ.

Holy is thou O Allah our God with thy praise. May God forgive me.

16. You should say.

بَلْ اَنْتَ یَا رَبِّ.

(But thou only O my God!)

In reply of the following verses of Sura Al-Waqiah Para No. 27.

✓

I. ءَ اَنْتُمْ تَخْلُقُوْنَهٗ اَمْ نَحْنُ الْخَالِقُوْنَ. (آیت:۲۰)

(Is it you who have created it, or are we the creator?)

(بَلْ اَنْتَ یَا رَب) Surely thou O my God are creator.

II. ءَ اَنْتُمْ تَزْرَعُوْنَهٗ اَمْ نَحْنُ الزّٰرِعُوْنَ. (آیت:۲۵)

(Is it you who cause it to grow, or are we the Grower?)

(بَلْ اَنْتَ یَا رَب) Surely O my God thou grow.

(Grow a grand tree from a miner seed.)

III. ءَ اَنْتُمْ اَنْزَلْتُمُوْهُ مِنَ الْمُزْنِ اَمْ نَحْنُ الْمُنْزِلُوْنَ.(آیت:۷۰)

(Do you send it down from the clouds, or are We the Sender?)

(بَلْ اَنْتَ یَا رَب) Surely O my God you send down it.

IV. ءَ اَنْتُمْ اَنْشَاْتُمْ شَجَرَتَهَا اَمْ نَحْنُ الْمُنْشِئُوْنَ. (آیت:۷۳)

(Is it you who produce the tree for it, or are We the Producer?)

(بَلْ اَنْتَ یَا رَب) Surely O my God you have created this tree of fire.

17. مَنْ یُّحْیِ الْعِظَامَ وَ هِیَ رَمِیْمٌ. (یٰس:۷۹،۸۰)

(Who can quicken the bones when they are decayed?)

In reply of it- following words should be pronounced.

یُحْیِیْهَا الَّذِیْ اَنْشَاَهَا اَوَّلَ مَرَّةٍ وَّ هُوَ بِکُلِّ خَلْقٍ عَلِیْمٌ.

(He, Who created them the first time, will quicken them and he knows well the condition of every created thing).

18. اَوَ لَيۡسَ الَّذِیۡ خَلَقَ السَّمٰوٰتِ وَ الۡاَرۡضَ بِقٰدِرٍ عَلٰۤی اَنۡ یَّخۡلُقَ مِثۡلَهُمۡ. (یٰس:۸۲)

(Has not He Who created the heavens and the earth the power to create the like of them?)

In reply of it.

بَلٰی وَ هُوَ الۡخَلّٰقُ الۡعَلِیۡمُ.

(Yea, and He is , indeed, the Supreme Creator, the All-Knowing).

19. Sura Al-Shams Verse No. 9 -

فَاَلۡهَمَهَا فُجُوۡرَهَا وَ تَقۡوٰىهَا. (الشمس:۹)

(And He revealed to it the ways of evil and the ways of righteousness.)

In reply of it.

اَللّٰهُمَّ اٰتِ نَفۡسِیۡ تَقۡوٰىهَا وَ زَكِّهَا اَنۡتَ خَیۡرُ مَنۡ زَكّٰهَا اَنۡتَ وَلِیُّهَا وَ مَوۡلٰـهَا.

(O God! give myself what is right and purified for it. thou are the best of them who purified it. Thou are Gardian and Master of it)

20. اِنَّ اللّٰهَ وَ مَلٰٓئِكَتَهٗ یُصَلُّوۡنَ عَلَی النَّبِیِّ. یٰۤاَیُّهَا الَّذِیۡنَ اٰمَنُوۡا صَلُّوۡا عَلَیۡهِ وَ سَلِّمُوۡا تَسۡلِیۡمًا. (الاحزاب:۵۷)

(Allah sends down His blessings on the Prophet and His angels pray for him. O ye who believe, you too should invoke His blessings on him and salute him with the salutation of peace).

In reply it is said,

اَلسَّـلَامُ عَلَیۡکَ اَیُّـهَا النَّبِیُّ وَ رَحۡمَةُ اللّٰهِ وَ بَرَکَاتُهٗ.

اَللّٰهُمَّ صَلِّ عَلٰی مُحَمَّدٍ.(آمین)

(Peace be on you O the messenger of God and God's Mercy and Blessings. Bless, O Allah, Muhammad)

Prayers of the recitation during prostrations

Prostrations come at some places in the Holy Quran. The listener and reader should bow the body and place the forehead on the ground where prostration comes. If at what basis prostration is done while seeing and understanding the context then there is a spiritual pleasure in it and human being expresses his obedience with sincerity and love by bowing the body and placing the forehead on the ground before his Lord. Various prayers are found in the writings of the books of sayings and the just. If these are not in mind then read prayer's rosary and pray in your own language. Some prayers which are found, a few of them are as under:-

سَجَدَ وَجْهِیَ لِلَّذِیْ خَلَقَهٗ وَ شَقَّ سَمْعَهٗ وَ بَصَرَهٗ بِحَوْلِهٖ وَ قُوَّتِهٖ. ✓

(My face is bowing before its Creator, who brought it into existence, gave it countenance and gave it ears and eyes by His strength and power.)

اَللّٰهُمَّ سَجَدَ لَکَ سَوَادِیْ وَ آمَنَ بِکَ فُؤَادِیْ.

(O Allah! My wholebody bowed before Thou and my heart believed in Thou)

سَجَدَ لَکَ رُوْحِیْ وَ جَنَانِیْ.

(My soul and heart bowed before Thou.)

Repeat these words with true sincerity and hearty love then indeed it will affect on the heart.

Note: " Kh" is written with reference in translation on some places. The object of it is Kaliph. The Roman Numbers I, II, III, VI means First, Second, Third and fourth Kaliph. More than one meanings have been written of a Word on some places, so that every reader may understand according to his capability.

فہرست سورتہائے قرآن کریم

فہرست پارہ ہائے قرآن کریم

سُورة الفاتحة
Chapter-1 Alfatihah

بِ (مدداور برکت) سے، کے ساتھ۔
With (*help and blessing*).
(ب-It also denotes swear, in, by, from, over,on, a part of, at all, in rest of.)

Name نام۔ اسْم

اللّٰهِ اللہ تعالیٰ کا ذاتی نام ہے۔
It is proper name of Allah.
مستجمع جمیع صفات کاملہ (مسیح موعودؑ)
Comprising all the attributes of perfection.(P.M.)

الرَّحْمٰنِ بے حد وسیع رحمت والا۔
The most Gracious.
بن مانگے، بلا محنت اور بلا معاوضہ دینے والا (مسیح موعودؑ)
Bestower without demand, labour and reward. (P.M)

الرَّحِیْم بار بار رحم کرنے والا اور سچی محنت کو ضائع نہ کرنے والا۔
The ever Merciful, not loser of genuine labour.

اَلْ سب۔تمام۔ہر ایک۔
All, whole. each one.

حَمْدُ تعریف۔خوبی۔
Praise, goodness.

اَلْحَمْدُ لِلّٰهِ تمام اور اعلیٰ قسم کی تعریف اور خوبی اللہ کے لئے ہے۔
All and prime type of praise and goodness belongs to Allah.

لِ کی۔کو۔ واسطے۔ لئے۔
Of, to, sake, for.

رَبِّ پیدا کرنے والا، پالنے والا، پرورش کرنیوالا
Creator, Supporter, Protector.

عَالَمِیْنَ (واحد Sing عَالَمْ) جہان
Universe, worlds, creatures.

Master. مالک۔ مٰلِكِ

Day, time. دن۔وقت۔ يَوْم

Judgment. حساب۔ الدِّيْنِ

Requital. جزا سزاء۔

Thee alone. تیری ہی۔ اِيَّاكَ

نَعْبُدُ ہم عبادت کرتے ہیں۔
We do worship.

And. اور۔ وَ

نَسْتَعِيْنُ ہم مدد چاہتے ہیں۔
We do implore for help.

Guide, lead. دکھا۔چلا۔ اِهْدِ

Us. ہمیں۔ نَا

Path. راستہ۔ صِرَاطَ

مُسْتَقِيْمَ سیدھا۔درست۔
Straight, right.

Those people. وہ لوگ الَّذِيْنَ

You تونے انعام کیا ہے۔ اَنْعَمْتَ
have bestowed your favours.

On, upon. پر۔ اُوپر۔ عَلٰي

Whom. جن۔ هِمْ

On whom جن پر۔ عَلَيْهِمْ

Not. نہ۔ غَيْرِ

اَلْمَغْضُوْبِ جن پر غضب نازل کیا گیا۔
Those who have incurred *your* displeasure, wrath.

Not. نہ۔ لَا

Those who گمراہ۔ ضَآلِّيْنَ
have gone astray.

البقرہ رکوع ۱ پارہ ۱ رکوع ۱
Part-1. R-1 Al-Baqarah. R-1

الٓمّٓ (اَنَا اللّٰہُ اَعْلَمُ)

میں اللہ خوب جانتا ہوں۔
I am Allah, the All-Knowing.

ذٰلِکَ وہ (اشارہ بعید) This.
(ذَالِکَ - it is primaily used in the sense of "That", but it is also used in the sense of "This" indicating the high rank and dignity of the thing to which it refers.)

اَلْکِتَابُ کامل کتاب۔
A perfect Book.

جامع الکمالات کتاب (خ-I)
Comprehensive book of excellences.(Kh-1)

رَیْبَ شک۔ Doubt .

فِیْ میں۔ In.

ہِ اس۔ It.

فِیْہِ اس میں۔ In it.

ھُدًی ہدایت (دینے والی ہے)۔
Guidance.

لِلْمُتَّقِیْنَ پرہیزگاروں، تقویٰ اختیار کرنیوالوں کیلئے۔
For the righteous, guarding against evils.

یُؤْمِنُوْنَ وہ ایمان لاتے ہیں۔
They believe.

اَلْغَیْبِ پوشیدہ چیز۔ اَن دیکھی بات۔
The unseen, invisible.

یُقِیْمُوْنَ وہ قائم کرتے ہیں۔
They observe, (سنوار کر پڑھتے ہیں) perform with all prescribed conditions and regularly.

صَلٰوۃَ نماز۔ Prayer.

مِنْ سے۔ From. (out of)

مَا جو۔ What.

مِمَّا اس سے جو۔ Out of what.

رَزَقْنَا ہم نے دیا۔ We provided.

ھُمْ ان کو For them. (to them)

یُنْفِقُوْنَ وہ خرچ کرتے ہیں۔
They spend.

اُنْزِلَ اُتارا گیا Has been revealed.

اِلٰی طرف۔ To.

کَ تیری۔ Thee.

اِلَیْکَ تیری طرف۔ To thee.

قَبْلِکَ تجھ سے پہلے Before thee.

اٰخِرَۃِ پیچھے آنے والی Hereafter.

یُوْقِنُوْنَ وہ بھروسہ رکھتے ہیں۔ یقین رکھتے ہیں
They have firm faith.

اُولٰئِکَ یہی وہ لوگ۔ It is they.

مُفْلِحُوْنَ کامیاب ہونیوالے ہیں Those who shall prosper, success.

اِنَّ تحقیق۔ یقیناً۔ بے شک۔
Certainly, verily.

كَـفَـرُوْا انہوں نے کفر کیا۔انکار کیا۔
They disbelieved, refused.

سَـوَآءٌ برابر Same. alike.equal.

أَ خواہ۔ Whether.

اَنْـذَرْتَ تُوڈرائے۔ Thou warn.

اَمْ یا۔ Or.

لَـمْ نہ۔ Not.

تُـنْـذِرْ تُوڈرائے۔ Thou warn.

خَـتَـمَ اس نے مہر کردی ہے۔
He has set a seal.

قُـلُـوْبٌ (واحد sing قَلْبٌ) دل Hearts.

سَمْعِ کان۔ (سننے کی قوت یعنی شنوائی)۔
Ears. (*hearing power*).

اَبْـصَارِ (واحد sing بَصَرٌ) آنکھیں Eyes.

غِـشَـاوَةٌ پردہ۔ Covering.

عَـذَابٌ عذاب۔ Punishement.

عَـظِـيْـمٌ بہت بڑا۔ Great.

البقرہ رکوع ۲ پارہ ۱ رکوع ۲
Part-1. R-2 Al-Baqrah. R-2

الـنَّـاسُ لوگ۔ The people.

مَـنْ بعض۔جو۔کون۔
Some, what, which that, who.

يَـقُـوْلُ وہ کہتا ہے۔کہتے ہیں۔
He says, they say.

اٰمَـنَّـا ہم ایمان لائے We believed.

اٰخِـرَ پیچھے آنے والے۔
Last,Coming after.

مَـا نہیں۔یہ مَا نافیہ ہے۔ Not.
(مَا - Conjunctive pronoun. That, which, that which, whatsoever, as, as much, in such a manner as, as much as, as for as, when, how. It is also used as a negative particle and adverb).

مُـؤْمِـنِـيْـنَ ایمان لانیوالے Believers.

يُـخَـادِعُـوْنَ وہ دھوکہ دینا چاہتے ہیں۔
They want to deceive.

وہ ترک کرتے ہیں۔چھوڑتے ہیں۔(خ۔۱)
They abandon, omit.(Kh-1)

اٰمَـنُـوْا وہ ایمان لائے They believed.

يَـخْـدَعُـوْنَ وہ دھوکہ دیتے ہیں۔
They deceive.

اِلَّا (اِنْ + لَا) مگر۔ سوائے۔
But, except.

اَنْـفُـسَ جانیں۔ Lives.

اَنْـفُـسَـهُـمْ اپنے آپکو Themselves.

يَـشْـعُـرُوْنَ وہ سمجھتے ہیں۔محسوس کرتے ہیں
They perceive, feel.

مَـرَضٌ بیماری۔ Disease.

فَ پس۔ So.

زَادَ اس نے بڑھادیا۔ زیادہ کردیا۔
He has increased.

بَ بوجہ۔بسبب۔باعث۔ Due to,
On account of, owing to.

بِـمَـا کیونکہ۔ Because.

كَانُوْا وہ تھے۔ وہ ہیں۔
They were, they are.
They lie. يَكْذِبُوْنَ وہ جھوٹ بولتے ہیں
كَانُوْا يَكْذِبُوْنَ وہ جھوٹ بولا کرتے تھے۔
They used to lie.
When. اِذَا جب۔
It is said. قِيْلَ کہا گیا۔
لَا تُفْسِدُوْا تم فساد نہ کرو۔
You create not disorder.
The earth. الْاَرْضِ زمین۔
قَالُوْا انہوں نے کہا۔ وہ کہتے ہیں۔
They said, they say.
Only. اِنَّمَا صرف۔
We. نَحْنُ ہم۔
مُصْلِحُوْنَ سنوارنے والے اصلاح کرنیوالے
Promoters, reformers.
Beware. اَلَآ خبردار۔
They all. هُمْ وہ سب۔
مُفْسِدُوْنَ فساد کرنے والے۔
Those who create disorder.
But. لٰكِنْ لیکن۔
Believe. اٰمِنُوْا ایمان لاؤ۔
As. كَمَا جیسا کہ
اٰمَنَ ایمان لایا۔ ایمان لائے۔ مان لیا۔
He believed.
What. أَ کیا۔

نُؤْمِنُ ہم مانیں۔ ہم ایمان لائیں۔
We believe.
Fools. سُفَهَآءُ (واحد sing سَفِيْهٌ) بیوقوف
They know. يَعْلَمُوْنَ وہ جانتے ہیں
They met, meat. لَقُوْا وہ ملے۔ وہ ملتے ہیں
خَلَوْا وہ اکیلے ہوئے۔ الگ جا کر علیحدگی میں ملتے ہیں
They are alone with,
They went apart.
شَيٰطِيْنِ (واحد sing شَيْطَانٌ) سرغنے۔ شیطان
Ring-leaders, rebellious.
Us. نَا ہمیں۔
We are certainly. اِنَّا یقیناً ہم
With. مَعَ ساتھ۔
You. كُمْ تمہارے۔
Mockers. مُسْتَهْزِءُوْنَ ہنسی کرنیوالے
يَسْتَهْزِئُ وہ ہنسی کی سزا دے گا۔
He (Allah) will punish mockery.
يَمُدُّهُمْ وہ ان کو مہلت دیگا۔ وہ ڈھیل دیگا
He will let them delay, continue.
Transgression, طُغْيَانِ سرکشی۔
violation, disobedience.
يَعْمَهُوْنَ وہ بہک رہے ہیں۔
They are بھٹک رہے ہیں
wandering, moving aimlessly.
They اِشْتَرَوْا انہوں نے خریدا۔ لیا۔
have bartered away, exchanged.

الضَّلٰلَةَ گمراہی Error, mistake.

رَبِحَتْ نفع دیا۔ فائدہ مند ہوئی۔
It brought gain, profited.

مَاكَانُوْا نہ تھے وہ They were not.

مُهْتَدِيْنَ راہ پانیوالے، ہدایت پانیوالے
Rightly guided.

اِسْتَوْقَدَ اس نے جلائی۔ روشن کی۔
He kindled, lighted.

نَارًا آگ۔ Fire.

لَمَّا جب۔ جس وقت۔ When.

اَضَاءَتْ اس (آگ) نے روشن کیا۔
It (*fire*) lighted up.

مَاحَوْلَهٗ اس کے اِردگرد کو۔
All around him.

ذَهَبَ وہ گیا۔ He went.

ذَهَبَ اللّٰهُ اللہ لے گیا۔
Allah took away.

بِنُوْرِهِمْ اُن کے نور کو۔ روشنی کو۔
Their light.

(ذَهَبَ بِهٖ جب ہوتو "وہ لے گیا اس کو" معنی ہونگے)
(When ذَهَبَ comes with بِهٖ then meaning will be "He took it away")

تَرَكَ اس نے چھوڑ دیا۔ He left.

ظُلُمٰتٍ (واحد sing ظُلْمَة) اندھیرے
Thick darkness.

يُبْصِرُوْنَ وہ دیکھتے ہیں They see.

صُمٌّ (واحد sing اَصَمّ) بہرے Deafs.

بُكْمٌ (واحد sing اَبْكَم) گونگے Dumbs.

عُمْيٌ (واحد sing اَعْمٰى) اندھے Blinds.

يَرْجِعُوْنَ وہ باز آتے ہیں۔
They return. رجوع کرتے ہیں

اَوْ یا۔ Or.

صَيِّبٌ موسلا دھار بارش Heavy rain.

سَمَآءٌ بادل۔ بلندی۔ آسمان۔
Cloud, height, sky.

رَعْدٌ گرج۔ کڑک۔ Thunder, loud noise with lightning.

بَرْقٌ چمک۔ بجلی۔ Lightning.

يَجْعَلُوْنَ وہ ڈالتے ہیں۔ وہ رکھتے ہیں
They put, place.

اَصَابِعَ (واحد sing اِصْبَعٌ) انگلیاں Fingers.

اٰذَانٌ (واحد sing اُذُنٌ) کان Ears.

مِنْ بوجہ۔ بہ سبب۔ Because of.

صَوَاعِقِ (واحد sing صَاعِقَةٌ) بجلیاں
کڑک، بجلی گرنے والی Thunder-claps, stunning noise as of a thunderbolt.

حَذَرَ ڈر۔ خوف۔ Fear.

مُحِيْطٌ گھیرنے والا One who encompasses, surrounder.

الْكٰفِرِيْنَ منکر۔ انکار کرنے والے۔
Disbelievers.

يَكَادُ قریب ہے۔
Well-nigh, nearly.

يَخْطَفُ وہ اُچک کر لے جاتا ہے۔

He snatches away, carries off. جھپٹامارکرلےجاتاہے۔

Their sight. انکی بینائی اَبْـصَـارَھُـمْ

Whenever. جب کبھی کُـلَّـمَـا

اَضَـآءَ وہ (بجلی) چمکتی ہے۔روشنی کرتی ہے
It (*lightning*) shines, lightens.

They walk. وہ چل پڑتے ہیں مَشَـوْا

اَظْـلَـمَ وہ اندھیرا کرے یااندھیرا کرتی ہے(بجلی)
It becomes dark.

قَامُـوْا وہ کھڑے ہوجاتے ہیں یا ٹھہرجاتے ہیں
They stand still.

البقرہ رکوع ۳ پارہ ۱ رکوع ۳
Part-1. R-3 Al-Baqrah. R-3

Worship. عبادت کرو۔بندگی کرو اُعْـبُـدُوْا

He created. اس نے پیدا کیاہے خَـلَـقَ

لَـعَـلَّ تاکہ۔اسلئے کہ
So that, therefore.

تَـتَّـقُـوْنَ تم متقی بنو۔تم بچو۔
You may guard against evil.

جَـعَـلَ اس نے پیدا کیا۔ بنایا۔
He created, made

Bed, resting place. بچھونا۔ فِـرَاشًـا

Roof. چھت۔عمارت۔ بِـنَـآءً

He caused to come down, poured down. اس نے اتارا اَنْـزَلَ

Water. پانی۔ مَـآءً

He brought about. اُسنے نکالا اَخْـرَجَ

Therewith. اس کے ذریعہ سے۔ بِـهٖ

Fruits. (واحد sing ثَـمَـرَةٌ) پھل ثَـمَـرٰتِ

Sustenance, food, nourishment. روزی بطوررزق رِزْقًـا

Do not set up. نہ بناؤتم لَا تَـجْـعَـلُـوْا

اَنْـدَادًا (واحد sing نِدٌّ) شریک، ساجھی
Equals, counterparts.

You all. تم سب۔ اَنْـتُـمْ

تَـعْـلَـمُـوْنَ جانتے ہو۔علم رکھتے ہو۔
You know, have knowledge.

If. اگر۔ اِنْ

You are. تم ہو۔ كُـنْـتُـمْ

نَـزَّلْـنَـا اُتارا ہم نے۔
We have sent down.

Our servant. ہمارا بندہ۔ عَـبْـدِنَـا

Then you produce, bring forward. پس لاؤتم۔ فَـاْتُـوْا

بِـسُـوْرَةٍ کوئی سورۃ۔ایک سورۃ۔حصہ کلام
A chapter, sign, division of book.

Like it. اس جیسی یامانند اسکے مِـثْـلِـهٖ

Call upon. بلاؤ۔ اُدْعُـوْا

شُـهَـدَآءَ (واحد sing شَهِـيْـدٌ) مددگار، گواہ
Helpers, witnesses.

Besides, except. سوائے دُوْنِ

You did it not. نہ کیاتم نے لَمْ تَفْعَلُوْا

لَـنْ تَـفْـعَـلُـوْا ہرگزنہ کرسکوگےتم۔
Never shall you do.

اِتَّقُوْا بچوتم۔ڈروتم۔
Guard against, take as a shield

Fuel, fire-wood. ایندھن وَقُوْدُ

Special خاص پتھر۔ہرقسم کا پتھر اَلْحِجَارَةُ
stone, every type of stone.

Is prepared. تیار کی گئی ہے اُعِدَّتْ

بَشِّرْ توخوشخبری دے۔توبشارت دے۔
You give glad tidings.

They did acts. انہوں نے عمل کئے عَمِلُوْا

الصّٰلِحٰتِ (واحد sing صَالِحَةٌ)
Good works. نیک۔مناسبِ حال

Gardens. باغات (واحد sing جَنَّةٌ) جَنّٰتٍ

Flow. بہتی ہیں۔جاری ہے تَجْرِيْ

تَحْتِهَا ان (باغوں) کے پہلو میں۔
Beneath these (*gardens*).

اَلْاَنْهَارُ (واحد sing نَهْرٌ) نہریں۔دریا
Streams, small rivers.

رُزِقُوْا وہ روزی دیئے جائینگے۔
They are given fruit.

This is that. یہ وہ ہے هٰذَا الَّذِىْ

رُزِقْنَا ہم (وعدہ) دیئے گئے۔ہمیں دیا گیا
We were given.

اُتُوْا بِهٖ انکے پاس لایا جائیگا۔انہیں دیا جائیگا
Shall be brought to them.

Similar, ملتا جلتا مُتَشَابِهًا
mutually resembling.

اَزْوَاجٌ (واحد sing زَوْجٌ) بیویاں، جوڑے
Mates, partner in marriage. ساتھی

مُطَهَّرَةٌ پاکیزہ۔پاک کی ہوئی۔
Chaste, pured.

Will خَالِدُوْنَ ہمیشہ رہنے والے ہونگے
abide, remain permanently

لَایَسْتَحْيٖ وہ نہیں شرماتا ہے۔
He does not وہ نہیں رکتا ہے۔
disdain, contempt.

يَضْرِبَ مَثَلًا وہ مثال بیان کرتا۔
He gives example.

Gnat. مچھر۔ بَعُوْضَةً

فَوْقَ اوپر اس سے۔بڑھ کر (چھوٹی)
More than small.

فَمَافَوْقَهَا یا جو اس (مچھر) کے اوپر ہے
Or even smaller (*gnat*) (IV۔خ)

They say. وہ کہتے ہیں۔ يَقُوْلُوْنَ

What. کیا۔ مَاذَا

اَرَادَ اللّٰهُ اللہ نے ارادہ کیا۔
Allah determined.

يُضِلُّ وہ گمراہ ٹھہراتا ہے۔
He adjudges to be in error

Many. بہتوں کو۔ كَثِيْرًا

يَهْدِىْ وہ ہدایت دیتا ہے۔
He does guide.

فَاسِقِيْنَ نافرمانی کرنے والے۔
Disobedients.

They break. وہ توڑتے ہیں يَنْقُضُوْنَ

اِسْتَوٰی وہ متوجہ ہوا۔ He turned.

فَسَوّٰیهُنَّ پس اس نے ٹھیک ٹھاک بنایا۔
Then He perfected them (*skies*).

سَبْعَ سات۔ Seven.

سَمٰوٰتٍ (واحد *sing* سَمَآءٌ) آسمان
Heavens.

البقرہ رکوع ۴ پارہ ۱ رکوع ۴
Part-1. R-4 Al-Baqarah. R-4

اِذْ جب۔ When.

قَالَ اس (خدا) نے کہا۔
He (*Allah*) said.

لِلْمَلٰئِكَةِ فرشتوں کو۔
To the angels.

اِنِّیْ یقیناً میں۔ I am about.

جَاعِلٌ بنانے والا ہوں۔ پیدا کرنیوالا ہوں
One who creates.

خَلِیْفَةً جانشین۔ خلیفہ۔
Vicegerent, successor.

تَجْعَلُ تو بنائے گا۔ پیدا کریگا۔
Your will create.

یُفْسِدُ وہ فساد کرے گا۔
He will cause disorder.

یَسْفِكُ وہ بہائے گا۔ He will shed.

دِمَآءَ (واحد *sing* دَمٌ) خون Blood.

نَحْنُ ہم۔ We.

نُسَبِّحُ ہم تسبیح کرتے ہیں۔ We glorify.

نُقَدِّسُ ہم پاکیزگی بیان کرتے ہیں۔
We extol holiness, praise.

عَهْدَ اقرار Covenant, promiss.

بَعْدِ پیچھے۔ After.

مِیْثَاقِ پختہ کرنا۔ Having established.

یَقْطَعُوْنَ وہ کاٹتے ہیں۔
They cut asunder, apart.

مَآ جو۔ What.

اَمَرَ اللّٰهُ اللہ نے حکم دیا۔
Allah commanded, ordered.

بِهٖ اسکے متعلق According to him.

یُوْصَلَ وہ جوڑا جائے۔
It is to be joined.

یُفْسِدُوْنَ وہ فساد کرتے ہیں۔
They create disorder.

خَاسِرُوْنَ نقصان اٹھانیوالے Losers.

كَیْفَ کس طرح۔ کیسے۔ کیونکر How.

تَكْفُرُوْنَ تم انکار کرتے ہو۔
You disbelieve.

اَمْوَاتًا مردے بے جان۔
Without life, dead ones.

اَحْیَا اس نے زندہ کیا He gave life.

ثُمَّ پھر۔ Then.

یُمِیْتُ وہ مارے گا۔
He will cause to die.

یُحْیِیْ وہ زندہ کرے گا۔
He will restore to life.

تُرْجَعُوْنَ تم لوٹائے جاؤ گے۔
You will be made to return

سب بڑائیوں کے پائے جانے کا اقرار کرتے ہیں (خ۔II)
We acknowledge existence of all greatnesses.

I know well. اَعْلَمُ میں خوب جانتا ہوں

He taught. عَلَّمَ اس نے سکھایا۔

Adam. اٰدَمَ حضرت آدم علیہ السلام۔

اَسْمَآءَ (واحد sing اِسْمٌ) نام۔صفات
Names, attributes.

He put before. عَرَضَ پیش کیا اس نے

Tell Me. اَنْبِئُوْنِیْ تم خبر دو مجھے

هٰٓؤُلَآءِ ان سب (ناموں) کی۔
All these (*names*).

Holy. سُبْحَانَ پاک (ہے)۔

No knowledge. لَا عِلْمَ کوئی خبر، کوئی علم

We have. لَنَا ہم کو۔

عَلَّمْتَنَا سکھایا تو نے ہم کو۔
You have taught us.

You. اَنْتَ تو۔

The Wise. اَلْحَكِيْمُ بہت حکمت والا ہے۔

Tell. اَنْبِأْ تو خبر دے۔تو بتا۔

He informed. اَنْبَاَ اس نے خبر دی

Did I not say. لَمْ اَقُلْ نہ کہا تھا میں نے

You reveal, تُبْدُوْنَ تم ظاہر کرتے ہو
display, show, disclose.

تَكْتُمُوْنَ تم چھپاتے ہو۔
You hide, withhold.

We said. قُلْنَا ہم نے کہا۔

اُسْجُدُوْا سجدہ کرو۔فرمانبرداری کرو۔
Submit, obey, carry out.

سَجَدُوْا انہوں نے فرمانبرداری کی۔
They submitted, obeyed.

He refused, defied. اَبٰى اُس نے انکار کیا

He considered himself too big. اِسْتَكْبَرَ اس نے تکبر کیا۔

He was, he became. كَانَ تھا وہ۔ ہو گیا وہ۔

اُسْكُنْ تو آباد ہو جا۔رہ پڑ۔
Dwell, live, reside.

Wife. زَوْجُ بیوی۔

Garden. اَلْجَنَّةَ باغ۔

Both of you eat. كُلَا تم دونوں کھاؤ

رَغَدًا بافراغت۔بے تکلف۔
Plentifully, freely, with ease.

Therefrom. حَيْثُ جہاں سے۔

Both of you wish, desire. شِئْتُمَا چاہو تم دونوں۔

لَا تَقْرَبَا نہ نزدیک جاؤ تم دونوں۔
Approach not both of you.

This. هٰذِهِ اس۔

Tree. الشَّجَرَةَ درخت۔

فَتَكُوْنَا ورنہ تم دونوں ہو جاؤ گے۔
Lest both of you will be.

Wrongdoers. ظَالِمِيْنَ ظالم۔

اَزَلَّهُمَا اس نے ان دونوں کو پھسلا دیا۔

He (*Satan*) caused them both to slip. ڈگمگا دیا۔ ہٹا دیا۔

يَحْزَنُوْنَ وہ غمگین ہوں گے۔
They will grieve.

كَذَّبُوْا جھٹلایا انہوں نے They
treated as lies, rejected.

اٰيَاتِ (واحد sing اٰيَةٌ) نشانات۔
Signs, Orders. احکامات

اَصْحَابُ (واحد sing صَاحِبٌ) ساتھی
Inmates, companions, fellows.

البقرہ رکوع ۵ پارہ ۱ رکوع ۵
Part-1. R-5 Al-Baqarah. R-5

بَنِيْ (واحد sing اِبْنٌ) بیٹے۔ Children.

اِسْرَائِيْلَ حضرت یعقوبؑ کا لقب ہے۔
Is another name of Jacob.

اُذْكُرُوْا یاد کرو۔ Remember.

نِعْمَتَ نعمت۔ فضل۔ انعام
Favour, Grace, reward,

اَنْعَمْتُ میں نے انعام کیا (نعمت کی)
I rewarded, vouchsafed.

اَوْفُوْا تم پورا کرو۔ You fulfil.

بِعَهْدِيْ میرے عہد کو My covenat.

اُوْفِ میں پورا کروں گا۔ I shall fulfil.

اِيَّايَ صرف مجھ سے ہی۔ Me alone.

فَارْهَبُوْنِ مجھ سے ڈرو۔ Me alone fear.

اَنْزَلْتُ میں نے اُتارا ہے۔ I have sent.

مُصَدِّقاً سچا کرنے والا ہے Is doer
of true, one who testifies.

لَا تَكُوْنُوْا نہ ہو جاؤ تم Be not.

شَيْطَانُ شیطان ۔ Satan.

عَنْهَا اس (درخت) کے متعلق۔
Regarding to this (*tree*).

اِهْبِطُوْا اتر جاؤ۔ نکل جاؤ Go forth.

بَعْضُ بعض۔ ایک حصہ۔ Some, a part.

عَدُوٌّ دشمن۔ Enemy.

مُسْتَقَرٌّ ٹھکانا۔ ٹھہرنے کی جگہ ٹھہرنا ہے۔
Abode, dwelling-place.

مَتَاعٌ فائدہ۔ Provision,
act of providing.

اِلٰى حِيْنٍ کچھ وقت تک۔ ایک عرصہ تک
For a time.

فَتَلَقّٰى اس نے سیکھا۔ سیکھے۔ He learnt.

كَلِمٰتٍ (واحد sing كَلِمَةٌ) (دعائیہ)
Words of prayer. کلمات

فَتَابَ وہ (اللہ) رجوع برحمت ہوا۔
He (*Allah*) turned towards.

التَّوَّابُ بہت مہربانی کرنے والا۔ بہت توبہ
قبول کرنیوالا۔ Oft-Returning with
compassion, Merciful.

اِمَّا اگر۔ If.

يَاْتِيَنَّكُمْ آئے تمہارے پاس۔
Come to you.

تَبِعَ پیروی کرے گا۔ Shall follow.

هُدَايَ میری ہدایت کی۔ My guidance.

خَوْفٌ ڈر۔ Fear.

اَوَّلَ پہلے۔
The first.

كَافِرٍ بِهٖ انکار کرنے والے اس کے۔
Disbeliever of Him.

لَا تَشْتَرُوْا نہ خریدو۔نہ مول لو۔نہ لو(خ. II)
Barter not, exchange not.

ثَمَنًا مول۔قیمت۔
Price.

قَلِيْلاً تھوڑا مول۔تھوڑی قیمت۔
A partly price, little price.

لَا تَلْبِسُوْا مت ملاؤتم
Don`t confound, perplex, confuse.

بِالْبَاطِلِ جھوٹ سے۔
With falsehood.

لَا تَكْتُمُوْا نہ چھپاؤتم
Hide not.

اَقِيْمُوْا قائم کرو۔سنوار کر پڑھو۔
Observe, perform accurately.

اٰتُوْا دوتم۔اداکروتم
Give, pay.

زَكٰوةَ زکوٰۃ۔
Zakat, alms.

اِرْكَعُوْا جھکوتم ' رکوع کرو۔
Bow down, bend down.

رَاكِعِيْنَ رکوع کرنے والے۔
Those who bow down.

تَاْمُرُوْنَ تم حکم کرتے ہو
You enjoin, command, order.

بِالْبِرِّ نیکی کا۔
Of good.

تَنْسَوْنَ تم بھول جاتے ہو
You forget.

تَتْلُوْنَ تم پڑھتے ہو۔
You read.

اَفَلَا تَعْقِلُوْنَ کیا پس تم عقل نہیں کرتے
Then do you not understand.

اِسْتَعِيْنُوْا مدد چاہو۔مدد مانگو۔
Seek help.

بِالصَّبْرِ صبر کیساتھ
With patience.

لَكَبِيْرَةٌ ضرور بڑی (بات) ہے' بوجھل ہے مشکل ہے
This indeed is hard.

اَلْخَاشِعِيْنَ ڈرنے والے۔عاجزی کرنیوالے
The humble in spirit.

يَظُنُّوْنَ وہ یقین رکھتے ہیں۔
They know for certain.

مُلٰقُوْا ملنے والے۔
Those who will meet.

رَاجِعُوْنَ لوٹنے والے
Those who return, go back.

البقرہ رکوع ٦ پارہ ١ رکوع ٦
Part-1. R-6 Al-Baqarah. R-6

فَضَّلْتُ میں نے بزرگی دی۔
میں نے فضیلت دی
I exalted, made noble, raised in rank.

تَجْزِيْ کام آئے گا۔
Shall serve, as a substitute.

نَفْسٌ کوئی نفس۔
Another soul.

يُؤْخَذُ لیا جائے گا
Shall be taken.

عَدْلٌ بدلہ۔کفارہ۔فدیہ۔معاوضہ۔
Ransom, mony demanded.

يُنْصَرُوْنَ وہ مدد دیئے جائیں گے۔
They shall be helped.

نَجَّيْنَا بچایا ہم نے۔نجات دی ہم نے۔
We delivered, saved.

اٰلِ قوم۔ اتباع۔ People.

فِرْعَوْنَ بادشاہِ مصر کا لقب ہے۔
It is title of Egypt's king.

يَسُوْمُوْنَ وہ پہنچاتے تھے۔وہ دیتے تھے۔
They afflicted.

سُوْٓءَ بُرا۔سخت۔ Grievous.

يُذَبِّحُوْنَ وہ ہلاک کرتے تھے۔
They slain, killed.

اَبْنَآءَ (واحد sing اِبنٌ) بیٹے Sons.

يَسْتَحْيُوْنَ وہ زندہ رکھتے تھے۔
They spared, let live.

نِسَآءَ عورتیں۔ Women.

فِيْ ذَالِكُمْ اس میں تمہارے لئے۔
In that for you.

بَلَآءٌ آزمائش۔امتحان Trial, test.

فَرَّقْنَابِكُمْ پھاڑا ہم نے تمہارے لئے We
divided for you, clove asunder.

بَحْرَ سمندر۔ The sea.

اَنْجَيْنَا ہم نے نجات دی We saved.

اَغْرَقْنَا ہم نے ڈبودیا۔غرق کردیا۔
We drowned.

وَ حالانکہ (یہ واؤ حالیہ ہے) While.

تَنْظُرُوْنَ تم دیکھتے ہو You look on.
تمہاری نظروں کے سامنے۔(خ۔II)
In front of your eyes.(Kh-II)

وٰعَدْنَا وعدہ کیا ہم نے۔
We made a promise.

اَرْبَعِيْنَ چالیس۔ Forty.

لَيْلَةً (جمع Plu لَيَالٌ) رات Night.

اِتَّخَذْتُمْ بنا بیٹھے تم۔ You took.

اَلْعِجْلَ بچھڑا۔ (بطور معبود کے)
The calf (*as worship*)

ظَالِمُوْنَ ظلم کرنے والے۔
Transgressors, violators.

عَفَوْنَا ہم نے معاف کیا۔(درگزر کیا)
We forgave, pardoned.

تَشْكُرُوْنَ تم شکرگزار بنو۔
You might be grateful.

اٰتَيْنَا ہم نے دیا۔ We gave.

فُرْقَانَ فیصلہ کن نشان Discrimination,
Standard of true and false,
Criterion of right and wrong.

تَهْتَدُوْنَ تم ہدایت پاؤ۔
You might be guided.

قَوْم قوم۔ Nation.

ظَلَمْتُمْ تم نے ظلم کیا ہے۔
You wronged.

بِاتِّخَاذِكُمُ تمہارا بچھڑا بنانے کیوجہ سے
By your taking the calf.

اَلْعِجْلَ بچھڑا۔ The calf.

تُوْبُوْآ رجوع کرو۔توبہ کرو Turn.

بَارِئِ (بَارِءٌ) پیدا کرنے والا۔
Maker, creator

اُقْتُلُوْآ تم قتل کرو۔مارو تم Kill.

خَيْرٌ بہتر۔اچھا۔ Best, good.

Eat. کھاؤتم۔ كُلُوْا

طَيِّبَاتِ پاکیزہ چیزیں۔
The good things.

ظَلَمُوْا انہوں نے ظلم کیا۔
They wronged.

ظَلَمُوْنَا انہوں نے ہم پر ظلم کیا۔
They wronged us.

انہوں نے ہمارا نقصان کیا۔(خ-II)
They caused our loss.

يَظْلِمُوْنَ وہ ظلم کرتے ہیں۔
They wrong.

Enter. داخل ہوجاؤ۔ اُدْخُلُوْا

Town. بستی۔ قَرْيَةَ

Wherever. جہاں سے۔ حَيْثُ

You will. چاہوتم۔ شِئْتُمْ

Plentifully. بافراغت رَغَدًا

The gate. دروازہ۔ بَابٌ

سُجَّدًا سجدہ کرتے ہوئے۔فرمانبرداری
Submissively, کرتے ہوئے
humbly, obediently.

Say. کہوتم۔ قُوْلُوْا

حِطَّةٌ We ہم گناہوں کی معافی مانگتے ہیں
ask for forgiveness our sins.

We (خII) بوجھ ہلکا کرنے کی التجا کرتے ہیں
implore for lightening burden.

نَغْفِرْ ہم بخش دیں گے۔
We shall forgive.

Wrongs, sins. غلطیاں' خطائیں خَطَايَا

Here, with, by, نزدیک۔ عِنْدَ
at the point of, about, from, in the presence of, (*The word denotes the idea of nearness and used as preposition to denote time and place.*)

You said. کہاتم نے۔ قُلْتُمْ

Until. یہاں تک۔جبتک حَتّٰى

We see. ہم دیکھ لیں۔ نَرَى

جَهْرَةً کھلم کھلا۔آمنے سامنے۔
Face to face.

Overtook. پکڑلیا۔ اَخَذَتْ

صَاعِقَةُ کڑک والی بجلی۔
The thunderbolt.

مہلک عذاب۔(خ-II)
The grievous torment.

We raised. ہم نے اٹھایا بَعَثْنَا

We ہم نے سایہ کیا۔ ظَلَّلْنَا
caused to be a shade over.
cast ashade over.

غَمَامَ (جمع Plu غَمَآئِمُ) بادل۔
The clouds.

We sent down. ہم نے اتارا اَنْزَلْنَا

الْمَنَّ ترنجبین (بغیر محنت کے ملنے والی چیز)
Manna (*Anything obtained without trouble or difficulty*).

سَلْوٰى شہد۔بٹیر کی قسم کا جانور۔
Honey, a whitish bird resembling a quail.

سَ ضرور۔ Certainly.

نَزِيْدُ ہم زیادہ دیں گے۔
We shall give more.

ہم بڑھائیں گے۔(خ۔II)
We shall increase.

مُحْسِنِيْنَ نیکی کرنے والے۔
Those who do good.

بَدَّلَ اس نے بدل ڈالا He changed.

قَوْلًا بات کو۔ For a word.

رِجْزًا عذاب۔ Punishment.

يَفْسُقُوْنَ وہ نافرمانی کرتے ہیں They disobey, refuse, create disorder.

كَانُوْا يَفْسُقُوْنَ وہ نافرمانی کیا کرتے تھے۔ They were disobedient.

البقرہ رکوع ۷ پارہ ۱ رکوع ۷
Part-1. R-7 Al-Baqarah. R-7

اِسْتَسْقٰي اس نے پانی مانگا۔
He prayed for water.

اِضْرِبْ مارتو۔ Strike.

بِعَصَاكَ اپنا سونٹا۔ Thy rod.

اَلْحَجَرَ (جمع Plu اَحْجَارٌ) خاص پتھر
The special rock.

اِنْفَجَرَتْ پھوٹ نکلے۔ بہہ پڑے۔
Gushed forth.

اِثْنَتَا دو۔ Two.

عَشْرَةٌ دس۔ Ten.

عَيْنًا (جمع Plu عُيُوْنٌ) چشمے۔ Springs.

عَلِمَ جان لیا۔ Knew.

كُلُّ اُنَاسٍ سب لوگ۔ سب آدمی۔
Every tribe, all the people.

مَشْرَبَ گھاٹ۔ پانی پینے کی جگہ۔
Drinking place.

اِشْرَبُوْا پیوتم۔ Drink.

لَا تَعْثَوْا نہ پھرو۔ نہ فساد کرتے پھرو۔
Commit not iniquity, injustice.

مُفْسِدِيْنَ فسادی بن کر۔
Creating disorder.

لَنْ نَصْبِرَ ہم ہرگز نہیں صبر کریں گے۔
We will not content with.

طَعَامٌ کھانا۔ Food.

وَاحِدٌ ایک۔ One.

اُدْعُ دعا کرتو۔ Pray.

يُخْرِجْ وہ نکالے۔
He may bring forth.

تُنْبِتُ وہ (زمین) اُگاتی ہے۔
That (*earth*) grows.

بَقْلِ (جمع Plu بَقُوْلَاتٌ) سبزی Herbs.

قِثَّآءِ ککڑیاں۔ Cucumbers.

فُوْمِ گندم۔ لہسن Wheat, garlic.

عَدَسِ مسور۔ Lentils.

بَصَلِ پیاز۔ Onions.

تَسْتَبْدِلُوْنَ تم بدلنا چاہتے ہو۔
You would take in change.

اَدْنٰي کم رتبہ کا ہے۔ کم درجہ کا ہے۔
Lower, worse.

عَمِلَ اس نے عمل کیا۔ He acted.

صَالِحًا نیک۔ Good.

اَجْرُ بدلہ۔مزدوری۔معاوضہ۔
The return, labour, reward.

اَخَذْنَا ہم نے لیا۔ We took.

رَفَعْنَا ہم نے بلند کیا۔اُونچا کیا۔
We raised high.

فَوْقَكُمْ تمہارے اوپر Above you.

اَلطُّوْرَ (کوہ) طور The Mount.

خُذُوْا پکڑلو۔ Hold fast.

مَآ جو کچھ۔ That which.

اٰتَيْنٰكُمْ ہم نے تم کو دیا۔
We have given you.

قُوَّةٍ طاقت۔قوت Force, power.

تَوَلَّيْتُمْ تم پھر گئے۔
You turned back.

لَوْلَا اگر نہ (ہوتا) If had it not been.

فَضْلُ مہربانی۔ Grace.

رَحْمَتُ عنایت۔ رحم۔
A blessing, mercy.

خَاسِرِيْنَ گھاٹا پانیوالے The losers.

قَدْ عَلِمْتُمْ ضرور تم نے جان لیا۔
Surely, you have known.

اِعْتَدَوْا وہ حد سے بڑھے۔زیادتی کی۔
They transgressed, violated.

سَبْتِ ہفتہ۔ (جمعہ کے بعد کا دن)
(یہودیوں کی اجتماعی عبادت کا دن)
Saturday (*the day after Friday*

اِهْبِطُوْا چلے جاؤ۔ Go down.

مِصْرًا شہر۔ City.

سَاَلْتُمْ تم نے مانگا You asked.

ضُرِبَتْ لگائی گئی۔ ڈالی گئی۔ماری گئی
Smitten with.

اَلذِّلَّةُ ذلت۔خواری Abasement,
humiliation, degradation.

اَلْمَسْكَنَةُ فقروفاقہ۔بے کسی اور بے بسی
Destituion, poverty, beggary.

بَآءُوْا وہ لوٹے They incurred.

غَضَبٍ ناراضگی۔ The wrath.

يَكْفُرُوْنَ وہ انکار کرتے ہیں۔
They reject, refuse, deny.

يَقْتُلُوْنَ وہ قتل کرتے ہیں۔لڑتے ہیں۔
They sought to slay, kill.

اَلنَّبِيّٖنَ انبیاء The Prophets.

عَصَوْا انہوں نے نافرمانی کی۔
They rebelled, disobeyed.

كَانُوْا يَعْتَدُوْنَ وہ حد سے بڑھتے تھے۔
They transgressed, violated.

البقرہ رکوع ۸ پارہ ۱ رکوع ۸
Part-1. R-8 Al-Baqarah. R-8

هَادُوْا یہودی ہوئے۔یہودی ہیں (خ۔II)
Became Jews.

نَصَارٰى (واحد sing نَصْرَانِی) عیسائی
The Christians.

صَابِئِيْنَ (واحد sing صَابِیٌ) ستارہ پرست
The Sabians, بے مذہب
without religion.

Old. بوڑھی۔ فَـارِضٌ

Young. بچھیا۔ بِـكْـرٌ

Full-grown. جوان۔ عَـوَانٌ

Now do. پس کروتم فَـافْعَـلُـوْا

تُـؤْمَـرُوْنَ تم حکم دیئے جاتے ہو۔
You are commanded.

Colour. رنگ۔ لَـوْنُ

Dun, (*dull brown*) زرد صَـفْـرَآءُ

Rich in tone. شوخ۔ تیز فَـاقِـعٌ

تَـسُـرُّ وہ خوش کرتی ہے۔ اچھی لگتی ہے۔
She delights, pleases.

Beholders, دیکھنے والے نَـاظِـرِيْـنَ
observers.

Cows. (واحد sing بَـقَـرَةٌ) گائیں اَلْـبَـقَـرَ

Appeared alike. مل جل گئی تَـشَـابَـهَ

مُـهْـتَـدُوْنَ ہدایت پانے والے۔
Those who are rightly guided.

ذَلُـوْلٌ کام پر لگی ہوئی۔ جوئے کے نیچے لائی گئی۔ سدھائی گئی۔
Well-trained,
tractable, broken,

She ploughs. وہ پھاڑتی ہے تُـثِـيْـرُ

She waters. وہ پانی دیتی ہے تَـسْـقِـيْ

The tilth. کھیتی۔ حَـرْثَ

مُـسَـلَّـمَـةٌ صحیح سالم ہے۔ سلامت ہے۔
One without any blemish,
perfectly sound.

Any blemish. کوئی داغ۔ شِـيَـةَ
flaw, defect, stain.

The day of congregational prayer of the Jews)

Be. ہو جاؤ تم۔ كُـوْنُـوْا

Apes, (واحد sing قِـرْدٌ) بندر۔ قِـرَدَةً
tailless monkeys.

Despised, ذلیل ہونیوالے خَاسِئِـيْـنَ
disregardful.

We made. بنایا ہم نے۔ جَـعَـلْـنَـا

An example. موجب عبرت نَـكَـالًا

Between. درمیان۔ بَـيْـنَ

يَـدَيْ دونوں ہاتھوں (یعنی سامنے)
Both hands (*in front of*).

After. پیچھے۔ خَـلْـفَ

A lesson. نصیحت کا موجب مَـوْعِـظَـةً

He commands. وہ حکم کرتا ہے يَـأْمُـرُ

Slaughter. تم ذبح کرو تَـذْبَـحُـوْا

A cow. (جمع Plu بَـقَـرٌ) ایک گائے بَـقَـرَةً

تَـتَّـخِـذُ تو بناتا ہے۔ پکڑتا ہے۔
Thou makes, catches.

To make a jest. ہنسی ٹھٹھا کرنا هُـزُوًا

اَعُـوْذُ میں پناہ لیتا ہوں۔ مانگتا ہوں۔
I seek refuge.

Lest. کہ۔ اَنْ

I should be. میں ہو جاؤنگا اَكُـوْنَ

Ignorants. جاہل۔ ناواقف جَـاهِـلِـيْـنَ

He وہ بیان کرے۔ واضح کرے يُـبَـيِّـنْ
makes plain, clear, evident.

She (*cow*). وہ (گائے) هِـيَ

اَلْـئٰنَ Now. اب۔

جِئْتَ Thou hast brought. تو آیا

ذَبَحُوْا انہوں نے ذبح کیا۔
They slaughtered.

کَادُوْا Were near. قریب تھے۔

يَفْعَلُوْنَ They do. وہ کرتے ہیں۔

البقرہ رکوع ۹ پارہ ۱ رکوع ۹
Part-1. R-9 Al-Baqarah. R-9

قَتَلْتُمْ You killed. قتل کیا تم نے

فَادّٰرَءْتُمْ اختلاف کیا تم نے۔
You differed, disagree.

مُخْرِجٌ نکالنے والا ہے۔
Is to bring to light.

اِضْرِبُوْا Smite, hit, compare. مارو تم

كَذَالِكَ Thus, اسی طرح۔
accordingly, in this way.

مَوْتٰى (واحد sing مَيِّتٌ) مُردے۔
The deads.

يُرِىْ He shows. وہ دکھاتا ہے۔

قَسَتْ سخت ہو گئے۔
Became hardened.

اَشَدُّ Are musch more. بہت زیادہ ہیں

قَسْوَةً Hardness. سختی۔

لَمَا Indeed, really. ضرور۔

يَتَفَجَّرُ Gush forth. بہتے ہیں۔

يَشَّقَّقُ وہ پھٹ جاتا ہے۔
That cleaves asunder, splits, breaks apart.

يَخْرُجُ Brings forth. نکلتا ہے۔

يَهْبِطُ Humbles. گر پڑتا ہے۔

خَشْيَةِ Fear. ڈر۔ خوف

عَمَّا (عَنْ مَا) Of what. اس سے جو

تَعْمَلُوْنَ You do. تم کرتے ہو۔

تَطْمَعُوْنَ تم امید رکھتے ہو۔
You expect.

يُؤْمِنُوْا وہ ایمان لائیں گے۔
They will believe.

فَرِيْقٌ A party. ایک گروہ۔

يَسْمَعُوْنَ They hear. وہ سنتے ہیں

كَلَامَ The word. کلام۔ باتیں

يُحَرِّفُوْنَ They وہ بدل ڈالتے ہیں
pervert turn aside from proper use, distort, misplace.

عَقَلُوْهُ انہوں نے اس کو سمجھ لیا۔
They have understood it.

يَعْلَمُوْنَ They know. وہ جانتے ہیں

خَلَا Meet in private. علیحدگی میں ملتے ہیں

تُحَدِّثُوْنَ تم بیان کرتے ہو۔
You informe, tell.

فَتَحَ He unfolded. اُس نے کھولا

يُحَآجُّوْا وہ جھگڑیں گے۔ بحث کریں گے
They will وہ حجت قائم کریں گے۔
quarrel, discuss, argue.

اَفَلَا Will not then. کیا پس نہیں

اَوَلَا Does he not. کیا (وہ) نہیں

You say. تَـقُـوْلُـوْنَ تم کہتے ہو۔

Yes بَـلٰـٓى ہاں (کیوں نہیں) (*why not*), no doubt, but verily.

He earned. كَـسَـبَ اس نے کمایا

Evil. سَـيِّـئَـةً بدی۔ برائی۔

Has اَحَـاطَـتْ گھیرلیا۔احاطہ کرلیا۔ encompassed, surrounded.

خَـطِـيْـئَـتُـه‘ اس کے گناہ اور خطا کاریاں

His sins, wrongs.

البقرہ رکوع ۱۰ پارہ ۱ رکوع ۱۰

Part-1. R-10 Al-Baqarah. R-10

تَـعْـبُـدُوْنَ تم عبادت کروگے۔

You will worship.

وَالِـدَيْـنَ (واحد sing وَالِدٌ) ماں باپ۔

Parents.

اِحْـسَـانًـا احسان کرنا۔نیکی کرنا۔

To show kindness.

Owner. ذِيْ والا۔

(ذِيْ-*This word is used in connection with a complement. It`s proper rendering depends upon the sense of the words in connection with which they occur. There most usual rendering is:* possesser of, lord of, endowed with, having with, on, in, of, owner.)

Kindred, قُـرْبٰـى قربت۔ blood relationship.

Orphans. يَـتَـامٰى (واحد sing يَـتِـيْـمٌ) یتیم

He knows. يَـعْـلَـمُ وہ جانتا ہے۔

يُـسِـرُّوْنَ وہ چھپاتے ہیں۔

They keep secret.

يُـعْـلِـنُـوْنَ وہ ظاہر کرتے ہیں۔

They make known.

اُمِّـيُّـوْنَ (واحد sing اُمِّيٌّ) ان پڑھ۔

Illiterate, uneducated.

اَمَـانِـيَّ (واحد sing اُمْـنِـيَّـةٌ) آرزوئیں

Notions, conceptions, whimes.

False notions. من گھڑت باتیں

woe. وَيْـلٌ ہلاکت ہے۔تباہی ہے۔

calamities, distress, bitter grief.

They write. يَـكْـتُـبُـوْنَ وہ لکھتے ہیں

Hands. اَيْـدِىْ (واحد sing يَـدٌ) ہاتھ

يَـشْـتَـرُوْا وہ خریدیں۔وہ لیں۔

They may take.

For it. بِـهٖ اس کے ذریعہ۔

Have written. كَـتَـبَـتْ لکھا۔

They earn. يَـكْـسِـبُـوْنَ وہ کماتے ہیں

لَـنْ تَـمَـسَّ ہرگز نہ چھوئے گی۔

Shall never touch.

اَيَّـامـاً (واحد sing يَوْمٌ) چند دن۔

A small number of days.

مَـعْـدُوْدَةً گنے ہوئے۔گنتی کے۔

Numbered.

Say, ask. قُـلْ تو کہدے۔ تو پوچھ۔

He لَـنْ يُّـخْـلِـفَ وہ ہرگز نہ خلاف کریگا will never break (*promise*), back out.

مُحَرَّمٌ حرام کیا ہو۔ Unlawful.

اِخْرَاجُ نکالنا۔ Expulsion. to drive out.

تُؤْمِنُوْنَ تم ایمان لاتے ہو۔ You believe.

جَزَآءُ بدلہ۔جزاء Reward, return.

يَفْعَلُ وہ کرتا ہے۔ He does.

خِزْيٌ ذلت۔خواری۔رُسوائی Disgrace, loss of honour, shame.

اَلْحَيٰوةِ زندگی۔ Life.

اَلدُّنْيَا ورلی۔اس دنیا کی۔ In the present life.

قِيَامَةِ بروز قیامت۔بروز حشر۔ The Day of Judgment.

يُرَدُّوْنَ وہ لوٹائے جائیں گے۔ They shall be driven to, turned.

يُخَفَّفُ ہلکا کیا جائے گا۔کم کیا جائیگا۔ Shall be lightened, reduced.

بقرہ رکوع ۱۱ پارہ ۱ رکوع ۱۱
Part-1. R-11 Al-Baqarah. R-11

قَفَّيْنَا ہم نے پیچھے بھیجا We sent after.

رُسُلِ (واحد sing رَسُوْلٌ) رسول۔ Messengers.

عِيْسٰي عیسٰی علیہ السلام۔ Jesus.

بَيِّنَاتِ کھلے کھلے نشانات۔ Manifest signs.

اَيَّدْنَا ہم نے مدد کی۔ We helped. تائید کی۔ Supported. قوت دی۔ Strengthened.

مَسَاكِيْنَ (واحد sing مِسْكِيْنٌ) غریب The poor.

حُسْنًا اچھی بات۔ Kindess.

تَوَلَّيْتُمْ تم پھر گئے۔ You turned away.

مُعْرِضُوْنَ اعراض کرنیوالے۔ Those who avert, turn away.

لَا تَسْفِكُوْنَ تم نہ بہاؤ گے۔ You will not shed.

دِمَآءَكُمْ (واحد sing دَمٌ) اپنے خون Your blood.

تُخْرِجُوْنَ تم نکالتے ہو You turn out.

دِيَارِ (واحد sing دَارٌ) گھروں Homes.

اَقْرَرْتُمْ اقرار کیا تم نے۔ You confirmed.

تَشْهَدُوْنَ تم گواہی دیتے ہو۔ You have been witness.

تَقْتُلُوْنَ تم قتل کرتے ہو You slay.

تَظٰهَرُوْنَ تم مدد کرتے ہو۔ You back up, support.

عَلَيْهِمْ انکے خلاف Against them.

اِثْمٌ گناہ۔ Sin.

عُدْوَانٌ زیادتی Transgression.

يَاْتُوْا وہ آئیں They come.

اُسٰرٰى (واحد sing اَسِيْرٌ) قیدی Captives, prisoners.

تُفَادُوْا تم فدیہ دیکر چھڑا لیتے ہو۔ You ransom, buy freedom.

وَهُوَ (واؤ حالیہ ہے) حالانکہ وہ While it.

رُوْحِ روح۔ The spirit.

قُدُسِ پاک۔ Holiness.

جَآءَ وہ آیا۔ He came.

رَسُوْلٌ کوئی نبی۔کوئی رسول۔
Any messenger.

لَا تَهْوٰی نہ چاہتی تھی۔نہ پسند کرتی تھی۔
Desired not.

اِسْتَكْبَرْتُمْ تم نے تکبر کیا۔
You behaved arrogantly, supposed yourself great.

كَذَّبْتُمْ تم نے جھٹلایا۔
You treated as lairs.

غُلْفٌ (واحد sing غِلَافٌ)
Covers. پردے۔غلاف

يَسْتَفْتِحُوْنَ وہ فتح مانگتے ہیں۔
They pray for victory.

عَرَفُوْا انہوں نے پہچان لیا۔
They knew to be the truth.

لَعْنَةُ لعنت۔دُوری The curse.

بِئْسَ براہے (یہ کلمہ مذمت ہے) Is evil.

يَكْفُرُوْا وہ انکار کرتے ہیں۔ They reject.

بَغْيًا بوجہ سرکشی Due to grudging, hostility, enmity.

يُنَزِّلُ وہ اُتارتا ہے۔ He sends down.

يَشَآءُ وہ چاہتا ہے۔ He pleases, wants, likes, wishes.

عِبَادِ (واحد sing عَبْدٌ) بندے۔
Servants.

مُهِيْنٌ ذلیل کرنیوالا Humiliating, degrading, insulting.

وَرَآءَ سِوا۔علاوہ۔ Besides,moreover.

لِمَ کیوں۔ Why.

اَنْبِيَآءَ (واحد sing نَبِيٌّ) نبی۔ Prophets.

اِسْمَعُوْا سنو تم۔ Hear.

سَمِعْنَا سنا ہم نے۔ We heard.

عَصَيْنَا ہم نے نافرمانی کی۔
We disobeyed.

اُشْرِبُوْا وہ پلائے گئے۔گھر کر گئی۔ They were saturated, drunk heavily.

اُشْرِبُوْا فِيْ قُلُوْبِهِمُ الْعِجْلَ
انکے دلوں میں بچھڑے کی محبت گھر کر گئی
Their hearts were saturated with the love of calf.

فَتَمَنَّوْا پس تم آرزو کرو۔چاہو۔
Then you wish.

لَنْ يَّتَمَنَّوْا ہرگز آرزو نہ کریں گے۔
Never shall they wish.

اَبَدًا کبھی بھی Never.

قَدَّمَتْ آگے بھیجا Sent forward.

تَجِدَنَّ تو پائے گا۔ Thou shalt find.

اَحْرَصَ زیادہ حریص۔
The most covetous, desirous.

اَشْرَكُوْا انہوں نے شرک کیا۔
They set up equals with God.

يَوَدُّ وہ چاہتا ہے۔پسند کرتا ہے۔
He wishes, likes.

اَحَدُهُمْ ان میں سے ہر ایک۔
Every one of them.

وَرَآءَ پیچھے۔ Behind.

ظُهُوْرِ (واحد sing ظَهْرٌ) پیٹھیں Backs.

كَاَنَّ گویا کہ۔ As if.

اِتَّبَعُوْا انہوں نے پیروی کی۔
They pursued, followed.

مَا تَتْلُوْا جن کی پیروی کی۔ جس کے پیچھے پڑ گئے۔
Which was pursued.
Which was followed.

شَيٰطِيْنُ باغی۔ The rebellious.

عَلٰى مُلْكِ حکومت کے خلاف۔
Against the Kingdom.

سُلَيْمَانَ حضرت سلیمان علیہ السلام۔
Solomon.

كَفَرَ انکار کیا۔ کفر کیا۔
Disbelieved, rejected.

لٰكِنَّ لیکن۔ بلکہ۔ But.

يُعَلِّمُوْنَ وہ سکھلاتے ہیں They teach.

سِحْرَ جادو۔ جھوٹی باتیں۔
Magic, falsehood.

دھوکہ کی باتیں۔ (خ۔II)
Deception, frauds.(Kh.II)

مَلَكَيْنِ دو فرشتے Two angels.

بَابِلَ بابل شہر جو علاقہ عراق میں تھا۔
The city Babylon which was a territory situated in Iraq.

هَارُوْتَ توڑ پھوڑ کرنیوالے Breakers.

مَارُوْتَ توڑ پھوڑ کرنیوالے Breakers.
(*The Two Angels, it means "breakers".*)

يُعَمَّرُ وہ عمر دیا جاتا ہے۔
He may be granted a life.

اَلْفَ ہزار۔ A thousand.

سَنَةٍ برس۔ سال۔ Year.

مُزَحْزِحِهٖ اسکو ہٹانے والا۔ بچانے والا۔
Remover it, keeping it away.

بَصِيْرٌ خوب دیکھنے والا All-seeing.

البقرہ رکوع ۱۲ پارہ ۱ رکوع ۱۲
Part-1. R-12 Al-Baqarah. R-12

جِبْرِيْلَ حضرت جبرئیل علیہ السلام، فرشتہ
Gabriel, an angel.

نَزَّلَ اس نے اُتارا ہے۔
He has sent down.

قَلْبِ (جمع Plu قُلُوْبٌ) دل Heart.

اِذْنِ اجازت۔ حکم The command, leave, permit.

بُشْرٰى بشارت۔ خوشخبری Glad tidings.

مِيْكَالَ حضرت میکائیل علیہ السلام Meichael, one of the chief angels.

يَكْفُرُ وہ انکار کرتا ہے He disbelieves.

اَوَكُلَّمَا کیا جب بھی۔
What! every time.

فَاسِقُوْنَ نافرمانی کرنے والے۔
Disbelievers.

عَاهَدُوْا انہوں نے عہد باندھا۔
They make a covenant.

نَبَذَ پھینک دیا Threw it aside.

بَلْ بلکہ But, on the contrary, no.

يُعَلِّمَانِ وہ دونوں سکھلاتے ہیں۔
They both teach.

يَقُوْلَا وہ دونوں کہتے ہیں۔
They both say.

فِتْنَةٌ آزمائش۔امتحان۔
Trial, examination.

Don`t reject. تومت انکار کر **لَا تَكْفُرْ**

They learn. وہ سیکھتے ہیں **يَتَعَلَّمُوْنَ**

They both. وہ دونوں **هُمَا**

They وہ جدائی ڈالتے ہیں۔ **يُفَرِّقُوْنَ**
make a distinction, difference.

Man. مرد۔آدمی۔ **مَرْءٌ**

ضَآرِّيْنَ ضرر پہنچانے والے۔
Harmful, injurious.

Who harms. جو نقصان دیتا ہے **مَا يَضُرُّ**

He does good. وہ نفع دیتا ہے **يَنْفَعُ**

عَلِمُوْا انہوں نے جان لیا۔
They have known.

Bought it. اس کو خرید لیا **اِشْتَرٰىهُ**

جو اس کو اختیار کر لے۔(خ-II)

He who adapted it.

Share. حصہ۔ **خَلَاقٍ**

They sold. انہوں نے بیچا **شَرَوْا**

مَثُوْبَةٌ بدلہ۔اجر۔ثواب۔
Reward, return, bounty.

البقرہ رکوع ۱۳ پارہ ۱ رکوع ۱۳
Part-1. R-13 Al-Baqarah. R-13

Say not. نہ کہو تم۔ **لَا تَقُوْلُوْا**

رَاعِنَا (ہماری رعائیت کر)
Have regard for us.

اُنْظُرْنَا ہمیں (مہربانی کی نظر سے) دیکھئے
Wait for us, look at with affection.

يَوَدُّ وہ چاہتا ہے۔پسند کرتا ہے۔
He desires, likes.

اَهْلِ الْكِتَابِ اہل کتاب۔کتاب والے
The People of the Book.

Polytheists, شرک کرنیوالے **مُشْرِكِيْنَ**
Those who associate gods with Allah,

يُنَزَّلَ اُتاری جائے۔نازل کی جائے۔
Sent down.

He chooses. وہ خاص کرتا ہے **يَخْتَصُّ**

Lord. صاحب۔والا۔ **ذُوْ**

ذُوْ الْفَضْلِ فضل والا ہے۔
Lord of bounty, of gift.

We ہم مٹاتے ہیں۔ **نَنْسَخْ**
abrogate, repeal, abolish.

We abandon, ہم منسوخ کرتے ہیں۔
forsake, give up, leave.

اٰيَةٍ کوئی آیت۔کوئی نشان۔
Any verse, sign of the Quran,

Message.(Kh.II) پیغام۔(خ-II)

نُنْسِ ہم بھلاتے یا فراموش کراتے ہیں۔
We cause to be forgotten.

نَاْتِ ہم لے آتے ہیں۔ہم لاتے ہیں۔
We take, bring.

اَلْمَشْرِقُ (جمع Plu مَشَارِقُ)
The place آفتاب نکلنے کی جگہ
of rising sun. (*The east*).

اَلْمَغْرِبُ (جمع Plu مَغَارِبُ)
The place آفتاب ڈوبنے کی جگہ
of setting sun.(*The west*)

اَيْنَمَا (اَيْنَ + مَا) جدھر بھی۔
Whithersoever.

تُوَلُّوْا منہ پھیرو گے تم رخ کرو گے۔
You will turn.

ثَمَّ ادھر۔وہاں۔
There.

وَجْهُ اللّٰهِ اللہ کا جلوہ۔(خ۔IV)
The face of Allah.

اللہ کی توجہ ہوگی۔(خ۔II)
God`s attention, favour.

وَاسِعٌ احاطہ کرنیوالا۔قدرت رکھنے والا۔
حاوی۔وسعت دینے والا ہے(خ۔II)
Bountiful, generous, ample.

اِتَّخَذَ بنالیا ہے۔اختیار کرلیا ہے۔
Has taken to, assumed.

وَلَدًا بیٹا۔
Son.

بَلْ بلکہ۔
But.

قَانِتُوْنَ کامل فرمانبرداری کرنے والے
جھکنے والے
Obedients, obeying.

بَدِيْعُ بلا نمونہ' بلا مثال پیدا کرنے والا
The Originator, Creator without depending upon any matter or pattern or help.

لَمْ تَعْلَمْ نہیں جانتا تو۔
You do not know.

وَلِيٍّ دوست۔والی
Friend, Protector.

اَمْ کیا۔
What.

تُرِيْدُوْنَ تم چاہتے ہو۔
You wish.

تَسْئَلُوْا تم پوچھو۔تم سوال کرو۔
Ask, question.

كَمَا جیسا کہ۔
As.

سُئِلَ پوچھا گیا۔سوال کیا گیا۔
Was asked, was questioned.

يَتَبَدَّلْ بدلہ میں لیتا ہے۔بدل لے۔
Takes in exchange.

كُفْرَ کفر۔انکار کرنا
To reject, refuse.

ضَلَّ وہ بھٹک گیا۔بہک گیا۔
He has gone astray.

سَوَآءَ سیدھا۔درست۔
The right, straight.

سَبِيْلِ راستہ۔
Path.

وَدَّ چاہا اس نے
He wished.

البقرہ رکوع ۱۴ پارہ ۱ رکوع ۱۴
Part-1. R-14 Al-Baqarah. R-14

لَمْ يَدْخُلُوْا وہ نہ داخل ہوتے۔
They did not enter.

خِزْيٌ رسوائی۔
Disgrace, shame

خَآئِفِيْنَ (واحد sing خَآئِفٌ)
ڈرنے والے۔ڈرتے ہوئے۔
Those who fear, fearing.

قَـضٰى وہ فیصلہ کر لیتا ہے۔
He decrees, decides
اَمْـرًا کسی بات کا۔ کسی کام کا۔ A thing.
كُـنْ ہو جا۔ Be.
فَيَـكُوْنُ وہ ہونا شروع ہو جاتا ہے۔
It begins to happen, occur.
لَوْلاَ کیوں نہیں Why does not.
يُـكَلِّمُ وہ کلام کرتا ہے He speaks.
تَـاْتِيْـنَـا آتا ہمارے پاس۔ Come to us.
تَـشَابَـهَتْ یکساں ہو گئے۔ مشابہ ہو گئے۔
ایک دوسرے سے مل جل گئے۔ ایک سے ہو
گئے ہیں۔ ہم رنگ ہو گئے۔ (خ۔II)
Became alike, similar.
بَـيَّـنَّـا ہم نے کھول کر بیان کی ہیں۔ We
have made the signs plain,
manifested, expounded.
اَرْسَـلْـنَـا بھیجا ہم نے۔ We have sent.
بَـشِـيْـرٌ خوشخبری دینے والا۔
A bearer of glad tidings.
نَـذِيْـرٌ خطرہ سے آگاہ کرنیوالا۔ ڈرانیوالا۔
A warner.
تُـسْـئَـلُ تو پوچھا جائے گا۔
You will be questioned.
جَـحِـيْـمٌ دوزخ۔ Hell.
تَـرْضٰى راضی ہو گی (یہود و نصاریٰ کی جماعت)
will be pleased.(*Community of the Jews and the Christians*)
تَـتَّـبِـعَ تو پیروی کرے۔ You follow.

مِـلَّـةَ (جمع Plu مِلَلٌ) مذہب' اصول' عقائد
Creed, principles, articles of faith, religious tenets.
هُـوَالْـهُـدٰى وہ حقیقی ہدایت ہے۔ اصل ہدایت ہے۔
That is the true guidence.
لَـئِـنِ اتَّـبَـعْـتَ یقیناً اگر پیروی کی تو نے۔
Surely if you follow.
اَهْـوَآءَ خواہشیں Evil desires, whims.
وَلِـيٌّ (جمع Plu اَوْلِيَـآءُ) دوست' یار Friend.
نَـصِـيْـرٌ مددگار۔ Helper.
يَـتْـلُـوْنَ وہ پڑھتے ہیں۔ پیروی کرتے ہیں
They read, follow.
تِـلاَوَتِ پڑھنا۔ پیروی کرنا۔
To read, to follow.
خَـاسِرُوْنَ نقصان اٹھانیوالے Losers.

البقرہ رکوع ۱۵ پارہ ۱ رکوع ۱۵
Part-1. R-15 Al-Baqarah. R-15

تَـجْـزِيْ کام آوے گا۔ Will serve.
قائمقام ہو سکے گا۔ (خ۔II)
Will be subtitute.
عَـدْلٌ معاوضہ۔ بدلہ Ransom, reward.
تَـنْـفَـعُ نفع دے گی۔ Shall avail.
اِبْـتَـلٰى آزمایا۔ جانچا۔ پرکھا۔ امتحان لیا۔
Tried.
اِبْـرَاهِـيْـمَ حضرت ابرہیم علیہ السلام
Abraham (*the name of prophet*).

كَلِمٰتٍ (واحد sing كَلِمَةٌ) احکام۔
Commandments.

He fulfilled. اس نے پورا کیا۔ **اَتَمَّ**

A leader of men. امام۔پیشوا **اِمَامًا**

Offspring, progeny. اولاد،نسل **ذُرِّيَّةِ**

Will embrace, extend. پہنچے گا **يَنَالُ**

My covenant. میرا وعدہ **عَهْدِىْ**

We made. بنایا ہم نے۔ **جَعَلْنَا**

اَلْبَيْتَ (جمع Plu بُيُوْتٌ) گھر
The house. (یہاں بیتُ اللہ مراد ہے۔
(*Here it means "Kaba"*)

A resort, بار بار جمع ہونے کی جگہ **مَثَابَةً**
a place for specified purpose.

A place of security. امن کی جگہ **اَمْنًا**

Made. بناؤ۔ **اِتَّخِذُوْا**

The station. کھڑا ہونے کی جگہ **مَقَامِ**

A place of prayer. نماز کی جگہ **مُصَلًّى**

عَهِدْنَا تاکیدی حکم دیا ہم نے۔
We commanded.

طَهِّرَا تم دونوں پاک صاف رکھو۔
You both purify.

طَآئِفِيْنَ (واحد sing طَآئِفٌ) طواف کرنیوالے۔اردگرد گھومنے والے
Those who perform the circuit.

عَاكِفِيْنَ (واحد sing عَاكِفٌ) اعتکاف بیٹھنے والے عبادت کیلئے ایک جگہ رہنے والے
Those who remain for devotion.

الرُّكَّعِ (واحد sing رَاكِعٌ) رکوع
Those who bow down. کرنیوالے

السُّجُوْدِ (واحد sing سَاجِدٌ)
Those who fall سجدہ کرنیوالے
prostrate in prayer.

When. جس وقت۔جب۔ **اِذْ**

Make. تو بنادے۔کردے **اِجْعَلْ**

Town. شہر (جمع Plu بِلَادٌ) **بَلَدًا**

Of peace. امن دینے والا۔ **اٰمِنًا**

Provide with fruits. روزی دے **اُرْزُقْ**

Its dewellers. اسکے رہنے والے **اَهْلَهٗ**

اُمَتِّعُ میں فائدہ دوں گا۔
I shall bestow benefits.

I shall میں مجبور ولاچار کردونگا **اَضْطَرُّ**
drive to the punishment.

بِئْسَ الْمَصِيْرُ بہت بُرا ٹھکانہ ہے۔
بہت بُری لوٹنے کی جگہ۔بہت بُرا انجام ہے (خ۔II)
An evil destination it is.

He raises. وہ بلند کرتا ہے۔ **يَرْفَعُ**

قَوَاعِدَ (واحد sing قَاعِدَةٌ) بنیادیں
The foundations.

Accept. قبول کر۔ **تَقَبَّلْ**

مُسْلِمَيْنِ (واحد sing مُسْلِمٌ) دوفرمانبردار
Both submissive, obedient.

اُمَّةً (جمع Plu اُمَمٌ) گروہ۔جماعت۔
Community, nation, group.

مُسْلِمَةً تابعدار۔فرمانبردار
Submissive, obedient.

اِصْطَفَيْنَا ہم نے برگزیدہ کیا۔اختیارکیا چن لیا۔
We have chosen, adapted, selected.

صَالِحِيْنَ (واحد sing صَالِحٌ)
The righteous. نیکوکار

اَسْلِمْ فرمانبردار ہوتُو۔
Submit.

اَسْلَمْتُ (پہلے سے ہی) مَیں فرمانبردار ہو چکاہوں۔(خ-II)
I have already submitted. (Kh-II)

وَصّٰی تاکیدی حکم دیا۔
Did enjoin, commanded, ordered.

بَنِيَّ میرے بیٹو۔
My sons.

اِصْطَفٰی پسند کیا۔چن لیا۔
Chosen, liked.

اَلدِّيْنَ کامل دین۔حقیقی دین۔
Perfect religion.

لَا تَمُوْتُنَّ تم ہرگز نہ مرنا۔
Let not death overtake you.

مُسْلِمُوْنَ تابعدار۔اسلام لانے والے کہ تم پورے فرمانبردار ہو۔(خ-II)
Obedient, those who submit Islam, when you are in a state of complet submission.

حَضَرَ (روبروآیا) آئی۔(موت)
Came (*death*).

كُنْتُمْ شُهَدَآءُ تم موجود تھے۔
You were present.

اَرِنَا ہمیں دکھا۔بتا۔سکھا۔
Show us, tell us, teach us.

مَنَاسِكَنَا ہماری عبادتوں اورقربانیوں کے طریق۔
Our ways of worship and sacrifice.

تُبْ عَلَيْنَا ہماری طرف فضل کیساتھ توجہ فرما
Turn to us with mercy.

تَوَّابُ بہت توبہ قبول کرنیوالا۔باربار فضل کرنے والا۔بہت توجہ کرنے والا۔(خ-II)
Oft-Returning with compassion.

اِبْعَثْ اُٹھاتُو۔کھڑا کر۔
Raise up.

يَتْلُوْا وہ پڑھے گا
He will recite.

يُعَلِّمُ وہ سکھائے گا
He will teach.

اَلْحِكْمَةَ (جمع Plu حُكْمٌ) پکی بات
Wisdom, common sense, wise sayings.

يُزَكِّيْ وہ پاک کریگا
He will purify.

البقرہ رکوع ۱۶ پارہ ۱ رکوع ۱۶
Part-1. R-16 Al-Baqarah. R-16

مَنْ کون۔
Who.

يَرْغَبُ عَنْ بے رغبتی کرتا ہے۔کرسکتا ہے۔اعراض کریگا۔
Turns away, can turn away, will turn away.

سَفِهَ نادان بنایا اُسنے۔ہلاک کردیا اُسنے
He made a fool, He brought to ruin.

مَوْتُ (بے حس وحرکت ہونا۔ مرنا) موت
Death.(*termination of life,die*)

اِلٰـهَ (جمع Plu اٰلِـهَـةٌ تثنیہ Dual اِلٰـهَـيْـنِ) معبود
God, Deity, worthy of worship.

اٰبَـآءِ (واحد sing اَبٌ) باپ دادے۔
Fathers.

تِـلْـكَ "وہ" اسم اشارہ بعید Those.

خَـلَـتْ وفات پاگئی۔ دنیا سے چل بسی۔ گذر گئی
Have passed away.

كَـسَـبَـتْ کمایا اس (امۃ) نے۔
These (*peaple*) earned.

مُـخْـلِـصُـوْنَ اخلاص رکھنے والے Those who are exclusively bearing true (*faith*), sincerely devoted.

كَـسَـبْـتُـمْ تم نے کمایا You earned.

تُـسْـئَـلُـوْنَ تم پوچھے جاؤ گے۔
You will be questioned.

كُـوْنُـوْا ہو جاؤ۔ Be.

هُـوْدًا یہودی۔ Jews.

تَـهْـتَـدُوْا ہدایت یافتہ ہو جاؤ گے تم
You will be rightly guided.

حَـنِـيْـفًـا توحید پرست۔ پورا فرمانبردار، خدا کیطرف جھکنے والا
One who was ever inclined to Allah.

اَسْبَاطٌ (واحد sing سِبْطٌ) اولاد Children.

اُوْتِـيَ دیا گیا۔ Given.

نُـفَـرِّقُ ہم جدا کرتے ہیں۔ فرق کرتے ہیں۔
We make distinction.
We make seperation.

اٰمَـنْـتُـمْ ایمان لائے تم۔
You have believed.

اِهْـتَـدَوْا انہوں نے راہ پائی۔ ہدایت پائی
They are rightly guided.

تَـوَلَّـوْا وہ پھر جائیں They turn back.

شِـقَـاقٌ مخالفت۔ دشمنی Schism, enmity.

يَـكْـفِـيْ کفایت کرے گا۔ کافی ہوگا۔
Will suffice, satisfy.

صِـبْـغَـةَ رنگ۔ Religion, nature, attribute.

اَحْـسَـنُ بہت اچھا ہے۔ Is better.

عَـابِـدُوْنَ عبادت کرنیوالے۔
Worshippers.

تُـحَـآجُّـوْنَ جھگڑتے ہو تم You dispute, argue, quarrel, debate.

اَعْمَالُ (واحد sing عَمَلٌ) کام سب
Works, acts, deeds.

اَمْ تَـقُـوْلُـوْنَ کیا تم کہتے ہو؟ Do you say?

اَظْـلَـمُ بڑا بے انصاف۔ بڑا ظالم۔ زیادہ ظالم
More unjust, not fair.

كَـتَـمَ اس نے چھپایا۔ He hid.

تَـعْـمَـلُـوْنَ تم کرتے ہو۔ You do.

☆☆☆

البقرۃ رکوع ۱۷ پارہ ۲ رکوع ۱
Part-2. R-1 Al-Baqarah. R-17

سَيَقُوْلُ وہ ضرور کہیں گے۔
They will say.

سَ عنقریب۔ضرور۔مستقبل قریب کیلئے آتا ہے
(سَ : It is an adverb prefixed to imperfect of the verbs to denote the meaning of future. It consists both of the present and future tense.)

Has turned. پھیر دیا۔ وَلّٰی

Direction. طرف۔جہت۔ قِبْلَةِ
کعبہ (جس کی طرف نماز میں منہ کیا جائے)
The Ka'aba diversion or the direction to which Muslims face when saying their Prayers.

Nation. جماعت۔ اُمَّةً

وَسَطًا (درمیانی۔معتدل۔ بیچ کی۔اعتدال
Temperate, middle, پر چلنے والی)
balanced, moderate.
Exalted, good. اعلیٰ درجہ کی۔

شُهَدَآءَ (واحد sing شَهِيْدٌ)
Guardians, نگران۔نمونہ۔گواہ۔
model, witness.

نَعْلَمَ ہم جان لیں (یعنی ممتاز کردیں)
We know, ہم ظاہر کردیں
distinguish, expose.

He follows. وہ پیروی کرتا ہے۔ يَتَّبِعُ

He turns وہ پھر جاتا ہے يَنْقَلِبُ
upun his heels.

عَقِبَيْ (اصل میں عَقِبَيْنِ ہے)
Both heels. دونوں ایڑیاں۔

لَكَبِيْرَةٌ ضرور مشکل ہے۔(خ II)
It is indeed hard. (Kh-II)

لِيُضِيْعَ کہ وہ ضائع کرے اکارت کرے
That he would let (*your faith*) go in vain.

رَءُوْفٌ بہت مہربان۔شفقت کرنے والا۔
Kind, affectionate, compassionate.

Verily, we see. ہم دیکھتے ہیں قَدْ نَرٰى

Turning often. بار بار پھرنا تَقَلُّبَ

Thy face. تیرا چہرہ وَجْهِكَ

فَلَنُوَلِّيَنَّكَ ہم ضرور تجھے پھیر دینگے۔
Surely, we shall make you turn to the Qiblah.
We whall certainly والی بنادیں گے
give you possession (of Qiblah).

Towards. طرف (جمع plu شُطُوْرٌ) شَطْرَ

اَلْمَسْجِدِ الْحَرَامِ عزت والی مسجد
Sacred Mosque. (بیت اللہ کا نام ہے)
(Name of the Ka'aba)

Wherever. جہاں کہیں حَيْثُ مَا

Turn. تم پھیرو۔ وَلُّوْا

You came. تو آیا۔ اَتَيْتَ

Follower. پیروی کرنے والا تَابِعٍ

خَـرَجْـتَ نکلے تُو You came out.

لِـئَـلَّا يَـكُـوْنُ تا کہ نہ ہو۔
So that, there may be no.

حُـجَّـةٌ الزام۔اعتراض Argument.

تَـخْـشَـوْا ڈروتم۔ Be fearful.

اُتِـمَّ میں پوری کروں گا۔ I shall make perfect, complete.

كَـمَا جیسے، جس طرح Even as, just as.

اَرْسَـلْـنَـا ہم نے بھیجا We have sent.

تَـعْـلَـمُـوْنَ جانتے ہو تم۔ You know.

اَذْكُـرْ میں یاد کروں گا۔یادرکھوں گا۔
I shall remember.

اشْـكُـرُوْا احسان مانو۔شکر گزار بنو۔
Be thankful, grateful.

البقرہ رکوع ۱۹ پارہ ۲ رکوع ۳
Part-2. R-3 Al-Baqarah. R-19

يَـآيُّـهَـا يَـا اَے۔ O !

اَيُّ اسم منادیٰ Conjunctive noun and vocative case: who, which, what, whosoever, which-soever, whatsoever. It is used to denote wonder, interrogation, condition or perfection.

هَـا تنبیہ کا کلمہ مخاطب کے لئے۔
A letter used as caution.

يُـقْـتَـلُ مارا جاتا ہے۔قتل کیا جاتا ہے۔
He is killed.

اَمْـوَاتٌ (واحد sing مَـيِّـتٌ) مُردے
Dead ones.

تَـبِـعُـوْا انہوں نے پیروی کی۔
They followed.

جَـآءَ وہ آیا۔ He came.

اِنَّ تحقیق۔ Surly.

اِذًا اس وقت۔تب۔ Then, that time.

يَـعْـرِفُـوْنَ وہ پہچانتے ہیں۔
They recognize, identify.

يَـكْـتُـمُـوْنَ وہ چھپاتے ہیں۔
They conceal, hide.

اَلْـحَـقّ سچ۔حق۔ The truth.

فَـلَا تَـكُـوْنَـنَّ مِـنَ الْـمُـمْـتَـرِيْـنَ
پس تو ہرگز شک کرنے والوں میں سے نہ بن۔
Be not, therefor, of those who doubt.

البقرہ رکوع ۱۸ پارہ ۲ رکوع ۲
Part-2. R-2 Al-Baqarah. R-18

وِجْـهَـةٌ قبلہ۔مقصود۔ An ideal.

مطمعِ نظر(خ۔II) (Kh-II) Goal, aim.

مُـوَلِّـيْـهَـا اس طرف منہ پھیرنے والا۔
One who turns his whole attention to it.

وہ اس کو اپنے پر مسلط کر لیتا ہے (خ۔II)
He makes it dominant over him (Kh-II)

فَـاسْـتَـبِـقُـوْا پس تم ایک دوسرے سے سبقت لے جاؤ۔ایک دوسرے سے آگے بڑھو
Then vie with one another, compete.

خَـيْـرَاتِ نیکیاں Good works, deeds.

اَيْـنَ مَا جہاں کہیں۔ Wherever.

اَحْيَآءٌ (واحد sing حَيٌّ) زندہ۔
Living, alive.
لَا تَشْعُرُوْنَ تم محسوس نہیں کرتے ہو۔ نہیں سمجھتے ہو۔ شعور نہیں رکھتے ہو۔
You perceive not, do`nt know.
لَنَبْلُوَنَّ ہم ضرور آزمائیں گے۔
We will try you.
الْجُوْعِ بھوک۔ Hunger.
نَقْصٍ کم کرنا۔ گھٹانا۔ نقصان۔
Diminition, loss.
اَمْوَالٍ (واحد sing مَالٌ) مال Wealth.
اَنْفُسٍ (واحد sing نَفْسٌ) جانیں Lives.
بَشِّرْ خوشخبری سنادے۔
Give glad tidings.
اَصَابَتْ آئے۔ پہنچے Overtooke.
مُصِيْبَةٌ تکلیف۔ Misfortune, trouble, bad luck.
رَاجِعُوْنَ لوٹنے والے۔
Those who return.
صَلَوٰتٌ (واحد sing صَلٰوةٌ)
رحمتیں۔ برکتیں۔ Blessings, invocation of favour.
مُهْتَدُوْنَ راہ پانے والے ہدایت یافتہ۔
Those who are rightly guided.
اَلصَّفَا ایک پہاڑی کا نام جو مکہ شریف میں ہے
Name of a hill in Mecca.
اَلْمَرْوَةَ مکہ شریف کی ایک پہاڑی۔
A hill in Mecca.
شَعَآئِرِ (واحد sing شَعِيْرَةٌ)
نشانات۔ Signs.

اِعْتَمَرَ اس نے عمرہ کیا۔
He performed *Umrah*.
فَلَا جُنَاحَ پس کوئی گناہ نہیں۔
It is, therefore, no sin.
يَطَّوَّفَ وہ طواف کرتا ہے۔ چکر لگاتا ہے اردگرد پھرے۔
He goes around.
He walks about.
مَنْ تَطَوَّعَ خَيْرًا جو اپنی خوشی اور شوق سے نیک کام کرے۔
Whoso does good voluntarily.
شَاكِرٌ قدردان۔ احسان ماننے والا۔
Appreciating, grateful.
بَيَّنَّا ہم نے کھول کر بیان کیا۔
We have made it clear.
يَلْعَنُ وہ لعنت کرتا ہے He curses.
لَاعِنُوْنَ لعنت کرنیوالے۔
Those who curse.
تَابُوْا انہوں نے توبہ کی They repented.
اَصْلَحُوْا انہوں نے درستی کی۔ اصلاح کی۔
They amended, corrected.
بَيَّنُوْا انہوں نے کھول کر بیان کیا۔
They openly declared.
اَتُوْبُ میں رجوع برحمت ہوں گا۔
I shall turn with forgiveness.
كُفَّارٌ (واحد sing كَافِرٌ) کافر لوگ۔
Disbelievers.
خَالِدِيْنَ لمبا عرصہ رہنے والے
Those who will remain till long time.

يُخَفَّفُ ہلکا کیاجائے گا۔کم کیاجائے گا۔
Will be lightened, mitigated.

يُنْظَرُوْنَ وہ مہلت دیئے جائیں گے۔
They will be granted respite.

البقرہ رکوع ۲۰ پارہ ۲ رکوع ۴
Part-2. R-4 Al-Baqarah. R-20

اِخْتِلَافَ آگے پیچھے آنا۔بدلنا۔
Alternation, variation.

اَلْفُلْكِ کشتیاں۔کشتی۔(مذکرمونث۔
Ship, ships.(واحد جمع یکساں ہے)
(It is used for *sing.* and *plu.* and *m.* and *f.* commone gender and number)

اَلْبَحْرِ River, sea. دریا۔سمندر

بَثَّ اس (خدا) نے پھیلائے۔
He (*God*) scattered.

دَآبَّةٌ (جمع Plu دَوَابٌّ) جانور۔
Beasts. (*Moving creature*)

تَصْرِيْفِ چلانا۔پھیرنا۔اِدھراُدھر پھیلانا۔
To turn away, change (*of wind*)
To spread here and there.

الرِّيَاحُ (واحد sing رِيْحٌ) سخت ہوائیں
Winds.

السَّحَابِ (جمع Plu سُحْبٌ. سَحَآئِبٌ)
Clouds. بادل۔

الْمُسَخَّرِ بلامعاوضہ کام میں لگاہوا۔
Pressed into service.

يَعْقِلُوْنَ وہ عقل رکھتے ہیں۔
They understand.

يَتَّخِذُ وہ پکڑتا ہے۔بناتا ہے۔
He takes, sets up.

اَنْدَادًا (واحد sing نِدٌّ) شریک۔
Equals (*idols*), parteners.

يُحِبُّوْنَ They love. وہ محبت رکھتے ہیں

حُبٌّ Love. محبت۔

اَشَدُّ (جمع Plu اَشِدَّآءُ و شِدَادٌ) زیادہ سخت
Stronger, harder.

يَرَوْنَ They will see. وہ دیکھیں گے

شَدِيْدٌ Severe, extreme. سخت

تَبَرَّاَ He declared اُسنے بیزاری کااظہار کیا
his innocence, displeasure.

اتُّبِعُوْا جن کی پیروی کی جاتی تھی ۔جوپیروی
They were followed.کئے گئے۔

اِتَّبَعُوْا انہوں نے پیروی کی۔
They followed.

تَقَطَّعَتْ کٹ گئے۔
To be cut asunder, cut off.

اَسْبَابُ Means, ties. ذرائع۔تعلقات

كَرَّةً ایک بارلوٹنا۔(دنیامیں)
A return (to world).

نَتَبَرَّاَ We ہم بیزارہوجائیں گے۔
shall disown, disgust, give up any connection with.

تَبَرَّءُوْا They وہ بیزارہوئے۔
disowned, disgusted.

حَسَرَاتٍ (واحد sing حَسْرَةٌ) افسوس۔
Anguishes, keen sorrows.

خَارِجِيْنَ نکلنے والے۔

Those who get out.

البقرہ رکوع ۲۱ پارہ ۲ رکوع ۵
Part-2. R-5 Al-Baqarah. R-21

حَلَالًا روا۔جائز۔ Lawful, allowed.

طَيِّبًا پاکیزہ۔ستھرا۔ Good, clean, wholesome.

خُطُوَاتِ (واحد sing خُطْوَةٌ) قدم۔ Footsteps. قدم بقدم۔

فَحْشَآءِ (واحد sing فُحْشٌ) بے حیائی۔ Foul, indecencies.

نَتَّبِعُ ہم پیروی کرتے ہیں۔ We follow.

اَلْفَيْنَا ہم نے پایا۔ We found.

يَهْتَدُوْنَ وہ راہ راست پر چلتے ہوں۔ They follow the right path.

يَنْعِقُ وہ پکارتا ہے۔(ینعق کا لفظ جانور کو آواز دینے کے لئے بولا جاتا ہے) He shouts, bleats. (*This word is used to cry out to sheep*).

يَسْمَعُ وہ سنتا ہے۔ He hears.

دُعَآءً پکار۔ Call.

نِدَآءً آواز۔ Cry.

اِيَّاهُ اُسی کو۔اُسی کی۔ Him alone.

الْمَيْتَةَ (جمع Plu مَيْتَاتٌ) مردار۔ Dead, lifeless.

اَلدَّمَ (جمع Plu دِمَآءٌ) خون۔ Blood.

لَحْمَ (جمع Plu لُحُوْمٌ) گوشت۔ Flesh, meat.

خِنْزِيْرِ (جمع Plu خَنَازِيْرُ) سؤر۔ Swine, pig.

وَمَا اُهِلَّ بِهٖ لِغَيْرِ اللّٰهِ جس پر اللہ کے سوا کسی اور کا نام پکارا جائے (ذبح کے وقت) And that on which the name of any other than Allah has been invoked. (*Time of slaughter*)

اِضْطُرَّ مجبور ہو جائے۔بے بس ہو جائے۔ He is driven by necessity, is compelled.

بَاغٍ سرکشی کرنیوالا۔نافرمان۔قانون کا مقابلہ کرنیوالا Disobedient, Transgressor.

عَادٍ حد سے تجاوز کرنے والا۔آگے نکلنے والا Exceeding the limit.

يَشْتَرُوْنَ وہ خریدتے ہیں۔ They take in exchange.

يَاْكُلُوْنَ وہ کھاتے ہیں۔ They fill their bellies.

بُطُوْنِ (واحد sing بَطْنٌ) پیٹ۔ Bellies.

فَمَآ اَصْبَرَهُمْ کیسے ہی وہ صابر ہیں۔ How great is their endurance.

نَزَّلَ اس نے اُتارا He sent down.

شِقَاقٍ ضد۔لڑائی۔مخالفت۔اختلاف۔ Enmity, hostility, schism.

شِقَاقٍ بَعِيْدٍ پرلے درجہ کی مخالفت۔ Extreme enmity.

البقرہ رکوع ۲۲ پارہ ۲ رکوع ۶
Part-2. R-6 Al-Baqarah. R-22

لَيْسَ نہیں ہے۔ Is not.

(اپنی بات میں) سچے نکلے۔
They have proved truthful.
مُتَّقُوْنَ (واحد sing مُتَّقِی) کامل متقی
Those who are پرہیزگار۔
truly God-fearing.
كُتِبَ فرض کیا گیا۔ لکھا گیا۔
Was prescribed, written.
الْقِصَاصُ برابر کا بدلہ Retaliation.
الْقَتْلٰی (واحد sing قَتِيْلٌ) مقتول
Slain, killed ones.
الْحُرُّ (جمع Plu اَحْرَارٌ) آزاد۔
Free man.
الْعَبْدُ (جمع Plu عَبِيْدٌ) غلام Slave.
عُفِيَ معاف کیا جائے۔ He has
been granted remission.
اِتِّبَاعٌ پیروی کرنا۔ تابعداری کرنا۔
To follow.
اَدَآءٌ پہنچانا۔ ادا کرنا۔ Payment.
اِحْسَانٍ نیکی کرنی۔
Kindness, handsome manner.
تَخْفِيْفٌ ہلکا کرنا۔ آسانی Alleviation.
تَتَّقُوْنَ بچو تم۔ ڈرو تم۔
You guard against evil.
خَيْرًا (جمع Plu خَيْرَاتٌ) دنیا کا مال۔
Wealth.
حَقًّا لازم۔ Obligation.
يُبَدِّلُوْنَ وہ بدل دیتے ہیں۔ تبدیل کر
They alter, change. دیتے ہیں

اَلْبِرُّ کامل نیکی۔ بڑی نیکی Righteousness.
تُوَلُّوْا پھیرو تم۔ You turn.
قِبَلَ طرف۔ Towards.
اٰتَى الْمَالَ اس نے مال دیا۔
He gave money.
عَلٰى حُبِّهٖ باوجود اس (مال کی) محبت کے
Inspite of it`s love.
مَسٰكِيْنَ (واحد sing مِسْكِيْنٌ)
مسکین۔ محتاج Needy, poors.
اِبْنَ السَّبِيْلِ مسافر۔ راہ رو Wayfarer.
سَآئِلِيْنَ (واحد sing سَآئِلٌ)
Those who ask مانگنے والے۔
for charity. beggers.
الرِّقَابِ (واحد sing رَقَبَةٌ) غلام۔
Slaves, captives, necks. گردنیں
اَقَامَ اس نے کھڑا کیا۔ قائم رکھا۔
He observed, established.
مُوْفُوْنَ پورا کرنے والے۔
Those who fulfil.
بِعَهْدِهِمْ اپنے وعدوں کو۔
Their promise.
عَاهَدُوْا انہوں نے اقرار کیا' عہد کیا They
made covenant, agreement.
بَاْسَآءِ سختی۔ تنگدستی۔ Poverty.
ضَرَّآءِ بیماری Afflictions, suffering.
حِيْنَ الْبَاْسِ لڑائی کے وقت۔
In time of war.
صَدَقُوْا انہوں نے سچ کر دکھایا۔

خَافَ وہ ڈرا۔اس کوخوف ہوا۔
He apprehended, feared.
مُوْصٍ وصیت کرنے والا۔ Testator.

البقرہ رکوع ۲۳ پارہ ۲ رکوع ۷
Part-2. R-7 Al-Baqarah. R-23

اَلصِّیَامُ (واحد sing صَوْمٌ) روزے۔
Fasting.
مَعْدُوْدَاتٍ گنے ہوئے۔گنتی کے۔
Fixed number of days.
یُطِیْقُوْنَ وہ طاقت رکھتے ہیں(خ-IV)
They are able to. (Kh- IV)
وہ اسکی طاقت نہ رکھتے ہوں۔(خ-II)
They are unable to. (Kh-II)
فِدْیَۃٌ بدلہ Expiation, atonement.
تَطَوَّعَ خَیْرًا اس نے پوری فرمانبرداری سے نیک کام کیا۔(خ-II)
He did obediently good deed. (Kh-II)
نفلی نیکی کی۔
He did supererogatory deed.
خَیْرٌ بہتر ہے۔ Better, good.
تَصُوْمُوْا تم روزے رکھو۔ You fast.
فُرْقَانٌ حق اور باطل میں فرق کرنیوالے امور
Discrimination (*between truth and false*).
شَھِدَ وہ حاضر ہوا۔دیکھا۔ He was present, he bore witness.
یُرِیْدُ وہ چاہتا ہے۔ He desires.

اَلْیُسْرَ آسانی۔ Ease.
اَلْعُسْرَ تنگی۔ Hardship.
تُکْمِلُوْا تم پورا کرو۔
You may complete.
لَعَلَّکُمْ تاکہ تم May be that you.
سَاَلَکَ اس نے تجھ سے سوال کیا۔
He asked you.
عِبَادِیْ (واحد sing عَبْدٌ) میرے بندے
My servants.
عَنِّیْ میرے متعلق۔ About me.
اُجِیْبُ میں قبول کرتا ہوں۔ I accept.
میں جواب دیتا ہوں۔ I answer.
دَعْوَۃٌ دعا۔پکار۔ Prayer, call.
الدَّاعِ دعا کرنے والا۔ Suplicant.
پکارنے والا۔ One who call.
دَعَانِ اسنے مجھے پکارا He called me.
مجھ سے دعا کی He prayed to me.
فَلْیَسْتَجِیْبُوْا لِیْ پس چاہیے کہ وہ بھی میرے حکموں کو قبول کریں۔
So that they should hearken, listen to me, abide by me.
وَلْیُؤْمِنُوْا بِیْ اور چاہیئے کہ وہ مجھ پر ایمان لائیں۔
And they should believe in me.
لَعَلَّھُمْ تاکہ وہ May be that they.
یَرْشُدُوْنَ وہ ہدایت پائیں۔
They follow the right way.

اُحِلَّ جائز قرار دیا گیا ہے۔
It is made lawful.
لَيْلَةَ الصِّيَامِ روزوں کی رات۔
Night of the fast.
اَلرَّفَثُ جانا (اپنی بیویوں کے پاس)
Going in (*unto your wives*).
هُنَّ وہ (عورتیں)۔ They (*women*).
كُنْتُمْ تَخْتَانُوْنَ تم حق تلفی کرتے تھے۔
You had been acting unjustly.
فَتَابَ عَلَيْكُمْ اس نے تم پر فضل کیا ہے
He has توجہ کی۔ رجوع بارحمت ہوا۔
turned to you with mercy.
فَالْئٰنَ پس اب۔ So now.
بَاشِرُوْهُنَّ ان کے پاس جاؤ۔ ان سے ازدواجی تعلقات قائم کرو۔
You may go in unto them.
اِبْتَغُوْا تم طلب کرو۔ ڈھونڈو تلاش کرو۔
Wish, seek.
كُلُوْا کھاؤ۔ Eat.
وَاشْرَبُوْا اور پیو۔ Drink.
يَتَبَيَّنَ ظاہر ہوجاتا۔
It becomes distinct, clear.
اَلْخَيْطُ (جمع *Plu* خُيُوْطٌ) دھاگا. Thread.
اَلْاَبْيَضُ سفید۔ White.
اَسْوَد سیاہ۔ Black.
اَتِمُّوْا پورا کرو۔ Complete.
عَاكِفُوْنَ معتکف۔ اعتکاف کرنیوالے۔
Those who perform *I`tikaf*, Those who remain (in mosque) for devotion.

حُدُوْدٌ حدیں۔ Limits.
تَقْرَبُوْا تم قریب جاؤ۔ You approach, attain nearness.
يُبَيِّنُ وہ کھول کر بیان کرتا ہے۔ He expounds, makes clear.
بِالْبَاطِلِ جھوٹ۔ فریب کے ساتھ۔
By false means.
لَاتُدْلُوْا تم نہ لے جاؤ۔ (مال)
Do`nt offer, convey (wealth).
حُكَّامٌ (واحد *sing* حَاكِمٌ) حاکم۔
Authorities.
فَرِيْقًا ایک حصہ۔ A part.

البقرہ رکوع ۲۴ پارہ ۲ رکوع ۸
Part-2. R-8 Al-Baqarah. R-24

يَسْئَلُوْنَكَ وہ تجھ سے پوچھتے ہیں۔
They ask you.
عَنْ متعلق۔ About.
اَلْاَهِلَّةِ (واحد *sing* هِلَالٌ) چاندوں۔
Moons.
مَوَاقِيْتُ وقت معلوم کرنیکا ذریعہ آلہ ہیں
Means for measuring time.
اَلْبِرُّ کامل نیکی۔ Righteousness.
تَاْتُوْا تم آؤ۔ You come into.
اَلْبُيُوْتَ (واحد *sing* بَيْتٌ) گھر۔
Houses.
ظُهُوْرِهَا ان (گھروں) کے پچھواڑے۔
The backs thereof.
قَاتِلُوْا تم لڑو۔ Fight.

تُلْقُوْا تم ڈالو۔ Cast.
اَلتَّھْلُکَۃ ہلاکت۔ Ruin.
اَحْسِنُوْا نیکی کرو۔ Do good.
اَتِمُّوْا پورا کرو۔ Complete.
اُحْصِرْتُمْ تم روکے جاؤ۔
You are kept back.
اِسْتَیْسَرَ میسر آئے۔
Is easily available.
لَاتَحْلِقُوْا نہ منڈاؤ۔ Do`nt shave.
رُءُوْسَکُمْ تمہارے سر۔ Your heads.
یَبْلُغُ پہنچ جائے۔ It reaches.
اَلْھَدْیُ قربانی Offering (*animal*)
مَحِلَّہٗ اپنے مقام۔ It`s destination.
اَذًی کوئی تکلیف۔درد۔ Any ailment.
رَاْسِہٖ اس کا سر۔ His head.
نُسُکٍ (واحد sing نَسِیْکَۃٌ) قربانیاں
Sacrifice.
تَمَتَّعَ بِالْعُمْرَۃِ اُسنے عمرہ کا فائدہ اٹھایا
He availed himself of the *Umrah.*
لَمْ یَجِدْ وہ نہ پا سکا۔
He could not find.
فَصِیَامُ تو روزے رکھنا ہیں۔
Then to fast.
سَبْعَۃِ سات۔ Seven.
رَجَعْتُمْ تم لوٹو۔
You return (*to home*)
اَلْعِقَاب سزا۔ Punishment.

لَا تَعْتَدُوْا نہ زیادتی کرو۔
Do`nt transgress, violate law.
یُحِب وہ پسند کرتا ہے۔ He likes.
وہ محبت کرتا ہے۔ He loves.
اَلْمُعْتَدِیْنَ حد سے بڑھنے والے۔
زیادتی کرنے والے۔ Transgressors.
حَیْثُ جہاں۔ Wherever.
ثَقِفْتُمُوْھُمْ تم ان کو پاؤ۔
You meet them.
اَخْرِجُوْھُمْ تم ان کو نکال دو۔
Drive them out.
مِنْ حَیْثُ جہاں سے From where.
اَشَدُّ زیادہ سخت ہے۔نقصان دہ ہے۔
Is harder, worse, more bad.
اِنِ انْتَھَوْا اگر وہ باز آ جائیں۔
If they desist, abstain, cease.
اَلدِّیْنُ دین۔اطاعت۔حکومت Religion
obedience, government.
عُدْوَانَ زیادتی کرنا۔گرفت کرنا۔
Hostility, enmity.
اَلْحُرُمَات عزت کی چیزیں۔
Sacred things, sacrosanct.
قِصَاصٌ برابر کا بدلہ۔ Retaliation.
اِعْتَدٰی اس نے زیادتی کی۔
He transgressed.
اِعْتَدُوْا عَلَیْہِ زیادتی کرو اس پر
Punish him, retaliate.(بدلہ لے لو)

البقرہ رکوع ۲۵ پارہ ۲ رکوع ۹
Part-2. R-9 Al-Baqarah. R-25

اَشْهُرٌ (واحد sing شَهْرٌ) مہینے. Months.

مَعْلُوْمَاتٌ معلوم۔ مقررہ۔ مشہور۔
Well known.

فَرَضَ اس نے لازم پکڑا۔ پختہ ارادہ کیا۔
He determined.

فَلَا رَفَثَ پس نہ شہوانی باتیں کرے۔
No foul talk.

فُسُوْقٌ نافرمانی۔ Transgression.

جِدَالَ لڑائی جھگڑا Quarrelling.

تَزَوَّدُوْا راستے کا خرچ لے لو۔ زادِراہ لے لو
Take provision, furnish yourselves with necessary provisions for your journey.

خَيْرَ الزَّادِ بہتر زادِرہ۔
Best provision.

يٰاُولِى الْاَلْبَاب اے عقلمندو!
O men of understanding.

اَلْبَابُ (واحد sing لُبٌّ) عقلیں۔
Intelligences.

لَيْسَ نہیں ہے۔ It is no.

جُنَاحٌ گناہ۔ Sin.

تَبْتَغُوْا تم تلاش کرو۔ چاہو. You seek.

اَفَضْتُمْ تم لوٹے۔
You returned, poured forth.

اَفِيْضُوْا تم لوٹو. Return, pour forth.

مِنْ حَيْثُ جہاں سے From where.

اَفَاضَ النَّاسُ لوگ لوٹتے رہے ہیں۔
People poured forth, returned.

قَضَيْتُمْ تم پورا کر چکو۔ ادا کر چکو۔
You have performed.

مَنَاسِكَكُمْ (واحد sing نُسُک)

اپنی قربانیاں۔ Your sacrifices.
اپنی عبادتیں (خ۔II)۔ Your acts of worship. (Kh-II)

اپنے ارکانِ (حج)۔ (خ۔IV)
Your rites of Hajj. (Kh-IV)

حَسَنَةٌ (جمع Plu حَسَنَاتٌ) نیکی۔
بھلائی۔ بہتری۔ کامیابی۔ Good, benefaction, boon, blessing.

قِ بچا۔ Save.

قِنَا بچا ہم کو۔ Save us.

نَصِيْبٌ (جمع Plu اَنْصِبَةٌ) حصہ۔
A goodly share.

كَسَبُوْا انہوں نے کمایا. They earned.

سَرِيْعٌ جلدی کرنے والا۔ Swift.

سَرِيْعُ الْحِسَابِ جلد حساب چکا دینے والا
Swift at reckoning, calculating.

تَعَجَّلَ اُسنے جلدی کی. He hastened.

تَاَخَّرَ وہ پیچھے رہ گیا۔
He stayed behind.

تُحْشَرُوْنَ تم اکٹھے کئے جاؤ گے۔
You will be brought together.

يُعْجِبُكَ تجھے پسند آتی ہے۔
It pleases you.

ظُلَلٍ (واحد sing ظِلَّةٌ) سائے۔
Coverings.

اَلْغَمَامُ (واحد sing غَمَآئِمٌ) بادل
Clouds.

قُضِيَ الْاَمْرُ معاملہ کا فیصلہ کیا گیا۔ معاملہ نپٹا دیا گیا
The matter was decided.

البقرہ رکوع ۲۶ پارہ ۲ رکوع ۱۰
Part-2. R-10 Al-Baqarah. R-26

كَمْ کتنے۔
How many.

اٰتَيْنٰهُمْ ہم نے ان کو دیئے۔
We gave them.

مَنْ جو شخص۔
Whoso.

يُبَدِّلْ وہ بدل دے۔
He changes.

زُيِّنَ خوبصورت کر کے دکھائی گئی ہے۔
Is made to appear attractive.

يَسْخَرُوْنَ وہ تمسخر کرتے ہیں۔
They mock at, scoff at.

فَوْقَهُمْ ان سے بالا۔ ان پر غالب۔
Above them.

فَبَعَثَ اللّٰهُ پھر اللہ نے بھیجا۔
Then Allah raised.

مُبَشِّرِيْنَ بشارت دینے والے۔
Bearers of good tidings.

مُنْذِرِيْنَ ڈرانے والے
Warners.

فِيْمَا اس کے بارہ میں۔
Wherein.

اِخْتَلَفُوْا فِيْهِ جس کے بارہ میں انہوں نے اختلاف کیا
They differed about it.

يُشْهِدُ اللّٰهَ وہ اللہ کو گواہ ٹھہراتا ہے
He calls Allah to witness, adjudges.

اَلَدُّ الْخِصَامِ سخت جھگڑالو۔
Contentious of quarrellers.

تَوَلّٰي حاکم ہو گیا۔ صاحبِ اختیار ہو گیا۔
He undertook, he became ruler or is in authority.

سَعٰي بھاگا۔ کوشش کی۔
He ran about, strove.

يُهْلِكَ وہ ہلاک کرتا ہے۔ نیست و نابود کرتا ہے۔
He destroys.

اَلْحَرْثُ کھیتی۔ فصل
The crops.

النَّسْلَ نسل۔
The progeny, offspring, descendant.

فَحَسْبُهٗ پس اس کے لئے کافی ہے۔
So it is his sufficient reward.

اَلْمِهَادُ ٹھکانہ
Place of rest.

يَشْرِيْ وہ بیچ دیتا ہے۔
He sells.

اِبْتِغَآءِ (چاہنا) چاہنے کیلئے۔ حاصل کرنے کیلئے
Seeking of, desire of.

رَءُوْفٌ بڑی شفقت کرنے والا۔
Compassionate.

السِّلْمِ اطاعت۔ فرمانبرداری۔
Submission, obedience.

كَآفَّةً سب کے سب۔ پورے کے پورے
All, wholly, entire.

زَلَلْتُمْ تم پھسل گئے۔ تم ڈگمگا گئے۔
You slipped, staggered.

يَنْظُرُوْنَ وہ انتظار کرتے ہیں۔
They wait.

البقرة رکوع ۲۷ پارہ ۲ رکوع ۱۱
Part-2. R-11 Al-Baqarah. R-27

Heinous thing. كَبِيْرٌ بڑی بات ہے

Great sin. بہت بڑا گناہ ہے

To hinder. صَدٌّ روکنا۔

To turn out. اِخْرَاجُ نکالنا۔

It`s people. اَهْلِهٖ اسکے رہنے والے

اَكْبَرُ بڑا (گناہ) ہے۔
More heinous thing, sin.

وَلَايَزَالُوْنَ وہ دُور نہ ہوں گے۔ نہیں ہٹیں گے۔ یعنی ہمیشہ
They will cease not, will continue.

They يُقَاتِلُوْنَكُمْ وہ تم سے لڑتے رہیں گے
will have been fighting you.

يَرُدُّوْكُمْ وہ تم کو لوٹا دیں گے۔
They will make you revert.

عَنْ دِيْنِكُمْ تمہارے دین سے۔
From your faith.

اِسْتَطَاعُوْا وہ طاقت رکھیں۔
They were able, potential.

يَرْتَدِدْ وہ پھر جاتا ' مرتد ہو جاتا ہے۔
He turns back.

Then he dies. فَيَمُتْ پھر وہ مر جاتا ہے

Gone in vain. حَبِطَتْ ضائع ہو گئے

They hope. يَرْجُوْنَ وہ امید رکھتے ہیں

Wine. اَلْخَمْرُ شراب۔

Gambling, اَلْمَيْسِرِ جُوا۔

The game of hazard.

بَغْيًا سرکشی۔ بغاوت۔
Oppressing, transgression.

One another. بَيْنَهُمْ آپس کی۔

حَسِبْتُمْ تم نے سمجھ رکھا ہے۔ تم گمان کرتے ہو
You thought.

Not yet. لَمَّا ابھی تک نہیں۔

They passed away. خَلَوْا وہ گذر گئے

Befell them. مَسَّتْهُمْ پہنچیں اُن کو

اَلْبَاْسَآءُ تنگیاں۔ سختیاں۔
Poverties, hardships.

Afflictions. اَلضَّرَّآءُ تکلیفیں

زُلْزِلُوْا وہ ہلا دیئے گئے۔
They were violently shaken.

Until. حَتّٰی یہاں تک کہ

When. مَتٰی کب۔

What. مَاذَا کیا۔

مَا اَنْفَقْتُمْ جو کچھ بھی تم نے خرچ کیا۔
Whatever you spent, paid out.

From wealth. مِنْ خَيْرٍ اچھے مال سے

Is ordained. كُتِبَ فرض کیا گیا ہے

Fighting. اَلْقِتَالُ جنگ کرنا۔ لڑائی کرنا

Repugnant, كُرْهٌ ناپسند۔
disagreeable, unpleasant.

It may be. عَسٰی ممکن ہے۔ ہو سکتا ہے

You dislike. تَكْرَهُوْا تم ناپسند کرو

You like. تُحِبُّوْا تم پسند کرو۔

شَرٌّ لَّكُمْ وہ تمہارے لئے بُری ہے۔
That is bad for you, harmful.

مَنَافِعُ (واحد sing نَفْعٌ) فوائد۔
Advantages, benefits.

اِثْمٌ گناہ۔ Sin.

مَاذَا کیا۔ What.

يُنْفِقُوْنَ وہ خرچ کرتے ہیں (خرچ کریں)
They spend.

اَلْعَفْوَ جوضرورت سے بچتاہے۔وہ جتنا تکلیف میں نہ ڈالے
Surplus (*what* on we can spare after sparing our basic requirements).

تَتَفَكَّرُوْنَ تم سوچ سے کام لو۔غوروفکرکرو
Reflect, consider, remind.

تُخَالِطُوْهُمْ تم ان کے ساتھ مل جل کر رہو
Intermix with them.

اِخْوَانُكُمْ (واحد sing اَخٌ)
Your brothers. تمہارے بھائی

لَاَعْنَتَكُمْ وہ تمہیں ضرور مشقت میں ڈال دیتا
He would وہ تمہیں ضرورمشکل میں ڈال دیتا have put you to hardship.

وَلَا تَنْكِحُوْا تم نہ نکاح کرو۔
Marry not.

اَلْمُشْرِكٰتِ مشرک عورتیں۔
Idolatrous women.

يُؤْمِنَّ وہ (عورتیں) ایمان لے آئیں۔
They (women) believe.

اَمَةٌ مُؤْمِنَةٌ ایک مومن لونڈی۔
A believing bondwoman.

مُشْرِكَةٌ شرک کرنے والی عورت۔
Idolatress.

اَعْجَبَتْكُمْ وہ (غیر مسلم) تم کو پسند ہو۔
She pleased you.

وَلَا تُنْكِحُوْا تم نہ نکاح میں دو (مسلمان عورت کو)
Give not (*believing woman*) in marriage.

يَدْعُوْنَ وہ بلاتے ہیں They call.

يَتَذَكَّرُوْنَ وہ نصیحت حاصل کریں
They remember, receive admonition, benefit from admonition.

البقرہ رکوع ۲۸ پارہ ۲ رکوع ۱۲
Part-2. R-12 Al-Baqarah. R-28

عَنِ الْمَحِيْضِ حیض کے بارہ میں۔
About menstruation.

هُوَ اَذًى وہ ایک تکلیف ہے۔ضرررساں امر ہے
It is harmful thing.

فَاعْتَزِلُوْا تم الگ رہو۔ Keep away.

يَطْهُرْنَ وہ پاک ہوجائیں۔
They are clean.

تَطَهَّرْنَ وہ پاک صاف ہوجائیں
They have cleansed themselves.

فَأْتُوْهُنَّ پھران کے پاس جاؤ۔
Then go in unto them.

مِنْ حَيْثُ جدھر سے
In a manner which, from whencesoever.

نِسَآءُكُمْ تمہاری بیویاں Your wives.

قُـرُوْءٍ (جمع Plu اَقْـرَاءٌ) حیض.Course.

یَـحِلُّ جائز ہے۔ It is lawful.

یَـكْـتُـمْـنَ وہ چھپاتی ہیں.They conceal.

اَرْحَـامٌ (واحد sing رِحْـمٌ) بچہ دانیاں۔
Wombs.

بُعُوْلَـتُـهُـنَّ (واحد sing بَـعْلٌ)
ان کے خاوند.Their husbands.

بِـرَدِّهِـنَّ ان کے واپس لینے کے۔
To take them back.

البقرہ رکوع ۲۹ پارہ ۲ رکوع ۱۳
Part-2. R-13 Al-Baqarah. R-29

فَـاِمْسَاكٌ پھر روک لینا ہے۔
Then to retain.

تَـسْرِيْـحٌ رخصت کر دینا ہے.To send.

بِـاِحْـسَـانٍ حسن سلوک کے ساتھ۔
With kindness.

اٰتَـيْـتُـمُـوْهُـنَّ تم انہیں دے چکے ہو۔
You have given them.

يَـخَـافَـا وہ دونوں ڈریں۔
They both fear.

يَـتَـرَاجَـعَـا وہ دونوں رجوع کر لیں۔
They both return to each other.

فَـبَـلَـغْـنَ وہ عورتیں پہنچ جائیں۔
They approach.

اَجَـلَـهُـنَّ اپنی عدت کو۔
End of thier period.

حَـرْثٌ کھیتی ہیں۔ A tilth.

اَنّٰـى جیسے۔جس طرح۔جب Whence,
how, in what way, when and as.

شِـئْـتُـمْ تم چاہو۔ You like.

قَـدِّمُـوْا آگے بھیجو Send ahead.

عُـرْضَـةً نشانہ۔ Target.

لِاَيْـمَانِـكُـمْ (واحد sing يَـمِـيْـنٌ)
اپنی قسموں کا For your oaths.

تُـصْـلِـحُـوْا تم اصلاح کرو۔
You make peace, amend.

لَايُؤَاخِذُكُمْ وہ تم کو نہیں پکڑے گا۔
He will not call you, not take you to task.

بِـالـلَّـغْـوِ بے فائدہ، بے حقیقت.Idle, vain.

حَـلِـيْـمٌ بردبار۔ Forbearing.

يُـؤْلُـوْنَ مِـنْ نِّـسَـآئِـهِـمْ وہ قسم کھا کر اپنی
بیویوں سے علیحدہ ہوتے ہیں They
vow abstinence from wives.

تَـرَبُّـصُ انتظار کرنا ہے۔ Waiting.

فَـآءُوْ وہ رجوع کریں.They go back.

عَـزَمُـوْا انہوں نے فیصلہ کیا.They decided.

اَلْـمُـطَـلَّـقَـاتُ مطلقہ عورتیں۔
Divorced women.

يَـتَـرَبَّـصْـنَ وہ روکے رکھیں.They wait.

بِـاَنْـفُـسِـهِـنَّ اپنے آپکو Themselves

فَامْسِكُوْهُنَّ ان (عورتوں) کوروکو۔
Then retain them.

سَرِّحُوْهُنَّ ان (عورتوں) کورخصت کردو
Send them away.

ضِرَارًا تکلیف دینے کے لئے۔
Causing harm, hurting.

هُزُوًا تمسخر
Jest, mockery.
To treat scornfully.

يَعِظُكُمْ وہ تم کونصیحت کرتا ہے۔
He exorts you, advise you.

البقرہ رکوع ۳۰ پارہ ۲ رکوع ۱۴
Part-2. R-14 Al-Baqarah. R-30

تَعْضُلُوْهُنَّ تم روکوان (عورتوں) کو۔
Prevent them.

تَرَاضَوْا وہ باہم راضی ہوجائیں
They agree between themselves.

يُوْعَظُ نصیحت کی جاتی ہے۔
Is admonished, advised.

اَزْكٰى لَكُمْ یہ (نصیحت) کی بات تم کو سب سے زیادہ برکت والی بات ہے۔
It is more blessed for you.

اَطْهَرُ زیادہ پاک۔
Purer.

يُرْضِعْنَ وہ (مائیں) دودھ پلائیں۔
They give suck.

حَوْلَيْنِ دوسال۔
Two years.

كَامِلَيْنِ دومکمل
Two full, complete.

يُتِمُّ وہ پورا کرے۔
He completes.

اَلرَّضَاعَةَ دودھ پلانا
Suckling.

عَلَي الْمَوْلُوْدِ لَهٗ باپ کے ذمہ ہے۔
Father is responsible.

رِزْقُهُنَّ ان کا (دودھ پلانے والیوں کا) کھانا اور پینا
Their (*the mothers*) maintenence.

كِسْوَتُهُنَّ اوران (عورتوں) کے لباس پوشاک
Their clothing.

تُكَلَّفُ تکلیف دیا جائے۔
Is not burdened.

وُسْعَهَا اس کی طاقت۔
It`s capacity.

تُضَآرُّ وہ (عورت) دکھ دی جاتی ہے۔
She is made to suffer.

وَالِدَةٌ (جمع Plu وَالِدَاتٌ) ماں
Mother.

اَرَادَا دونوں نے چاہا۔ ارادہ کیا۔
They both decided, desired, intended.

فِصَالاً دودھ چھڑانا
Weaning (the child)

تَرَاضٍ رضامندی
Mutual consent, agreement.

تَشَاوُرٍ مشورہ۔
Consultation.

تَسْتَرْضِعُوْا تم دودھ پلوانا چاہو
You desire to engage a wet-nurse.

لَمْ تَفْرِضُوْا تم نے نہ مقرر کیا ہو۔
You have not settled.
A dowry. عورت کا مہر۔ فَرِيْضَةً
مَتِّعُوْهُنَّ ان (عورتوں) کو فائدہ پہنچاؤ۔
Provide provision سامان دو ان کو
for them (*woman*).
The rich. دولتمند۔ اَلْمُوْسِعُ
His means. قَدَرُهٗ اسکی طاقت۔ گنجائش
The poor. غریب۔ نادار اَلْمُقْتِرِ
Obligation. واجب ہے۔ حَقًّا
يَعْفُوْنَ وہ (عورتیں) معاف کردیں۔
They remit, forgive.
عُقْدَةُ النِّكَاحِ نکاح کا باندھنا۔
Tie of marriage.
You remit. تم معاف کردو تَعْفُوْا
لَا تَنْسَوْا نہ بھولنا۔ نہ چھوڑنا۔
Do`nt forget.
اَلْفَضْلَ احسان کرنا۔ احسان۔
Good, grace, beneficence.
حَافِظُوْا خیال رکھو۔ حفاظت کرو۔
Watch, guard.
Stand, be ready. کھڑے ہو جاؤ قُوْمُوْا
قَانِتِيْنَ فرمانبردار ہو کر۔ فرمانبرداری
Submisssively, کرتے ہوئے
obediently, humbly.

سَلَّمْتُمْ تم ادا کردو۔ سپرد کرو۔
You pay, hand over.
They die. وہ وفات پا جاتے ہیں يُتَوَفَّوْنَ
They leave. وہ چھوڑتے ہیں يَذَرُوْنَ
You تم اشارہ سے کہو۔ عَرَّضْتُمْ
spoke indirectly, suggestively.
خِطْبَةٌ پیغام نکاح۔ منگنی۔
Proposal of marriage.
اَكْنَنْتُمْ تم چھپاؤ۔ پوشیدہ رکھو۔
You conceal, keep hidden.
سَتَذْكُرُوْهُنَّ تم کو ضرور ان کا خیال
You will think of them. آئے گا
تُوَاعِدُوْهُنَّ تم آپس میں ان سے وعدہ
You will make کروگے۔
a contract with them.
Secret. پوشیدہ۔ خفیہ۔ سِرًّا
Resolve نہ تم عزم کرو۔ لَا تَعْزِمُوْا
not on the marriage tie.
فَاحْذَرُوْهُ پس تم ڈرو اس سے۔
So beware of Him. (اس کی پکڑ سے)

البقرہ رکوع ۳۱ پارہ ۲ رکوع ۱۵
Part-2. R-15 Al-Baqarah. R-31

لَمْ تَمَسُّوْهُنَّ نہ چھوا ہو تم نے ان کو۔
You have not touched them.

خِفْتُمْ تم ڈرو۔ You fear.

رِجَالًا (واحد sing رَاجِلٌ) پیدل ہونے کی حالت میں۔ پیدل چلتے ہوئے۔
Walking, on foot.

رُكْبَانًا (واحد sing رَاكِبٌ)
سوار ہونیکی حالت میں. Riding.

اَمِنْتُمْ تم امن میں آجاؤ۔
You are safe, you feel secure.

اَلْحَوْل (جمع Plu اَحْوَالٌ) ایک برس۔
A year.

اِخْرَاجٌ نکالنا۔ To turn out.

خَرَجْنَ وہ (عورتیں) خود نکلیں۔
They went out.

البقرہ رکوع ۳۲ پارہ ۲ رکوع ۱۶
Part-2. R-16 Al-Baqarah. R-32

اُلُوْفٌ (واحد sing اَلْفٌ) ہزاروں۔
Thousands.

حَذَرَالْمَوْتِ موت کے ڈر سے۔
Fearing death.

مُوْتُوْا مرجاؤ۔ Die.

اَحْيَاهُمْ اس نے ان کو زندہ کیا۔
He brought them to life.

فَيُضٰعِفُهٗ وہ (خدا) بڑھائیگا اس (مال) کو
He will multiply it (*wealth*).

يَقْبِضُ وہ لیتا ہے۔ He receives.

يَبْسُطُ وہ بڑھاتا ہے. He enlarges.
multiplies, enhances.

اَلْمَلَاُ سردار (سرکردہ لوگ) Chiefs.

اِبْعَثْ مقرر کر۔ Appoint.

مَلِكًا بادشاہ۔ King.

هَلْ عَسَيْتُمْ کیا تم سے توقع ہے۔ کیا تمہارے لئے ممکن ہے؟ It is not likely that you, may be that you.

اَلَّا تُقَاتِلُوْا کہ تم نہ لڑو۔
That you will not fight.

مَالَنَا ہم کو کیا ہو گیا ہے۔
What reason have we,
what has become of us!

تَوَلَّوْا وہ پھر گئے. They turned back.

اَنّٰى کس طرح۔ How.

يُؤْتَ وہ دیا گیا ہے۔ He is given.

سَعَةً کشائش۔ فراخی Abundance.

اِصْطَفٰهُ اس کو چن لیا ہے۔ اس کو ترجیح دی ہے۔ اس کو فضیلت دی ہے۔
He has chosen him.

زَادَهٗ اس کو زیادہ کر دیا ہے۔ He increased him, strengthened.

بَسْطَةً فراخی. Abundant increase.

فِي الْعِلْمِ وَالْجِسْمِ علمی اور جسمانی لحاظ سے In knowledge and body.

وَاسِعٌ وسعت عطا کرنے والا۔
فراخی دینے والا۔ Bountiful.

سَكِيْنَةٌ آرام۔ تسکین Tranquility,
ease, comfort, serenity, peace.

بَقِيَّةٌ بچی ہوئی چیز Legacy of good.

اَفْرِغْ ڈال۔نازل کر۔ Pour forth. descend, vouchsafe.

صَبْرًا قوتِ برداشت Steadfastness.

ثَبِّتْ مضبوط رکھ۔جمائے رکھ۔
Make (*our steps*) firm.

فَهَزَمُوْهُمْ انہوں نے ان کو شکست دی
They routed them.

اَلْمُلْکَ بادشاہت۔حکومت۔
Sovereignty.

☆☆☆

تَحْمِلُ اٹھائیں گے۔(وہ فرشتے)
They (*angels*) will bear.

البقرہ رکوع ۳۳ پارہ ۲ رکوع ۱۷
Part-2. R-17 Al-Baqarah. R-33

فَصَلَ وہ روانہ ہوا۔جدا ہوا۔نکلا۔
He set out, departed.

جُنُوْدٌ (واحد sing جُنْدٌ) لشکر۔
Forces. فوجیں

مُبْتَلِيْ آزمانے والا ہے۔
One who try, prove.

شَرِبَ اس نے پیا۔ He drank.

لَمْ يَطْعَمْهُ اس نے اس سے نہ چکھا۔
He tasted it not.

اِغْتَرَفَ اس نے چلّو بھرا۔
He took a handful.

غُرْفَةٌ ایک چلّو A handful of water.

جَاوَزَهٗ اس نے اس (دریا) کو پار کیا۔
He crossed it (*river*).

يَظُنُّوْنَ وہ یقین رکھتے ہیں۔
They knew for certain.

كَمْ کتنے How many.

فِئَةٌ گروہ۔لشکر۔جماعتیں۔
Party, group.

غَلَبَتْ غالب آ گئی۔ Has triumphed over, overcame.

لَمَّا جب۔ When.

بَرَزُوْا وہ (مقابلہ کیلئے) نکلے۔ They went forth (*to encounter*)

تِلْکَ الرُّسُلُ یہ وہ رسول ہیں
These are those Messengers.

فَضَّلْنَا ہم نے فضیلت دی۔ We have exalted, praised highly.

اَیَّدْنٰہُ ہم نے اسکی تائید کی۔ ہم نے اسکو طاقت بخشی We supported him, We strengthened him.

اقْتَتَلَ آپس میں لڑے (*They*) fought amongst themselves killing one another.

البقرہ رکوع ۳۴ پارہ ۳ رکوع ۲
Part-3. R-2 Al-Baqarah. R-34

بَیْعٌ خرید وفروخت Bargaining, Buying and selling.

خُلَّۃٌ دوستی۔ Friendship.

اَلْحَيُّ اپنی ذات میں زندہ اور دوسروں کو زندہ رکھنے والا The Self-Living and All-Living.

اَلْقَیُّوْمُ اپنی ذات میں قائم اور دوسروں کو قائم رکھنے والا The Self-Subsisting and All-Subsisting.

سِنَۃٌ اونگھ۔ Slumber.

نَوْمٌ نیند۔ Sleep.

مَنْ ذَاالَّذِیْ کون ہے جو Who is he.

یَشْفَعُ وہ سفارش کرے گا۔ He will intercede, plead on behalf, beseech, entreat.

مَابَیْنَ اَیْدِیْھِمْ جو اُن کے سامنے ہے۔
What is before them.

مَاخَلْفَھُمْ جو ان کے پیچھے ہے۔
What is behind them.

یُحِیْطُوْنَ وہ احاطہ کرتے ہیں۔
They encompass, surround.

وَسِعَ حاوی ہے۔ ممتد ہے Extends.

کُرْسِیُّہٗ اس کا علم۔ اس کی بادشاہت۔
His knowledge, His kingdom.

لَایَئُوْدُہٗ وہ اس کو تھکا تا نہیں ہے۔
That does not weary Him.

حِفْظُھُمَا ان دونوں (زمین وآسمان) کی حفاظت The care of them (*The Earth and Heaven*).

اَلْعَلِيُّ بلند شان والا The High.

اَلْعَظِیْمُ بڑی عظمت والا The Great.

اِکْرَاہَ جبر۔ زبردستی Compulsion.

تَبَیَّنَ خوب ظاہر ہو چکی ہے۔
Has become distinct.

اَلرُّشْدُ ہدایت The right way.

اَلْغَيُّ گمراہی۔ Wrong path, unrighteousness.

یَکْفُرُ انکار کرتا ہے۔ Refuses, repudiates, rejects.

اَلطَّاغُوْتُ (جمع *Plu* طَوَاغِیْتٌ)
شیطان۔ حد سے بڑھنے والا۔
Those who transgress.

اِسْتَمْسَکَ اس نے مضبوطی سے پکڑ لیا۔
He has grasped strongly, held firmly.

اَلْعُرْوَۃَ دستہ۔ کڑا۔ Handle.

Year. عَامٍ سال۔

مِائَةَ عَامٍ (جمع Plu اَعْوَامٌ) سوسال۔
A hundred years.

He raised him. بَعَثَهٗ اُسنے اسکواٹھایا

How (*long*). كَمْ کتنا(عرصہ)

لَبِثْتَ تو ٹھہرا۔ تو رہا۔
You had remained.

لَبِثْتُ میں ٹھہرا۔ میں رہا۔
I had remained.

Look at. اُنْظُرْ دیکھ۔

طَعَامِكَ اپنے کھانے (کاسامان)
Your food.

شَرَابِكَ اپنے پینے (کاسامان)
Your drink.

لَمْ يَتَسَنَّهْ سڑانہیں۔ بدمزانہیں ہوا۔
Have not rotted.

حِمَارِكَ (جمع Plu حُمُرٌ) تیرا گدھا
Your ass, donkey.

لِنَجْعَلَكَ تاکہ ہم تجھے بنائیں۔
That we may make you.

اَلْعِظَامُ (واحد sing عَظْمٌ)
Bones. ہڈیاں

How. كَيْفَ کس طرح۔

نُنْشِزُهَا ہم ان کو جوڑتے‘ ابھارتے ہیں
We raise them to their place or set them.

نَكْسُوْهَا ہم ان پر چڑھاتے‘ پہناتے ہیں
We clothe them.

Strong. اَلْوُثْقٰی مضبوط۔

Breaking. اِنْفِصَامُ ٹوٹنا۔

وَلِيٌّ (جمع Plu اَوْلِيَآءُ) دوست۔ مددگار
The Friend, The Helper.

He brings out. يُخْرِجُ وہ نکالتا ہے

البقرہ رکوع ۳۵ پارہ ۳ رکوع ۳
Part-3. R-3 Al-Baqarah. R-35

اَلَمْ تَرَ کیا تجھے خبر نہیں پہنچی۔
Have you not heard.

Disputed. حَآجَّ بحث کی۔ جھگڑا کیا

He brings. يَاْتِيْ وہ لاتا ہے۔

Then bring it. فَاْتِ پس تُو لا۔

بُهِتَ وہ چکرا گیا۔ مبہوت ہوگیا۔ گھبرا گیا
He was confounded, confused, dumbfounded.

Passed by. مَرَّ گذرا۔

Town. قَرْيَةٍ بستی۔ شہر۔

خَاوِيَةٌ گری ہوئی تھی۔
Had fallen down upon.

Its roofs. عُرُوْشِهَا اس کی چھتیں۔

When, how? اَنّٰى کب۔ کیسے؟

يُحْيِ وہ زندہ کرے گا۔ آباد کریگا۔
He will restore to life.

مَوْتِهَا اس (بستی) کی موت یعنی ویرانی
Its destruction, destroying.

اَمَاتَهُ اللّٰهُ اللہ نے اسکو مارے رکھا (خ۔II)
Allah caused him to die.(Kh-II)

A hundred. مِائَةَ ایک سو۔

لَحْمًا گوشت۔ Flesh.

اَرِنِيْ مجھے دکھا۔ Show me.

اَلْمَوْتٰى (واحد sing مَيِّت) مردے
The deads.

صُرْ مائل کر۔ سدھالے۔ ہلالے Make attached, train, domesticate.

جَبَلٌ (جمع Plu جِبَالٌ) پہاڑ A hill.

جُزْءٌ (جمع Plu اَجْزَاءٌ) ایک ٹکڑا۔
A part or portion or division of a thing.

اُدْعُهُنَّ ان کو بلا۔ پکار Call them.

يَاْتِيْنَكَ وہ (پرندے) تیری طرف آئیں گے
They (*birds*) will come to you.

سَعْيًا دوڑتے ہوئے۔ In haste, Running, speeding swiftly.

البقرہ رکوع ۳۶ پارہ ۳ رکوع ۴
Part-3. R-4 Al-Baqarah. R-36

حَبَّةٌ (جمع Plu حَبَّاتٌ) ایک دانہ
A grain of corn.

اَنْبَتَتْ اس (دانہ) نے اُگائے۔
It (*a grain of corn*) grows.

سَبْعَ سات۔ Seven.

سَنَابِلَ (واحد sing سُنْبُلَةٌ) بالیاں
Corn-ears.

مِأَةٌ (جمع Plu مِئَاتٌ۔ مِئُوْن۔ مُئُوْن)
A hundred. سو

يُضَاعِفُ وہ بڑھاتا ہے۔
He multiplies, increases.

يُتْبِعُوْنَ وہ پیچھے لگاتے ہیں۔
They follow up.

مَنًّا احسان Taunt, favour, beneficence, good bounty, reproach, gift.

اَذًى تکلیف۔ Injury.

يَتْبَعُهَا اس کے پیچھے لگتا ہے۔
He follows it.

غَنِيٌّ بے نیاز Self-sufficient.

حَلِيْمٌ بُردبار Forbearing.

لَاتُبْطِلُوْا نہ ضائع کرو۔
Render not vain.

رِئَآءَ النَّاسِ لوگوں کے دکھاوے کے لئے۔
To be seen of men.

صَفْوَانٌ پتھر۔ چٹان۔ Rock.

تُرَابٌ مٹی۔ Earth, dust.

فَاَصَابَهٗ پھر وہ اس پر گری۔
Then it fell upon it.

وَابِلٌ تیز بارش۔ موسلا دھار بارش۔
Heavy rain.

تَرَكَهٗ اس نے اس کو چھوڑا He left it.

صَلْدًا صاف پتھر۔ Bare rock.

يَقْدِرُوْنَ وہ طاقت رکھتے ہیں۔
They have power.

اِبْتِغَاءَ چاہنے کے لئے۔ حاصل کرنے کے لئے۔
To seek.

مَرْضَاتِ اللّٰهِ اللہ کی رضا۔ خوشنودی۔
The pleasure of Allah.

تَثْبِيْتًا مضبوط کرنے کے لئے۔
To strengthen.

Self-sufficient. بے نیاز غَنِيٌّ

حَمِيْدٌ بہت ہی قابل تعریف۔
Praiseworthy.

يَعِدُكُمْ وہ تم کو ڈراتا ہے۔
He threatens you.

الْفَقْرَ (جمع Plu فُقُوْرٌ) غربت، محتاجی
Poverty, poorness, deprivation.

يَاْمُرُكُم وہ تم کو تلقین کرتا ہے۔
He enjoins upon you.

بِالْفَحْشَآءِ بے حیائی۔
Foul, indecency.

وَاللّٰهُ يَعِدُكُمْ اللہ تم سے وعدہ کرتا ہے
Allah promises you.

Bountiful. وسعت دینے والا وَاسِعٌ

He grants. وہ دیتا ہے۔ يُوْتِيْ

يُؤْتَ الْحِكْمَةَ وہ حکمت دیا گیا۔
He was granted wisdom.

اُولُوا الْاَلْبَابِ عقلمند۔
Those who are endowed with understanding.

مَاۤاَنْفَقْتُمْ مِّنْ نَّفَقَةٍ جو بھی تم نے خرچ کیا
Whatsoever you spent.

مَانَذَرْتُمْ مِّنْ نَّذْرٍ جو بھی تم نے نذر مانی
Whatsoever you vowed.

اَنْصَارٌ (واحد sing نَاصِرٌ) مددگار
Helpers.

تُبْدُوْا تم ظاہراً یا علی الاعلان صدقہ کرو۔
Give alms openly.

فَنِعِمَّا هِيَ یہ (صدقہ) بھی بہت اچھا ہے
It (*alms*) is well and good.

Their souls. اپنے آپ کو. اَنْفُسِهِمْ

Elevated ground. اونچی جگہ بِرَبْوَةٍ

It brought forth. وہ لائے فَاٰتَتْ

Its fruit. اپنا پھل۔ اُكُلَهَا

ضِعْفَيْنِ دوچند۔ دوگنا۔ بڑھ چڑھ کر۔
Twofold.

Light rain. شبنم۔ ہلکی بارش طَلٌّ

Would he desire. کیا وہ چاہتا ہے اَيَوَدُّ

نَخِيْلٌ (واحد sing نَخْلٌ ' نَخْلَةٌ ' نَخِيْلَةٌ)
Palm trees. کھجوروں کا۔

Vines. انگور (واحد sing عِنَبٌ) اَعْنَابٌ

اَصَابَهُ اس کو آ جائے۔ پہنچے اس کو۔
Has stricken him.

Old age. بڑھاپا۔ اَلْكِبَرُ

Whirlwind. بگولہ۔ اِعْصَارٌ

فَاحْتَرَقَتْ وہ (باغ) جل گیا۔
That (*garden*) be all burnt.

البقرہ رکوع ۳۷ پارہ ۳ رکوع ۵
Part-3. R-5 Al-Baqarah. R-37

طَيِّبَاتُ (واحد sing طَيِّبَةٌ)
Good things. پاک چیزیں۔

Seek, intend. ارادہ کرو تَيَمَّمُوْا

اَلْخَبِيْثَ ناکارہ چیز۔ ناپسندیدہ چیز۔
Bad thing.

لَسْتُمْ بِاٰخِذِيْهِ تم اسکے لینے والے نہیں ہو
You would not take it.

Connive, تم چشم پوشی کرو تُغْمِضُوْا
shut the eye.

It (*alms*) is well and good.

تَـخْـفُـوْهَـا تم اس (صدقہ) کو چھپاتے، پوشیدہ رکھتے ہو۔ You hide them (*alms*).

تُـؤْتُـوْهَـا تم دو اس (صدقہ) کو۔ Give this (*alms*) to.

فُـقَـرَآءُ (واحد sing فَـقِـيْـرٌ) غرباء The poor.

يُـكَـفِّـرْ وہ دور کردیگا He will remit.

سَيِّـاٰتِـكُـمْ (واحد sing سَيِّـئَـةٌ) تمہاری بدیاں Your sins, ignoble deeds.

اُحْـصِـرُوْا وہ روکے گئے ہیں۔ Those who are detained.

ضَـرْبًـا فِـي الْاَرْضِ زمین میں چلنا پھرنا To move about in the land.

يَـحْـسَـبُـهُـمْ وہ ان کو خیال کرتا ہے۔ He thinks them, regards them.

الْـجَـاهِـلُ ناواقف۔ جاہل۔ The ignorant.

اَلـتَّـعَـفُّـفُ سوال (مانگنے) سے بچنا۔ Abstaining from begging.

تَـعْـرِفُ تو پہچانتا ہے You know.

بِـسِـيْـمٰـهُـمْ ان کی حالت، ہیئت سے۔ By their appearance.

يَـسْـئَـلُـوْنَ۔ وہ مانگتے، سوال کرتے ہیں۔ They beg.

اِلْـحَـافًـا لپٹ لپٹ کر۔ پیچھے پڑ کر۔ With importunity, persisting.

البقرہ رکوع ۳۸ پارہ ۳ رکوع ٦
Part-3. R-6 Al-Baqarah. R-38

سِـرًّا پوشیدہ۔ مخفی طور پر۔ چھپا کر۔ Secretly.

عَـلَانِـيَـةً ظاہر۔ دکھا کر Openly.

يَـحْـزَنُـوْنَ وہ غمگین ہوں گے۔ They will grieve.

يَـاْكُـلُـوْنَ وہ کھاتے ہیں۔ They devour, eat.

اَلـرِّبٰـوا سود۔ Interest.

يَـقُـوْمُـوْنَ وہ کھڑے ہوتے ہیں They rise.

كَـمَـا جس طرح۔ Whom.

يَـتَـخَـبَّـطُ وہ (شیطان) حواس باختہ، دیوانہ کردیتا ہے He (*Satan*) smites, confounds.

اَلْـبَـيْـعُ خرید و فروخت۔ Trade.

مَـوْعِـظَـةٌ نصیحت An admonition, advice.

يَـمْـحَـقُ وہ مٹا دے گا۔ مٹاتا ہے۔ He will blot out, he blots out.

يُـرْبِـي بڑھائے گا۔ بڑھاتا ہے۔ He will cause to increase, causes to increase, enhances.

كَـفَّـارٌ بڑے کافر۔ سخت ناشکرے۔ A confirmed disbeliever.

اَثِـيْـمٌ بہت گنہگار Arch-sinner.

وَذَرُوْا چھوڑ دو۔ Give up.

مَـابَـقِـيَ جو بچا ہے What remains.

فَـاْذَنُـوْا تیار ہو جاؤ۔ یقین کر لو (خ۔II) Be ready, assure. سن لو۔ مطلع ہو جاؤ Listen, beware.

تُبْتُمْ تم توبہ کرو۔
Repent.

رُءُوْسُ اَمْوَالِكُمْ اصل زر۔رأس المال
Principal, capital-stock.

تَظْلِمُوْنَ تم ظلم کرتے ہو یا کروگے۔
You wrong or shall wrong.

تُظْلَمُوْنَ تم پر ظلم کیا جائے گا۔
You shall be wronged.

ذُوْعُسْرَةٍ تنگ دست۔تنگ حال۔
One who is in straitened circumstances.

فَنَظِرَةٌ مہلت دینا ہوگی۔
Respite will be granted.

مَيْسَرَةٍ آسانی۔آسودگی۔
Ease.

تَصَدَّقُوْا تم صدقہ ' خیرات دے دو۔
Remit it as charity.

تُرْجَعُوْنَ تم لوٹائے جاؤ گے۔
You shall be made to return.

تُوَفّٰى تجھے پورا پورا دیا جائے گا۔
You shall be paid in full.

البقرہ رکوع ۳۹ پارہ ۳ رکوع ۷
Part-3. R-7 Al-Baqarah. R-39

تَدَايَنْتُمْ تم آپس میں لین دین کرو۔
Borrow one from another, transact business.

دَيْنٍ قرض
Debt, lending, loan.

اَجَلٍ میعاد۔
Period.

مُسَمًّى مقررہ۔
Fixed.

فَاكْتُبُوْهُ اسکولکھ لو
Write it down.

وَلْيَكْتُبْ چاہیے کہ وہ (کاتب) لکھے
And let (*a scribe*) write .

لَايَاْبَ وہ انکار نہ کرے۔
He should not refuse.

وَلْيُمْلِلْ چاہیے کہ وہ لکھوائے۔
And he should dictate.

لَا يَبْخَسْ نہ کم کرے۔
He should not diminish.

سَفِيْهًا نادان۔ضعیف۔کمزور۔
Low understanding, weak.

وَلِيُّهٗ اس کا کارپرداز۔ولی۔
His helper, friend, guardian.

اِسْتَشْهِدُوْا گواہ مقرر کرلیا کرو۔
Call, appoint witness .

شَهِيْدَيْنِ دو گواہ
Two witnesses.

رِجَالٌ (واحد sing رَجُلٌ) مرد
Men.

اِمْرَاَتَانِ دو عورتیں
Two women.

تَرْضَوْنَ تم پسند کرتے ہو۔
You approve.

تَضِلُّ وہ (عورت) بھول جاتی ہے۔
She (*woman*) forgets.

فَتُذَكِّرَ پس وہ (عورت) یاد دلائے۔
Then she may remind.

دُعُوْا وہ بلائے جائیں
They are called.

لَا تَسْئَمُوْا تم سستی نہ کرو۔نہ اُکتاؤ۔
Be not averse, weary.

اِلٰى اَجَلِهٖ اس کی میعاد تک۔
Along with its appointed time, dead time, prescribed limit.

اَدْنٰى زیادہ نزدیک ہے۔
Is more equitable.

لَاتَرْتَابُوْا شک وشبہ میں نہ پڑو۔
Keep you away from doubt.

حَاضِرَةً آمنے سامنے
On the spot, from and to hand

تُدِيْرُوْنَهَا تم آپس میں اس (مال) کو لیتے اور دیتے ہو۔
You give or take merchandise among yourselves

تَبَايَعْتُمْ تم خرید وفروخت کرو۔
Sell one to another.

يُضَآرَّ تکلیف دیا جاتا ہے۔
He is done harm.

فُسُوْقٌ نافرمانی
Disobedience.

فَرِهٰنٌ گروی رکھنا۔
Pledge.

مَقْبُوْضَةٌ باقبضہ۔
With possession.

اَمِنَ وہ امین بنا۔
He entrusted.

فَلْيُؤَدِّ پس وہ ادا کرے
He should surrender, pay back.

اُوْتُمِنَ وہ امین بنایا گیا۔
He is entrusted.

لَاتَكْتُمُوْا نہ چھپاؤ تم۔
Do not hide, withhold.

يَكْتُمْ وہ چھپاتا ہے
He hides.

اٰثِمٌ گنہگار۔
Sinful.

قَلْبُهٗ اس کا دل۔
His heart.

البقرہ رکوع ۴۰ پارہ ۳ رکوع ۸
Part-3. R-8 Al-Baqarah. R-40

تُبْدُوْا تم ظاہر کرو۔
You disclose.

اَوْ یا۔
Or.

تُخْفُوْهُ تم چھپاؤ اس کو۔
You keep it hidden.

يُحَاسِبْكُمْ وہ تم سے حساب لے گا۔
He will call you to account.

لَانُفَرِّقُ ہم فرق نہیں کرتے۔
We make no distinction.

غُفْرَانَكَ ہم تیری بخشش چاہتے ہیں۔
We implore your forgiveness.

اَلْمَصِيْرُ لوٹنا
The returning.

يُكَلِّفُ وہ ذمہ داری ڈالتا ہے۔
He burdens, assigns.

كَسَبَتْ اس نے اچھا کام کیا۔
She accomplished, earned.

اِكْتَسَبَتْ اس نے بُرا کام کیا۔
She accomplished in the form of evil.

لَا تُؤَاخِذْنَا ہم کو نہ پکڑنا۔
Do not punish us.

نَسِيْنَا ہم بھول گئے
We forgot.

اَخْطَانَا ہم غلطی کر بیٹھے۔
We fell into error.

لَا تَحْمِلْ نہ ڈال۔
Lay not.

لَا تُحَمِّلْنَا ہم سے نہ اُٹھوا۔
Burden us not.

وَاعْفُ عَنَّا درگذر کر ہم سے۔
Efface our sins, pardon us.

اغْفِرْ لَنَا ہمیں بخش دے۔
Grant us forgiveness.

Our Master. ہمارا آقا۔ مَوْلٰنَا

Help us. ہماری مدد کر۔ اُنْصُرْنَا

آل عمران رکوع ۱ پارہ ۳ رکوع ۹
Part-3. R-9 Al-Imran. R-1

The Living. کامل حیات والا اَلْحَيُّ

اَلْقَيُّوْمُ خود قائم اور دوسروں کو قائم رکھنے والا۔
The Self-Subsisting and All-Sustaining.

مُصَدِّقٌ سچا کرنے والا۔ پورا کرنے والا
Fulfilling, testifying.

اَلْفُرْقَانَ فیصلہ کن نشان۔ (خ-II)
Decisive,conclusive sign,(Kh-II) The Discrimination.

عَذَابٌ شَدِيْدٌ سخت عذاب۔
A severe punishment.

Mighty. غالب۔ عَزِيْزٌ

ذُوانْتِقَامٍ بدلہ لینے والا۔
Lord of retribution.

Hidden. مخفی۔ پوشیدہ يَخْفٰى

يُصَوِّرُكُمْ وہ تمہاری شکل بناتا ہے۔
He fashions, shapes you.

Source, کتاب کی اصل، جڑ۔ اُمُّ الْكِتَابِ
origin, basis of the Book.

Ther are others. کچھ اور ہیں اُخَرُ

Similars, متشابہ۔ مُتَشَابِهَاتٌ
susceptible of different interpretations.

Perversity, deviation. کجی۔ زَيْغٌ

يَتَّبِعُوْنَ وہ پیچھے پڑ جاتے ہیں۔
They pursue.

Seeking. چاہنے کے لئے اِبْتِغَآءَ

Its interpretation. اسکی تفسیر تَاْوِيْلِهٖ

الرَّاسِخُوْنَ کامل دسترس رکھنے والے
Firmly grounded people, having sound knowledge.

يَذَّكَّرُ وہ نصیحت حاصل کرتا ہے۔
He takes heed, advice.

لَا تُزِغْ ٹیڑھا نہ ہونے دے۔
Let not become perverse.

اَلْوَهَّابُ بہت عطا کرنے والا۔
The Great Bestower.

آل عمران رکوع ۲ پارہ ۳ رکوع ۱۰
Part-3. R-10 Al-Imran. R-2

لَنْ تُغْنِيَ ہرگز کام نہیں آئیں گے۔
Shall not avail at all.

Fuel. ایندھن۔ وَقُوْدُ

Manner, way. طریق۔ طرز دَاْبٌ

فِرْعَوْنَ (جمع *Plu* فَرَاعِنَه)
Pharaoh. فرعون بادشاہ۔

اِلْتَقَا دونوں کی مڈھ بھیڑ ہوئی۔ برسرِ پیکار ہوئے
They both encountered each other.

يَرَوْنَهُمْ وہ ان کو دیکھیں گے۔
They will see them.

Twice, مِثْلَيْهِمْ اپنے سے دگنا۔ دوچند
double, as many as themselves.

رَاْیَ الْعَیْنِ ظاہری نظر۔
To see with naked eye.

He strengthens. وہ تائید کرتا ہے۔ یُؤَیِّدُ

عِبْرَۃٌ نصیحت۔سبق۔
A lesson, advice.

اُولِی الْاَبْصَارِ اہلِ بصیرت۔
Those who have eyes,
men of perception.

زُیِّنَ خوبصورت کرکے دکھایا گیا ہے۔
Fair-seeming is made.

حُبُّ الشَّھْوَاتِ (واحد sing شَھْوَۃٌ)
The love پسندیدہ چیزوں کی محبت
of desired things.

اَلْقَنَاطِیْرُ الْمُقَنْطَرَۃِ ڈھیروں ڈھیر
Stored-up heaps, (Kh.IV)
heap over heap.
محفوظ خزانے (خ-II)
Reserved treasures. (Kh.II)

اَلْخَیْلُ (جمع Plu خُیُوْلٌ) گھوڑے
Horses.

اَلْمُسَوَّمَۃِ داغے ہوئے۔ پلے ہوئے۔
Horses of mark, خوبصورت گھوڑے
Well-bred horses.

حُسْنُ الْمَاٰبِ بہت بہتر لوٹنے کی جگہ۔
An excellent home.

اَؤُنَبِّئُکُمْ کیا میں خبر دوں تم کو۔
Shall I inform you.

The humble, فرمانبردار اَلْقَانِتِیْنَ
obedient.

اَلْمُسْتَغْفِرِیْنَ استغفار کرنیوالے۔
Those who pray for pardon,
seek forgiveness.

بِالْاَسْحَارِ سحری کے وقت'رات کے آخری حصے
The latter part of the night.

The true کامل فرمانبرداری اَلْاِسْلَام
religion, obedience to God.

Mutual آپس میں سرکشی بَغْیًا بَیْنَھُمْ
envy, oppressiveness, enmity.
Due to (خ-II) آپس میں فساد کی وجہ سے
mutual contention.(Kh.II)

حَاجُّوْا انہوں نے جھگڑا کیا۔
They disputed.

اَسْلَمْتُ میں نے فرمانبرداری میں لگا دیا
I have surrendered. ہے

Myself, اپنے آپ کو۔ وَجْھِیَ
face, direction.

مَنِ اتَّبَعَنِیْ جس نے میری پیروی کی۔
Who followed me.

آل عمران رکوع ۳ پارہ ۳ رکوع ۱۱
Part-3. R-11 Al-Imran. R-3

یَقْتُلُوْنَ النَّبِیّٖنَ وہ نبیوں کی ناحق مخالفت
They oppose (خ-IV) کرتے ہیں
prophets unjustly.(Kh-IV)
وہ نبیوں کو قتل کرنا چاہتے ہیں۔ (خ-II)
They seek to slay the
prophets unjustly. (Kh-II)

Equity, fairness انصاف اَلْقِسْطِ

Announce انکو بشارت دے بَشِّرْھُمْ
to them, inform them.

Have gone ضائع ہوگئے حَبِطَتْ
in vain, come to naught.

اَلَمْ تَرَ کیا تو نے نظر نہیں دوڑائی۔

کیا تجھے علم نہیں۔ کیا تو نے غور نہیں کیا(خ۔IV)

Have you not seen, have you no knowledge, have you not considered.(Kh-IV)

اُوْتُوْا وہ دیئے گئے۔

They have been given.

A portion. ایک حصہ۔ نَصِيْبًا

يُدْعَوْنَ وہ بلائے جاتے ہیں۔

They are called.

يَتَوَلّٰي وہ پیٹھ پھیرتا ہے۔

He turns back.

مُعْرِضُوْنَ اعراض کرنیوالے ہیں۔

Those who turn away, avoid, show indifference.

غَرَّهُمْ اس نے ان کو دھوکا دیا۔

He deceived them.

فَكَيْفَ پس کیا حال ہوگا۔

How will it be.

وُفِّيَتْ پورا پورا دیا جائے گا۔

Shall be paid in full.

Sovereignty. سلطنت اَلْمُلْكُ

تَنْزِعُ تو لے لیتا ہے۔ چھین لیتا ہے۔

You take away, deprive.

You exalt. تو عزت بخشتا ہے تُعِزُّ

تُذِلُّ تو ذلیل کرتا ہے۔ بے یار و مددگار چھوڑتا ہے

You abase, leave helpless.

تُوْلِجُ الَّيْلَ تو رات کو داخل کرتا ہے۔

You make the night pass.

He takes. وہ بناتا ہے۔ يَتَّخِذُ

يُحَذِّرُكُمْ وہ تم کو ڈراتا، خبردار کرتا ہے۔

He cautions you, bewares you.

يُحَذِّرُكُمُ اللّٰهُ نَفْسَهٗ اللہ تم کو اپنے آپ سے ڈراتا ہے۔(خ۔IV)

Allah cautions you against Himself. (Kh-IV)

اللہ تمہیں اپنے عذاب سے ڈراتا ہے۔(خ۔II)

Allah cautions you against His punishment.(Kh-II)

Hide, conceal. تم چھپاؤ۔ تُخْفُوْا

Reveal it. تم اسکو ظاہر کرو تُبْدُوْهُ

مُحْضَرًا حاضر۔ موجود۔

One who is presented.

تَوَدُّ وہ (نفس) چاہے گا۔ تمنا کرے گا۔

It (*soul*) will wish, desire.

اَمَدًا بَعِيْدًا لمبا فاصلہ۔ دور کا فاصلہ۔

A long distance, great distance.

آل عمران رکوع ۴ پارہ ۳ رکوع ۱۲

Part-3. R-12 Al-Imran. R-4

Sins. ذُنُوْبٌ (واحد *sing* ذَنْبٌ) گناہ قصور

اِصْطَفٰي اس نے فضیلت دی۔ چن لیا۔

He has chosen. برگزیدہ کردیا ہے

Descendants, race, progeny. نسل ۔ ذُرِّيَّةٌ

بَعْضُهَا مِنْ بَعْضٍ ایک دوسرے سے مطابقت رکھتے ہیں۔

Co-related with one another, are akin to.

نَذَرْتُ لَكَ میں نے تیری نذر کردیا ہے

I have vowed to you.

مُحَرَّرًا آزاد کرکے۔
To be dedicated.

وَضَعْتُهَا میں نے اس کو جنا ہے۔
I have delivered a female.

اُنْثٰي A female. لڑکی۔

سَمَّيْتُهَا میں نے اس کا نام رکھا ہے۔
I have named her.

اُعِيْذُهَا بِکَ میں اس (مریم) کو تیری
I commit her پناہ میں دیتی ہوں۔
(*Mary*) to your protection.

فَتَقَبَّلَهَا اس (خدا) نے اسکو قبول کیا۔
He (*Allah*) accepted her.

بِقَبُوْلٍ حَسَنٍ بہت اچھی طرح قبول کرنا
A gracious acceptance.

اَنْبَتَهَا نَبَاتًا حَسَنًا اس نے اس کو
He caused her عمدہ طور پر بڑھایا
to grow an excellent growth.

کَفَّلَهَا اس (مریم) کا مربی و نگران بنایا
He made her (*Mary*) guardian.

کُلَّمَا Whenever. جب کبھی۔

اَلْمِحْرَابُ The گھر کا بہترین حصہ۔
chamber, private apartment.

اَنّٰى لَکِ هٰذَا یہ تیرے لئے کہاں سے
Whence have you this? آیا ہے

هُنَالِکَ There and then, اسی جگہ
in that place, at that time.

مُصَدِّقًا بِکَلِمَةٍ مِّنَ اللّٰهِ اللہ کی
ایک بات کو پورا کرنے والا ہوگا۔
One who shall testify to the truth of a word from Allah.

سَيِّدًا سردار۔
Noble, leader, master.

حَصُوْرًا روکنے والا (گناہوں سے). Chaste.
اپنے نفس کی حفاظت کرنیوالا (خ۔IV)
One who restricts himself.(Kh-IV)

اَنّٰي How. کس طرح۔

يَکُوْنُ Shall have. ہوگا۔

غُلَامٌ Son. لڑکا۔

قَدْ بَلَغَنِيَ مجھے پہنچ چکا ہے۔
Has overtaken me.

اَلْکِبَرُ Old age. بڑھاپا۔

عَاقِرٌ Barren. بانجھ۔

رَمْزًا Signs, gesture. اشارہ

اَلْعَشِيِّ Evening. شام۔

اَلْاِبْکَار Morning. صبح۔

آل عمران رکوع ۵ پارہ ۳ رکوع ۱۳
Part-3. R-13 Al-Imran. R-5

اِصْطَفٰکِ اس نے تجھے برگزیدہ کیا ہے۔
He has chosen you.

طَهَّرَکِ اس نے تجھے پاک کیا ہے۔
He has purified you.

اُقْنُتِيْ تو (عورت) فرمانبردار بن جا۔
(*woman*) be obedient.

وَارْکَعِيْ اورتو موحدانہ پرستش کر۔
And worship, bow down.

اَنْبَاءُ (واحد sing نَبَأٌ) خبریں۔
The tidings.

لَدَيْهِمْ ان کے پاس۔
In the presence of them.

نُوْحِيْهِ ہم اس کو وحی کرتے ہیں۔
We reveal to thee.

يُلْقُوْنَ اَقْلَامَهُمْ وہ اپنے تیروں کو پھینکتے تھے۔(خ۔II)
They cast their arrows.(Kh-II)
وہ قرعہ ڈال رہے تھے۔(خ۔IV)
They were drawing lots.(Kh-IV)

اَيُّهُمْ کون ان میں سے۔
Which of them.

يَكْفُلُ وہ نگرانی کرے گا۔
He will care of, be guardian.

يَخْتَصِمُوْنَ وہ جھگڑتے ہیں۔
They dispute, quarrel.

Honoured. وَجِيْهًا آبرو والا۔ مرتبہ والا

He speaks. يُكَلِّمُ وہ کلام کرتا ہے۔

The cradle. اَلْمَهْدِ پنگھوڑہ۔

Middle age. كَهْلًا ادھیڑ عمر۔

لَمْ يَمْسَسْنِي مجھے نہیں چھوا۔
Not touched me.

اِذَا قَضٰى جب اس نے فیصلہ کیا۔
When he decreed.

Be. كُنْ ہو جا۔

فَيَكُوْنُ پھر وہ ہونا شروع ہو جاتا ہے۔
Then it begins to happen, occur.

جِئْتُكُمْ میں تمہارے پاس آیا ہوں۔
I have come to you.

كَهَيْئَةِ الطَّيْرِ پرندے کے (پیدا کرنے) کی طرح
Like a creation of a bird.

اَنْفُخُ میں پھونکوں گا۔ تربیت کروں گا۔
I shall breath into, breed.

Soaring being, bird. طَيْرًا اُڑنیوالا

اُبْرِئُ میں اچھا کروں گا۔(خ۔II)
I shall heal.(Kh-II)
شفا بخشوں گا۔(خ۔IV)
I shall restore to health, cure.

The night-blind. اَلْاَكْمَهَ اندھا

اَلْاَبْرَصَ مبروص۔ برص والا۔
The leprous.

اُنَبِّئُكُمْ میں تمہیں آگاہ کرونگا۔ خبر دونگا
I shall announce to you, let you know.

You eat. تَاْكُلُوْنَ تم کھاتے ہو۔

تَدَّخِرُوْنَ تم جمع کرتے ہو۔
You store up.

بُيُوْتِكُمْ (واحد sing بَيْتٌ)
Your houses. تمہارے گھر۔

لِاُحِلَّ تاکہ میں جائز، حلال قرار دوں۔
So that I allow, permit.

حُرِّمَ حرام قرار دیا گیا۔
Was forbidden.

He perceived. اَحَسَّ اُسنے محسوس کیا

My helper. اَنْصَارِيْ میرا مددگار۔

مَكَرُوْا انہوں نے تدبیریں کیں۔
They planned.

وَاللّٰهُ خَيْرُ الْمَاكِرِيْنَ
اللہ بہتر تدبیر کرنے والا ہے۔
Allah is the Best of planners.

آل عمران رکوع ۶ پارہ ۳ رکوع ۱۴
Part-3. R-14 Al-Imran. R-6

اِنِّیْ مُتَوَفِّیْکَ میں تجھے وفات دونگا۔
I shall cause you to die (*a natural death*).

رَافِعُکَ تجھے اٹھانے والاعزت بخشنے والا
One who exalts you.

مُطَهِّرُکَ تجھے پاک کرنیوالا۔
One who clears you.

فَاَحْکُمُ میں فیصلہ کروں گا۔
I shall judge.

تَخْتَلِفُوْنَ تم اختلاف کرتے ہو۔
You differ.

یُوَفِّیْهِمْ وہ ان کو پورا پورا دے گا۔
He will pay them in full.

اُجُوْرَهُمْ (واحد *sing* اَجْرٌ) ان کے اجر
Their rewards.

نَتْلُوْهُ ہم اس کو پڑھ کر سناتے ہیں۔
We recite it.

اَلْمُمْتَرِیْنَ شک کرنے والے۔
Those who doubt.

حَاجَّکَ اس نے تجھ سے بحث کی۔
He disputed with you.

تَعَالَوْا آ ؤ۔ Come.

نَدْعُ ہم بلائیں We call.

نَبْتَهِلْ ہم گڑگڑائیں۔
We pray fervently.

نَجْعَلْ ہم ڈالیں۔ We invoke.

اَلْقَصَصُ بیان Account, retracing.

اَلْحَقُّ سچا۔ True.

تَوَلَّوْا وہ پھر جائیں They turn away.

آل عمران رکوع ۷ پارہ ۳ رکوع ۱۵
Part-3. R-15 Al-Imran. R-7

تُحَاجُّوْنَ تم بحث کرتے ہو۔
You dispute.

حَنِیْفًا خدا کی طرف جھکا رہنے والا۔
Inclined to God.

اَوْلٰی زیادہ تعلق رکھنے والا۔ زیادہ قریب
The nearest.

وَدَّتْ اس (گروہ) نے چاہا۔
He (*a section of people*) desired.

یُضِلُّوْنَکُمْ وہ تمہیں گمراہ کردیں گے۔
They would lead you astray.

تَشْهَدُوْنَ تم گواہی دیتے ہو۔
You bear witness.

تَلْبِسُوْنَ تم ملاتے ہو۔
You confound, obscure.

تَکْتُمُوْنَ تم چھپاتے ہو You hide.

آل عمران رکوع ۸ پارہ ۳ رکوع ۱۶
Part-3. R-16 Al-Imran. R-8

وَجْهَ النَّهَارِ دن کا ابتدائی حصہ (صبح)
Early part of the day. (Morning)

اکْفُرُوْا انکار کردو۔ Disbelieve.

اٰخِرَهٗ اس (دن) کا پچھلا حصہ (شام)
Latter part of the day. (evening)

یُحَاجُّوْکُمْ وہ تم سے بحث کرینگے۔
They would dispute with you.

وَاسِعٌ بہت وسعت دینیوالا Bountiful.

تَاْمَنْهُ تو اس کو امین بنالے۔
You trust him.

قِنْطَارٍ (جمع *Plu* قَنَاطِیْرُ) ایک ڈھیر
A treasure. (مال کا)

You teach. تُعَلِّمُوْنَ تم تعلیم دیتے ہو

You study. تَدْرُسُوْنَ تم حفظ کرتے ہو
read with attention.

آل عمران رکوع ۹ پارہ ۳ رکوع ۱۷
Part-3. R-17 Al-Imran. R-9

مِيْثَاقُ النَّبِيّٖنَ نبیوں والا عہد۔
A covenant of the Prophets.

Whatever. لَمَا جو بھی۔

مُصَدِّقٌ۔ پورا کرنے والا۔تصدیق کرنیوالا
Fulfilling.

لَتُؤْمِنُنَّ بِهٖ تم ضرور اس پر ایمان لاؤ گے۔
You shall believe in him.

لَتَنْصُرُنَّهٗ تم ضرور اس کی مدد کرو گے۔
You shall help him.

Did أَاَقْرَرْتُمْ کیا تم نے اقرار کیا۔
you agree, made affirmation.

اِصْرِيْ میری ذمہ داری۔میرا عہد۔
My responsibilty, covenant.

We agreed. اَقْرَرْنَا ہم نے اقرار کیا

Bear witness. فَاشْهَدُوْا گواہ رہو

لَهٗ اَسْلَمَ وہ اس (خدا) کا فرمانبردار ہوا۔
He submited to Him.

Willingly. طَوْعًا خوشی سے۔

Unwillingly. كَرْهًا ناخوشی سے

Tribes. اَلْاَسْبَاطِ اولاد۔

Was given. اُوْتِيَ دیا گیا۔

The earthful. مِلْءُ الْاَرْضِ زمین بھر

Gold. ذَهَبًا سونا۔

وَلَوِافْتَدٰى بِهٖ خواہ اسنے اسکو بطور فدیہ دیا
Though he offered it as ransom.

يُؤَدِّهٖ وہ اس کو واپس کر دے گا
He will return it.

مَادُمْتَ جب تک تو رہے گا۔
Unless you keep (*standing*).

Over him. عَلَيْهِ اس پر۔

Standing. قَآئِمًا کھڑا۔

اُمِّيّٖنَ ان پڑھ۔
Unlearned people.

He fulfilled. اَوْفٰى اس نے پورا کیا۔

يَشْتَرُوْنَ وہ خریدتے ہیں۔لیتے ہیں۔
They barter, take.

اَيْمَانٌ (واحد sing يَمِيْنٌ) قسمیں۔
Oaths.

ثَمَنًا قَلِيْلًا تھوڑی قیمت (یعنی دنیا)
A partly price.

Portion. خَلَاقٌ حصہ۔

يُكَلِّمُ وہ کلام کرتا ہے۔یا کرے گا۔
He speaks or shall speak.

يَنْظُرُ وہ دیکھتا ہے۔یا دیکھے گا۔
He looks or shall look.

يُزَكِّيْهِمْ وہ ان کو پاک کرتا ہے۔
He purifies them.

يَلْوٗنَ وہ مروڑتا ہے۔بل دیتا ہے۔
He twists.

اَلْسِنَتَهُمْ (واحد sing لِسَانٌ)
Their tongues. ان کی زبانیں

لِتَحْسَبُوْهُ تاکہ تم اس کو سمجھو۔
That you may think it.

Wisdom. اَلْحُكْمَ حکمت۔

رَبَّانِيّٖنَ خدا کے ہو جانے والے۔
Devoted to the Lord.

آل عمران رکوع ۱۰ پارہ ۴ رکوع ۱
Part-4. R-1 Al-Imran. R-10

لَنْ تَنَالُوا تم ہرگز نہ پاسکوگے، حاصل کرسکوگے۔
Never shall you attain, gain.

Righteousness. اَلْبِرُّ کامل نیکی۔

He forbade. حَرَّمَ اس نے حرام ٹھہرایا مکروہ قرار دیا۔ (خ۔II)
He admitted dislikeable.(Kh-II)

Then bring. فَأْتُوا پس تم لاؤ

Then read. فَاتْلُوا پس تم پڑھو

Founded. وُضِعَ بنایا گیا ہے۔ مقرر کیا گیا۔

Mecca. بَبَكَّةَ مکہ۔

مَقَامُ اِبْرٰهِمَ ابراہیم کی قیام گاہ۔
The place of Abraham.

مَنِ اسْتَطَاعَ جو طاقت رکھے۔
Who can find a way.

شَهِيدٌ (جمع Plu شُهَدَآء) گواہ۔ نگران
Witness, watchful.

You hinder. تَصُدُّونَ تم روکتے ہو

تَبْغُونَهَا تم اس (راستہ) کو چاہتے ہو۔
You seek it. تم اس میں تلاش کرتے ہو

عِوَجًا (جمع Plu عُوَجٌ) ٹیڑھاپن۔
Crookedness. عیب۔

تم اس (راستہ) کو کجی اختیار کرتے ہوئے چاہتے ہو۔ (خ۔II)
You seek to make it crooked.(Kh-II)

يَرُدُّوكُمْ وہ تم کو لوٹا دیں گے۔
They will return you.

يَعْتَصِمْ بِاللّٰهِ وہ اللہ کی پناہ لیتا ہے۔ اللہ کو مضبوطی سے پکڑتا ہے۔
He holds fast to Allah.

هُدِيَ وہ چلا دیا گیا۔ ہدایت دیا گیا۔
He is guided.

آل عمران رکوع ۱۱ پارہ ۴ رکوع ۲
Part-4. R-2 Al-Imran. R-11

وَاعْتَصِمُوا اور مضبوطی سے پکڑو۔
And hold fast.

The rope. حَبْلٌ رسی۔

Enemies. اَعْدَآءٌ (واحد sing عَدُوٌّ) دشمن

فَاَلَّفَ اس نے الفت پیدا کردی، باندھ دیا
He united in love.

You became. اَصْبَحْتُمْ تم ہو گئے

Brothers. اِخْوَانًا (واحد sing اَخٌ) بھائی بھائی

The brink. شَفَا کنارہ۔

A pit. حُفْرَةٍ (جمع Plu حُفَرٌ حَفِيْرَةٌ) گڑھا

He saved. اَنْقَذَ اس نے بچالیا۔

They invite. يَدْعُونَ وہ بلاتے ہیں

They enjoin. يَاْمُرُونَ وہ حکم دیتے ہیں

They forbid. يَنْهَوْنَ وہ روکتے ہیں

وَلَا تَكُونُوا اور تم نہ بنو۔
And you be not.

تَفَرَّقُوا وہ پراگندہ ہو گئے۔
They became divided.

Shall be white. تَبْيَضُّ سفید ہوں گے

Faces. وُجُوهٌ (واحد sing وَجْهٌ) چہرے

Shall be black. تَسْوَدُّ سیاہ ہوں گے

فَذُوْقُوْا پس (تم) چکھو۔
Then (*you*) taste.

اِبْيَضَّتْ سفید ہوگئے۔ Has been
turned white, lit up.

نَتْلُوْهَا ہم ان (آیات) کو پڑھتے ہیں۔
We rehearse them (*verses*).

آل عمران رکوع ۱۲ پارہ ۴ رکوع ۳
Part-4. R-3 Al-Imran. R-12

اُخْرِجَتْ (امت) پیدا کی گئی ہے۔نکالی
(*The people*) are raised. گئی ہے

اَذًى معمولی تکلیف۔ Slight hurt,
misery, affliction.

يُوَلُّوْكُمْ وہ تمہاری طرف پھیر دیں گے۔
They will turn to you.

اَلْاَدْبَار (واحد sing دُبُرٌ) پیٹھیں Backs.

اَيْنَمَا جہاں کہیں۔ Wherever.

ثُقِفُوْا وہ پائے جائیں They are found.

حَبْلٌ رسی ۔عہد۔حمایت۔ Rope,
era, support, protection.

ضُرِبَتْ۔ ماری گئی۔ڈالی گئی۔
Was smitted, incurred, hitted.

اَلْمَسْكَنَةُ بے بسی۔ محتاجی۔
Wretchedness, unhappiness.

عَصَوْا انہوں نے نافرمانی کی۔
They rebelled.

يَعْتَدُوْنَ وہ حد سے بڑھ جاتے ہیں۔
They transgress, violated.

لَيْسُوْا وہ نہیں ہیں They are not.

سَوَآءٌ برابر All alike.

يَتْلُوْنَ وہ پڑھتے ہیں They recite.

اٰنَآءَ (واحد sing اِنٌّ) اوقات The hours.

يُسَارِعُوْنَ وہ ایک دوسرے سے آگے بڑھتے ہیں۔ They hasten to vie
with one another, compete.

لَنْ يُّكْفَرُوْهُ ان سے ہرگز اس کی ناقدری نہیں کی جائے گی They shall
not be denied its due reward.

لَنْ تُغْنِيَ ہرگز کام نہ آئیں گے۔
Shall not avail.

رِيْحٌ (جمع Plu رِيَاحٌ) ہوا۔ Wind.

صِرٌّ سخت سردی۔ Intense cold.

اَصَابَتْ وہ پہنچی۔ چلی۔
It smote, befell, afflicted.

حَرْثٌ کھیتی۔ The harvest.

فَاَهْلَكَتْهُ اس (ہوا) نے اس (کھیتی) کو تباہ کردیا۔ That (*wind*) has
destroyed it (*the harvest*).

لَا تَتَّخِذُوْا نہ بناؤ۔ Take not.

بِطَانَةً رازدار دوست۔جگری دوست۔
Intimate friends.

لَا يَاْلُوْنَكُمْ وہ تم سے کوئی کمی نہیں کریں گے۔ They will not spare you.

خَبَالًا برائی۔ بدسلوکی Corruption,
deteriotation.

وَدُّوْا وہ چاہتے ہیں۔پسند کرتے ہیں۔
They love, like.

مَاعَنِتُّمْ جو تمہیں دکھ دے۔
Who trouble you.

قَدْ بَدَتْ ظاہر ہوگئی۔ Has shown.

بَغْضَآءُ بغض۔دشمنی۔
Hatred, enmity.

تُخْفِيْ چھپاتی ہیں۔ They conceal.

تُحِبُّوْنَهُمْ تم ان سے محبت کرتے ہو۔
You love them.

لَقُوْكُمْ وہ تم سے ملے۔
They met you.

خَلَوْا وہ علیحدہ ہوئے۔
They are alone, they passed.

عَضُّوْا وہ کاٹتے ہیں۔ They bite.

اَلْاَنَامِلَ (واحد sing اَلْاَنْمَلَةُ) انگلیاں
انگلی کا اوپر کا پورا۔ Fingers, finger-tips.

الْغَيْظِ غصہ۔ Rage, wrath.

مُوْتُوْا تم مرجاؤ۔ Perish.

بِغَيْظِكُمْ اپنے غصہ میں۔ In your rage.

تَمْسَسْكُمْ تم کو حاصل ہو Befall you.

حَسَنَةٌ کامیابی۔بھلائی۔
Anything good.

تَسُؤْهُمْ وہ ان کو برا لگتا ہے۔
It grieves them.

تُصِبْكُمْ تم کو پہنچے۔ Afflict you.

سَيِّئَةٌ کوئی تکلیف۔ An evil.

يَفْرَحُوْا وہ خوش ہوتے ہیں۔
They rejoice.

مُحِيْطٌ پارہ پارہ کرنے والا ہے۔(خ۔IV)
One who tear, pieces.(Kh-iv)

گھیرنے والا۔ One who encompass, surround.(Kh-IV).

آل عمران رکوع ۱۳ پارہ ۴ رکوع ۴
Part-4. R-4 Al-Imran. R-13

غَدَوْتَ تو صبح کو نکلا۔ You did go forth early in the morning.

تُبَوِّئُ تو بناتا ہے۔ You assign.

مَقَاعِدَ بیٹھنے کی جگہیں۔ Positions.

هَمَّتْ ارادہ کیا۔ She meditated.

تَفْشَلَا وہ دونوں بزدلی دکھائیں۔
Both show cowardice.

اَذِلَّةٌ کمزور۔تھوڑے۔ Weak.

يَكْفِيَكُمْ تم کو کافی ہوگی۔
It will suffice you.

يُمِدَّ وہ مدد کرے گا He will help.

ثَلٰثَة تین۔ Three.

اٰلَافٍ (واحد sing اَلْفٌ) ہزاروں۔
Thousands.

مُنْزَلِيْنَ نازل کئے ہوئے Sent down.

فَوْرِ جلدی سے۔اسی وقت۔جوش سے۔
Immediately, at once, with passion.

يُمْدِدْ مدد کرے گا۔ Will help.

مُسَوِّمِيْنَ سخت حملہ کرنیوالے۔(خ۔II)
Attacking vehemently.(Kh-II)

عذاب دینے والے۔(خ۔IV) Those who give punishment.(Kh-iv)

Anger. اَلْغَيْظَ غصہ۔

اَلْعَافِيْنَ معاف، درگزر کرنے والے۔
Those who pardon, forgive.

They يُصِرُّوْا وہ اصرار، ضد کرتے ہیں
persist, continue, cary on.

How good is. نِعْمَ کیا ہی اچھا ہے۔

سُنَنٌ (واحد sing سُنَّةٌ) طریقے، دستور العمل
Dispensations, rule of conduct.

The end. عَاقِبَةٌ انجام۔

اَلْمُكَذِّبِيْنَ جھٹلانے والے۔
Those who treated as liars.

بَيَانٌ کھول کر بیان کرنے والا۔ (قرآن)
A clear demosntration.

لَاتَهِنُوْا تم کمزوری نہ دکھاؤ۔ سستی نہ کرو
You do not slacken, ease up.

لَا تَحْزَنُوْا تم غم نہ کرو۔
You do not grieve.

Upper hand. اَلْاَعْلَوْنَ غالب اور بالا

Injury. قَرْحٌ زخم۔

نُدَاوِلُهَا ہم ان (دنوں) کو باری باری پھراتے رہتے ہیں۔
We cause to occur them (both) in successive turns.

We (IV-خ) ان کو اُدلتے بدلتے رہتے ہیں
cause to alternate them. (Kh-IV)

يُمَحِّصَ وہ خالص کردے۔ پاک صاف کردے۔
He may purify.

He يَمْحَقَ وہ ہلاک کردے۔ مٹادے۔
may destroy, ruin completely.

نشان لگانے والے۔
Those who mark.

لِتَطْمَئِنَّ تا کہ مطمئن ہو جائیں۔
Might put your hearts at rest .

لِيَقْطَعَ تا کہ وہ کاٹ ڈالے۔
He might cut off.

A part. طَرَفًا ایک حصہ۔

He يَكْبِتَهُمْ وہ انکو ذلیل، ہلاک کردے
might abase them, perish them.

يَنْقَلِبُوْا وہ لوٹ جائیں۔
They might go back.

Frustrated. خَآئِبِيْنَ ناکام و نامراد

آل عمران رکوع ۱۴ پارہ ۴ رکوع ۵
Part-4. R-5 Al-Imran. R-14

Interest. اَلرِّبٰوٓا سود۔

اَضْعَافًا مُّضٰعَفَةً جو بے انتہا بڑھاتا ہے (مال کو)۔(خ II)
Which involves diverse additions (*money*) (Kh-II)

سَارِعُوْا ایک دوسرے سے بڑھو۔ جلدی کرو
Vie with one another, compete.

عَرْضُهَا اسکی وسعت۔ چوڑائی۔
Its expanse, width,
Its value. (Kh-II) اس کی قیمت (خ۔ II)

It is prepared. اُعِدَّتْ تیار کی گئی ہے

اَلسَّرَّآءُ خوشحالی۔ فراخی۔
Prosperity, overabundance.

Adversity. اَلضَّرَّآءُ تنگدستی۔

اَلْكَاظِمِيْنَ دبانے والے، پی جانے والے
Those who Suppress, refrain.

لَمَّا يَعْلَمِ اللّٰه ابھی اللہ نے ظاہر نہیں کیا۔نہیں پرکھا(خ۔IV)
Allah has not yet caused to be distinguished, experimented (Kh-IV).

تَمَنَّوْنَ تم خواہش کرتے تھے۔
You used to wish.

تَلْقَوْهُ تم اسے ملو۔ You met it.

آل عمران رکوع ۱۵ پارہ ۴ رکوع ۶
Part-4. R-6 Al-Imran. R-15

اَفَاِنْ مَّاتَ اگر وہ فوت ہو جائیں۔
If he dies.

اَوْ یا۔ Or.

قُتِلَ قتل کئے جائیں۔ Is slain.

اِنْقَلَبْتُمْ تم پھر جاؤ گے۔لوٹ جاؤ گے۔
You will turn back.

عَلٰى اَعْقَابِكُمْ اپنی ایڑیوں کے بل۔
On your heels.

اَعْقَابٌ (واحد sing عَقِبٌ) ایڑیاں. Heels.

يَنْقَلِبْ وہ لوٹ جاتا ہے۔پھر جاتا ہے۔
He turns back.

عَلٰى عَقِبَيْهِ اپنی دو ایڑیوں پر۔
On his two heels.

سَيَجْزِيْ وہ ضرور بدلہ دے گا۔
He will certainly reward.

تَمُوْتَ وہ (نفس) مرجاتا ہے۔
He (*soul*) dies.

كِتَابًا فیصلہ ہے۔نوشتہ ہے Is a decree.

مُؤَجَّلًا طے شدہ۔مقررہ میعاد والا۔
A fixed term.

نُؤْتِهٖ ہم اس کو دیں گے۔
We shall give him.

كَاَيِّنْ بہت سے۔کتنے ہی۔ Many.

رِبِّيُّوْنَ (واحد sing رِبِّيْ) اللہ والے۔
Pious men, devout, religious.

فَمَا پس نہ۔ Thus not.

وَهَنُوْا وہ سست ہوئے۔
They slackened, weakened.

ضَعُفُوْا انہوں نے کمزوری دکھائی۔
They did weaken.

مَا اسْتَكَانُوْا نہ وہ عاجز ہوئے۔
نہ تذلّل اختیار کیا۔نہ وہ جھکے۔
They did not humiliate, lower self-respect, humble.

آل عمران رکوع ۱۶ پارہ ۴ رکوع ۷
Part-4. R-7 Al-Imran. R-16

اِنْ تُطِيْعُوْا اگر تم اطاعت کرتے۔
If you obey.

يَرُدُّوْكُمْ وہ تم کو لوٹا دیں گے
They will cause you to turn back.

فَتَنْقَلِبُوْا تم ہو جاؤ گے۔
You will become.

مَوْلٰكُمْ تمہارا مددگار ہے۔
Is your protector.

سَنُلْقِيْ ضرور ہم ڈالیں گے۔
We will cast.

مَثْوٰى ٹھکانا The habitation.

صَدَقَكُمُ اللّٰهُ اللہ نے تم سے پورا کر دیا سچا کر دیا۔
Allah had made good to you, proved truth.

تَحُسُّوْنَهُمْ تم ان کوقتل کرتے تھے۔
You slew them.
You (II-خ) تم ان کو مار مار کر فنا کرتے تھے
destroyed them.(Kh-II)
You فَشِلْتُمْ تم نے سستی کی۔
became lax, slack, careless.
Your courage failed.
You تَنَازَعْتُمْ تم نے باہم جھگڑا کیا۔
disputed among yourselves.
عَصَيْتُمْ تم نے نافرمانی کی۔
You disobeyed.
اَرٰيكُمْ اس نے تم کو دکھایا۔
He had shown you.
You love. تُحِبُّوْنَ تم پسند کرتے ہو
صَرَفَكُمْ اس نے تمہیں پھیر دیا۔
He turned you away.
صَرَفَكُمْ عَنْهُمْ اس نے تمہیں ان کے
He saved you (II-خ) حملہ سے بچالیا
from their attack.(Kh-II)
تُصْعِدُوْنَ تم دوڑے چلے جارہے تھے (خ-II)
You were running away.(Kh-II)
You look back. تَلْوٗنَ تم مڑکر دیکھتے ہو
اُخْرٰكُمْ تمہاری سب سے پچھلی جماعت
Your rear.
فَاَثَابَكُمْ اس نے تم کو بدلہ میں دیا۔
He gave you in recompense.
مَافَاتَكُمْ جو تم سے جاتا رہا۔
What escaped you.
مَااَصَابَكُمْ جو (دکھ) تمہیں پہنچا۔
What (*sorrow*) befell you.
Slumber, doze. نُعَاسًا نیند۔اونگھ

يَغْشٰي طاری ہوتی ہے۔ڈھانکتی ہے۔
Over comes, coveres.
اَهَمَّتْهُمْ ان کو فکر میں ڈالا ہوا تھا۔ان کو
They were anxious. فکرمند کر رکھا تھا
Made them anxious.
اَنْفُسُهُمْ ان کی جانوں نے۔
Their ownselves.
غَيْرَالْحَقِّ جو حق نہیں۔یعنی جھوٹے۔
Wrong.
The affair, authority. اَلْاَمْرُ حکومت
They hide. يُخْفُوْنَ وہ چھپاتے ہیں
يُبْدُوْنَ وہ ظاہر کرتے ہیں۔
They disclose.
Here. هٰهُنَا یہاں۔
بَرَزَ وہ نکل کھڑا ہوا۔
He went forth, appeared.
كُتِبَ عَلَيْهِمُ الْقَتْلُ جن پر لڑائی
On whom فرض کی گئی ہے۔
fighting had been enjoined.
اِلٰي مَضَاجِعِهِمْ انکے لیٹنے کی جگہوں
To their death-beds. کی طرف
لِيَبْتَلِيَ تاکہ وہ (اللہ) امتحان لے۔
So that He (*Allah*) آزمائے۔
might test, trial.
لِيُمَحِّصَ تاکہ وہ صاف، خالص کرے۔
That He might purge, purify.
الْتَقَي الْجَمْعَانِ دو لشکر آمنے سامنے
The two hosts met. مقابل ہوئے
The two (IV-خ) دو گروہ متصادم ہوئے
groups were clashed.(Kh-IV)

اِسْتَزَلَّهُمْ ان کو پھسلانا چاہا تھا۔ گرانا چاہا تھا
He sought to make them slip.

آل عمران رکوع ۷ اپارہ ۴ رکوع ۸
Part-4. R-8 Al-Imran. R-17

ضَرَبُوْا فِي الْاَرْضِ انہوں نے زمین میں سفر کیا۔ وہ زمین میں چلے۔
They travelled in the land.

غُزًّى لڑائی کے لئے۔ غزوہ For war.

حَسْرَةً افسوس۔ پچھتاوا۔
Regret, frustration.

مُتُّمْ تم مرجاؤ۔ Die.

قُتِلْتُمْ تم قتل کئے گئے۔
You are slain.

لِنْتَ تو نرم دل ہوگیا You have become kind.

فَظًّا تندخو۔ بداخلاق۔ بدزبان۔
Rough, immoral, abusive.

غَلِيْظَ الْقَلْبِ سخت دل۔
Hard-hearted.

اِنْفَضُّوْا وہ بھاگ جاتے۔
They would have dispersed.

يَخْذُلُ وہ چھوڑتا ہے۔ He forsaks.

يَغُلَّ وہ خیانت کرے گا۔ چھپائے گا۔
He will act dishonestly, hide.

غَلَّ اس نے خیانت کی۔ چھپایا۔
He acted dishonestly, hid.

تُوَفّٰى وہ پورا پورا دیا جائے گا۔
He will be fully paid.

بَآءَ وہ لوٹا He drew upon himself

بِسَخَطٍ ناراضگی لے کر۔
With the wrath.

مَاْوٰهُ اس کا ٹھکانا۔ His abode.

مَنَّ اس (اللہ) نے احسان کیا۔ He (*Allah*) has conferred a favour.

بَعَثَ اسی (اللہ) نے بھیجا۔ مبعوث کیا۔
He (*Allah*) has raised.

يَتْلُوْا وہ پڑھتا ہے۔ He recites.

ضَلٰلٍ گمراہی۔ Error.

لَمَّا جب۔ When.

اَصَابَتْكُمْ تم کو پہنچی Befell you.

اَصَبْتُمْ تم پہنچا چکے تھے۔
You had inflicted.

مِثْلَيْهَا اس سے دگنی۔
Double of that.

اَنّٰى هٰذَا یہ کہاں سے آگئی؟
Whence is this?

لِيَعْلَمَ تاکہ وہ ظاہر کرے۔
That he might distinguish.

تَعَالَوْا آؤ۔ Come.

اِدْفَعُوْا دفاع کرو Repel the attack of the enemy.

قِتَالًا لڑنا۔ Fight.

اَقْرَبُ زیادہ قریب۔ Nearer.

فَادْرَءُوْا ہٹالو۔ دور کردو۔
Avert, turn away.

لَا تَحْسَبَنَّ نہ سمجھو۔ نہ گمان کر۔
Think not, understand not.

قُتِلُوْا وہ قتل کئے گے۔
They have been slain.

يُـرْزَقُـوْنَ وہ رزق دیئے جاتے ہیں۔
They are granted.

فَـرِحِـيْـنَ وہ خوش ہیں۔
They are happy.

يَـسْـتَـبْـشِـرُوْنَ وہ خوشیاں پاتے ہیں۔
They rejoice.

لَـمْ يَـلْـحَـقُـوْبِـهِـمْ وہ ابھی ان سے نہیں ملے
They have not yet joined them

آل عمران رکوع ۱۸ پارہ ۴ رکوع ۹
Part-4. R-9 Al-Imran. R-18

اِسْـتَـجَـابُـوْ انہوں نے قبول کیا۔ لبیک کہا
They accepted, answered the call.

اَصَـابَـهُـمُ انہیں پہنچ چکا تھا۔ لگ چکا تھا۔
They had received.

An injury. زخم۔ قَـرْحٌ

اَحْـسَـنُـوْا انہوں نے نیکی کی۔
They did good.

They قَـدْجَـمَـعُـوْا وہ اکٹھے ہوگئے۔
have mustered, gathered

فَـاخْـشَـوْهُـمْ پس ان سے ڈرو۔
Therefore fear them.

فَـزَادَهُـمْ اس نے ان کو بڑھا دیا۔
He increased them.

حَـسْـبُـنَـا اللّٰـهُ اللہ ہم کو کافی ہے۔
Sufficient for us is Allah.

نِـعْـمَ الْـوَكِـيْـلُ کیا ہی اچھا کارساز ہے
An excellent Guardian is He.

فَـانْـقَـلَـبُـوْا پس وہ لوٹے۔
So they returned.

لَـمْ يَـمْـسَـسْـهُـمْ ان کو نہیں چھوا۔
Not had touched them.

Evil. تکلیف۔ سُوْءٌ

اتَّـبَـعُـوْا وہ پیچھے چل پڑے۔
They followed.

Only. صرف۔ اِنَّـمَـا

He frightens. وہ ڈراتا ہے۔ يُـخَـوِّفُ

لَا يَـحْـزُنْـكَ وہ تجھے غمگین نہ کریں۔
Let not grieve you.

يُـسَـارِعُـوْنَ وہ جلدی کرتے ہیں۔
آگے بڑھنے میں جلدی کرتے ہیں۔
They hasten, accelerate.

لَايَـحْـسَـبَـنَّ وہ نہ سمجھیں۔ نہ خیال کریں
They do not understand, think.

نُـمْـلِـيْ ہم مہلت دیتے ہیں۔
We grant respite.

لِـيَـزْدَادُوْا تا کہ وہ بڑھ جائیں۔
That they will increase.

لِـيَـذَرَ تا کہ وہ چھوڑ دے۔
That he would leave.

يَـمِـيْـزَ وہ (خدا) الگ کر دیگا۔ جدا کر دیگا۔
He (*Allah*) will separate, disconnect.

لِـيُـطْـلِـعَـكُـمْ وہ تم کو آگاہ کرے۔
He would reveal to you.

He chooses. وہ چنتا ہے يَـجْـتَـبِـيْ

يَـبْـخَـلُـوْنَ وہ بخل کرتے ہیں۔
They are niggardly, they stint.

سَـيُـطَـوَّقُـوْنَ وہ ضرور طوق پہنائے جائینگے۔
They shall be put as a collar.

آل عمران رکوع ۱۹ پارہ ۴ رکوع ۱۰
Part-4. R-10 Al-Imran. R-19

فَقِيرٌ (جمع Plu فُقَرَآء) محتاج Poor.

ذُوْقُوْا چکھو۔ Taste.

اَلْحَرِيْقِ جلن کا' جلنے کا (عذاب)۔
Of burning (*the punishment*).

ظَلَّامٍ ظلم کرنے والا۔ Unjust.

لَيْسَ نہیں۔ Not.

عَهِدَ اِلَيْنَا اس (اللہ) نے ہم سے عہد لیا
He (*Allah*) has charged us.

تَاْكُلُهُ النَّارُ اس (قربانی) کو آگ کھاتی ہے
Fire devours it (*offering*), eat.

اَلزُّبُرِ صحیفے Books of wisdom.

تُوَفَّوْنَ تم پورا پورا دیئے جاؤ گے۔
You shall be paid in full.

زُحْزِحَ دور رکھا گیا۔ ہٹایا گیا۔
Is removed away.

فَازَ وہ کامیاب ہو گیا۔
He has attained his goal.

مَتَاعُ الْغُرُوْرِ دھوکے کا' فریب دینے والا
An illusory enjoyment. سامان

لَتُبْلَوُنَّ تم ضرور آزمائے جاؤ گے۔
You shall surely be tried.

لَتَسْمَعُنَّ تم ضرور سنو گے۔
You shall surely hear.

اَذًى كَثِيْرًا بہت دکھ (دکھ دینے والی باتیں)
Many hurtful.(*troublful remarks*)

عَزْمِ الْاُمُوْرِ ہمت کے کام۔
Matters of high resolve.

مِيْثَاقَ عہد۔ Covenant.

لَتُبَيِّنُنَّهٗ تم ضرور کھول کھول کر بیان کرو گے اس (کتاب) کو۔
You shall expound it (*book*).

وَاشْتَرَوْا بِهٖ انہوں نے اسکے بدلے میں لے لی
They bartered it, exchanged.

فَبِئْسَ کیا ہی بُرا ہے Evil is that.

مَا يَشْتَرُوْنَ جو وہ لیتے ہیں۔
Which they purchase.

يُحِبُّوْنَ وہ پسند کرتے ہیں۔ They love.

يُحْمَدُوْا ان کی تعریف کی جائے۔
To be praised to them.

تَحْسَبَنَّهُمْ تو ان کو سمجھتا' خیال کرتا ہے
You think, understand them.

مَفَازَةٍ محفوظ۔ بچنے والے Secure.

آل عمران رکوع ۲۰ پارہ ۴ رکوع ۱۱
Part-4. R-11 Al-Imran. R-20

اِخْتِلَافِ ادلنے بدلنے میں۔ آگے پیچھے آنے میں
In the alternation of.

قِيَامًا کھڑا ہونے کی حالت میں۔
In the state of standing.

قُعُوْدًا بیٹھے ہونے کی حالت میں۔
In the state of sitting.

بَاطِلًا بے فائدہ۔ In vain.

اَخْزَيْتَهٗ تو نے اسکو ذلیل کیا۔
You disgraced him.

مُنَادِيًا پکارنے والا۔ A crier.

يُنَادِيْ وہ پکارتا ہے۔ He calls.

اٰمَنَّا ہم ایمان لائے۔
We have believed.

Remit. دور کر۔ کَفِّرْ

From us. ہم سے۔ عَنَّا

Our evils. ہماری بدیاں۔ سَیِّاٰتِنَا

Let us die. ہم کو وفات دے۔ تَوَفَّنَا

مَعَ الْاَبْرَار نیکوں کے ساتھ ملا کر (یعنی نیک
With the righteous.(ہو نیکی حالت میں)

Give us. ہم کو دے۔ اٰتِنَا

مَاوَعَدْتَّنَا جس کا تو نے ہم سے وعدہ کیا تھا
What you have promised to us.

عَلٰی رُسُلِکَ اپنے رسولوں کی زبانی۔
Through your Messengers.

لَا تُخْزِنَا ہم کو ذلیل نہ کرنا۔
Disgrace us not.

You تو خلاف نہیں کرتا۔ لَاتُخْلِفُ
break not your promise.

فَاسْتَجَابَ پس قبول کرلیا۔
So He answered.

I shall suffer. میں ضائع کرونگا۔ اُضِیْعُ

Male, man. مرد۔ ذَکَرٍ

Female, woman. عورت۔ اُنْثٰي

They وہ نکالے گئے۔ اُخْرِجُوْا
have been driven out.

They تکلیف دیئے گئے۔ اُوْذُوْا
have been persecuted.

They have fought. وہ لڑے قٰتَلُوْا

قُتِلُوْا وہ مارے گئے۔
They have been slain.

لَاُکَفِّرَنَّ میں ضرور دور کردوں گا۔
I will surely remit.

Reward. بدلہ۔ ثَوَابًا

حُسْنُ الثَّوَابِ بہترین بدلہ۔
The best of rewards.

لَایَغُرَّنَّکَ تجھے ہرگز دھوکے میں نہ ڈالے
Let not deceive you.

Moving. پھرنا۔ تَقَلُّبُ

Lands. (واحد sing بَلَدٌ) ملک اَلْبِلَاد

بِئْسَ الْمِهَادِ بہت ہی بُرا ٹھکانہ۔
What an evil place of rest!

نُزُلًا مہمان داری۔ مہمان نوازی۔
An entertainment.

The righteous. نیک لوگ اَبْرَار

خَاشِعِیْنَ عاجزی اختیار کرنے والے۔
Humbling themselves, shouwing meekness.

They barter. وہ لیتے ہیں یَشْتَرُوْنَ

Price. مول۔ قیمت۔ ثَمَنًا

النساء رکوع ۱ پارہ ۴ رکوع ۱۲
Part-4. R-12 Al-Nisa. R-1

بَثَّ اس (خدا) نے پھیلائے۔
He (*Allah*) spread.

Men. (واحد sing رَجُلٌ) مرد رِجَالًا

Relationship, Kinship. رشتہ داروں اَلْاَرْحَام

Watcher. نگران۔ رَقِیْبًا

Give. دو۔ اٰتُوْا

حُوْبًا گناہ۔ Sin.

خِفْتُمْ تم ڈرو۔ You fear.

اَ لَّا کہ نہ۔ That not.

تُقْسِطُوْا تم انصاف کرسکو۔
You will be just.

فَانْكِحُوْا پس نکاح کرو Then marry.

مَاطَابَ جوتمہیں پسند آئیں۔
As may be agreeable to you.

اَلَّاتَعْدِلُوْا کہ تم عدل نہ کرسکو گے۔
You will not do justice.

مَامَلَكَتْ اَيْمَانُكُمْ جوتمہارے ہاتھوں میں ہیں (یعنی جنگی قیدی لونڈیاں)
What your right hands possess.

اَدْنٰى زیادہ قریب Is more likely.

صَدُقٰتِهِنَّ انکے مہر Their dowries.

نِحْلَةً خوشی سے۔ Willingly.

طِبْنَ وہ (عورتیں) پسند کریں۔خوشی سے۔
They be pleased (*to remit*).

هَنِيْٓـًٔا مزے سے As pleasant.

مَرِيْٓـًٔا انجام کے لحاظ سے اچھا (خ۔II)
Wholesome, good in respect to conclusion. (Kh-II)

رچتا۔پچتا (از میر صاحب) Salutary, beneficial. (Mir Sahib)

لَا تُؤْتُوْا تم نہ دو You give not.

سُفَهَآءُ ناسمجھ۔کم عقل۔
Weak of understanding.

قِيٰمًا سہارا A means of support.

اُرْزُقُوْهُمْ اُن کوکھلاؤ Feed them.

اُكْسُوْهُمْ ان کو پہناؤ Clothe them.

وَابْتَلُوْا اورآزماتے رہو And test.

اٰنَسْتُمْ تم محسوس کرو۔تم دیکھو۔
You perceive, see.

رُشْدًا سمجھ Sound judgment.

فَادْفَعُوْا تم لوٹا دو۔واپس کردو۔
Deliver, return.

اِسْرَافًا اسراف کرتے ہوئے۔فضول خرچی
In extravagance, prodigality.

بِدَارًا جلدی جلدی۔ In haste.

فَلْيَسْتَعْفِفْ چاہیئے کہ وہ بچے (اس مال کے کھانے سے)
Let him abstain.

فَاَشْهِدُوْا گواہ رکھ لیا کرو۔
Call witnesses.

كَفٰى کافی ہے۔ Is sufficient.

حَسِيْبًا حساب لینے والا Reckoner.

نَصِيْبًا حصہ۔ Share.

مَفْرُوْضًا فرض کیا گیا۔مقررہ۔
Determined.

حَضَرَ آجائیں۔ Are present.

اَلْقِسْمَةَ تقسیم کے وقت۔
At the division.

يَاْكُلُوْنَ فِىْ بُطُوْنِهِمْ
وہ اپنے پیٹوں میں بھرتے ہیں۔ They swallow into their bellies.

سَيَصْلَوْنَ۔ وہ ضرور داخل ہونگے۔ جلیں گے
They shall burn.

سَعِيْرًا شعلہ زن آگ A blazing fire.

النساء رکوع ۲ پارہ ۴ رکوع ۱۳
Part-4. R-13 Al-Nisa. R-2

یُوْصِیْکُمُ اللّٰہُ اللہ تم کو تاکید کرتا ہے۔
Allah commands you, وصیت کرتا ہے enjoins upon you.

ذَکَر مرد (مذکر) Male(*masculine*)

حَظَّ حصہ۔ Share.

مِثْلَ برابر۔ As much as.

اُنْثَیَیْنِ دوعورتیں Two females.

ثُلُثَا دوتہائی۔ Two-thirds.

اَلسُّدُسُ چھٹا حصہ۔ Sixth.

اَلثُّلُثُ تیسرا حصہ۔ Third.

اِخْوَۃٌ بہن بھائی۔
Brothers and sisters.

تَدْرُوْنَ تم جانتے ہو You know.

اَلرُّبُعُ چوتھا حصہ A fourth.

یُوْصِیْنَ وہ (عورتیں) وصیت کرتیں ہیں
They (*women*) bequeath.

اَلثُّمُنُ آٹھواں حصہ An eighth.

تُوْصُوْنَ تم (مردوں) وصیت کرتے ہو
You bequeath.

کَلٰلَۃً جس کے والدین اور اولاد نہ ہو۔
One who has neither parents left nor a child.

غَیْرَمُضَآرٍّ ضرر نہ پہنچانے والے۔
Without prejudice, harm.

حُدُوْدُ (واحد *sing* حَدٌّ) حدیں Limits.

یَعْصِ جو نافرمانی کرے۔
Whoso disobeys.

یَتَعَدَّ وہ آگے بڑھتا، نکل جاتا ہے۔
He transgresses, exceeds.

مُھِیْنٌ ذلیل کرنے والا۔ رسوا کرنے والا
Humiliating, humbling.

النساء رکوع ۳ پارہ ۴ رکوع ۱۴
Part-4. R-14 Al-Nisa. R-3

اَلّٰتِیْ جوعورتیں Such women.

یَاْتِیْنَ الْفَاحِشَۃَ وہ (عورتیں) ناپسندیدہ فعل کے قریب جائیں۔ (خ-II)
Such (*women*) are guilty of lewdness.(Kh-II)

فَاسْتَشْھِدُوْا گواہ طلب کرو۔
Call to witness.

شَھِدُوْا وہ گواہی دیں۔
They bear witness.

فَاَمْسِکُوْھُنَّ ان کوروکے رکھو۔
Confine them.

یَتَوَفّٰھُنَّ ان کی روح قبض کرے۔
(*Death*) overtake them.

اَلْمَوْتُ موت Death.

اَلَّذٰنِ دومرد۔ Two men.

یَاْتِیَانِھَا اس بے حیائی کے مرتکب ہوں
Are guilty of it.

اٰذُوْھُمَا ان کو اذیت دیں۔ دکھ دیں۔
Punish them both, grieve, hurt, harm them both.

فَاَعْرِضُوْا عَنْھُمَا ان سے چشم پوشی کرو
Leave them alone.

حَضَرَ (موت) آئی (*Death*) faced

تُبْتُ الْاٰنَ میں نے اب توبہ کرلی۔
I did repent now.

اَعْتَدْنَا ہم نے تیار کیا ہے۔
We have prepared.

تَرِثُوْا تم وارث بنو You inherit.

كَرْهًا زبردستی۔ Wrongfully.

لَا تَعْضُلُوْهُنَّ نہ تنگ کرو۔نہ روکوان (عورتوں) کو (خ-II) You should not detain them (*women*).(Kh-II)

عَاشِرُوْهُنَّ ان کے ساتھ زندگی بسر کرو۔
Consort with them,
keep company with them.

بِالْمَعْرُوْفِ مناسب طور سے۔اچھے سلوک سے In kindness,
in good behaviour.

اَرَدْتُّمُ تم ارادہ کرو You desire.

اِسْتِبْدَالَ بدلنا۔ Replacement.

اٰتَيْتُمْ تم دے چکے ہو۔
You have given.

قِنْطَارًا ڈھیر (مال) بہت سامال۔ A treasure, accumulated wealth.

قَدْ اَفْضٰى وہ مل چکا ہے۔
He has consorted, associated.

بَعْضُكُمْ بَعْضًا ایک دوسرے سے
One and other.

فَاحِشَةً بے حیائی۔ Foul.

مَقْتًا ناراضگی۔غصہ دلانیوالا Hateful.

النساء رکوع ۴ پارہ ۴ رکوع ۱۵
Part-4. R-15 Al-Nisa. R-4

حُرِّمَتْ حرام کی گئی ہیں۔
Are forbidden.

اُمَّهَاتُ (واحد sing اُمٌّ) مائیں۔ Mothers.

بَنَاتُكُمْ (واحد sing بِنْتٌ)
Your daughters. تمہاری بیٹیاں

اَخَوَاتُكُمْ (واحد sing اُختٌ) تمہاری بہنیں
Your sisters.

عَمَّاتُكُمْ (واحد sing عَمَّةٌ) تمہاری پھوپھیاں Your father`s sisters.

خَالَاتُكُمْ (واحد sing خَالَةٌ) تمہاری خالائیں Yours mother`s sisters.

بَنَاتُ الْاَخِ بھتیجیاں۔
Your brother`s daughters.

بَنَاتُ الْاُخْتِ بھانجیاں۔
Your sister`s daughters.

اَرْضَعْنَكُمْ ان عورتوں نے تم کو دودھ پلایا
Your foster-mothers that have given you suck.

اَخَوَاتُكُمْ مِنَ الرَّضَاعَةِ رضاعی بہنیں
Your foster-sisters.

رَبَائِبُكُمْ (واحد sing رَبِيْبَةٌ) تمہاری سوتیلی بیٹیاں Your step-daughters.

حُجُوْرِكُمْ (واحد sing اَلْحِجْر)
جو تمہارے گھر۔تمہاری گودوں میں ہیں۔
Who are your wards.

حَلَائِلُ (واحد sing اَلْحَلِيْلَةُ)
Wives. بیویاں۔

اَبْنَآءِكُمْ تمہارے بیٹوں کی
Of your sons.

اَصْلَابِكُمْ تمہاری پشتیں۔
Your loins.

النساء رکوع ۵ پارہ ۵ رکوع ۲
Part-5. R-2 Al-Nisa. R-5

سُنَنٌ طریقے۔ Paths.

يَتَّبِعُوْنَ وہ پیروی کرتے ہیں۔ پیچھے لگے رہتے ہیں۔
They follow.

تَمِيْلُوْا تم جھک جاؤ۔
You should incline.

مَيْلًا عَظِيْمًا بہت بڑا جھکنا (پوری طرح جھکنا)
To incline wholly.

يُخَفِّف وہ ہلکا کردے گا (بوجھ)۔
He will lighten (*burden*).

بِالْبَاطِلِ ناجائز طور پر۔
By unlawful means.

تَرَاضٍ مِنْكُمْ آپس کی رضامندی سے
With mutual consent, agreement.

عُدْوَانًا زیادتی Transgression.

نُصْلِيْهِ ہم اس کو داخل کریں گے۔
We shall cast him.

يَسِيْرًا آسان۔ Easy.

تَجْتَنِبُوْا تم بچو۔ تم دور رہو۔
You keep away, refrain.

كَبَآئِرَ بڑے گناہ۔ Major sins.

تُنْهَوْنَ تم روکے جاتے ہو۔
You are forhidden.

مُدْخَلًا مقام۔ Place.

كَرِيْمًا معزز Great honour.

لَا تَتَمَنَّوْا نہ خواہش کرو۔ نہ آرزو کرو
Covet not, desire not.

اِكْتَسَبُوْا انہوں (مردوں) نے کمایا۔
They (*men*) have earned.

اَلْمُحْصَنَاتُ شادی شدہ عورتیں
Married women.

كِتَابَ اللّٰهِ عَلَيْكُمْ یہ اللہ کی طرف سے تم پر فریضہ ہے۔
This has Allah enjoined on you.

تَبْتَغُوْا تم چاہو۔ You seek.

مُحْصِنِيْنَ شادی کرنے والے۔
Marrying.

غَيْرَ مُسَافِحِيْنَ نہ زنا کرنیوالے۔ نہ شہوت مٹانے والے۔
Not committing fornication, not having sexual intercourse.

تَرَاضَيْتُمْ تم باہم راضی ہوجاؤ۔
You mutually agree upon.

طَوْلًا مال۔ Material means, Power.

فَتَيٰتِكُمْ تمہاری لونڈیاں۔
Your hand-maids.

مُحْصَنَاتٌ شادی کرنے والیاں۔
Married women.

غَيْرَ مُسَافِحَاتٍ نہ زنا کرنیوالیاں۔ نہ شہوت مٹانے والیاں۔
Not committing fornication.

مُتَّخِذَاتِ بنانے والیاں Taking.

اَخْدَانٍ مخفی دوست Secret Paramours

اُحْصِنَّ وہ (لونڈیاں) نکاح میں آجائیں
They (*hand-maids*) are married.

خَشِيَ وہ ڈرا۔ He feared.

اَلْعَنَتَ گناہ۔ بدکاری۔
Sin, curse, condemnation.

اِکْتَسَبْنَ انہوں (عورتوں) نے کمایا۔
They (*women*) have earned.

Share. حصہ۔ نَصِیْبٌ

Heirs. وارث۔ مَوَالِیَ

عَقَدَتْ اَیْمَانُکُمْ تم نے پکے
Your oaths عہد و پیمان کیے ہیں۔
have ratified a contact,
you have made firm covenant.

النساء رکوع ٦ پارہ ٥ رکوع ٣
Part-5. R-3 Al-Nisa. R-6

Guardians. نگران۔ قَوَّامُوْنَ

You fear. تم ڈرتے ہو تَخَافُوْنَ

نُشُوْزَهُنَّ ان (عورتوں) کی نافرمانی۔
Disobedience of them (*women*).

فَعِظُوْهُنَّ۔ ان (عورتوں) کو نصیحت کرو
Admonish them (*women*),
Advise them.

وَاهْجُرُوْهُنَّ ان کو جدا کردو۔ ان کو اکیلا
Leave them alone. چھوڑ دو

Beds. خوابگاہیں۔ اَلْمَضَاجِعَ

اَطَعْنَکُمْ وہ (عورتیں) تمہاری اطاعت
They (*women*) obey you. کریں

فَلَا تَبْغُوْا پس نہ تلاش کرو۔
Then seek not.

Against them. انکے خلاف عَلَیْهِنَّ

A way, کوئی بہانہ۔ الزام سَبِیْلًا
pretext, excuse.

A breach, quarrel. تفرقہ شِقَاقَ

Then appoint. پس مقرر کرو۔ فَابْعَثُوْا

حَکَمًا منصف۔ جج۔ پنچ۔
Arbiter, judge, arbitrator.

یُوَفِّقِ اللّٰهُ اللہ موافقت پیدا کردیگا۔
Allah will effect, cause
reconciliation between.

مُخْتَالًا تکبر کرنے الا۔ متکبر۔
The arrogant, over proud.

فَخُوْرًا فخر کرنے والا۔ اترانے والا۔
The boastful.

اَعْتَدْنَا ہم نے تیار کیا ہے۔
We have prepared.

Humiliating. ذلیل کرنیوالا مُهِیْنًا

To show. دکھاوا کرنا۔ رِئَآءَ

Companion. ساتھی۔ قَرِیْنًا

یُضَاعِفُ وہ بڑھاتا ہے۔
He multiplies, increases.

He will wish. وہ چاہے گا۔ یَوَدُّ

عَصَوُا انہوں نے نافرمانی کی۔
They disobeyed.

Would that. کاش۔ لَوْ

تُسَوّٰی برابر کی جاتی۔
Were made level.

النساء رکوع ٧ پارہ ٥ رکوع ٤
Part-5. R-4 Al-Nisa. R-7

Those who مدہوش۔ سُکٰرٰی
are not in full possession
of senses, are out of senses.

عَابِرِیْ سَبِیْلٍ چلنے والا۔ مسافر۔
One who travels along a way.

اَلْغَآئِطُ قضائے حاجت (سے آئے)
طبعی حوائج سے فارغ ہو۔
(Come from) the privy.

وُجُوهًا (واحد sing وَجْهٌ) چہرے۔ Faces.

Leaders. (II۔خ) بڑے لوگ۔ سردار

نَرُدُّهَا ہم پھیرا دیں ان (سرداروں) کو

We turn them (*leaders*).

اَدْبَارِهَا ان (سرداروں) کی پیٹھوں کے بَل

On their (*leader`s*) backs.

يُزَكُّوْنَ وہ پاک ٹھہراتے ہیں۔

They hold to be pure?

فَتِيْلًا بتی کے برابر۔ A whit.

کھجور کی گٹھلی کی لکیر کے برابر (خ۔II۔IV)

Equal to small skin in the cleft of a date stone.

النساء رکوع ۸ پارہ ۵ رکوع ۵

Part-5. R-5 Al-Nisa. R-8

اَلْجِبْتِ بت۔ جادوگر۔ بے فائدہ باتیں۔ (خ۔II)

Idol, conjurer, evil things. (Kh-II)

اَلطَّاغُوْت شیطان۔ حد سے بڑھنے والا (خ II)

One who transgress.

اَهْدٰى زیادہ ہدایت یافتہ۔ Better guided.

نَقِيْرًا کھجور کی گٹھلی کے سوراخ کے برابر (خ II)

As much as the little hollow in the back of a date-stone.

صَدَّ وہ رک گیا۔ He turned away, desisted.

سَعِيْرًا جلانے والی آگ۔

The blazing fire.

جہنم کا ایک نام سعیر بھی آیا ہے۔ اور یہاں جہنم کی صفت کے طور پر آیا ہے۔

It is also a name of Hell and has come here as an attribute of Hell.

لٰمَسْتُمُ تم نے چھوا ہو۔ تعلق قائم کیا ہو۔

(یعنی جنبی ہو) You have touched.

فَتَيَمَّمُوْا پس تیمّم کرو۔

Then betake yourselves.

صَعِيْدًا مٹی۔ Dust.

طَيِّبًا پاک۔ Pure.

عَفُوًّا بہت معاف کرنے والا۔

Effacer of sins.

تَضِلُّوا تم ہٹ جاؤ۔ گمراہ ہو جاؤ۔

You may lose (*the way*), slip.

يُحَرِّفُوْنَ وہ بدل دیتے ہیں۔

They pervert, turn, distort.

اَلْكَلِمَ کلمہ۔ بات۔ Word.

مَوَاضِعِهٖ اس کی جگہ۔

Its proper places.

عَصَيْنَا ہم نے نافرمانی کی We disobeyed

غَيْرَ مُسْمَعٍ نہ سنایا جائے (کلامِ خدا)

Without being heard, to whom no one would lend an ear.

لَيًّا بِاَلْسِنَتِهِمْ بل دیتے ہوئے اپنی زبانوں کو۔ (خ۔IV)

Screening with their tongues.

Twisting. (میر صاحب) موڑ کر

اپنی زبانوں سے جھوٹ بولتے ہوئے (خ II)

Telling a lie by their tongues.

اَقْوَمَ زیادہ درست اور مضبوط۔

More upright, appropriate.

نَطْمِسَ ہم مٹا دینگے۔ ہلاک کر دینگے

We shall destroy.

ہم داغ دیں گے۔ (خ۔IV)

We shall stigmatize. (Kh-IV)

كُلَّمَا جب کبھی۔ As often as.

نَضِجَتْ گل جائیں گے۔ پک جائیں گے۔(میر صاحب) Will burn up.

جُلُوْدُ (واحد sing جِلْدٌ) چمڑے۔ Skins.

لِيَذُوْقُوْا تا کہ وہ چکھیں (محسوس کریں) That they may taste.

مُطَهَّرَةٌ پاک بنائے ہوئے (خ-IV) Made pure.

ظِلًّا ظَلِيْلًا گھنے سائے۔ Plenteous shade.

تُؤَدُّوْا تم ادا کرو۔ سپرد کرو۔ You give over.

اَهْلِهَا جو اس (امانت) کے مستحق ہیں۔ Those who entitled to them, deserve to them.

حَكَمْتُمْ تم فیصلہ کرو (لوگوں کے درمیان) You judge (*between men*), adjudicate.

تَحْكُمُوْا تم فیصلہ کرو (عدل کے ساتھ) You judge. (*with justice*)

اُولِي الْاَمْرِ حکام۔ Authority.

تَنَازَعْتُمْ تم اختلاف کرو۔ You differ.

فَرُدُّوْهُ تم اس کو لوٹا دو۔ You refer it.

اَحْسَنُ زیادہ اچھا ہے۔ Is most commendable, praiseworthy.

تَاْوِيْلًا انجام کے لحاظ سے۔ In the end.

النساء رکوع ۹ پارہ ۵ رکوع ٦
Part-5. R-6 Al-Nisa. R-9

يَزْعُمُوْنَ وہ دعویٰ کرتے ہیں۔(خ-II) They claim, assert. (Kh-II)

وہ گمان کرتے ہیں۔(خ-IV) They imagine, suppose. (Kh-IV)

يُرِيْدُوْنَ وہ چاہتے ہیں They desire.

يَتَحَاكَمُوْا اِلَى الطَّاغُوْتِ فیصلہ کروائیں وہ شیطان سے۔ وہ فیصلہ لے جاویں شیطان کی طرف They seek judgment from the Evil One.

يُضِلَّهُمْ ضَلٰلًا بَعِيْدًا وہ ان کو خطرناک گمراہی میں ڈال دے (خ-II) He (*Satan*) leads them far astray. (Kh-II)

تَعَالَوْا آؤ۔ Come.

يَصُدُّوْنَ وہ ہٹ جاتے ہیں۔ رکتے ہیں۔ They turn away.

صُدُوْدًا۔ پوری طرح رک جانا۔ ہٹ جانا Turning away with aversion, complete hindring.

يَحْلِفُوْنَ وہ قسمیں کھاتے ہیں۔ They swear.

اِحْسَانًا نیک سلوک کرنا ہے۔ احسان کرنا اور اصلاح کرنا The doing of good, kindness.

تَوْفِيْقًا موافقت پیدا کرنا۔ Conciliation.

قَوْلًا بَلِيْغًا اثر کرنے والی بات۔ An effective word.

يُطَاعَ وہ اطاعت کیا جائے یا اس کی اطاعت کی جائے۔ He should be obeyed.

يُحَكِّمُوْكَ وہ تجھے حکم بنائیں۔ They make you the judge.

شَجَرَ جھگڑا۔ Dispute.

حَرَجًا کوئی تنگی۔انقباض Any demur, objection, embarrassment.

یُسَلِّمُوا تَسْلِیْمًا وہ پورے فرمانبردار ہو جائیں۔ They submit with full submission.

یُوْعَظُوْنَ انہیں نصیحت کی جاتی ہے۔ They are exhorted, advised.

اَشَدَّ تَثْبِیْتًا زیادہ پختگی کا موجب۔ Conducive to greater strength.

لَاٰتَیْنٰھُمْ ہم ضرور ان کو دیتے We would have surely, given them.

لَھَدَیْنٰھُمْ ہم ضرور ان کو ہدایت دیتے۔ We would surely have guided them.

حَسُنَ اچھے ہیں۔ Excellent.

رَفِیْقًا ساتھی۔ Company.

النساء رکوع ۱۰ پارہ ۵ رکوع ۷
Part-5. R-7 Al-Nisa. R-10

حِذْرَکُمْ اپنے بچاؤ کا سامان۔ Your precautions.

فَانْفِرُوْا نکلو۔ Go forth.

ثُبَاتٍ چھوٹی چھوٹی جماعتیں۔ Separate parties.

جَمِیْعًا سب کے سب All together.

لَیُبَطِّئَنَّ وہ ضرور دیر کرتے ہیں۔وہ لازماً پیچھے رہتے ہیں He will tarry behind, delay.

مَوَدَّةٌ محبت۔تعلق Love, relation.

فَاَفُوْزَ پس میں کامیاب ہو جاؤں گا۔ I shall succeed, achieve a goal.

یَشْرُوْنَ وہ چھوڑتے ہیں (دنیا کی زندگی)(خII) They leave (*the present life*)(Kh-II)
They sell. وہ بیچتے ہیں۔

کَیْدَ تدبیر۔ Strategy, plan.

النساء رکوع ۱۱ پارہ ۵ رکوع ۸
Part-5. R-8 Al-Nisa. R-11

کُفُّوْا روک لو۔ Restrain.

یَخْشَوْنَ وہ ڈرتے ہیں They fear.

اَخَّرْتَنَا تو نے ہمیں مہلت دی۔ You granted us respite.

فَتِیْلًا بتی۔کھجور کی گٹھلی کے برابر۔ کھجور کی گٹھلی کے سوراخ کے برابر۔(تھوڑی اور حقیر چیز کے اظہار کے لئے یہ لفظ استعمال کیا جاتا ہے)
A whit; candle; equal to a stone of date; (*This word is used for expressing a little and contemptible, vile, despicable, abject, base, mean thing*).

اَیْنَمَا تَکُوْنُوْا تم جہاں کہیں بھی ہو گے Wheresoever you may be.

یُدْرِکْکُّمُ الْمَوْتُ موت تم کو آ پکڑے گی Death will overtake you.

بُرُوْجٌ (واحد *sing* بُرْجٌ) قلعے Towers.

مُشَیَّدَةٌ مضبوط۔ Strong.

حَسَنَةٌ بھلائی۔ Good.

تُصِبْھُمْ پہنچتی ہے انکو۔ Befalls them.

فَمَالِ پس کیا ہو گیا ہے۔ Then what has happened.

يَكَادُوْنَ قریب ہے کہ وہ
They hardly can, are well nigh, are about to.

يَفْقَهُوْنَ وہ سمجھتے ہیں۔
They understand.

تَوَلّٰى پیٹھ پھیر لی
Turned away.

بَرَزُوْا وہ الگ ہوتے ہیں (تجھ سے) وہ چلے جاتے ہیں۔
They go forth (*from your presence*)

بَيَّتَ اس نے رات بسر کی۔
He spent the night.

يَكْتُبُ وہ لکھتا جاتا ہے۔ محفوظ کرتا جاتا ہے
He records, preserves.

مَايُبَيِّتُوْنَ جو وہ رات کو باتیں کرتے ہیں
Whatsoever they scheme by night.

اَعْرِضْ عَنْهُمْ تو ان سے اعراض کر۔
Turn away from them.

يَتَدَبَّرُوْنَ وہ تدبر کرتے ہیں۔
They meditate, consider, ponder over.

لَوَجَدُوْا وہ ضرور پاتے۔
They would surely have found.

اَذَاعُوْا وہ اسکو پھیلاتے' مشتہر کرتے ہیں۔
They spread it, promulgate it.

رَدُّوْهُ وہ اس (خبر) کو لوٹاتے۔ لے جاتے
They had referred it (*tiding*).

اُولِي الْاَمْرِ حکام
Authority.

لَعَلِمَهٗ وہ اسکی حقیقت سمجھ جاتے
They would have understood it.

يَسْتَنْبِطُوْنَ وہ اصل بات کو معلوم کر لیتے ہیں۔ وہ نتیجہ نکال لیتے ہیں۔
They can elicit the truth from it.

تُكَلَّفُ تو ذمہ دار قرار دیا گیا ہے۔ تجھ پر بوجھ ڈالا گیا۔
You are made responsible.

حَرِّضِ الْمُؤْمِنِيْنَ تو مومنوں کو ترغیب دے
Urge on the believers, encourage, rouse, incite.

يَكُفَّ وہ روک دے گا۔
He (*Allah*) will restrain.

بَاْسَ جنگ۔
Fight.

اَشَدُّ زیادہ سخت ہے
Is stronger.

تَنْكِيْلاً عبرت ناک سزا۔
Inflicting punishment.

كِفْلٌ حصہ۔
Portion.

مُقِيْتًا قدرت رکھنے والا
Powerful.

حُيِّيْتُمْ تم کو تحفہ دیا جائے۔
You are greeted with a greeting.

تم کو دعا دی جائے۔ (خ۔II)
You are given a blessing. (Kh-II)

فَحَيُّوْا پس تم تحفہ دو۔ تم دعا دو۔
Then you greet, give blessing.

رُدُّوْهَا اسی کو لوٹا دو۔
Return it.

حَسِيْبًا حساب لینے والا
Reckoner.

النساء رکوع ۱۲ پارہ ۵ رکوع ۹
Part-5. R-9 Al-Nisa. R-12

فَمَالَكُمْ تم کو کیا ہو گیا ہے۔
What is the matter with you.

فِئَتَيْنِ۔ دو گروہ۔
Two parties.

اَرْكَسَهُمْ اس نے ان کو اوندھا کر دیا۔
He has overthrown them.

ثَـقِـفْـتُـمُـوْهُـمْ تم ان کو پاؤ۔ You seize them, found them.

النساء رکوع ۱۳ پارہ ۵ رکوع ۱۰
Part-5. R-10 Al-Nisa. R-13

خَـطَـاءً غلطی۔ Mistake.

تَـحْـرِيْـرُ آزاد کرنا Giving freedom, to release.

رَقَـبَـةٍ گردن۔(غلام) Slave.

دِيَـةٌ خون بہا Blood-money.

مُسَلَّـمَـةٌ ادا کیا جائے گا۔ To be handed over, paid.

مِيْـثَـاقٌ معاہدہ۔ Pact.

مُـتَـعَـمِّـدًا جان بوجھ کر۔ارادةً۔ Intentionally.

لَعَـنَـهٗ وہ (خدا) اس کو دور کر دیگا (اپنی جناب سے) (خ۔IV) He will drive them away. (Kh-IV)

اس (قاتل) پر اس کی لعنت ہوگی۔ He (*Allah*) will curse him.

فَـتَـبَـيَّـنُـوْا تحقیق ' چھان بین کرلیا کرو۔ Do make proper investigation.

عَـرَضَ سامان۔اسباب۔اموال Goods.

يَـسْـتَـوِى برابر ہوسکتے ہیں Can be equal.

النساء رکوع ۱۴ پارہ ۵ رکوع ۱۱
Part-5. R-11 Al-Nisa. R-14

تَـوَفّٰـهُـمُ اس نے وفات دی ان کو۔ He caused to die them.

ظَـالِـمِـيْ ظلم کرنے والے۔ Wronging.

وَدُّوْا وہ چاہتے ہیں۔ They desire.

فَـتَـكُـوْنُـوْنَ تم ہو جاؤ۔ You may become.

سَـوَآءً برابر۔ایک جیسے۔ Alike.

يَـصِـلُـوْنَ وہ مل جاتے ہیں۔تعلق رکھتے ہیں They join, connect.

مِـيْـثَـاقٌ عہدو پیمان۔معاہدہ۔ Pact.

حَـصِـرَتْ انقباض محسوس کیا۔ It shrinked, hesitated.

لَـسَـلَّـطَـهُـمْ وہ ضرور ان کو مسلط کر دیتا۔غلبہ دے دیتا۔ He could have given them power.

اِعْـتَـزَلُـوْكُـمْ وہ تم سے الگ رہے۔ They kept aloof from you, left you alone.

اَلْـقَـوْا اِلَـيْـكُـمُ وہ تمہاری طرف بھیجیں۔ They make you an offer.

اَلـسَّـلَـمَ صلح۔ Peace.

يَـاْمَـنُـوْكُـمْ وہ تم سے بھی امن میں رہیں They are to be secure from you.

يَـاْمَـنُـوْا قَـوْمَـهُـمْ وہ اپنی قوم سے بھی امن میں رہیں۔ They are to be secure from their own people.

كُـلَّـمَـا جب کبھی۔ Whenever.

رُدُّوْا وہ لوٹائے گئے۔ They are made to revert, return.

اُرْكِـسُـوْا وہ اوندھے منہ گرائے گئے۔ They were fallen headlong.

حَـيْـثُ جہاں کہیں۔ Wherever.

فِيمَ كُنتُمْ تم کس حال میں تھے۔
What were you after.
كُنَّا مُسْتَضْعَفِينَ ہم کمزور سمجھے جاتے تھے
We were considered as weak.
فَتُهَاجِرُوا تم ہجرت کرجاتے۔
You could have emigrated.
Their abode. ان کا ٹھکانہ مَأْوٰهُمْ
سَاءَتْ مَصِيرًا بہت بُرا ٹھکانا ہے۔
An evil destination it is.
Way, plan. تدبیر (جمع Plu حِيَلٌ) حِيلَةً
مُرٰغَمًا حفاظت کی جگہ۔
Place of refuge.
دشمن کو نامراد کرنے کے مواقع۔ (خ۔IV)
Places to fail enemies.
يُدْرِكْهُ الْمَوْتُ اس کو موت آجائے۔
Death overtakes him.

النساء رکوع ۱۵ پارہ ۵ رکوع ۱۲
Part-5. R-12 Al-Nisa. R-15

ضَرَبْتُمْ فِي الْاَرْضِ تم زمین میں چلو۔
Journey in the land. سفر کرو
Shorten. تم چھوٹا کرو تَقْصُرُوا
يَفْتِنَكُمْ وہ تم کو آزمائش میں ڈالیں گے۔
They will دکھ میں ڈالیں گے۔
put you in trouble.
اَقَمْتَ تو نے کھڑی کی، پڑھائی (نماز)
You observed (*Prayer*).
Let them take. وہ لے لیں وَلْيَاْخُذُوا
اَسْلِحَتَهُمْ (واحد sing سَلَاحٌ)
Their arms. اپنے ہتھیار
حِذْرَهُمْ اپنا بچاؤ کا سامان۔
Their means of defence.

وَدَّ چاہا۔ چاہتے ہیں۔ (کافر)
(*The disbelievers*) wish.
اَمْتِعَتِكُمْ (واحد sing مَتَاعٌ)
Their means. اپنے سامان
يَمِيْلُوْنَ وہ تم پر ٹوٹ پڑیں۔
They may fall upon you.
اَذًى تکلیف۔ مشکل۔
Inconvenience, trouble.
Rain. بارش۔ مَطَرٌ
You lay aside. تم اتار دو تَضَعُوا
You تم ادا کر چکو۔ قَضَيْتُمْ
have finished, said.
Sides. پہلو۔ کروٹیں۔ جُنُوب
Is enjoined. فرض ہے۔ كِتَابًا
مَوْقُوتًا وقت مقررہ پر۔
At fixed hours.
Slacken not. نہ سستی کرو لَا تَهِنُوا
اِبْتِغَاءِ (دشمن کی) تلاش میں۔
In seeking (*enemy*).
يَاْلَمُوْنَ وہ تکلیف اٹھاتے ہیں۔
They suffer.
تَاْلَمُوْنَ تم تکلیف اٹھاتے ہو۔
You suffer.
You hope. تم امید رکھتے ہو تَرْجُوْنَ
They hope. وہ امید رکھتے ہیں يَرْجُوْنَ

النساء رکوع ۱۶ پارہ ۵ رکوع ۱۳
Part-5. R-13 Al-Nisa. R-16

لِتَحْكُمَ تاکہ تو فیصلہ کرے۔
That you may judge.

خَـآئِنِـیْـنَ _ خیانت کرنیوالے۔
Faithless, dishonest.

خَـصِـیْـمًـا جھگڑنے والا۔ بحث کرنے والا
Disputer, quarrelsome.

خَـوَّانًـا بہت خیانت کرنیوالا Perfidious,
Betrayal, treachery.

اَ ثِـیْـمًـا بہت گناہ گار Great sinner.

یَسْـتَـخْـفُـوْنَ وہ چھپتے ہیں۔ چھپ سکتے ہیں
They seek to hide,
can seek to hide.

یُـبَـیِّـتُـوْنَ وہ رات کو مشورہ کرتے ہیں۔
They plot at night. ایسی باتیں کرتے ہیں

لَا یَـرْضٰـی وہ نہیں پسند کرتا۔
He does not approve, like.

مُـحِـیْـطًـا گھیرنے والا ہے۔ (خ۔IV)
One who encompasses. (Kh-IV)
One قلع قمع کرنے والا ہیئش۔ (خ۔II)
who abolishes, destroys. (Kh-II)

جَـادَلْـتُـمْ تم جھگڑے۔ بحث کی۔
You disputed, pleaded.

وَکِـیْـلًا حمایتی۔ کارساز۔ محافظ۔
Guardian, disposer of affairs.

یَـکْـسِـبْ وہ کرتا ہے، کماتا ہے۔
He commits.

خَـطِـیْـئَـةً قصور۔ خطا۔ غلطی۔
Fault, wrong.

یَـرْمِ بِـهٖ اسکی تہمت لگاتا ہے، الزام لگاتا ہے۔
He imputes it, blames.

بَـرِیْـئًـا معصوم۔ بے گناہ۔ بے قصور۔
An innocent person.

اِحْـتَـمَـلَ اس نے اٹھالیا بوجھ۔
He bore the burden.

بُـهْـتَـانًـا جھوٹ۔ بہتان۔
Calumny, slander.

اِثْـمًـا مُّـبِـیْـنًـا کھلا کھلا گناہ۔
A manifest sin.

النساء رکوع ۱۷ پارہ ۵ رکوع ۱۴
Part-5. R-14 Al-Nisa. R-17

لَـهَـمَّـتْ پکا ارادہ کرلیا۔ (خ۔II)
Had resolved, decided firmly.

یُـضِـلُّـوْکَ وہ تجھے گمراہ کریں گے۔
They will ہلاک کردیں گے۔ (خ۔II)
bring about your ruin. (Kh-II)

یَـضُـرُّوْنَـکَ وہ تجھے نقصان پہنچائیں گے
They will harm you.

لَا خَـیْـرَ نہیں ہے کوئی بھلائی۔
There is not good.

نَـجْـوٰهُـمْ ان کے خفیہ مشورے Their
conferences, secret parleys.

اِصْـلَاحِ اصلاح کرنی۔
Making of peace.

مَـنْ یُّـشَـاقِـقِ الـرَّسُـوْلَ جو مخالفت کرتا ہے
اختلاف کرتا ہے یا کرے گا رسول سے۔
Whoso opposes the Messenger.

یَـتَّـبِـعْ وہ پیروی کرتا ہے۔ اختیار کرتا ہے۔
He follows.

نُـوَلِّـهٖ ہم اسکو پھیردیں گے۔ We
shall let him pursue the way.

مَا تَـوَلّٰـی جس طرف وہ پھرا۔
The way he is pursuing.

نُصْلِهٖ ہم اسکو داخل کریں گے۔
We shall cast him.

النساء رکوع ۱۸ پارہ ۵ رکوع ۱۵
Part-5. R-15 Al-Nisa. R-18

اِنٰـثًا (واحد singاُنثٰی) عورتیں. Females.
(یعنی مورتیاں (خ۔IV) Idols.(Kh-IV)
بے جان چیزیں (خ۔II) Lifeless objects.
مَرِيْدًا سرکش۔ دھتکارہ ہوا. Rebellious.
لَاَتَّخِذَنَّ میں ضرور لوں گا۔
I will assuredly take.
نَصِيْبًا حصہ Portion.
مَفْرُوْضًا مقررہ۔ معین۔ Fixed.
لَاُمَنِّيَنَّهُمْ میں ضرور ان کو امیدیں دلاؤنگا
Assuredly I will arouse in them vain desires.
لَيُبَتِّكُنَّ ضرور وہ کاٹیں گے۔
Assuredly they will cut.
فَلَيُغَيِّرُنَّ وہ ضرور تبدیل کریں گے۔
Assuredly they will alter.
يَعِدُهُمْ وہ ان کو وعدہ دیتا ہے۔ He holds out promises to them.
يُمَنِّيْهِمْ وہ انہیں امیدیں دلاتا ہے He excites vain desires in them.
غُرُوْرًا دھوکہ۔ Vain things.
مَحِيْصًا بھاگنے کی جگہ۔
Way of escape.
بِاَمَانِيِّكُمْ تمہاری آرزوئیں۔
Your desires.

النساء رکوع ۱۹ پارہ ۵ رکوع ۱۶
Part-5. R-16 Al-Nisa. R-19

لَيَسْتَفْتُوْنَكَ وہ تجھ سے فتویٰ پوچھتے ہیں۔ وہ (احکام) دریافت کرتے ہیں۔
They seek of you the decision (*of the Law*), verdict.
تُؤْتُوْنَهُنَّ تم ان (عورتوں) کو دیتے ہو۔
You give them (*Women*).
تَرْغَبُوْنَ تم خواہش رکھتے ہو۔
You desire.
تَقُوْمُوْا تم کھڑے ہو جاؤ. Stand firm.
بَعْلٌ (جمع Plu بُعُوْلٌ) خاوند. Husband.
نُشُوْزًا بدمعاملگی۔ ظلم. Ill-treatment.
اِعْرَاضًا بے رخی۔ عدم توجہی۔
Indifference, avoidance
يُصْلِحَا وہ دونوں صلح کرلیں۔
They both be reconciled.
اُحْضِرَتْ سامنے کی گئی ہے۔ رکھی گئی ہے
Is prone, lying.
اَلشُّحَّ بخل۔ حرص, Covetousness, great desire, wish.
لَوْحَرَصْتُمْ خواہ تم کتنی ہی خواہش کرو۔
However much you may desire.
فَلَاتَمِيْلُوْا پس تم نہ جھکو۔
But you incline not.
فَتَذَرُوْهَا تم اس (عورت) کو چھوڑ دو۔
Leave her (*woman*).
كَالْمُعَلَّقَةِ لٹکی ہوئی چیز کی طرح۔
Like a thing suspended.
سَعَتِهٖ اپنی کشائش و وسعت۔
His abundance.
وَصَّيْنَا ہم نے تاکیدی حکم دیا تھا۔
We have assuredly commanded.

غَـنِـيًّا بے نیاز۔ Self-Sufficient.

حَـمِـيْدًا حمد والا ہے۔ان گنت تعریفوں کا مستحق ہے Praiseworthy.

يُـذْهِـبْـكُـمْ وہ تم کو ہلاک کردے۔
He will take you away.

النساء رکوع ۲۰ پارہ ۵ رکوع ۱۷
Part-5. R-17 Al-Nisa. R-20

كُـوْنُـوْا ہوجاؤ۔ Be.

قَـوَّامِـيْـنَ قائم رہنے والے۔ Strict.

شُـهَـدَآءَ گواہی دینے والے۔ Witnesses.

اَوْلٰـى زیادہ خیرخواہ۔زیادہ حامی۔
More regardful.

فَـلاَ پس نہ۔ Therefore not.

تَـتَّـبِـعُـوْا تم پیروی کرو Follow.

اَلْـهَـوٰى خواہشات Desires, whims.

تَـعْـدِلُـوْا تم عدل کرو۔ Act equitably.

تَـلْـوٗا تم چھپاؤ۔تم گول مول بات کرو۔تم پیچ دار بات کرو Hide, talke vaguely.

تُـعْـرِضُـوْا اعراض کرو۔پہلوتہی کرو۔
Evade, avoid.

اِزْدَادُوْا وہ بڑھتے چلے گئے۔
They increased.

يَـبْـتَـغُـوْنَ وہ چاہتے ہیں They wish.

يَـخُـوْضُـوْا وہ لگ جائیں۔مصروف ہوجائیں
They indulge.

يَـتَـرَبَّـصُـوْنَ وہ انتظار کرتے ہیں۔
They wait.

اَلَـمْ نَـسْـتَـحْـوِذْ کیا ہم غالب نہیں آئے تھے۔
Did we get the better.

نَـمْـنَـعْـكُـمْ ہم نے تم کو بچایا تھا۔
We saved you.

سَـبِـيْـلاً کوئی غلبہ۔ A way to prevail.

النساء رکوع ۲۱ پارہ ۵ رکوع ۱۸
Part-5. R-18 Al-Nisa. R-21

يُـخَـادِعُـوْنَ وہ چھوڑتے ہیں (اللہ کو)۔
They leave (*Allah*).

وہ (اللہ سے) دھوکہ بازی کرتے ہیں (خ۔IV)
They seek to decieve Allah.

هُـوَ خَـادِعُـهُـمْ وہ انہی کو دھوکہ میں مبتلا کر دیتا ہے۔(خ۔IV) He punishes them for their deception.(Kh-IV)

كُـسَـالٰـى سستی سے۔ Lazily.

يُـرَآءُوْنَ وہ دکھاوا کرتے ہیں۔
They are to be seen.

مُـذَبْـذَبِـيْـنَ وہ متذبذب ہوتے ہیں They are wavering, become unsteady.

اَلـدَّرْكِ الْاَسْـفَـلِ انتہائی گہرائی۔
Lowest depth.

وَاعْـتَـصَـمُـوْا انہوں نے مضبوطی سے پکڑا
They held fast.

انہوں نے اپنی حفاظت چاہی (اللہ کے ذریعہ) (خ۔II)
They wanted to preserve themselves by God.

اَخْـلَـصُـوْا انہوں نے خالص کردیا۔
They purified.

دِيْـنَـهُـمْ انکی اطاعت۔ Their obedience.

مَـا يَـفْـعَـلُ اللّٰـهُ بِـعَـذَابِـكُـمْ اللہ تمہیں عذاب کیوں دے گا۔ Why should Allah punish you.

لَایُحِبُّ اللّٰہُ اللہ پسند نہیں کرتا۔
Allah likes not.

اَلْجَھْرَ ظاہر کرنا۔ سرعام کرنا۔ پکار کر کہنا
Uttering in public.

تَعْفُوْا تم معاف کردو۔ درگذر کرو۔ چشم پوشی کرو۔
Pardon, forgive.

سُوْٓءِ بدی۔
Evil.

عَفُوًّا بہت معاف کرنیوالا
The Effacer.

اَنْ یُّفَرِّقُوْا کہ وہ جدائی ڈالیں۔
That they make a distinction.

النساء رکوع ۲۲ پارہ ٦ رکوع ۲
Part-6. R-2 Al-Nisa. R-22

اَرِنَا ہم کو دکھا۔
Show us.

جَھْرَۃً ظاہر۔ کھلم کھلا۔ بے حجاب (خ۔IV)
Openly, obviously.(Kh-IV)

اَلصّٰعِقَۃُ بجلی۔ مہلک عذاب (خ۔II)
A destructive punishment.
Thunderbolt. (خ۔IV) آسمانی بجلی

اَلْعِجْلَ (جمع *Plu* عُجُوْلٌ) بچھڑا۔
The calf.

عَفَوْنَا ہم نے درگذر کیا۔
We pardoned.

سُجَّدًا فرمانبرداری، اطاعت کرتے ہوئے
Submissively, obediently.

لَا تَعْدُوْا نہ زیادتی کرو
Transgress not.

مِیْثَاقًا غَلِیْظًا پختہ عہد۔
A firm covenant, agreement.

فَبِمَا نَقْضِھِمْ ان کے توڑنے کی وجہ سے
For their breaking.

قَتْلِھِمُ الْاَنْبِیَآءَ اپنے نبیوں کی مخالفت (کی وجہ سے)
Their seeking
to slay the Prophets.

غُلْفٌ (واحد *sing* غِلَافٌ) پردے
Covers.

طَبَعَ اُسنے مہر لگادی
He has sealed.

صَلَبُوْہُ انہوں نے اسکو صلیب پر مارا۔
They killed him by crucifixion.

شُبِّہَ مشتبہ کردیا گیا (معاملہ) (*Matter*)
was rendered confused.
وہ (مصلوب کے) مشابہ بنایا گیا۔ (خ۔II)
He was made to resemble
(*one crucified to death*).(Kh-II)

رَفَعَہُ اللّٰہُ اِلَیْہِ اللہ نے اسے اپنے حضور عزت دی۔ (خ۔II)
Allah
exalted him to Himself.

نُھُوْا وہ روکے گئے۔
They had been forbidden.

اَلرّٰسِخُوْنَ وہ پختہ ہیں۔
Those
who are firmly grounded.

اَلْمُؤْتُوْنَ ادا کرنے والے ہیں۔ دینے والے ہیں۔
Those who pay.

النساء رکوع ۲۳ پارہ ٦ رکوع ۳
Part-6. R-3 Al-Nisa. R-23

اَلْاَسْبَاطِ (واحد *sing* اَلسِّبْطُ) اولاد۔
Children.

زَبُوْرًا (واحد *sing* زُبُرٌ) کتاب
Book.

قَصَصْنٰھُمْ ہم ان کو بیان کرچکے ہیں۔
ہم ان کا ذکر کرچکے ہیں۔
We have mentioned them.

کَلَّمَ اللّٰہُ اللہ نے خوب کلام کیا۔
Allah spoke at length.

حُـجَّـةٌ الزام۔ Plea.

صَـدُّوْا انھوں نے روکا۔ They hindered.

ضَـلُّوْا وہ گمراہ ہوگئے۔ They have strayed, deviated.

ضَـلٰلاً بَعِـيْـدًا پرلے درجے کی گمراہی۔ To go astray far away.

لَا تَـغْـلُـوْا نہ غلو سے کام لو۔ حد سے تجاوز نہ کرو (خ۔II) Exceed not the limits.

كَـلِـمَـتُـهٗ اس (اللہ) کی بشارت تھا (خ۔II) Glad tidings of Allah. (Kh-II) A fulfilment of His word.

رُوْحٌ روح تھا۔ رحمت تھا۔ (خ۔II) Was soul, spirit, a mercy.

اِنْـتَـهُـوْا باز آ جاؤ۔ Desist, abstain.

النساء رکوع ۲۴ پارہ ٦ رکوع ۴
Part-6. R-4 Al-Nisa. R-24

يَـسْـتَـنْـكِـفُ وہ برا مناتا ہے۔ (خ۔II) He disdains, scorns. (Kh-II) He dislikes. وہ ناپسند کرتا ہے۔ (خ۔IV)

بُـرْهَـانٌ کھلی دلیل۔ بڑی حجت (خ۔IV) Manifest proof. (Kh-IV)

يَـسْـتَـفْـتُـوْنَـكَ وہ تجھ سے فتوی پوچھتے ہیں They ask you for a decision.

اَلْـكَـلَالَـةَ ایسا آدمی جس کے نہ والدین ہوں اور نہ اولاد۔ Such a man who leaves neither parents nor an offspring.

اَلـثُّـلُـثَـان دوتہائی 2/3 Two-thirds. 2/3

المائدہ رکوع ۱ پارہ ٦ رکوع ۵
Part-6. R-5 Al-Ma`ida. R-1

اَوْفُـوْا پورا کرو۔ Fulful.

اَلْـعُـقُـوْدُ (واحد sing عَقْدٌ) اقرار۔ عہد۔ Compacts, agreement.

بَـهِـيْـمَـةُ الْاَنْـعَام چارپائے۔ Quadrupeds, four-footed animals. چرندوں کی قسم کے چارپائے۔ (خ۔II) Quadrupeds of the class of cattle.

مُحِلِّي الـصَّـيْـدِ شکار کو جائز سمجھنے والے Those who hold game to be lawful.

لَاتُـحِلُّـوْا نہ بے حرمتی کرو۔ Profane not.

شَـعَـآئِـرَ اللّٰـهِ اللہ کے نشانات۔ The signs of Allah.

اَلْـهَـدْيَ قربانی (والا جانور) (*The animmals of*) sacrifice.

اَلْـقَـلَآئِـدَ گانیوں (والے جانور)۔ ہار (*The animals of*) wearing collars.

آمِّـيْـنَ قصد کرنے والے۔ جانے والے Those who repair, go towards.

يَـبْـتَـغُـوْنَ وہ تلاش کرتے ہیں They seek.

حَـلَـلْـتُـمْ تم کھول دو (احرام)۔ You put off (*the pilgrim`s garb*)

فَـاصْـطَـادُوْا پس تم شکار کرو۔ You may hunt.

لَايَـجْـرِمَـنَّـكُـمْ نہ آمادہ کرے تم کو۔ Should not incite you. you may not be inclined.

شَـنَـاٰنُ دشمنی۔ The enmity.

صَـدُّوْكُـمْ انھوں نے تم کو روکا۔ They hindered you.

اُهِـلَّ پکارا گیا ہو۔ Is invoked.

اَلْمُنْخَنِقَةُ گلا گھٹی ہوئی۔گلا گھٹنے سے
Has been strangled. مراہوا (مردہ)
اَلْمَوْقُوْذَةُ چوٹ سے مراہوا۔
Has been beaten to death.
اَلْمُتَرَدِّيَةُ بلندی سے گر کر مراہوا۔
Has been killed by a fall.
اَلنَّطِيْحَةُ سینگ لگنے سے مراہوا۔
Has been gored to death.
A wild animal. درندہ اَلسَّبُعُ
You تم نے ذبح کرلیا۔ ذَكَّيْتُمْ
have properly slaughtered.
ذُبِحَ ذبح کیا گیا۔
Has been slaughtered.
Altar. معبودانِ باطلہ کی قربان گاہ اَلنُّصُبُ
(A stone place of the pagan Arabs on which they made their sacrifices.)
تَسْتَقْسِمُوْا تم قسمت معلوم کرو۔حصے بانٹو
You seek to know your lot.
اَلْاَزْلَامِ تیر۔ (جوئے کے تیر)
Arrows. (*divining arrows*)
يَئِسَ وہ ناامید ہوگیا۔مایوس ہوگیا۔
He despaired.
اَكْمَلْتُ میں نے مکمل کردیا۔
I have perfected.
اَتْمَمْتُ میں نے پورا کردیا۔
I have completed.
Is forced, compelled. مجبور ہو اِضْطُرَّ
Hunger. بھوک۔ مَخْمَصَةٍ
Inclined. جھکنے والا۔ مُتَجَانِفٍ
عَلَّمْتُمْ تم نے سکھایا۔
You have taught.

The beasts شکاری جانور اَلْجَوَارِحِ
and birds of prey, hunting animal.
مُكَلِّبِيْنَ شکار کی تعلیم دیتے ہوئے۔
Training them for hunting.
اَمْسَكْنَ (شکار جانوروں) نے روکا
They caught.
Is lawful. حلال ہے۔جائز ہے حِلٌّ
اَلْمُحْصَنٰتُ پاک دامن عورتیں۔
Chaste women.
مُحْصِنِيْنَ نکاح میں لانے والے۔
Contracting valid marriage.
مُسَافِحِيْنَ شہوت مٹانیوالے۔بدکاری کرنے
Committing fornication. والے
Making. بنانے والے۔ مُتَّخِذِيْ
اَخْدَانٍ پوشیدہ دوست۔
Secret paramours, lovers.
Gone in ضائع ہوگئے۔ حَبِطَ
vain, have come to naught.

المائدہ رکوع ۲ پارہ ٦ رکوع ٦
Part-6. R-6 Al-Ma`ida. R-2

Stand up. تم اٹھو۔ قُمْتُمْ
اَلْمَرَافِقِ (واحد sing اَلْمِرْفَقُ اور اَلْمَرْفِقُ)
کہنیاں۔(ہر وہ چیز جس سے سہارا لیا جائے)
The elbows.(*Every thing which serves the support*)
Feet. (واحد sing رِجْلٌ) پاؤں اَرْجُلَ
كَعْبَيْنِ (واحد sing كَعْبٌ) دو ٹخنے۔
Two ankles.
مَرْضٰى (واحد sing مَرِيْضٌ) مریض۔
Ill persons, sick persons.

اَلْغَائِط جائے ضرور۔ Privy, outdoor toilet.

لَمَسْتُمْ تم نے چھوا۔ مباشرت کی۔ You have touched.

قَوَّامِيْنَ مضبوطی سے قائم ہوتے ہوئے Steadfastly, firmly.

يَجْرِمَنَّكُمْ وہ آمادہ کرے تم کو۔ He incites you.

شَنَاٰنُ دشمنی۔ Enmity.

لَاتَعْدِلُوْا تم عدل ' انصاف نہ کرو۔ You act not with justice.

هَمَّ اس نے ارادہ کیا He intended.

يَبْسُطُوْا وہ لمبا کریں۔ They stretch out.

اَيْدِيَهُمْ ان کے ہاتھ Their hands.

فَكَفَّ اُسنے روک لیئے He withheld.

المائدہ رکوع ۳ پارہ ۶ رکوع ۷
Part-6. R-7 Al-Ma`ida. R-3

بَعَثْنَا ہم نے کھڑے کئے We raised.

نَقِيْبًا (جمع Plu نُقَبَاءُ) سردار Leaders.

عَذَّرْتُمُوْهُمْ تم نے ان کی مدد کی۔ You supported them.

ضَلَّ وہ گمراہ ہوگیا۔ بھٹک گیا۔ He strayed away.

فَبِمَانَقْضِهِمْ اُنکے توڑنے کی وجہ سے Because of their breaking.

مِيْثَاقَهُمْ اپنا عہد Their covenant.

قٰسِيَةً سخت۔ Hardened.

يُحَرِّفُوْنَ وہ بدلتے رہتے ہیں۔ They pervert, turn, distort.

اَلْكَلِمَ الفاظ۔ باتوں The words.

مَوَاضِعِهٖ انکی جگہیں Their places, positions.

نَسُوْا وہ بھول گئے۔ They have forgotten.

لَا تَزَالُ ہمیشہ Will not cease.

تَطَّلِعُ تو اطلاع پاتا رہے گا۔ You will discover.

فَاَغْرَيْنَا ہم نے ڈال دی۔ We have caused.

اَحِبَّاؤُهٗ اس کے پیارے۔ His beloved ones.

فَتْرَةٍ وقفہ۔ انقطاع۔ A break.

المائدہ رکوع ۴ پارہ ۶ رکوع ۸
Part-6. R-8 Al-Ma`ida. R-4

جَعَلَ اس نے پیدا کیا۔ مقرر کیا۔ بنایا۔ He raised, appointed, made.

اَنْبِيَآءَ (واحد sing نَبِيٌّ) نبیوں Prophets.

مُلُوْكًا (واحد sing مَلِكٌ) بادشاہ Kings.

اَلْمُقَدَّسَةَ پاک۔ Holy.

لَا تَرْتَدُّوْا نہ پھیرو۔ نہ لوٹو۔ Dont turn back.

اَدْبَارِكُمْ (واحد sing دُبُرٌ) تمہاری پیٹھیں Your backs.

فَتَنْقَلِبُوْا ورنہ تم لوٹو گے۔ For then you will return.

خَاسِرِيْنَ گھاٹا پانے والے۔ نقصان اٹھانے والے۔ Losers.

فَطَوَّعَتْ لَهُ نَفْسُهُ اس کا دل اس کے لئے راضی ہو گیا۔ (خ۔II)
His heart agreed to it.(Kh-II)

بَعَثَ He sent. اس نے بھیجا۔

غُرَابًا A raven. ایک کوا (جمع Plu اَغْرُبٌ)
(*Large glossy blue-black crow with a hoarse cry.*)

يَبْحَثُ وہ کریدتا ہے۔ کھودتا ہے۔
He scratches.

يُوَارِيْ He hides. وہ چھپاتا ہے۔

لِيُرِيَ تا کہ وہ دکھائے۔
So that he might show.

سَوْءَةَ The corpse, dead body. لاش

يٰوَيْلَتٰي Woe is me. ہائے افسوس

اَعَجَزْتُ کیا میں عاجز آ گیا۔
Am I not able to be.

مُسْرِفُوْنَ زیادتیاں کرنیوالے۔
Those who commit excesses.

يَسْعَوْنَ وہ کوشش کرتے ہیں۔ (خ۔IV)
They struggle.(Kh-IV)

وہ دوڑتے پھرتے ہیں۔ (خ۔II)
They strive, struggle.(Kh-II)

يُنْفَوْا وہ نکال دیئے جائیں۔ جلاوطن کئے جائیں۔
They be expelled.

تَقْدِرُوْا عَلَيْهِمْ تم ان پر غالب آ جاؤ قابو پا لو۔
You have them in your power, overpower.

المائدہ رکوع ۶ پارہ ۶ رکوع ۱۰
Part-6. R-10 Al-Ma`ida. R-6

وَابْتَغُوْا Seek. تلاش کرو۔ ڈھونڈو۔

جَبَّارِيْنَ Rebellious. سرکش۔

مَادَامُوْا جب تک وہ ہیں۔
So long as they are.

فَاذْهَبْ So go you. پس تو جا۔

اَنْتَ You. تو۔

فَقَاتِلَا تم دونوں لڑو۔ جنگ کرو۔
You both fight.

هٰهُنَا یہاں۔ اسی جگہ۔
Here, this place.

قَاعِدُوْنَ Those who sit بیٹھے ہیں

فَافْرُقْ فیصلہ کردے۔ امتیاز کردے۔
Distinguish, differentiate.

مُحَرَّمَةٌ Is forbidden. محروم کردی گئی

يَتِيْهُوْنَ وہ سرگردان پھرتے رہیں گے۔
They will wander.

فَلَا تَاْسَ So grieve not. پس نہ افسوس کر۔

المائدہ رکوع ۵ پارہ ۶ رکوع ۹
Part-6. R-9 Al-Ma`ida. R-5

وَاتْلُ And relate. اور تو پڑھ۔

نَبَاَ The story. خبر۔ قصہ۔

ابْنَيْ Two sons. دو بیٹے۔

قَرَّبَا They each offered an offering. ان دونوں نے قربانی کی۔

بَسَطْتَّ تو نے دراز کیا۔ بڑھایا (خ۔II)
You stretched out.(Kh-II)
You raised (*hand*). تو نے (ہاتھ) اٹھایا۔

تَبُوْاَ تو اٹھالے۔ تو لوٹے (خ۔IV)
You should bear.

فَطَوَّعَتْ It induced. اچھا کر کے دکھایا۔

نَفْسُهُ His mind. اس کا نفس

His heart.(Kh-IV) اس کا دل۔ (خ۔IV)

اَلْوَسِيْلَةَ ذریعہ۔واسطہ۔راستہ۔
Mean, way of approach.

Strive. کوشش کرو۔ جَاهِدُوْا

لِيَفْتَدُوْا تا کہ وہ فدیہ میں دیتے۔
So that they ransome.

تُقُبِّلَ قبول کیا جائے گا۔
It would be accepted.

Lasting. قائم رہنے والا۔ مُقِيْمٌ

اَلسَّارِقُ چوری کرنے والا مرد۔
The man who steals.

اَلسَّارِقَةُ چوری کرنے والی (عورت)
The woman who steals.

Then cut off. پس کاٹو فَاقْطَعُوْا

جَزَآءً بدلہ میں۔جزا کے طور پر۔
In retribution, requital.

كَسَبَا ان (دونوں) نے کمایا۔
They two earned.

نَكَالًا سزا کے طور پر۔عبرت ناک سزا۔
An exemplary punishment.

يَتُوْبُ عَلَيْهِ وہ اس پر توبہ قبول کرتے ہوئے جھکے گا۔(خ-IV)
He will turn to him in mercy.(Kh-IV)

يُسَارِعُوْنَ وہ تیزی سے بڑھ رہے ہیں
They are hastening to fall, are vying one with another.

سَمّٰعُوْنَ خوب سننے والے ہیں۔توجہ سے سنتے ہیں
Those who fondly listen.

لَمْ تُؤْتَوْهُ تم وہ نہ دیئے جاؤ۔
You are not given this.

Keep پس بچو اس سے۔ فَاحْذَرُوْهُ
away from it, refrain frome it.

اَكّٰلُوْنَ خوب بڑھ چڑھ کر کھانے والے
Devourers, eaters voraciously.

Forbidden things. حرام اَلسُّحْتَ

You judge. تو فیصلہ کرے حَكَمْتَ

Justice. انصاف۔ اَلْقِسْطُ

How. کیسے۔کس طرح كَيْفَ

يُحَكِّمُوْنَكَ وہ تجھے حَکَم بنائیں گے
They will make you judge.

يَتَوَلَّوْنَ وہ منہ ' پیٹھ پھیر لیں گے۔
They will turn their backs.

المائدہ رکوع ۷ پارہ ۶ رکوع ۱۱
Part-6. R-11 Al-Ma`ida. R-7

اَسْلَمُوْا انہوں فرمانبرداری کی۔
They submitted, obeyed.

اَلرَّبَّانِيُّوْنَ (واحد sing رَبَّانِیٌّ) اللہ والے
The godly people, عارف۔ saints, divines.

اَحْبَارٌ (واحد sing حِبْرٌ) علماء۔
Learned persons, scholars.

They اِسْتُحْفِظُوْا حفاظت چاہی گئی تھی
were required to preserve.

We ہم نے فرض کیا تھا۔ كَتَبْنَا
prescribed, made it obligatory.

Eye. اَلْعَيْنَ (جمع Plu اَعْيُنٌ۔عُيُوْنٌ) آنکھ

Nose. اَلْاَنْفُ (جمع Plu اُنُوْفٌ) ناک

اَلْجُرُوْحُ (واحد sing جَرْحٌ) زخم۔
Injuries.

قِصَاصٌ برابر کا بدلہ۔
Equitable retaliation.

تَـصَـدَّقَ اس نے صدقہ کیا ' معاف کیا
He waived, gave up.

قَـفَّـيْـنَـا ہم نے ان کے بعد بھیجا۔
We followed them.

اٰثَارِهِمْ انکےنقش قدم۔ Their footsteps.

مُـصَـدِّقًـا پورا کرنے والا Fulfilling.

مُـهَـيْـمِـنًـا نگران۔محافظ۔نگہبان۔
Guardian, protector, keeper.

اَهْـوَآءَ (واحد *sing* هَوَاى) خواہش۔
Evil desires.

شِرْعَـةً (جمع *Plu* شَرَآئِع) چھوٹا راستہ
مسلک۔(خ۔II) Spiritual Law.
right way, course, path.

مِنْـهَـاجًـا (جمع *Plu* مَنَاهِج) بڑا راستہ۔
مذہب۔(خ۔IV) A manifest way,
well defined way *(a code in secular matters.)*

اِحْـذَرْهُـمْ ان سے ہوشیار رہ (خ۔II)
ان سے بچ کر رہ (خ۔IV)
Be on guard against them,
watch over, defend, protect.

يُـصِـيْـبَـهُـمْ وہ ان کو سزا دے (خ۔II)
He should punish them.(Kh-II)
وہ ان پر کوئی مصیبت ڈال دے۔(خ۔IV)
He should smite them, involves them in trouble.(Kh-IV)

حُـكْـمًـا فیصلہ کرنے میں۔(خ۔IV)
In the decision.(Kh-IV)
فیصلہ کرنے والا (خ۔II) As a judge.

المائدہ رکوع ۸ پارہ ۶ رکوع ۱۲
Part-6. R-12 Al-Ma`ida. R-8

تُـصِـيْـبَـنَـا ہم کو پہنچے۔ Befall us.

دَآئِـرَةٌ گردش۔مصیبت۔ Misfortune.

فَـيُـصْـبِـحُـوْا پس وہ ہو جائیں۔
Then they will become.

اَسَـرُّوْا انہوں نے چھپایا They hid.

نَـادِمِـيْـنَ شرمندہ۔ Regretful.

اَذِلَّـةٍ مہربان۔شفقت کرنے والے۔
Kind, humble.

اَعِـزَّةٍ (واحد *sing* عَزِيْزٌ) سخت غالب۔
Hard and firm.

يَـتَـوَلَّ وہ دوست ' مددگار بنائے گا۔
He will make friend, helper.

المائدہ رکوع ۹ پارہ ۶ رکوع ۱۳
Part-6. R-13 Al-Ma`ida. R-9

هُـزُوًا ہنسی۔ Jest, joke, banter.

لَـعِـبًـا کھیل۔ Sport, pastime.

نَـادَيْـتُـمْ تم بلاتے ہو۔ You call.

تَـنْـقِـمُـوْنَ تم عیب لگاتے ہو۔برا مناتے ہو'طعن کرتے ہو۔ You find fault, dislike.

مَـثُـوْبَـةً بدلہ۔جزا۔ Reward.

مَـكَـانًـا ٹھکانہ۔مرتبہ۔ Plight,
place, abode, status.

عَـبَـدَ اس نے اطاعت کی۔پرستش کی۔
He worshiped.

مَـغْـلُـوْلَـةٌ زنجیر پڑی ہوئی ہے۔بند کیا ہوا
Is tied up.

غُـلَّـتْ بند کئے گئے ہیں (ہاتھ)
(*Hands*) are tied up.

مَـبْـسُـوْطَـتٰنِ کھلے ہوئے ہیں۔کشادہ۔
Wide open.

كَـانَـا يَـاْكُـلاَ نِ وہ دونوں کھایا کرتے تھے
They both used to eat.
Food, meal. کھانا۔ اَلطَّعَامَ
يُـؤْفَـكُـوْنَ بھٹکائے جاتے ہیں۔ پھرائے
They are turned away. جاتے ہیں
لَا تَـغْـلُوْا نہ مبالغہ کرو۔ غلو سے کام نہ لو۔
Exceed not the limits.
Unjust. ناحق۔ غَيْـرَ الْـحَقِّ
قَـدْ ضَـلُّـوْا وہ گمراہ ہو چکے ہیں۔
They have gone astray.
اَضَـلُّـوْا انھوں نے گمراہ کیا۔
They caused to go astray.

المائدہ رکوع ۱۱ پارہ ۶ رکوع ۱۵
Part-6. R-15 Al-Ma`ida. R-11

Were cursed. لعنت کی گئی۔ لُعِـنَ
Tongue. زبان (جمع Plu اَلْسِنَـةٌ) لِسَـانَ
عَـصَـوْا انھوں نے نافرمانی کی۔
They disobeyed.
كَـانُـوْا يَـعْـتَـدُوْنَ وہ حد سے بڑھتے تھے
They used to transgress.
لَا يَـتَـنَـاهَـوْنَ وہ نہیں روکتے۔
They did not restrain.
Iniquities. بُری باتیں۔ مُـنْـكَـرَ
wickednesses, gross injustice.
يَـتَـوَلَّـوْنَ وہ دوست بناتے ہیں۔
They make friends.
سَـخِـطَ وہ ناراض ہوگیا۔
He got displeased.
قِـسِّـيْـسِـيْـنَ (واحد sing قِسِّيْسٌ) عالم
Savants, learned persons.
رُهْـبَـانًـا (واحد رَاهِبٌ) عبادت گذار لوگ
Monks.

Rebellion. بغاوت۔ سرکشی طُـغْـيَـانًـا
We have cast. ہم نے ڈال دیا اَلْـقَـيْـنَـا
Whenever. جب کبھی۔ كُـلَّـمَـا
They kindled. انہوں نے بھڑکایا اَوْقَـدُوْا
اَطْـفَـاَهَـا اللّٰـهُ اللہ نے اس کو بجھا دیا۔
Allah extinguished it, put it out.
Moderate. میانہ رو۔ مُـقْـتَـصِـدَةٌ

المائدہ رکوع ۱۰ پارہ ۶ رکوع ۱۴
Part-6. R-14 Al-Ma`ida. R-10

Convey. پہنچا۔ بَـلِّـغْ
يَـعْـصِـمُـكَ وہ تجھے بچائے گا۔ محفوظ
He will protect you. رکھے گا۔
لَـيَـزِيْـدَنَّ ضرور بڑھا دے گا
He will increase.
Desires not. پسند نہیں کرتے لَا تَـهْـوٰى
حَـسِـبُـوْا انھوں نے سمجھا۔ گمان کیا۔
They imagined, thouth.
فَـعَـمُـوْا وہ اندھے ہوگئے۔
They became blind.
صَـمُّـوْا وہ بہرے ہوگئے۔
They became deaf.
The third. تیسرا۔ ثَـالِثُ
لَـمْ يَـنْـتَـهُـوْا وہ باز نہ آئے۔
They did not desist, abstain.
يَـتُـوْبُـوْنَ وہ جھکتے ہیں۔
They turn.
يَـسْـتَـغْـفِـرُوْنَ وہ بخشش طلب کرتے ہیں
They ask forgiveness.
قَـدْ خَـلَـتْ گذر چکے ہیں۔
Have passed away.

المائدہ رکوع ۱۱ پارہ ۷ رکوع ۱
Part-7. R-1 Al-Ma`ida. R-11

وَاِذَا سَمِعُوْا اور جب وہ سنتے ہیں۔
When they hear.

تَفِيْضُ بہاتی ہیں۔ Over flow.

اَلدَّمْعُ آنسو (جمع Plu دُمُوْعٌ) Tears.

عَرَفُوْا انھوں نے پہچان لیا۔
They have recognized.

نَطْمَعُ ہم خواہش رکھتے ہیں۔ We wish.

اَثَابَهُمُ اس نے ان کو بدلہ میں دیا۔ ثواب میں دیا۔
He rewarded them.

المائدہ رکوع ۱۲ پارہ ۷ رکوع ۲
Part-7. R-2 Al-Ma`ida. R-12

لَا تُحَرِّمُوْا نہ حرام ٹھہراؤ۔
Make not unlawful.

عَقَّدْتُّمُ الْاَيْمَانَ تم نے قسمیں کھا کر عہد کئے۔
You made a vow (*pledge*) by taking oaths.

اَلْاَيْمَانَ (واحد sing يَمِيْنٌ) قسمیں۔ Oaths.

اِطْعَامُ کھانا کھلانا The feeding.

تُطْعِمُوْنَ تم کھلاتے ہو You feed.

كِسْوَتُهُمْ ان کا لباس۔
The clothing of them.

تَحْرِيْرُ آزاد کرنا ہے The freeing.

رَقَبَةٌ گردن (غلام) Neck (*slave*).

حَلَفْتُمْ تم نے قسمیں کھائیں۔
You have sworn.

اَلْخَمْرُ شراب۔ Wine.

اَلْمَيْسِرُ جوا۔
The game of chance.

اَلْاَنْصَابُ (واحد sing نَصَبٌ) بت۔ Idols.

اَلْاَزْلَامُ (واحد sing زَلَمٌ)
تیر (قرعہ اندازی کے) Arrows.

رِجْسٌ ناپاک۔ Abomination, detestation, loathing.

يُوْقِعَ وہ ڈالتا ہے۔ He brings about, casts, creates.

يَصُدَّكُمْ وہ تم کو روک دے۔
They keep you back.

مُنْتَهُوْنَ رکنے والے۔
Those who keep back.

المائدہ رکوع ۱۳ پارہ ۷ رکوع ۳
Part-7. R-3 Al-Ma`ida. R-13

لَيَبْلُوَنَّ وہ ضرور آزمائش کریگا۔
He will surely try.

اَلصَّيْدُ شکار۔ The game, hunting, chasing game, prey.

تَنَالُ (ہاتھ) پہنچتے ہیں۔ (*Hands*) reach.

رِمَاحُ (واحد sing رُمْحٌ) تیر Lances.

حُرُمٌ محرم ہو۔ احرام کی حالت میں۔
In a state of Pilgrimage.

مُتَعَمِّدًا جان بوجھ کر۔ Intentionally.

اَلنَّعَمُ (جمع Plu اَنْعَامُ) چارپایہ۔
Quadruped, four-footed animal.

هَدْيًا قربانی۔ Offering.

بَالِغَ پہنچنے والی To be brought.

لِيَذُوْقَ تاکہ وہ چکھے۔
So that he may taste.

وَبَالَ سزا۔ بدنتیجہ۔ Penalty.

اَمْرِهٖ اپنے کئے کا۔ Of his deed.

سَلَفَ گذر چکا۔ It has past.

عَادَ وہ اعادہ کرے۔ دوبارہ کرے۔
He reverts.

يَنْتَقِمُ وہ انتقام لے گا۔ سزا دیگا۔
He will punish.

صَيْدُ الْبَحْرِ سمندری شکار۔
The game of the sea.

مَتَاعًا فائدہ۔ Provision.

اَلسَّيَّارَةُ مسافر Travellers.

صَيْدُ الْبَرِّ خشکی کا شکار۔
The game of the land.

مَا دُمْتُمْ جب تک تم ہو۔
As long as you are.

اَلْبَيْتَ الْحَرَامَ محفوظ گھر (خ۔II)
The inviolable House. (Kh-II)

قِيَامًا لِّلنَّاسِ لوگوں کے (دینی اور اقتصادی) قیام کا ذریعہ بنایا ہے۔
A means of support for mankind.

لوگوں کی دائمی ترقی کا ذریعہ (خ۔II)
A means of uplift for mankind. (Kh-II)

اَلْقَلَائِدَ پٹے والے جانور۔
Animals with collars.

اَعْجَبَكَ تجھے پسند آئے۔
May please you.

المائدہ رکوع ۱۴ پارہ ۷ رکوع ۴
Part-7. R-4 Al-Ma`ida. R-14

تُبْدَلَكُمْ ظاہر کی جائیں تمہارے لئے یا تم پر
Is revealed to you.

تَسُؤْكُمْ وہ تمہیں تکلیف میں ڈال دیں۔
They would cause you trouble.

بَحِيْرَةٌ وہ اونٹنی جو دس بچے دے اس کے کان چیر کر چھوڑ دیتے تھے۔ اس پر کوئی سواری نہ کرتے تھے۔
A she-camel which had given birth of seven young ones and was then let loose to feed freely after its ears slit.

سَائِبَةٌ وہ اونٹنی جو پانچ بچے دیتی اس کو وہ آزاد چھوڑ دیتے تھے۔
A she-camel which had given birth of five young ones and was then let loose to free.

وَصِيْلَةٌ جب کوئی بکری دو نر و مادہ بچے اکٹھے دیتی۔ تو اس میں سے ایک کو ذبح نہ کرتے تھے کہ دوسرے کو تکلیف ہوگی۔
When a she-goat had given birth of two male and female young ones together then from them one was not slaughtered because other will be harmed.

حَامٌ وہ سانڈ جسکی نسل سے دس بچے ہوں۔ اس کو کھلا چھوڑ دیتے تھے۔ یہ عربوں کی رسمیں تھیں۔
A bull which had fathered ten young ones was let loose. These were customs of the Arabs.

تَعَالَوْا آؤ۔ Come.

حَسْبُنَا کافی ہے ہم کو
Sufficient for us.

عَلَيْكُمْ اَنْفُسَكُمْ تم اپنی جانوں کی فکر کرو
Take care of your own selves.

ضَرَبْتُمْ فِي الْاَرْضِ تم زمین میں سفر کر رہے ہو۔
You are journeying in the land.

فَاَصَابَتْكُمْ تم کو آلے۔تم کو پہنچے۔
Befall you.

مُصِيْبَةُ الْمَوْتِ موت کی مصیبت۔
The calamity of death.

تَحْبِسُوْنَهُمَا تم ان دونوں کو روکو۔
Detain them both.

نَكْتُمُ ہم چھپائیں گے۔ We shall hide.

عُثِرَ ظاہر ہو جائے۔کھل جائے۔ اطلاع ہو جائے۔
It be discovered.

اَدْنٰى زیادہ قریب ہے۔ It is more like.

اَنْ يَّاْتُوْا بِالشَّهَادَةِ عَلٰى وَجْهِهَا کہ وہ صحیح گواہی دیں۔
That will give evidence according to facts.

المائدہ رکوع ۱۵ پارہ ۷ رکوع ۵
Part-7. R-5 Al-Ma`ida. R-15

مَاذَا اُجِبْتُمْ تمہیں کیا جواب دیا گیا۔
What reply was made to you?

اَيَّدْتُّكَ میں نے تیری تائید کی تھی۔ مدد کی تھی۔
I strengthened you, supported you.

بِرُوْحِ الْقُدُسِ پاک وحی سے (خ-II)
With the spirit of holiness.

اَلْمَهْدِ بچپن میں۔(خ-II)
In the childhood.

In the cradle.(خ-IV) پنگھوڑے میں

كَهْلًا ادھیڑ عمر۔ Middle age.

كَهَيْئَةِ الطَّيْرِ پرندہ کے پیدا کرنے کی طرح۔(خ-II)
Creation in the likeness of a bird.(Kh-II)

طَيْرًا اُڑنے والے Soaring being.

تُبْرِئُ تو بری قرار دیتا تھا۔(خ-II)
You exonerated, declared free from blame.(Kh-II)

You did heal.(خ-IV) تو اچھا کرتا تھا

اَلْاَكْمَهَ اندھے۔ Night-blind.

كَفَفْتُ میں نے روکا I restrained.

يَسْتَطِيْعُ وہ طاقت رکھتا ہے۔
He is able.

مَائِدَةٌ دسترخوان (کھانوں کا بھرا ہوا)
Table (*spreaded with food*)

نَاْكُلَ ہم کھائیں۔ We may eat.

تَطْمَئِنَّ مطمئن ہو جائیں۔
May be at rest, peace.

قَدْ صَدَقْتَنَا کہ تو نے ہم سے سچ بولا ہے
You have spoken the truth to us.

المائدہ رکوع ۱۶ پارہ ۷ رکوع ۶
Part-7. R-6 Al-Ma`ida. R-16

مَادُمْتُ جب تک میں رہا۔
As long as I remained.

اَلرَّقِيْبَ نگران۔ Watcher.

الانعام رکوع ۱ پارہ ۷ رکوع ۷
Part-7. R-7 Al-An`am. R-1

يَعْدِلُوْنَ وہ شریک بناتے ہیں۔ برابر ٹھہراتے ہیں۔
They set up equals to their Lord.

قَضٰي اس نے مقرر کی He decreed.

اَجَلاً میعاد۔ Term.

مُسَمّٰي معین۔ Fixed.

تَمْتَرُوْنَ تم شک کرتے ہو۔ You doubt.

سِرَّكُمْ تمہارے راز۔ پوشیدہ باتیں۔ Your secrets.

جَهْرَكُمْ تمہاری ظاہری اور کھلی باتیں۔ What you disclose.

تَكْسِبُوْنَ تم کماتے ہو۔ تم کسب کرتے ہو You earn.

مُعْرِضِيْنَ اعراض کرنے والے۔ منہ پھیرنے والے Those who turn away.

اَنْبٰٓؤُا (واحد sing نَبَأٌ) خبریں The tidings, news, information.

كَمْ کتنی۔ کتنے۔ How many.

قَرْنٍ (جمع Plu قُرُوْنٌ) قومیں، لوگ، نسلیں Generations.

مَكَّنّٰهُمْ ہم نے ان کو طاقت دی تھی۔ We hade established them.

مِدْرَارًا موسلا دھار برسنے والا۔ Pouring down abundant rain.

اَنْشَاْنَا ہم نے پیدا کر دی۔ We raised up.

قِرْطَاسٍ کاغذ۔ The parchment, sheet of paper.

فَلَمَسُوْهُ وہ اس کو چھو لیتے۔ They had felt it.

لَقُضِيَ الْاَمْرُ تو اس معاملہ کا فیصلہ کر دیا جاتا The matter would have been decided.

يُنْظَرُوْنَ وہ مہلت، ڈھیل دیئے جائیں گے They would have been granted respite.

لَلَبَسْنَا ہم مشتبہ کر دیتے We would have caused to be confused.

يَلْبِسُوْنَ وہ شبہ کرتے ہیں۔ They are confusing.

حَاقَ گھیر لیا It encompassed.

الانعام رکوع ۲ پارہ ۷ رکوع ۸

Part-7. R-8 Al-An`am. R-2

لَيَجْمَعَنَّكُمْ وہ ضرور تم کو اکٹھا کرتا چلا جائے گا۔ He will certainly continue to assemble you.

مَا سَكَنَ جو ٹھہرا ہوا ہے۔ موجود ہے۔ Whatever exists.

فَاطِرٌ پیدا کرنے والا The maker.

يُطْعِمُ وہ کھلاتا ہے He feeds.

يُطْعَمُ وہ کھلایا جاتا ہے He is fed.

مَنْ اَسْلَمَ جس نے فرمانبرداری کی۔ Who submited.

عَصَيْتُ میں نے نافرمانی کی I disobeyed.

يُصْرَفْ پھرایا گیا۔ ٹال دیا گیا۔ It is averted.

اَلْفَوْزُ کامیابی Achievement, success.

يَمْسَسْكَ وہ پہنچائے تجھے۔ He may touch you.

كَاشِفَ دور کرنے والا۔ ہٹانے والا۔ One who removes.

اَلْقَاهِرُ غالب۔ جلالی شان کے ساتھ غالب ہے۔ (خ IV) Suprem.(Kh-IV)

لِاُنْذِرَكُمْ بِهٖ تاکہ میں تم کو اس کے ذریعہ ہوشیار کروں۔ ڈراؤں۔
So that with it I may warn you.

مَنْ بَلَغَ جس تک وہ پہنچے۔
Whomsoever it reaches.

بَرِيْءٌ بیزار۔ I am innocent.

الانعام رکوع ۳ پارہ ۷ رکوع ۹
Part-7. R-9 Al-An`am. R-3

اِفْتَرٰى اس نے باندھا۔ He forged.

كَذِبًا جھوٹ۔ A lie.

كَذَّبَ اس نے جھٹلایا He gave a lie.

يُفْلِحُ وہ کامیاب ہوتا ہے۔ He prospers.

اَيْنَ کہاں ہے۔ Where is.

كُنْتُمْ تَزْعُمُوْنَ تم گمان کیا کرتے تھے۔ سمجھتے تھے۔
You asserted, thougth, considered.

فِتْنَتُهُمْ ان کا جواب۔ (خ-II)
Their response. (Kh-II)

ضَلَّ بھول گئے۔ جاتا رہا۔ It has failed.

يَسْتَمِعُ وہ توجہ سے سنتا ہے۔
He gives ear.

اَكِنَّةً (جمع Plu اَكْنَانٌ) پردہ Veil.

اَنْ يَّفْقَهُوْهُ وہ اس کو (نہ) سمجھیں They should (*not*) understand it.

وَقْرًا بہرہ پن۔ Deafness.

يَنْهَوْنَ وہ روکتے ہیں (دوسروں کو)۔
They forbid (*others*).

يَنْئَوْنَ وہ (خود بھی) دور رہتے ہیں They keep (*themselves too*) away.

يُهْلِكُوْنَ وہ ہلاک کرتے ہیں۔
They ruin, destroy.

وُقِفُوْا وہ کھڑے کئے جائیں گے۔
They will be made to stand.

يٰلَيْتَنَا کاش کہ ہمیں۔
Would that we.

نُرَدُّ ہمیں لوٹایا جائے۔
We might be sent back.

بَدَا ظاہر ہوگیا Has become clear.

يُخْفُوْنَ وہ چھپاتے ہیں۔ They hide.

رُدُّوْا وہ لوٹائے جائیں۔
They were sent back.

لَعَادُوْا وہ پھر کریں گے۔
They would surely return.

مَبْعُوْثِيْنَ اٹھائے جانے والے۔
Those who shall be raised.

الانعام رکوع ۴ پارہ ۷ رکوع ۱۰
Part-7. R-10 Al-An`am. R-4

فَرَّطْنَا ہم نے کوتاہی کی۔ کمی کی۔
We neglected, fell short.

يَحْمِلُوْنَ وہ اٹھائیں گے۔
They will bear.

اَوْزَارَهُمْ اپنے بوجھ (واحد sing وِزْرٌ)
Their burdens.

ظُهُوْرِهِمْ۔ ان کی پیٹھیں (واحد sing ظَهْرٌ)
Their backs.

يَزِرُوْنَ وہ اٹھائیں گے۔ They will bear.

يَجْحَدُوْنَ وہ انکار کرتے ہیں۔
They reject.

اُوْذُوْا انہیں تکلیف دی گئی۔
They were persecuted.

کَبُرَعَلَیْکَ گراں گذرے تجھ پر۔
It is grievous to you.
تَبْتَغِيْ تو تلاش کرتا ہے۔
You seek.
A passage. کوئی سرنگ۔ نَفَقًا
A ladder. کوئی سیڑھی۔ سُلَّمًا
He accepts. وہ قبول کرتا ہے یَسْتَجِیْبُ
Bird. اڑنے والا (پرندہ)۔ طٰئِرٌ
تَنْسَوْنَ تم بھول جاؤ گے۔
You will forget.

الانعام رکوع ۵ پارہ ۷ رکوع ۱۱
Part-7. R-11 Al-An`am. R-5

Poverty. مالی تکالیف۔ بِالْبَاْسَآءِ
Adversity. جسمانی تکالیف اَلضَّرَّآءُ
یَتَضَرَّعُوْنَ وہ عاجزی کریں۔گڑگڑائیں
They might humble.
تَضَرَّعُوْا انہوں نے عاجزی اختیار کی۔
They humbled, acquiesed.
Those مُبْلِسُوْنَ مایوس۔ناامید۔
who are utter despair.
The last remnant. جڑ دَابِرُ
How. کس طرح۔ کَیْفَ
نُصَرِّفُ ہم پھیر پھیر کر۔بار بار بیان کرتے ہیں
We expound in various ways.
یَصْدِفُوْنَ وہ اعراض کرتے ہیں۔
They turn away. منہ پھیر لیتے ہیں۔

الانعام رکوع ۶ پارہ ۷ رکوع ۱۲
Part-7. R-12 Al-An`am. R-6

Warn. تو ڈرا۔ہوشیار کر۔ اَنْذِرْ

Drive not away. لَاتَطْرُدْ تو نہ دھتکار۔
وَجْهَهٗ اس کی توجہ۔اس کی رضا۔
His pleasure.
نُفَصِّلُ ہم کھول کر بیان کرتے ہیں۔
We expound.
لِتَسْتَبِیْنَ تاکہ ظاہر ہوجائے۔
May become manifest.

الانعام رکوع ۷ پارہ ۷ رکوع ۱۳
Part-7. R-13 Al-An`am. R-7

نُهِیْتُ میں روکا گیا ہوں۔مجھے منع کیا گیا۔
I am forbidden.
اَهْوَآئَكُمْ تمہاری گری ہوئی خواہشیں۔
Your low desires.
تَسْتَعْجِلُوْنَ تم جلدی مانگتے ہو۔
You desire to be hasten.
Decision. فیصلہ۔ اَلْحُكْمُ
He explains. وہ بیان کرتا ہے یَقُصُّ
خَیْرُالْفَاصِلِیْنَ وہ فیصلہ کرنیوالوں میں
The best of judges. سب سے اچھا ہے۔
It falls. وہ گرتا ہے۔ تَسْقُطُ
A grain. کوئی دانہ۔ حَبَّةٍ
Green. تر۔ رَطْبٌ
Dry. خشک۔ یَابِسٌ
كِتَابٌ مُّبِیْنٌ کھلی حفاظت میں ہے(خ II)
In a clear book.(Kh-II)
Obvious book.(IV-خ) روشن کتاب
یَتَوَفّٰكُمْ وہ تمہاری روح قبض کرتا ہے۔
He takes your souls.

جَرَحْتُمْ تم کماتے ہو۔تم کرتے ہو. You do.
يَبْعَثُكُمْ وہ تم کو اٹھاتا ہے۔
He raises you up.
لِيُقْضٰى تا کہ پوری کی جائے۔
May be completed.
اَجَلٌ مدت۔ Term.
مُسَمًّى مقررہ۔ Appointed.

الانعام رکوع ۸ پارہ ۷ رکوع ۱۴
Part-7. R-14 Al-An`am. R-8

اَلْقَاهِرُ غالب۔ Supreme.
حَفَظَةٌ نگران۔ Guardian.
يُفَرِّطُوْنَ وہ کمی کرتے ہیں They fail, fall short.
رُدُّوْا وہ لوٹائے جائیں گے۔
They will be returned.
اَلْحُكْمُ فیصلہ The judgment.
كَرْبٌ (جمع Plu كُرُوْبٌ) سختی۔ بے چینی۔ بے قراری. Distress.
يَبْعَثَ وہ بھیجے گا۔نازل کرے گا۔
He will send.
يَلْبِسَ وہ ملادیگا. He will obscure.
وہ بانٹ دے گا۔(IVخ). He will split.
شِيَعًا گروہ۔فرقے۔ Sects.
يُذِيْقُ وہ چکھاتا۔پہنچاتا ہے۔
He makes taste.
بَاْسَ تکلیف۔ The violence, distress, misery.
يَفْقَهُوْنَ وہ سمجھیں۔
They may understand.
نَبَاٍ خبر۔پیشگوئی۔ Prophecy.

مُسْتَقَرٌّ مقررہ وقت اور جگہ۔
A fixed time and place.
يَخُوْضُوْنَ تمسخر کرتے ہیں۔(خ-IV)
They mock, laugh.(Kh-II)
بے لگام ہوکر باتیں کرتے ہیں (خ-II) They engage in vain discourse.(Kh-II)
اَعْرِضْ منہ پھیر لے۔الگ ہوجائے۔
Turn away.
يُنْسِيَنَّكَ وہ (شیطان) بھلادے تجھے
He (*Satan*) should cause you to forget.
غَرَّتْهُمْ ان کو دھوکا میں ڈال دیا ہے۔
It has beguiled them, misled.
تُبْسَلُ ہلاکت میں ڈالا جائے He has been consigned to perdition.
تَعْدِلُ بدلہ دے It offer ransom, make equal.
كُلَّ عَدْلٍ ہر قسم کا بدلہ. Every ransom.
اُبْسِلُوْا وہ ہلاکت میں ڈالے گئے۔
They have been delivered over to destruction.
حَمِيْمٌ گرم پانی Boiling water.

الانعام رکوع ۹ پارہ ۷ رکوع ۱۵
Part-7. R-15 Al-An`am. R-9

اَ نَدْعُوْا کیا ہم پکاریں? Shall we call?
نُرَدُّ ہم لوٹائے جائیں گے۔
We shall be turned back.
اَعْقَابِنَا اپنی ایڑیاں Our heels.
اِسْتَهْوَتْهُ اس کو بہکادیا ہو۔
It has enticed him away.
اَلصُّوْرُ بگل۔ The trumpet.

اَلْمُوْقِنِيْنَ یقین کرنے والے Those
who have certainty of faith.
جَنَّ چھاگئی۔ پردہ ڈال دیا۔ It darkened.
اَفَلَ ڈوب گیا۔ It set.
اَلْاٰفِلِيْنَ چھپنے والے۔ ڈوبنے والے۔
Those that set.
بَازِغًا چمکتا ہوا۔ چمکنے والا۔
Spreading light, bright.
حَاجَّهٗ اس نے اس کے ساتھ بحث کی۔
He argued with him.
تُحَاجُّوْنِّيْ تم مجھ سے بحث کرتے ہو۔
You argue with me.
لَمْ يَلْبِسُوْا انھوں نے نہیں ملایا۔
They did not mix up.

الانعام رکوع ۱۰ پارہ ۷ رکوع ۱۶
Part-7. R-16 Al-An`am. R-10

حُجَّتُنَا ہماری دلیل Our argument.
اَشْرَكُوْا وہ شرک کرتے They had
worshipped aught beside Him.
حَبِطَ عَنْهُمْ ضائع ہو جاتے ان سے۔
It would have been of no avail
to them.
اَلْحُكْمَ فیصلہ کرنے کی فراست۔
Dominion, power of governing.
وَكَّلْنَا بِهَا ہم نے سپرد کر دیا اس کو۔
We have entrusted it .
اِقْتَدِهْ تو اس (ہدایت) کی پیروی کر۔
Follow it (*guidance*).

الانعام رکوع ۱۱ پارہ ۷ رکوع ۱۷
Part-7. R-17 Al-An`am. R-11

تَجْعَلُوْنَهٗ تم اسے کر رہے ہو۔
You are treating it.

قَرَاطِيْسَ ورق ورق (واحد sing قِرْطَاسٌ)
Scraps of paper.
تُبْدُوْنَهَا تم اسکو ظاہر کرتے ہو۔
You show it.
تُخْفُوْنَهَا تم اسکو چھپاتے ہو۔
You hide it.
عُلِّمْتُمْ تم کو سکھایا گیا۔
You have been taught.
ذَرْهُمْ ان کو چھوڑ دے۔ Leave them.
خَوْضِهِمْ اپنی لچر اور بے ہودہ باتوں میں
With their idle talk.(IV-خ)
Their falsehood (خ II) اپنے جھوٹ میں
يَلْعَبُوْنَ وہ کھیلتے ہیں They amuse.
غَمَرَاتِ الْمَوْتِ موت کی تکالیف۔
The agonies of death.
بَاسِطُوْا بڑھا رہے ہوں گے۔
Will stretch forth.
عَذَابَ الْهُوْنِ ذلت کا عذاب۔
The punishment of disgrace.
جِئْتُمُوْنَا تم ہمارے پاس آئے ہو۔
You have come to us.
فُرَادٰى اکیلے اکیلے One by one.
خَوَّلْنٰكُمْ ہم نے تم کو دی تھیں۔
We bestowed upon you.
تَقَطَّعَ بَيْنَكُمْ تمہارے رشتے کٹ
You have been (II-خ) گئے۔
cut off from one another.
ضَلَّ عَنْكُمْ اور کھویا گیا تم سے۔
Has failed you.

الانعام رکوع ۱۲ پارہ ۷ رکوع ۱۸
Part-7. R-18 Al-An`am. R-12

فَالِقُ پھاڑنے والا۔ Who splits,
causes to sprout.

اَلْحَبُّ دانہ۔ The grain.

اَلنَّوٰی گٹھلیوں The date-stones.

فَاَنّٰی تُؤْفَکُوْنَ تم کہاں سے لوٹائے جاتے ہو۔کہاں بہکائے جاتے ہو۔ Werefore are you turned back?

اَلْاِصْبَاحُ صبحوں (واحد sing اَلصُّبْحُ)
The break of days.

جَعَلَ الَّیْلَ سَکَنًا رات کو باعثِ آرام بنایا۔ He made the night for rest.

حُسْبَانًا حساب کا ذریعہ۔
For the reckoning.

مُسْتَقَرٌّ عارضی ٹھہرنے کی جگہ۔
A temporary resort.

مُسْتَوْدَعٌ مستقل ٹھہرنے کی جگہ۔
A permanent abode.

خَضِرًا سبزہ۔کھیتی۔(خ-II). Green.

حَبًّامُّتَرَاکِبًا تہ بتہ دانے۔
Clustered grain.

طَلْعِهَا اس کے گابھے Its sheaths.

قِنْوَانٌ پھل۔گچھے۔ Bunches.

دَانِیَۃٌ جھکے۔ Hanging.

اَلرُّمَّانُ انار. The pomegranate.

یَنْعِهٖ اس(پھل) کا پکنا. Its ripening.

خَرَقُوْا انھوں نے جھوٹے طور پر بنالئے۔ انھوں نے گھڑ لئے۔تجویز کر لئے۔
They falsely ascribe.

الانعام رکوع ۱۳ پارہ ۷ رکوع ۱۹
Part-7. R-19 Al-An`am. R-13

بَدِیْعُ عدم سے پیدا کرنے والا (خ-IV) The Originator without matter.

بلانمونہ پیدا کرنے والا۔(خ-II) The Originator without pattern.

لَاتُدْرِکُهُ نہیں پہنچ سکتیں اس تک (آنکھیں)
(*Eyes*) cannot reach Him.

یُدْرِکُ وہ پہنچ سکتا ہے He can reach

اَللَّطِیْفُ باریک بین۔ (خ-IV)
The Incomprehensible.(Kh-IV)
The Kind. مہربانی کرنے والا۔

اَلْخَبِیْرُ حقیقت سے آگاہ۔خبر دینے والا باخبر رہنے والا۔ The All-Aware.

بَصَآئِرُ دلائل۔بصیرت کی باتیں. Proofs.

دَرَسْتَ تونے پڑھ کر سنا دیا۔
You have read out.

تونے خوب سیکھا اور خوب سکھایا۔(خ-IV)
You have learnt well and taught.

لَا تَسُبُّوْا نہ گالیاں دو Abuse not.

فَیَسُبُّوا اللّٰهَ۔ ورنہ وہ اللہ کو گالی دینگے
Lest they will revile Allah.

عَدْوًا دشمنی کی وجہ سے۔دشمن ہو کر۔
Out of spite.

وَاَقْسَمُوْابِاللّٰهِ جَهْدَاَیْمَانِهِمْ
انہوں نے اللہ کی پکی قسمیں کھائیں۔
They swore by Allah their strongest oaths.

نَذَرُهُمْ ہم ان کو چھوڑ دیں گے۔
We shall leave them.

فِیْ طُغْیَانِهِمْ وہ اپنی سرکشیوں میں۔
In their transgression.

یَعْمَهُوْنَ وہ سرگردان پھریں گے۔ بھٹکتے پھریں گے۔
They wander in distraction.

الانعام رکوع ۱۴ پارہ ۸ رکوع ۱
Part-8. R-1 Al-An`am. R-14

وَلَوْ اَنَّنَا اوراگرہم And if we.

اَلْمَوْتٰی مردے (واحد sing مَیِّتٌ) Deads.

حَشَرْنَا ہم اکٹھا کردیتے۔ We gather.

قُبُلاً سامنے۔آگے۔ Face to face.

شَیٰطِیْنَ سرکش (واحد sing شَیْطَانٌ)
The evil ones.

زُخْرُفَ الْقَوْلِ ملمع کی ہوئی باتیں۔
Gilded speech.

زُخْرُفٌ سونا۔ Gold.

غُرُوْرًا دھوکا۔ Deception.

لِتَصْغٰی اِلَیْهِ تاکہ جھک جائیں'
مائل ہوجائیں اس کی طرف۔
That may incline thereto.

لِیَرْضَوْهُ تاکہ وہ اس (ملمع کی بات)
کو پسند کریں۔
That they may be pleased.

لِیَقْتَرِفُوْا تاکہ وہ اپنے کیے کا نتیجہ دیکھ
لیں۔تاکہ وہ کرتے رہیں۔ That they-
may continue to earn.

مَاهُمْ مُقْتَرِفُوْنَ جو وہ کرتے رہتے ہیں۔
What they are earning.

حَكَمًا فیصلہ کرنے والا۔ Judge.

مُفَصَّلاً کھلی Fully explained.

اَلْمُمْتَرِیْنَ جھگڑنے والے۔شک کرنے
والے۔ Those who doubt.

تَمَّتْ پوری ہوگئی۔ Has been fulfilled.

مُبَدِّلَ بدلنے والا۔ One who change.

یَخْرُصُوْنَ وہ اٹکل سے باتیں کرتے ہیں
They do nothing but lie,
conjecture, guess.

اِضْطُرِرْتُمْ تم مجبور ہوجاؤ۔
You are forced to.

ذَرُوْا تم چھوڑ دو۔تم بچو Eschew.

لِیُجَادِلُوْكُمْ تاکہ وہ تم سے جھگڑیں۔
They may dispute with you.

الانعام رکوع ۱۵ پارہ ۸ رکوع ۲
Part-8. R-2 Al-An`am. R-15

یَمْكُرُوْنَ وہ تدبیر کرتے ہیں (بُری)
They plot, plan. (*evil*)

نُؤْتٰی ہم کو دیا جائے۔ We are given.

سَیُصِیْبُ ضرور پہنچے گا۔
Surely, shall afflict.

صَغَارٌ ذلت۔ Humiliation.

ضَیِّقًا تنگ۔ Narrow.

حَرَجًا نہایت تنگ۔گھٹا ہوا۔
Narrowness, oppressed,

كَاَنَّمَا گویا کہ۔ As though.

یَصَّعَّدُ وہ چڑھتا ہے۔
He mounts, climbs.

اَلرِّجْسَ ناپاکی۔عذاب۔
Uncleanliness, punishment.

اِسْتَكْثَرْتُمْ تم نے اکثر کو لے لیا۔
You won over to yourselves a
great many.

اِسْتَمْتَعَ اس نے فائدہ اٹھایا ہے۔
He profited.

بَلَغْنَا ہم پہنچ گئے۔
We have reached.

اَجَلَنَا اپنی مدت کو۔ Our term.

اَجَّلْتَ لَنَا تو نے مقرر کی تھی ہمارے لئے
You did appoint for us.

نُوَلِّی ہم دوست بناتے ہیں۔
We make friends.
We set over. مسلط کردیتے ہیں۔
We make dominant. والی بنادیتے ہیں

الانعام رکوع ۱۶ پارہ ۸ رکوع ۳
Part-8. R-3 Al-An`am. R-16

یَقُصُّوْنَ وہ پڑھ کر سناتے تھے۔
They related.

لِقَآءَ ملاقات۔ The meeting.

یَسْتَخْلِفُ وہ جانشین بنائے۔
He may cause to succeed.

اَنْشَاَ کُمْ اس نے تم کو کھڑا کیا۔
He raised you.

ذَرَاَ اس نے پیدا کیا He produced.

یَصِلُ وہ پہنچتا ہے۔ He reaches.

سَآءَ بُرا ہے۔ Is evil.

یَحْکُمُوْنَ وہ فیصلہ کرتے ہیں۔
They judge.

لِیُرْدُوْھُمْ تاکہ وہ ان کو ہلاک کردیں۔ برباد کر
دیں That they may ruin them.

لِیَلْبِسُوْا تاکہ وہ مشتبہ کردیں۔
That they may cause confusion.

حِجْرٌ ممنوع ہے۔ Is forbidden.

ظُھُوْرُھَا (واحد sing ظَھْرٌ) انکی پیٹھیں
Their backs (سواری کے لئے حرام کی گئی ہیں)
(*are forbidden for riding*).

وَصْفَھُمْ ان کے بیان۔
Their assertions.

الانعام رکوع ۱۷ پارہ ۸ رکوع ۴
Part-8. R-4 Al-An`am. R-17

اَنْشَاَ اس نے پیدا کیا۔ اُگائے۔
He produced, raised.

مَعْرُوْشٰتٍ لکڑیوں کے سہارے کھڑے
ہونیوالے (درخت۔ بیل۔ بوٹے) Trellised
(*tree,creeper and shrub*)

اُکُلُہٗ اس کا مزا۔ Its taste.

مُتَشَابِھًا ایک دوسرے سے ملتے ہیں
Similar from one another.

یَوْمَ حَصَادِہٖ اس کے کاٹنے کے دن۔
On the day of its harvest.

حَمُوْلَۃً لادو (جن پر بوجھ لادا جاتا ہے)
گویا بڑے بڑے ہیں Cattle used for
loading and carrying burdens.

فَرْشًا چھوٹے (قد کے ہیں)۔
Small one, too low to carry
burdens.(*only for slaughter*)

ثَمٰنِیَۃَ آٹھ۔ Eight.

اَزْوَاجٍ جوڑے۔ Mates.

اَلضَّاْنُ دنبہ۔ بھیڑ The sheep.

اَلْمَعْزِ بکریاں The goats.

اَلذَّكَرَيْنِ دونر۔ Two males.

اُنْثَيَيْنِ دو مادہ Two females.

اِشْتَمَلَتْ لپیٹا ہوا ہے Contains.

اَرْحَامُ (واحد sing رِحْمٌ) رحم۔
The wombs.

الانعام رکوع ۱۸ پارہ ۸ رکوع ۵
Part-8. R-5 Al-An`am. R-18

دَمًا مَّسْفُوْحًا بہایا ہوا خون۔
Blood poured forth.

رِجْسٌ نجس۔ Unclean.

اُهِلَّ لِغَيْرِ اللّٰهِ جس پر اللہ کے غیر کا نام
لیا گیا ہو۔ On which is invoked
the name of other than Allah.

اِضْطُرَّ مجبور ہو۔
Is driven by necessity.

بَاغٍ بغاوت کرنے والا (شریعت سے)
Disobedient, defiant.

عَادٍ حد سے نکلنے والا۔ Exceeding
the limit, transgressor.

ذِيْ ظُفُرٍ ناخن والا Having claws.

غَنَمٌ بھیڑ۔ The sheep.

شُحُوْمٌ چربیاں (واحد sing شَحْمٌ) Fats.

اَلْحَوَايَا انتڑیاں (واحد sing حَوِيَّةٌ)
The intestines.

اِخْتَلَطَ ملی ہوئی ہے۔ Is mixed.

بِعَظْمٍ ہڈی کے ساتھ۔
With a bone.

جَزَيْنٰهُمْ ہم نے ان کو سزا دی تھی۔ We
gave them punishment.

بِبَغْيِهِمْ ان کی نافرمانی کی وجہ سے۔
For their rebellion.

اَلْحُجَّةُ دلیل۔ Argument.

اَلْبَالِغَةُ اثر کرنے والی Effectual,
Consummate, reaching.

هَلُمَّ بلاؤ۔ Bring forward.

يَعْدِلُوْنَ وہ شریک بناتے ہیں۔ They
set up equals to their Lord.

الانعام رکوع ۱۹ پارہ ۸ رکوع ۶
Part-8. R-6 Al-An`am. R-19

تَعَالَوْا آؤ۔ Come

اَتْلُ میں پڑھکر سناؤنگا I shall recite.

اِمْلَاقٍ غربت۔ مفلس۔ Poverty.

اَوْفُوْا پورا کرو۔ Give full, fulfill.

تَمَامًا (نعمت) پوری کرنے کیلئے۔
Completing (*the favour*).

الانعام رکوع ۲۰ پارہ ۸ رکوع ۷
Part-8. R-7 Al-An`am. R-20

مِنْ دِرَاسَتِهِمْ ان کے پڑھنے سے۔
From their reading.

صَدَفَ وہ رک گیا۔ اعراض کیا۔ He
turned away, desisted.

يَصْدِفُوْنَ وہ رکے رہتے ہیں۔ وہ اعراض
کرتے ہیں۔ وہ روگردانی کرتے ہیں۔
They prevent, turn away.

فَرَّقُوْا انہوں نے ٹکڑے ٹکڑے کر دیا۔
They split up.

شِيَعًا گروہ در گروہ۔
Divided into sects.

اَبْغِيْ میں پسند کروں۔ چاہوں۔ طلب کروں
I like, seek.

تَزِرُ بوجھ اٹھائے گی۔
Will bear the burden.

وَازِرَةٌ بوجھ اٹھانے والی۔
Bearer of burden.

وِزْرَ بوجھ۔ Burden.

اُخْرٰی دوسری (ہستی) Another.

الاعراف رکوع ۱ پارہ ۸ رکوع ۸
Part-8. R-8 Al-A`raf. R-1

حَرَجٌ تنگی۔ Straitness.

كَمْ کتنی ہی (بہت سی) How many.

قَرْيَةٍ بستی (جمع Plu قُریٰ) Town.

بَاْسُنَا ہمارا عذاب Our punishment.

بَيَاتًا رات کو۔ By night.

قَائِلُوْنَ قیلولہ کرتے ہوئے۔
Sleeping at noon.

ثَقُلَتْ بھاری ہوئے Became heavy.

مَوَازِيْنُهٗ اسکے وزن His scales.

خَفَّتْ ہلکے ہوئے Became light.

مَكَّنّٰكُمْ ہم نے تم کو طاقت بخشی۔ We have established you, strengthened you.

مَعَايِشَ معیشت کے سامان۔
The means of subsistence.

الاعراف رکوع ۲ پارہ ۸ رکوع ۹
Part-8. R-9 Al-A`raf. R-2

فَاهْبِطْ پس چلا جا۔ نکل جا۔
Then go down hence.

مِنَ الصّٰغِرِيْنَ ذلیل لوگوں میں سے۔
Of those who are abased.

اَنْظِرْنِيْ مجھے مہلت دے۔ Respite me.

يُبْعَثُوْنَ وہ اٹھائے جائیں گے۔
They will be raised up.

اَغْوَيْتَنِيْ تو نے مجھے ہلاک کیا (خ۔II)
You have adjudged me as lost.

تو نے مجھے گمراہ ٹھہرایا۔ (خ۔IV)۔ You have adjudged me as perverted.

لَاَقْعُدَنَّ میں ضرور بیٹھوں گا۔
I shall assuredly lie in wait.

مَذْءُوْمًا مذمت کیا ہوا Despised.

مَدْحُوْرًا دھتکارہ ہوا Banished, rejected.

لِيُبْدِيَ تا کہ وہ ظاہر کر دے So that he might make known.

وُرِيَ چھپایا گیا Was hidden.

سَوْاٰتِهِمَا ان دونوں کا ننگ، ان دونوں کی کمزوری (خ۔I) Their shame.

قَاسَمَهُمَا اس (شیطان) نے ان دونوں کے لئے قسمیں کھائیں۔
He (*satan*) swore to them

فَدَلّٰهُمَا ان دونوں کو ہٹا دیا۔
Caused them (اپنے مقام سے) to fall. (*from their place*)

طَفِقَا يَخْصِفَانِ وہ دونوں لپیٹنے لگے
They both began to cover.

الاعراف رکوع ۳ پارہ ۸ رکوع ۱۰
Part-8. R-10 Al-A`raf. R-3

He will cover. یُوَارِی وہ چھپائے گا

سَوْاٰتِکُمْ تمہارے ننگ' تمہاری کمزوریاں
Your nakedness, weakness.

رِیْشًا زینت کا موجب ہے۔
It is a means of adornment.

یَنْزِعُ وہ چھین لے گا۔ اتارے گا۔
He will strip.

لِیُرِیَهُمَا تا وہ دکھائے ان دونوں کو۔
That he might show them.

اَقِیْمُوْا وُجُوْهَکُمْ اپنی توجہ درست کرو
Fix your attention aright.(II-خ)

بَدَاَکُمْ اس نے تم کو شروع کیا۔
اس نے تم کو پہلی دفعہ پیدا کیا۔(خ-II)
He brought you into being.

You will return. تَعُوْدُوْنَ تم لوٹو گے

حَقَّ عَلَیْهِمُ ان پر واجب ہوگئی۔
Has become their desert.
They have deserved.

الاعراف رکوع ۴ پارہ ۸ رکوع ۱۱
Part-8. R-11 Al-A`raf. R-4

Foul deeds. اَلْفَوَاحِشَ بُرے اعمال

یَقُصُّوْنَ وہ پڑھ کر سناتے ہیں۔
They rehearse.

اِدَّارَکُوْا وہ داخل ہوجائیں گے (پالیں گے
(پہچان لیں گے ایک دوسرے کو)
They will arrive, reach one after another, will overtake one another.

Double. ضِعْفًا دگنا۔ دہرا۔

الاعراف رکوع ۵ پارہ ۸ رکوع ۱۲
Part-8. R-12 Al-A`raf. R-5

He goes through, passes. یَلِجَ داخل ہو جاتا ہے۔

Camel. اَلْجَمَلُ اونٹ۔

The eye. سَمّ ناکہ۔

Needle. اَلْخِیَاطُ سوئی۔

(*Eye of needle* سوئی کا ناکہ)

Bed. مِهَادٌ بچھونا۔

Coverings. غَوَاشٍ اوڑھنا۔

نَزَعْنَا ہم نکال لیں گے۔
We shall remove.

غِلّ کینہ۔ کدورت۔
Ranvour, jealousy.

نُوْدُوْا وہ پکارے جائیں گے۔
They will be proclaimed.

اُوْرِثْتُمُوْهَا تم اس (جنت) کے وارث کئے گئے ہو۔
You have been made heirs to it (*Paradise*).

Proclaimed. اَذَّنَ پکارا۔

Proclaimer. مُؤَذِّنٌ پکارنے والا۔

They seek. یَبْغُوْنَ وہ تلاش کرتے ہیں

Crooked. عِوَجًا کجی۔

Partition. حِجَابٌ پردہ۔

یَعْرِفُوْنَ وہ پہچانیں گے۔
They will know.

بِسِيْمٰهُمْ ان کے چہروں کے نشانوں سے۔
By their marks.

يَطْمَعُوْنَ وہ امید رکھتے ہیں۔ خواہش رکھ رہے ہوں گے۔
They hope, will be hoping.

صُرِفَتْ پھیری جائیں گی۔
Will be turned.

تِلْقَآءَ طرف۔
Towards.

الاعراف رکوع ۶ پارہ ۸ رکوع ۱۳
Part-8. R-13 Al-A`raf. R-6

مَآاَغْنٰى عَنْكُمْ نہ کام آئے تمہارے
Availed you not.

جَمْعُكُمْ تمہارا جتھہ۔ تمہاری تعداد۔
Your numbers.

لَايَنَالُهُمُ اللّٰهُ نہیں پہنچے گا ان تک اللہ
Alllah would not extend to them.

بِرَحْمَةٍ رحمت کے ساتھ
With mercy.

اَفِيْضُوْا پھینکو۔ ڈالو۔
Pour.

نَنْسٰهُمْ ہم ان کو چھوڑ دیں گے۔
We shall forget them.

لِقَآءَ ملاقات۔
Meeting.

يَجْحَدُوْنَ وہ انکار کرتے ہیں۔
They deny.

جِئْنٰهُمْ بِكِتٰبٍ ہم ان کے پاس کتاب لے کر آئے۔
We have brought them a Book.

ضَلَّ عَنْهُمْ کھوئی گئیں ان سے۔
That has failed them.

كَانُوْا يَفْتَرُوْنَ اپنی طرف سے بناتے تھے۔ افتراء کرتے تھے۔
They used to fabricate.

الاعراف رکوع ۷ پارہ ۸ رکوع ۱۴
Part-8. R-14 Al-A`raf. R-7

اِسْتَوٰى وہ قائم ہوگیا۔ قرار پکڑ لیا۔
He settled.

يُغْشِي وہ ڈھانکتا ہے۔
He covers.

يَطْلُبُهٗ وہ (رات) اس (دن) کو پکڑنا چاہتی ہے۔
That (*night*) pursues it (*day*).

حَثِيْثًا جلدی سے۔
Swiftly.

لَهُ الْخَلْقُ پیدا کرنا اسی کا کام ہے۔
His is the creation.

وَالْاَمْرُ اور قانون بنانا بھی۔
And the command too.

تَضَرُّعًا گڑگڑا کر
Humbly.

خُفْيَةً چپکے چپکے۔
In secret.

اَقَلَّتْ اٹھا لیتی ہے۔
They bear.

سَحَابًا بادل۔
Cloud.

ثِقَالًا بوجھل۔
Heavy.

سُقْنٰهُ ہم اسکو ہانک کر لے جاتے ہیں۔
We drive it.

خَبُثَ خراب ہو۔ (مٹی) ناپاک ہو۔
Is bad (*clay*).

نَكِدًا ردی۔
Scantily.

الاعراف رکوع ۸ پارہ ۸ رکوع ۱۵
Part-8. R-15 Al-A`raf. R-8

ضَلَالَةٌ گمراہی۔ Error.

اَنۡصَحُ میں خیر خواہی کرتا ہوں۔
I give sincere advice.

عَمِيۡنَ اندھے۔ Blinds.

الاعراف رکوع ۹ پارہ ۸ رکوع ۱۶
Part-8. R-16 Al-A`raf. R-9

سَفَاهَةٍ بیوقوفی۔ Foolishness.

عَجِبۡتُمۡ تم تعجب کرتے ہو۔
You wonder.

بَصۡطَةً فراخی۔ Abundantly.

اٰلَآءَ اللّٰهِ اللہ کی نعمتیں۔
The favours of Allah.

تَعِدُنَا تو ہمیں ڈراتا ہے۔
You threaten us.

سَمَّيۡتُمُوۡهَا تم نے ان کے نام رکھے۔
You have named them.

الاعراف رکوع ۱۰ پارہ ۸ رکوع ۱۷
Part-8. R-17 Al-A`raf. R-10

لَاتَمَسُّوۡهَابِسُوۡٓءٍ اس (اونٹنی) کو کوئی تکلیف نہ دو۔
Do her (*she-camel*) no harm.

بَوَّاَكُمۡ اس نے تم کو پناہ دی۔ٹھکانا دیا۔
He settled you.

سُهُوۡلِهَا اس کے میدانوں Its plains.

قُصُوۡرًا قلعے۔محل۔ Palaces.

تَنۡحِتُوۡنَ تم کریدتے ہو۔کھودتے ہو۔
You hew.

لَا تَعۡثَوۡا نہ فساد کرو۔
Commit not iniquity.

فَعَقَرُوۡا انہوں نے کونچیں کاٹ دیں۔
They hamstrung.

عَتَوۡا انہوں نے نافرمانی کی۔
They rebelled.

اَلرَّجۡفَةُ زلزلہ The earthquake.

فَاَصۡبَحُوۡا پس وہ ہوگئے۔
They became, laid.

جٰثِمِيۡنَ گھٹنوں کے بل گرے ہوئے۔
Those who prostrate.

اُنَاسٌ لوگ۔ Men.

يَتَطَهَّرُوۡنَ وہ پاک بنتے پھرتے ہیں۔
They would keep pure,
becom purified.

غٰبِرِيۡنَ پیچھے رہنے والے۔
Those who stay behind.

اَمۡطَرۡنَا ہم نے برسائی We rained.

الاعراف رکوع ۱۱ پارہ ۸ رکوع ۱۸
Part-8. R-18 Al-A`raf. R-11

لَاتَبۡخَسُوۡا نہ کم دو Diminish not.
give not less.

تُوۡعِدُوۡنَ تم ڈراتے ہو You trreaten.

تَصُدُّوۡنَ تم روکتے ہو۔
You turn away.

تَبۡغُوۡنَ تم تلاش کرتے ہو You seek.

عِوَجًا غلطیاں۔کجی۔ Deviation,
Crookedness, distortion.

الاعراف رکوع ۱۱ پارہ ۹ رکوع ۱
Part-9. R-1 Al-A`raf. R-11

قَالَ الْمَلَأُ بڑے لوگوں یعنی سرداروں نے کہا۔
The chief men said.

لَمْ يَغْنَوْا نہ وہ آباد ہوئے تھے۔ نہ بسے تھے
They have never dwelt.

اٰسٰي میں افسوس کروں۔ غم کروں۔
I sorrow, grieve.

الاعراف رکوع ۱۲ پارہ ۹ رکوع ۲
Part-9. R-2 Al-A`raf. R-12

اَلْبَاْسَآءُ فقروفاقہ۔ سختی
Adversity, misfortune, destress.

اَلضَّرَّآءُ دکھ۔ بیماریاں۔ مصیبت۔
Suffering, tribulation, loss, great affliction.

يَضَّرَّعُوْنَ وہ عاجزی وزاری کریں
They might humble themselves.

عَفَوْا وہ ترقی کر گئے۔
They grew in affluence.

اَلسَّرَّآءُ خوشی۔ سکھ۔
Happiness.

اَفَاَمِنَ کیا وہ امن میں آ گئے ہیں۔ محفوظ ہو گئے ہیں
Are they secure.

بَيَاتًا رات کو۔
By night.

نَآئِمُوْنَ وہ سو رہے ہوں۔
They are asleep.

ضُحًي دوپہر۔
Early part of the afternoon.

يَلْعَبُوْنَ وہ کھیل رہے ہوں
They play.

الاعراف رکوع ۱۳ پارہ ۹ رکوع ۳
Part-9. R-3 Al-A`raf. R-13

اَصَبْنٰهُمْ ہم ان کو سزا دیں۔ ان کو عذاب دیں۔
We smite them.

نَقُصُّ ہم سناتے ہیں۔
We relate.

اَنْبَآءِ هَا ان کی خبریں۔ (واحد Sing نَبَأٌ)
Their news.

بَعَثْنَا ہم نے بھیجا۔
We sent.

حَقِيْقٌ حقدار۔
Worthy.

ثُعْبَانٌ سانپ۔
Serpent.

نَزَعَ اس نے نکالا
He drew forth.

بَيْضَآءُ سفید۔
White.

الاعراف رکوع ۱۴ پارہ ۹ رکوع ۴
Part-9. R-4 Al-A`raf. R-14

اَرْجِهْ مہلت دے اس کو۔ ڈھیل دے۔
Put him off awhile.

مَدَآئِنِ شہر۔ (واحد sing مَدِيْنَةٌ)
Cities.

سَحَرُوْا انہوں نے فریب دیا۔ دھوکا دیا
They bewitched, enchanted.

وَاسْتَرْهَبُوْهُمْ اور انہوں نے ان کو ڈرایا
And they struck them with awe, frightened them.

تَلْقَفُ وہ نگلتا جاتا ہے۔
It swallows up.

يَاْفِكُوْنَ (جو) وہ جھوٹ موٹ بناتے ہیں
They feigned, pretend.

وَقَعَ الْحَقُّ حق ظاہر ہو گیا۔ غالب ہو گیا
The truth established

بَطَلَ مٹ گیا۔
It proved vain.

غُلِبُوْا وہ مغلوب ہوگئے۔ہار گئے۔
They were vanquished, overcome, defeated.

They retired. وہ لوٹے وَانْقَلَبُوْا

Humiliated. ذلیل صَاغِرِيْنَ

مُنْقَلِبُوْنَ لوٹنے والے ہیں۔
Those who return.

تَنْقِمُ تو دشمنی کرتا ہے۔بُرا مناتا ہے۔
You wreak vengeance, revenge, find fault.

الاعراف رکوع ۱۵ پارہ ۹ رکوع ۵
Part-9. R-5 Al-A`raf. R-15

You leave. تو چھوڑتا ہے۔ تَذَرُ

Dominant. غالب۔ قَاهِرُوْنَ

اُوْذِيْنَا ہم کو تکلیف دی جاتی تھی۔
We were persecuted.

يَسْتَخْلِفَكُمْ وہ تم کو جانشین بنائیگا۔
He will make you rulers.

الاعراف رکوع ۱۶ پارہ ۹ رکوع ٦
Part-9. R-6 Al-A`raf. R-16

بِالسِّنِيْنَ (واحد sing سَنَةٌ) خشک سالی
Drought, dry weather, قحط
prolonged absence of rain.

Good. خوشحالی۔ اَلْحَسَنَةُ

They ascribe the evil fortune. وہ نحوست سمجھتے ہیں۔ يَطَّيَّرُوْا

طٰئِرُهُمْ ان کی نحوست۔
Their evil fortune.

When, whatever. جب بھی مَهْمَا

لِتَسْحَرَنَا تاکہ تو ہمیں فریب دے۔
So that you may bewitch us.

The locusts. ٹڈیاں۔ اَلْجَرَادَ

The lice. جوں۔چچڑی۔پسّو اَلْقُمَّلَ

اَلضَّفَادِعَ (واحد sing ضَفْدَعٌ)
The frogs. مینڈک۔

Clear. کھلے کھلے۔الگ الگ مُفَصَّلٰتٍ

The punishment. عذاب اَلرِّجْزُ

بٰلِغُوْهُ (جس مدت تک) وہ پہنچنے والے تھے
(*For a term which*) they were to reach.

يَنْكُثُوْنَ وہ وعدہ خلافی کرتے ہیں۔عہد توڑتے ہیں
They break their promise.

The sea. سمندر۔ اَلْيَمُّ

اَوْرَثْنَا ہم نے وارث کردیا۔
We caused to inherit.

دَمَّرْنَا ہم نے توڑ دیا۔تباہ کردیا۔
We destroyed, broke down.

He builds. وہ بناتا ہے۔ يَصْنَعُ

يَعْرِشُوْنَ وہ عمارتیں بناتے ہیں۔
They erect, build.

جَاوَزْنَا ہم نے گذار دیا۔پار کردیا (سمندر سے)
We brought across (*the sea*).

يَعْكُفُوْنَ وہ بیٹھتے ہیں۔اعتکاف کرتے ہیں۔
They are devoted.

مُتَبَّرٌ مٹنے والا۔تباہ ہونے والا۔
Destroyed, broken up.

Vain, بےکار جانے والا۔مٹ جانیوالا بَاطِلٌ
false, workless, worthless.

اَبۡغِيۡكُمۡ میں تمہارے لئے تلاش کرونگا
I shall seek for you, look for.

يَسُوۡمُوۡنَكُمۡ وہ تم کو پہنچاتے تھے۔ وہ تم کو دیتے تھے
They delivered you, inflicted you.

الاعراف رکوع ١٧ پارہ ٩ رکوع ٧
Part-9. R-7 Al-A`raf. R-17

لِمِيۡقَاتِنَا ہماری مقررہ جگہ اور مقررہ وقت پر۔
At our appointed place and time.

اِسۡتَقَرَّ وہ قائم رہا He remained.

تَجَلّٰي اس نے جلوہ دکھایا۔
He manifested Himself.

جَعَلَهٗ دَكًّا اُسنے اسکو ٹکڑے ٹکڑے کر دیا
He broke it into pieces.

خَرَّ وہ گر پڑا۔ He fell down.

صَعِقًا بے ہوش ہو کر Unconscious.

اَفَاقَ ہوش میں آیا۔ افاقہ ہوا۔
He recovered.

سَاَصۡرِفُ میں ضرور پھیر دوں گا۔
I will soon turn away.

الاعراف رکوع ١٨ پارہ ٩ رکوع ٨
Part-9. R-8 Al-A`raf. R-18

حُلِيِّهِمۡ ان کے زیور۔
Their ornaments.

جَسَدًا بے روح جسم Lifeless body.

خُوَارٌ بے معنی آواز (گائے کی آواز)
A lowing sound. (The voice of cow)

سُقِطَ فِيۡۤ اَيۡدِيۡهِمۡ وہ شرمندہ ہو گئے
They were smitten with remorse.

غَضۡبَانٌ غصہ میں Indignant.

اَسِفًا افسوس کرتا ہوا۔ Grievously.

يَجُرُّ وہ کھینچتا ہے۔ He drags.

فَلَا تُشۡمِتۡ بِيَ مجھ پر ہنسی کا موقعہ نہ دے
Make not rejoice over me.

اَلۡاَعۡدَآءَ دشمن واحد sing عَدُوٌّ Enemies.

الاعراف رکوع ١٩ پارہ ٩ رکوع ٩
Part-9. R-9 Al-A`raf. R-19

سَيَنَالُهُمۡ ضرور ان کو پہنچے گا۔ نازل ہوگا۔
It shall overtake them.

سَكَتَ ٹھنڈا ہوا۔ (غصہ)
(*Anger*) subsided.

نُسۡخَتِهَا ان (تختیوں) کی تحریر۔
Their (*tablets*) writing.

يَرۡهَبُوۡنَ وہ ڈرتے ہیں They fear.

اِخۡتَارَ اس نے چن لیا He chose.

لِمِيۡقَاتِنَا ہماری ملاقات کیلئے مقررہ وقت اور وعدہ کے مقام پر۔
For our appointment.

هُدۡنَاۤ اِلَيۡكَ تیری طرف ہم آ گئے۔ ہم جھکے۔
We have turned to you.

اُصِيۡبُ بِهٖ میں اسکو (اپنا عذاب) پہنچاتا ہوں
I inflict him (*my punishment*).

مَكۡتُوۡبًا لکھا ہوا۔ Mentioned.

يُحِلُّ وہ حلال کرتا ہے۔
He makes lawful.

يُحَرِّمُ وہ حرام کرتا ہے He forbids.

الۡخَبٰٓئِثَ (واحد sing خَبِيۡثَةٌ)
بُری چیزیں۔ The bad things.

They يَعْدُوْنَ وہ زیادتی کرتے ہیں۔
profane, violate, disregard.

Their fishes. حِيْتَانُهُمْ انکی مچھلیاں

Shoals شُرَّعًا گروہ در گروہ۔
upon shoals, appearing on the surface of the water.

نَبْلُوْهُمْ ہم ان کا امتحان لیتے ہیں۔
We try them.

مَعْذِرَةً عذر کرنے کے لئے۔
As an excuse.

بِعَذَابٍ بَئِيْسٍ تکلیف دہ سخت بُرا عذاب
A severe punishment.

عَتَوْا انہوں نے سرکشی کی۔
They rebelled, revolted.

تَاَذَّنَ اس نے اعلان کیا۔
He proclaimed, announced.

لَيَبْعَثَنَّ ضرور وہ کھڑا کریگا۔ مقرر کریگا۔
He would surely raise.

يَسُوْمُهُمْ وہ ان کو دے گا۔
He would afflict them.

بَلَوْنٰهُمْ ہم نے ان کو آزمایا۔
We tried them.

خَلْفٌ نالائق۔ (اس کے معنی پیچھے کے ہیں ایسا پیچھے آنیوالا جو اپنے مقام و مرتبہ سے گر گیا ہو)
An evil generation.

(Its meaning is "After, behind". Such coming after who has lost his place and dignity.)

Goods. عَرَضَ مال۔

He removes, يَضَعُ وہ اُتارتا ہے
unloads.

Their burden. اِصْرَهُمْ ان کا بوجھ

اَلْاَغْلَالُ طوق۔ (واحد sing غُلٌّ)
The shackles.

عَزَّرُوْهُ انہوں نے اسکو طاقت پہنچائی (خ۔II)
They supported him. (Kh-II)

They انہوں نے اس کو عزت دی۔
regarded him with honor.

الاعراف رکوع ۲۰ پارہ ۹ رکوع ۱۰
Part-9. R-10 Al-A`raf. R-20

They guide. يَهْدُوْنَ وہ ہدایت دیتے ہیں

يَعْدِلُوْنَ وہ انصاف کرتے ہیں۔
They do justice.

قَطَّعْنٰهُمْ ہم نے ان کو تقسیم کر دیا۔ ٹکڑے ٹکڑے کر دیا
We divided them.

اَسْبَاطًا قبیلوں میں۔ (واحد sing سِبْطٌ)
Into tribes.

اُمَمًا قومیں (جو ترقی کر کے اب بن گئیں ہیں)
Nations. *(which have become now by making progress)*

Forgive. حِطَّةٌ بخش دے۔
Remission *(of sins)*. بوجھ ہلکا کرنا۔

(It is a prayer for the putting down of the heavy burden of sins and for repentant.)

الاعراف رکوع ۲۱ پارہ ۹ رکوع ۱۱
Part-9. R-11 Al-A`raf. R-21

Close حَاضِرَةَ الْبَحْرِ سمندر کا کنارہ
upon the sea, stood by the sea.

دَرَسُوْا انہوں نے پڑھ لیا۔
They have studied.

يُمَسِّكُوْنَ وہ مضبوطی سے پکڑتے ہیں
They hold fast.

نَتَقْنَا ہم نے اٹھایا۔ We shook (*due to the quake*), rose up.

ظُلَّةٌ سائبان۔ A covering.

الاعراف رکوع ۲۲ پارہ ۹ رکوع ۱۲
Part-9. R-12 Al-A`raf. R-21

اَشْهَدَهُمْ اس (خدا) نے انکو گواہ بنایا۔
He (*Allah*) made them bear witness.

اَلَسْتُ کیا میں نہیں۔ Am I not.

اَشْرَكَ اس نے شرک کیا۔
He associated co-partners.

مُبْطِلُوْنَ جھوٹے لوگ۔ باطل پرست۔
Those who lie.

وَاتْلُ اور پڑھ۔ And relate.

فَانْسَلَخَ وہ الگ ہوگیا۔ ہٹ گیا۔
He stepped away.

كَلْبٌ کتا۔ Dog.

يَلْهَثْ وہ ہانپتا ہے۔ زبان نکالتا ہے۔
He hangs out tongue.

فَاقْصُصْ پس بیان کر۔ سنا So relate.

اَلْقَصَصَ حالات۔ (واحد قِصَّةٌ *sing*)
Narrative, description.

ذَرَأْنَا ہم نے پیدا کیا۔ We created.

يُلْحِدُوْنَ وہ کجروی اختیار کرتے ہیں They deviate from the right way.

يُجْزَوْنَ وہ بدلہ دیئے جائیں گے۔
They will be rewarded.

الاعراف رکوع ۲۳ پارہ ۹ رکوع ۱۳
Part-9. R-13 Al-A`raf. R-23

اُمْلِيْ میں مہلت دوں گا۔ ڈھیل دوں گا۔
I shall give respite, delay.

كَيْدِيْ میری تدبیر۔ My plan.

مَتِيْنٌ مضبوط۔ Mighty.

اِقْتَرَبَ قریب آ گئی ہے۔
It has drawn near.

اَجَلُهُمْ ان کی مدت Their term.

يَعْمَهُوْنَ وہ سرگردان پھرتے ہیں۔
They wander in distraction.

اَيَّانَ کب۔ When.

مُرْسٰهَا اس کا واقعہ ہونا۔ بپا ہونا۔
Its coming to pass, its arrival.

يُجَلِّيْهَا وہ اسکو ظاہر کرے گا۔
He will manifest it.

كَاَنَّكَ حَفِيٌّ عَنْهَا گویا تجھے بھی اس کے وقت کی دریافت کی لو لگی ہوئی ہے (خ II)
As if you are well acquainted therewith. (Kh-II)

گویا کہ تو اسکے متعلق سب کچھ جانتا ہے (خ۔IV)
As if you are all-knowing thereof. (Kh-iv)

الاعراف رکوع ۲۴ پارہ ۹ رکوع ۱۴
Part-9. R-14 Al-A`raf. R-24

تَغَشّٰهَا وہ اس کو ڈھانپ لیتا ہے۔
He covers her.

حَمَلَتْ وہ اٹھا لیتی ہے She bears.

حَمْلاً بوجھ۔ Burden.

اَثْقَلَتْ وہ بوجھل ہو جاتی ہے۔
She grows heavy.

الانفال رکوع ۱ پارہ ۹ رکوع ۱۵
Part-9. R-15 Al-Anfal. R-1

اَلْاَنْفَالِ (واحد *sing* نَفَلٌ)
Spoils of war. اموال غنیمت

وَجِلَتْ کانپ گئے۔ ڈر گئے۔
(*Hearts*) trembled.

تُلِيَتْ پڑھی گئی۔
(*Signs*) are recited.

يُسَاقُوْنَ وہ دھکیلے جاتے ہیں۔ انہیں ہانک کر لے جایا جاتا ہے۔ وہ چلائے جاتے ہیں۔
They are driven.

تَوَدُّوْنَ You wish. تم چاہتے ہو۔

غَيْرَ ذَاتِ الشَّوْكَةِ جن کے پاس ہتھیار نہیں۔ بے ہتھیار۔
Who are unarmed.

تَسْتَغِيْثُوْنَ تم مدد کی دعا کرتے تھے۔ تم فریاد کرتے تھے۔ (IVخ)
You implored the help. (Kh-IV)

مُرْدِفِيْنَ قطار در قطار۔ پیچھے آنے والے
Following one another, coming in continuous succession.

الانفال رکوع ۲ پارہ ۹ رکوع ۱۶
Part-9. R-16 Al-Anfal. R-2

يُغَشِّيْكُمْ وہ تم پر نازل کر رہا تھا۔
He caused to come upon you.

اَلنُّعَاسَ Sleep. اونگھ۔

رِجْزٌ گندگی۔ (یعنی خوف)
The uncleanness.

لِيَرْبِطَ تا کہ مضبوط کرے۔ طاقت دے۔
That might strengthen.

دَعَوَا اللّٰهَ ان دونوں (میاں بیوی) نے دعا کی۔
They both pray to Allah. پکارا۔

صَامِتُوْنَ چپ رہنے والے۔
Those who remain silent.

يَمْشُوْنَ They walk. وہ چلتے ہیں۔

يَبْطِشُوْنَ They hold. وہ پکڑتے ہیں

كِيْدُوْنِ میرے خلاف منصوبہ بناؤ۔
Contrive, plan against me.

فَلَا تُنْظِرُوْنِ پھر مجھے ڈھیل نہ دو۔
Then give me no respite.

يَنْزَغَنَّكَ تجھے کوئی وسوسہ پہنچے۔ صدمہ پہنچے۔ کوئی فساد کی تحریک کرے۔
(*An evil suggestion*) incite you.

نَزْغٌ وسوسہ۔ (فتنہ و فساد کا خیال)
An evil suggestion.

طٰٓئِفٌ Suggestion. خیال۔

يَمُدُّوْنَهُمْ وہ ان کو کھینچتے ہیں۔
They draw them.

اَلْغَيِّ Error. گمراہی۔

بَصَآئِرُ دلائل (آنکھیں کھولنے والی باتیں)
Clear proofs.

يُقْصِرُوْنَ They relax. وہ کمی کرتے ہیں

اِجْتَبَيْتَهَا تو اس (نشان) کو کھینچ لایا۔
You have forged it (*sign*).

دُوْنَ الْجَهْرِ مِنَ الْقَوْلِ دھیمی آواز۔
Low voice.

اَلْغُدُوُّ صبح۔ (واحد *sing* غُدْوَةٌ)
Mornings.

اَلْاٰصَالِ (واحد *sing* اَصْلٌ۔ اَصِيْلٌ)
Evenings. شام۔

فَثَبِّتُوْا مضبوط۔ثابت قدم بناؤ۔
Make firm.

اَعْنَاق گردنیں (واحد sing عُنُقٌ) Necks.

بَنَانٌ (واحد sing بَنَانَةٌ) پور پور۔
Finger-tips.

شَاقُّوْا انہوں نے مخالفت کی۔
They opposed.

زَحْفًا لشکر کی صورت میں۔ In force.

مُتَحَرِّفًا جگہ بدلنے والا۔
Manoeuvring, one who turns away (*in order to return to fight*).

مُتَحَيِّزًا جانے والا ہے (کسی دوسرے گروہ کی مدد کیلئے)
Turning (*to join another company*).

لِيُبْلِيَ تا کہ وہ احسان کرے۔ (جنگ میں مومنوں پر)۔(خ-II)
He might confer a great favour. (*on the believers in battle*)

مُوْهِنُ کمزور کرنے والا۔
One who weakens.

تَسْتَفْتِحُوْا تم فتح مانگتے ہو۔
You sought a judgment.

الانفال رکوع ۳ پارہ ۹ رکوع ۱۷
Part-9. R-17 Al-Anfal. R-3

لَاَسْمَعَهُمْ وہ ضرور ان کو سنا دیتا۔
He would certainly have made them hear.

اِسْتَجِيْبُوْا بات سنو۔مانو۔قبول کرو۔
Respond, reply, accept.

يَحُوْلُ وہ حائل ہوتا ہے۔
He comes in between.

لَا تُصِيْبَنَّ نہیں پہنچے گا (وہ فتنہ)۔
(*An affliction*) will not smite.

مُسْتَضْعَفُوْنَ کمزور سمجھے جانے والے
Those who are deemed weak.

يَتَخَطَّفَكُمْ وہ تمہیں اُچک کرلے جائیں گے
They will snatch you away.

فَاٰوٰكُمْ اس نے تم کو جگہ دی۔
He sheltered you.

اَيَّدَكُمْ اس نے تمہاری تائید کی۔
He strengthened you.

لَا تَخُوْنُوْا نہ خیانت کرو۔
Prove not false.

الانفال رکوع ۴ پارہ ۹ رکوع ۱۸
Part-9. R-18 Al-Anfal. R-4

يَجْعَلْ لَّكُمْ وہ تمہارے لئے پیدا کردیگا
He will grant you.

فُرْقَانًا امتیاز کا سامان A distinction.

يَمْكُرُ بِكَ وہ تمہارے متعلق تدبیر کرتے تھے۔
They devised plans against you, hatched a plot.

لِيُثْبِتُوْكَ تا کہ وہ تجھے قید کردیں
They might put you in confinement.

فَاَمْطِرْ پس برسا۔ Then rain down.

يَصُدُّوْنَ وہ روکتے ہیں۔ They hinder.

اَوْلِيَآءَهٗ اس (مسجد حرام) کے متولی۔منتظم
Its (*The sacred Mosque*) guardians.

مُكَآءً سیٹیاں بجانا۔ Whistling.

تَصْدِيَةً تالیاں مارنا۔
Clapping of hands.

لِيَمِيْزَ تا کہ وہ ممتاز کردے۔فرق کردے
That he may separate.

الانفال رکوع ۵ پارہ ۱۰ رکوع ۱
Part-10. R-1 Al-Anfal. R-5

وَاعْلَمُوْا اور جان لو۔ And know.

غَنِمْتُمْ تم کو غنیمت میں ملے۔
You took as spoils.

الْتَقَى الْجَمْعَانِ دو لشکر جمع ہوئے۔
The two armies met.

اَلْعُدْوَةِ الدُّنْيَا ورلہ کنارہ ورلے (کنارہ پر)
Nearer bank. (*on the bank*)

بِالْعُدْوَةِ الْقُصْوٰى پرلا کنارہ۔
The farther bank.

اَلرَّكْبُ قافلہ۔ The caravan.

اَسْفَلَ نیچے۔ Below.

تَوَاعَدْتُّمْ تم وعدہ کرتے You would have made an appointment.

لَاخْتَلَفْتُمْ تم اختلاف کرتے۔
You would have differed.

اَلْمِيْعَادُ وقت کے بارہ میں۔
With regard to the time.

لِيَهْلِكَ تاکہ وہ ہلاک ہو۔ So he might perish, destroy, die.

يُرِيْكَهُمُ اللّٰهُ تجھے اللہ نے ان کو دکھایا تھا
Allah showed them to you.

اَرٰىكَهُمْ اس نے تجھے دکھایا ان کو۔
He showed them to you.

لَفَشِلْتُمْ تم ضرور کمزوری دکھاتے You would certainly have faltered, stumbled.

لَتَنَازَعْتُمْ تم ضرور جھگڑا کرتے You would certainly have disagreed.

سَلَّمَ اس نے بچالیا۔ محفوظ رکھا۔
He saved.

يُرِيْكُمُوْهُمْ وہ (خدا) تم کو دکھاتا وہ (دشمن) He (*Allah*) made them (*enemies*) appear to you.

اِذِالْتَقَيْتُمْ جب تم لڑ پڑے۔
When you encountered.

يُقَلِّلُكُمْ وہ تم کو کم اور کمزور دکھاتا تھا۔
He made you appear as few and weak.

لِيَقْضِيَ اللّٰهُ اَمْرًا تاکہ اللہ اس کام کا فیصلہ نپٹادے (خ۔IV) That Allah might decree about this matter. (Kh-IV)

تاکہ اللہ کی بات پوری ہوجائے That Allah might bring about the thing.

كَانَ مَفْعُوْلًا جس کا فیصلہ ہوچکا تھا۔
جو ہوکر رہنے والا تھا That was decreed.

الانفال رکوع ۶ پارہ ۱۰ رکوع ۲
Part-10. R-2 Al-Anfal. R-6

لَقِيْتُمْ تمہاری مڈھ بھیڑ ہوئی۔
You encountered.

فَاثْبُتُوْا تم ثابت قدم رہو۔
Remain firm.

لَاتَنَازَعُوْا نہ جھگڑو Dispute not.

فَتَفْشَلُوْا ورنہ تم بزدل ہوجاؤ گے۔
Lest you will falter.

تَذْهَبَ رِيْحُكُمْ تمہارا رعب جاتا رہے گا۔ تمہاری ہوا (یعنی طاقت) جاتی رہے گی۔
Your strength will depart.

بَطَرًا تکبر کرتے ہوئے۔ اتراتے ہوئے
Boastfully, proudly.
رِئَاۤءَ النَّاسِ لوگوں کو دکھانے کے لئے۔
To be seen of men.
يَصُدُّوْنَ وہ روکتے ہیں۔
They turn away.
مُحِيْطٌ گھیرنے والا ہے۔ گھیرے میں لیا ہوا ہے
One who encompasses.
جَارٌ پناہ دینے والا پڑوسی
Protector.
تَرَآءَتِ الْفِئَتٰنِ دونوں فریق آمنے سامنے ہوئے
The two armies came in sight of each other, face to face.
نَكَصَ وہ پھر گیا۔
He turned.
عَقِبَيْهِ اپنی ایڑیوں پر۔
On his heels.

الانفال رکوع ۷ پارہ ۱۰ رکوع ۳
Part-10. R-3 Al-Anfal. R-7

غَرَّ اس نے دھوکہ دیا۔
He deluded, deceived, misleaded.
هٰۤؤُلَاۤءِ ان سب کو۔
These all.
يَتَوَفَّى وہ وفات دیتا ہے۔ روح قبض کرتا ہے
He takes away the soul.
يَضْرِبُوْنَ وہ مارتے ہیں۔
They smite.
وُجُوْهَهُمْ (واحد *sing* وَجْهٌ)
Their faces. ان کے چہرے
اَدْبَارَهُمْ (واحد *sing* دُبُرٌ)
Their backs. ان کی پیٹھیں

ذُوْقُوْا چکھو۔
Taste.
الْحَرِيْقِ جلنے والا (عذاب)۔
The punishment of burning.
كَدَاْبِ طریق اور اسلوب کی طرح ہے۔
Is like the case of.
مُغَيِّرًا بدلنے والا
One who changes.
يُغَيِّرُوْا وہ بدل دیں
They change.
عَاهَدْتَّ تو نے معاہدہ کیا۔
You made a covenant.
يَنْقُضُوْنَ وہ توڑ دیتے ہیں۔
They break.
تَثْقَفَنَّهُمْ تو ان پر قابو پالے۔
You overcome them, overpower.
فَشَرِّدْ پس تو بھگا دے۔
Then you disperse.
اَمَّا اگر۔
If.
تَخَافَنَّ تو ڈرے۔
You fear.
خِيَانَةً عہد شکنی۔ خیانت و دغابازی۔
Treachery, betrayal.
فَانْبِذْ اِلَيْهِمْ ان کا عہد ختم کردے۔ تو ان کو جواب دے
Throw back to them *their covenant*.
عَلٰى سَوَآءٍ برابر کا۔
With equity.

الانفال رکوع ۸ پارہ ۱۰ رکوع ۴
Part-10. R-4 Al-Anfal. R-8

سَبَقُوْا وہ آگے بڑھ گئے۔ سبقت لے گئے
They outstripped, surpassed.

يُعْجِزُوْنَ وہ عاجز کردیں گے۔
They will frustrate, defeat.

رِبَاطِ الْخَيْلِ سرحدوں پر گھوڑے باندھکر چھاؤنیاں بناکر
Mounted pickets at the frontier.

تُرْهِبُوْنَ تم ڈراتے ہو۔
You frighten.

يُوَفَّ وہ پوراپورادیاجائے گا۔
It will be repaid to him in full.

جَنَحُوْا وہ جھک گئے۔ They inclined.

لِلسَّلْمِ صلح کیلئے Towards peace.
Towards peace.

فَاجْنَحْ پس تو بھی جھک جا۔
Incline you also.

يَخْدَعُوْكَ وہ تجھے دھوکادیں گے They will intend to deceive you.

اَلَّفَ اُس نے باندھ دیا۔اُسنے محبت ڈال دی۔
He has joined, united, put affection.

الانفال رکوع ۹ پارہ ۱۰ رکوع ۵
Part-10. R-5 Al-Anfal. R-9

حَرِّضْ تحریک کر۔ترغیب دے Urge.

اَلْاٰنَ اب۔ For the present.

خَفَّفَ اس نے ہلکا کردیا۔(بوجھ)
He lightened (*burden*).

اَسْرٰی (واحد *sing* اَسِیر) قیدی۔
Captives, prisoners.

يُثْخِنَ وہ خون ریزی کرتا' خون بہاتا ہے۔
He engages in a bloody fighting.

كِتَابٌ فیصلہ۔سبق۔پہلے ہو چکا۔ Decree.

لَمَسَّكُمْ تم کوضرور پہنچتا It would have surely overtaken you, struck, affected you.

غَنِمْتُمْ تم کوغنیمت میں ملا۔
You have won in war.

الانفال رکوع ۱۰ پارہ ۱۰ رکوع ٦
Part-10. R-6 Al-Anfal. R-10

فَاَمْكَنَ اس نے قبضہ میں دیدیا۔ He gave power, empowered.

اٰوَوْا انہوں نے پناہ دی۔جگہ دی۔
They gave shelter.

نَصَرُوْا انھوں نے مدددی۔
They gave help.

اِسْتَنْصَرُوْكُمْ وہ تم سے مدد مانگیں۔
They seek your help.

مِيْثَاقٌ معاہدہ۔ Treaty.

اَوْلٰى زیادہ قریب Nearer.

التوبہ رکوع ۱ پارہ ۱۰ رکوع ۷
Part-10. R-7 Al-Tauba. R-1

عٰهَدْتُّمْ تم نے عہد کیا تھا۔تم نے شرط باندھی تھی (خ-II)
You had announced a commitment. (Kh-II)

فَسِيْحُوْا چلو۔پھرو۔ Go about.

مُعْجِزِي ہرانے والا۔عاجز کرنے والا۔
One who frustrates the plan.

مُخْزِي رسوا کرنے والا۔ذلیل کرنے والا
One who humiliate.

فَخَلُّوْا سَبِيْلَهُمْ ان کا راستہ کھول دو
Leave their way free.

اِسْتَجَارَکَ اس نے تجھ سے پناہ مانگی۔
He asked protection of thee, sought refuge.

اَبْلِغْهُ اس کو پہنچادے۔ Convey him.

مَاْمَنَهٗ اس کی امن کی جگہ۔
His palce of security.

التوبہ رکوع ۲ پارہ ۱۰ رکوع ۸
Part-10. R-8 Al-Tauba. R-2

يَظْهَرُوْا وہ غالب آ جاتے ہیں۔ They prevail, be victorious.

لَايَرْقُبُوْا وہ نہ پروا کریں۔ They would not observe.

اِلًّا رشتہ داری Tie of kinship.

ذِمَّةً معاہدہ عہد و پیمان (جمع Plu ذِمَمٌ)
Covenant, agreement, contract.

يُرْضُوْنَكُمْ وہ تم کو راضی کرتے ہیں۔
They please you.

تَاْبٰى انکار کرتے ہیں (ان کے دل)
(*Their hearts*) repudiate, deny.

لَايَرْقُبُوْنَ وہ نہیں پروا کریں گے۔ نہیں لحاظ کریں گے۔ They will not observe, bother.

نَكَثُوْا انہوں نے توڑ دیا۔ They broke.

اَيْمَانَهُمْ اپنی قسمیں Their oaths.

طَعَنُوْا انہوں نے طعنہ زنی کی They attacked, reviled, spoke abusively.

اَذَانٌ اعلانِ عام۔ Proclamation, notification, call.

بَرِيْٓءٌ بری۔ Clear, innocent.

لَمْ يَنْقُصُوْكُمْ انہوں نے تم سے عہد شکنی نہیں کی۔ They have not subsequently failed you.

لَمْ يُظَاهِرُوْا عَلَيْكُمْ انہوں نے تمہارے خلاف مدد نہیں کی They have not aided against you.

اِنْسَلَخَ وہ گذر گیا It has passed.

اَلْاَشْهُرُالْحُرُمُ عزت والے مہینے۔ امن والے مہینے (اشہر الحرم چار ہیں۔ محرم رجب۔ ذی القعدہ ذی الحجہ) The forbidden (*sacred*) months.

(*The forbidden months are four namely Muharram, the first month of the Hijra year, Rajab, the seventh month of the Muslim year, Ziqada, the 11th month of the Muslim year, Zil hijjah, the last month of the Muslim year, on the 9th of which the pilgrimage of Mecca takes place.*)

اُحْصُرُوْهُمْ ان کو قید کرلو۔
Take them captive.

وَاقْعُدُوْا بیٹھو۔ Lie in wait.

كُلَّ مَرْصَدٍ ہر گھات کی جگہ۔ Every place of ambush, of surprise attack.

هَـمُّوْا They انھوں نے ارادہ کرلیا۔
have plotted, planned secretly.

بَـدَءُ وْكُـمْ انھوں نے ابتداء کی، پہل کی تم سے
They started, began with you.
They were to commence against you.

يَـشْـفِ He may relieve. وہ نجات دے

يَـشْـفِ صُـدُوْرَ وہ دلوں کو ٹھنڈا کرے۔
He may relieve the minds. شفا دے

يُـذْهِـبْ He may remove. دور کرے

غَـيْـظَ Anger. غصہ۔

وَلَـمَّا يَعْلَـمِ اللّٰـهُ حالانکہ اللہ نے ابھی
While Allah has ظاہر نہیں کیا۔
not yet disclosed.

وَلِـيْـجَـةً دلی دوست۔ بھیدی۔
Intimate friend.

التوبہ رکوع ۳ پارہ ۱۰ رکوع ۹
Part-10. R-9 Al-Tauba. R-3

يَـعْـمُـرُوْا They maintain. وہ آباد کریں

سِقَايَـةَ الْـحَـاجِّ حاجیوں کو پانی پلانا۔
The giving of drink to the pilgrims.

عِـمَـارَةَ الْـمَـسْـجِـدِ الْـحَـرَام
The maintenance خانہ کعبہ آباد رکھنا۔
of the Sacred Mosque.

لَا يَـسْـتَـوٗنَ وہ برابر نہیں ہو سکتے۔
They are not at all equal.

اَلْـفَـآئِـزُوْنَ کامیاب ہونیوالے۔ مراد پانیوالے
Those who shall triumph.

نَـعِـيْـمٌ مُّـقِـيْـمٌ دائمی نعمت۔
Lasting bliss. قائم رہنے والی نعمت۔

اِسْـتَـحَـبُّـوْا وہ پسند کرتے ہیں۔
They prefer. محبت کرتے ہیں۔

عَـشِـيْـرَتُـكُـمْ تمہاری برادری۔ قبیلہ۔
Your kinsfolk, relatives, blood relations.

اِقْـتَـرَفْـتُـمْ تم نے کمائے۔
You have acquired.

كَـسَـادَهَـا Its dullness. اس کا نقصان

فَـتَـرَبَّـصُـوْا پس تم انتظار کرو۔
Then you wait.

التوبہ رکوع ۴ پارہ ۱۰ رکوع ۱۰
Part-10. R-10 Al-Tauba. R-4

مَـوَاطِـنَ (واحد sing مَوْطِنٌ) میدان۔
Battlefields. جگہیں

اَعْـجَـبَـتْـكُـمْ اس نے تم کو متکبر بنا دیا تھا۔
It made you proud.

لَـمْ تُـغْـنِ عَـنْـكُـمْ وہ (کثرت) نہ کام
They (*great numbers*) آئی تمہارے
availed you naught.

ضَـاقَـتْ تنگ ہوگئی۔
It became straitened.

بِـمَـا رَحُـبَـتْ باوجود فراخی اور وسیع ہونے کے
With all its vastness. کشادگی کے

وَلَّـيْـتُـمْ You turned. تم نے منہ پھرلیا

مُـدْبِـرِيْـنَ Retreating. پیٹھ دکھاتے ہوئے

نَجَسٌ گندے۔ناپاک Unclean.

بَعْدَعَامِهِمْ هٰذَا اُن کے اس سال کے بعد After this year of theirs.

عَامٌ سال (جمع Plu اَعْوَامٌ) Year.

عَيْلَةً غربت۔تنگدستی۔ Poverty.

يُحَرِّمُوْنَ وہ حرام قرار دیتے ہیں۔ They hold as unlawful.

يَدِيْنُوْنَ وہ دین اختیار کرتے ہیں۔ They follow the religion.

عَنْ يَّدٍ اپنی مرضی سے۔ With their favour.

صَاغِرُوْنَ وہ ماتحت ہوں۔ (خ-II) Those who are subordinates.

وہ بے بس ہو چکے ہوں (خ-IV) They acknowledge their subjection.

التوبہ رکوع ۵ پارہ ۱۰ رکوع ۱۱
Part-10. R-11 Al-Tauba. R-5

يُضَاهِئُوْنَ وہ نقل کرتے ہیں۔ They imitate, mimic, copy.

يُؤْفَكُوْنَ وہ اُلٹے پھرائے جاتے ہیں۔ They are turned away.

وہ (حقیقت سے) دور جا رہے ہیں (خ-II) They are turned away (*from reality*).

اَحْبَارٌ علماء (واحد sing حِبْرٌ) عالم Priests.

رُهْبَانَهُمْ (واحد sing رَاهِبٌ) درویش۔ Monks.

يُطْفِئُوْا وہ بجھا دیں۔ They extinguish, put out.

يَاْبٰى وہ انکار کرتا ہے He refuses.

يُتِمَّ وہ پورا کرے گا He will perfect.

يُظْهِرَ وہ غالب کرے گا۔ He will prevail over.

كَرِهَ اس نے ناپسند کیا۔ He disliked.

بِالْبَاطِلِ ناجائز۔ناواجب طور پر By false means.

يَصُدُّوْنَ وہ روکتے ہیں۔ They turn away.

يَكْنِزُوْنَ وہ جمع کرتے ہیں They hoard.

يُحْمٰى بھڑکائی جائے گی (آگ)۔ It shall be made hot (*fire*), flared up.

عَلَيْهَا اس (سونے اور چاندی) پر On it (*gold and silver*).

فَتُكْوٰى داغ دیئے جائیں گے۔ There shall be branded.

جِبَاهُهُمْ انکے ماتھوں پر (واحد sing جِبْهَةٌ) On their foreheads.

جُنُوْبُهُمْ (واحد sing جَنْبٌ) ان کے پہلوؤں (کو) (*Of*) their sides.

ظُهُوْرُهُمْ (واحد sing ظَهَرٌ) انکی پیٹھیں Their backs.

اَرْبَعَةٌ چار۔ Four.

حُرُمٌ عزت والے۔ Sacred.

كَآفَّةً سب کے سب All together.

يُوَاطِئُوْا وہ پوری کریں۔ They may make equal, agree.

Number. گنتی۔ عِـدَّةَ۔

اَلنَّسِیْءُ آگے پیچھے کرلینا۔
The postponement.

یُضَلُّ گمراہ ہوتے رہتے ہیں۔
They are led astray.

التوبہ رکوع ۶ پارہ ۱۰ رکوع ۱۲
Part-10. R-12 Al-Tauba. R-6

Go forth. نکلو۔ اِنْفِرُوْا

اِثَّاقَلْتُمْ اِلَی الْاَرْضِ تم بوجھل بن کر زمین کی طرف جھک جاتے ہو (خ IV)۔
You sink down heavily towards the earth.

تم اپنی زمین کیطرف جھک جاتے ہو۔ (خ II)
You bow down towards the earth.

اِلَّا تَنْفِرُوْا اگر تم نہ نکلو گے۔
If you will not go forth.

He will وہ بدل لائے گا۔ یَسْتَبْدِلْ
choose in stead, replace.

غَیْرَکُمْ تمہارے علاوہ۔
Other than you.

ثَانِیَ اثْنَیْنِ دو میں سے ایک۔
One of the two.

اَلسُّفْلٰی نیچا۔نچلا۔
Humbled, lowest.

اَلْعُلْیَا (اللہ کی بات کو) بلند۔اونچا۔
Supreme, greatest, highest.

Go forth. نکلو۔ اِنْفِرُوْا

Light. (یعنی بے سازوسامان) ہلکے خِفَافًا

Heavy. (باسازوسامان) بھاری ثِقَالاً

Distance. (خ IV)۔ فاصلہ عَرَضًا

Gain. (خ II)۔ فائدہ

Immediate. نزدیک۔ قَرِیْبًا

Easy. (خ IV)۔ آسان قَاصِدًا

Short. (خ II)۔ چھوٹا

بَعُدَتْ عَلَیْهِمُ الشُّقَّةُ دور معلوم ہوئی
The hard journey (خ II) ان کو مسافت
seemed too long to them.

مشقت اٹھانا ان سے بہت دور ہے۔
Hardship is beyond them.

التوبہ رکوع ۷ پارہ ۱۰ رکوع ۱۳
Part-10. R-13 Al-Tauba. R-7

عَفَا اللّٰہُ عَنْکَ اللہ نے تجھ سے درگذر کیا۔ اللہ تجھ سے درگذر کرے۔
Allah pardoned you, Allah may pardone, forgive you.

(*Hearts*) (دل) شک میں پڑ گئے ہیں اِرْتَابَتْ
doubted, are full of doubt.

Their doubts. اپنے شبہات رَیْبِهِمْ

یَتَرَدَّدُوْنَ وہ تردّد میں پڑے ہوئے ہیں۔
(یعنی وہ کبھی اِدھر ہوتے ہیں کبھی اُدھر)
They waver, sway, hesitate.

لَاَعَدُّوْا لَهٗ ضرور وہ اس کیلئے تیاری کرتے
They would certainly have made some preparation for it.

Some preparation. کوئی تیاری عُدَّةً

كَرِهَ اس نے ناپسند کیا He disliked.

اِنْبِعَاثَهُمْ ان کا اٹھنا۔ان کا نکلنا۔
Their marching forth.

فَثَبَّطَهُمْ اس نے ان کو بٹھا دیا۔
He kept them back.

خَبَالاً خرابی۔بدنظمی (IV خ) Trouble.

لَاَوْضَعُوْا ضرور وہ گھوڑے دوڑاتے۔
They would have hurried to and fro, moved about.

خِلٰلَكُمْ تمہارے درمیان۔
In your midst.

يَبْغُوْنَكُمُ الْفِتْنَةَ وہ تم میں فتنہ پیدا کرنا چاہتے ہیں۔
They seek to sow disorder in you.

سَمّٰعُوْنَ خوب سننے والے۔
Those who listen to.

قَلَّبُوْا انہوں نے بدلا They devised.

الْاُمُوْرَ حالات کو۔ Plots, plans.

فِي الْفِتْنَةِ سَقَطُوْا وہ فتنہ میں پڑ گئے۔
They have fallen into trial.

تَسُؤْهُمْ ان کو برا لگتا ہے۔ It grieves them, offends.

فَرِحُوْنَ وہ خوش ہوتے ہیں۔
They turn away rejoicing.

تَرَبَّصُوْنَ تم انتظار کرتے ہو You await.

اِحْدَى الْحُسْنَيَيْنِ دو بھلائیوں میں سے ایک
One of the two good things.

نَتَرَبَّصُ ہم انتظار کرتے ہیں We await.

يُصِيْبَكُمْ وہ (اللہ) تم کو پہنچائے گا۔
He (*Allah*) will afflict you.

فَتَرَبَّصُوْا پس تم انتظار کرو Then wait.

مُتَرَبِّصُوْنَ انتظار کرنیوالے۔
Those who are waiting.

كُسَالٰى سستی سے۔ Lazily.

تَزْهَقَ نکلیں گی (*Souls*) will depart.

اَنْفُسُهُمْ اُن کی جانیں Their souls.

قَوْمٌ يَفْرَقُوْنَ وہ بزدل لوگ ہیں۔ڈرتے ہیں
People who are timorous, frightened, fearful.

مَلْجَاً پناہ کی جگہ A place of refuge.

مَغٰرٰتٍ چھپ رہنے کیلئے غاریں Caves.

مُدَّخَلاً کوئی داخل ہونے کی جگہ۔
A hole to enter.

بیٹھ رہنے کی جگہ (II خ) A place for sitting

فَيَرْكُمَهٗ وہ اس کا ڈھیر بنا دے۔
They heap them up.

يَنْتَهُوْا وہ باز آ جائیں They abstain.

يَعُوْدُوْا وہ لوٹیں۔ They return.

مَوْلٰكُمْ تمہارا حامی Your protector.

يَجْمَحُوْنَ وہ دوڑتے ہونگے۔
They will run.

يَلْمِزُكَ وہ تجھ پر الزام لگاتا ہے۔
He finds fault with you.

يَسْخَطُوْنَ وہ ناراض ہو جاتے ہیں They are discontented, dissatisfied.

رَاغِبُوْنَ جھکنے والے ہیں۔مائل ہونے والے
Those who turn in supplication.

التوبہ رکوع ۸ پارہ ۱۰ رکوع ۱۴
Part-10. R-14 Al-Tauba. R-8

اَلۡعَامِلِیۡنَ کارکن (واحد sing عَامِلٌ)
کام کرنے والے۔ زکوٰۃ اکٹھی کرنیوالے۔
Those who are employed, workers.

اَلۡمُؤَلَّفَۃِ قُلُوۡبُھُمۡ ان کے دلوں کو جوڑنے کے لئے۔
For reconciling their hearts.

اَلرِّقَاب (واحد sing رَقَبَۃٌ) گردن۔غلام قیدی۔
Slaves, captives of war.

اَلۡغَارِمِیۡنَ قرضداروں اور جن پر چٹی پڑجائے۔
Those who are in debt.

یُؤۡذُوۡنَ وہ دکھ دیتے ہیں۔ They annoy.

یُحَادِدُ وہ مخالفت کرتا ہے۔ He opposes.

یَحۡذَرُ وہ ڈرتا ہے۔ He fears.

تَحۡذَرُوۡنَ تم ڈرتے ہو You fear.

نَخُوۡضُ ہم گپ شپ میں محو ہوتے ہیں We talk idly, plunge in vain talk.

نَلۡعَب ہم دل بہلا وا کرتے ہیں۔ We jest.

لَا تَعۡتَذِرُوۡا نہ عذر پیش کرو۔
Make no excuses.

نَعۡفُ ہم معاف کریں۔ We forgive.

التوبہ رکوع ۹ پارہ ۱۰ رکوع ۱۵
Part-10. R-15 Al-Tauba. R-9

یَقۡبِضُوۡنَ وہ روکتے ہیں۔وہ بند رکھتے ہیں
They keep closed.

نَسُوا اللّٰہَ انھوں نے اللہ کو چھوڑ دیا۔
They neglected Allah.

فَاسۡتَمۡتَعُوۡا بِخَلَاقِھِمۡ انھوں نے فائدہ اٹھایا اپنے حصہ کے مطابق۔
They enjoyed their lot.

خُضۡتُمۡ تم نے ہنسی مذاق کیا۔بحث کی۔
You indulged in idle talk.

نَبَأُ خبر۔ The news.

اَلۡمُؤۡتَفِکٰتُ اُلٹائی گئی بستیاں۔
The cities were overthrown.

التوبہ رکوع ۱۰ پارہ ۱۰ رکوع ۱۶
Part-10. R-16 Al-Tauba. R-10

وَاغۡلُظۡ اور سختی کر And be severe.

ھَمُّوۡا انھوں نے ارادہ کیا۔
They meditated, plan, intend.

لَمۡ یَنَالُوۡا انھوں نے نہ حاصل کیا۔
They could not attain.

نَقَمُوۡا انھوں نے دشمنی کی۔ برا منایا۔ They cherished hatred, displeased.

فَاَعۡقَبَھُمۡ تو اس (خدا) نے ان کے پیچھے چلا دیا (نفاق) So He requited them (*with hypocrisy*).

بِمَا اَخۡلَفُوا اللّٰہَ۔ اس وجہ سے کہ انھوں نے وعدہ خلافی کی اللہ سے Because they broke their promise to Allah.

سِرَّھُمۡ ان کے راز۔مخفی باتیں۔
Their secrets.

نَجۡوٰھُمۡ ان کے مخفی مشورے۔
Their secret counsels.

يَلْمِزُوْنَ وہ طنز کرتے' الزام دیتے ہیں
They find fault.
اَلْمُطَّوِّعِيْنَ خوشی سے نیکی کرنیوالے
Those who do something willingly and voluntarily.
جُهْدَهُمْ اپنی محنت۔ Their endeavour, toil, attempt.
سَبْعِيْنَ Seventy. ستر۔
مَرَّةً Once, one time. بار۔

التوبہ رکوع ۱۱ پارہ ۱۰ رکوع ۱۷
Part-10. R-17 Al-Tauba. R-11

فَرِحَ He rejoiced. وہ خوش ہوگیا۔
اَلْمُخَلَّفُوْنَ پیچھے چھوڑے ہوئے۔
Those who were left behind.
مَقْعَدِهِمْ اپنی جگہ پر بیٹھ رہنے پر
In their sitting at home behind.
فَلْيَضْحَكُوْا چاہئے کہ وہ ہنسیں۔
They should laugh.
وَلْيَبْكُوْا اور چاہئے کہ وہ روئیں۔
And they should weep.
فَاسْتَأْذَنُوْكَ پس وہ تجھ سے اجازت مانگیں
They ask of your leave.
رَضِيْتُمْ You تم راضی ہوگئے تھے۔ chose, consented, agreed.
اَلْقُعُوْد بیٹھے رہنے پر۔
To sit at home.

تُعْجِبْكَ تجھے تعجب میں ڈالے۔ تجھے پسند آئیں۔ تیرے لئے کشش پیدا کریں
(*They*) excite you wonder, delight, please.
تَذْهَقَ It may depart. نکلے۔ چلی جائے
ذَرْنَا Leave us. ہمیں چھوڑ دیں۔
رَضُوْا They contented. وہ خوش ہوگئے
اَلْخَوَالِفُ Those پیچھے رہنے والے۔ who remain behind, lag.

التوبہ رکوع ۱۲ پارہ ۱۰ رکوع ۱۸
Part-10. R-18 Al-Tauba. R-12

اَلْمُعَذِّرُوْنَ عذر' بہانہ کرنیوالے۔
Those who make excuses.
حَرَجٌ Blame, تنگی۔ گرفت۔ difficulty, narowness.
نَصَحُوْا They وہ خیرخواہ' مخلص ہوئے were sincere, well-wisher.
لِتَحْمِلَهُمْ تاکہ تو ان کے لئے سواری مہیا کرے۔
That you should furnish them with mounts.
تَفِيْضُ وہ بہاتی تھیں۔
They overflowed.
اَلدَّمْعُ Tears. آنسو۔

☆☆☆

التوبہ رکوع ۱۲ پارہ ۱۱ رکوع ۱
Part-11. R-1 Al-Tauba. R-12

يَعْتَذِرُوْنَ وہ عذر کرتے ہیں۔
They make excuses.

نَبَّانَا اس نے ہمیں خبر دے دی ہے۔
He has already informed us.

اَخْبَارَكُمْ تمہارے حالات۔
Your true facts and figures.

اَلْاَعْرَابُ (واحد sing اَعْرَابِیٌّ) دیہات اور جنگلوں میں رہنے والے۔
The Arabs of the desert (*The inhabitants of towns and jungles*)

اَجْدَرُ اسی لائق ہیں۔ (*They*) are suitable.
زیادہ رجحان رکھتے ہیں۔(خ۔IV)
(*They*) are most tending.
مستحق ہیں (خ۱۱)
(*They*) are most apt.

مَغْرَمًا چٹی۔ A compulsory fine.

يَتَرَبَّصُ وہ انتظار کرتا ہے۔ He waits.

اَلدَّوَآئِرَ (واحد sing دَآئِرَةٌ) گردشیں۔
Calamities, disasters.

صَلَوٰتِ الرَّسُوْلِ رسول کی دعائیں۔
The prayers of the Prophet.

التوبہ رکوع ۱۳ پارہ ۱۱ رکوع ۲
Part-11. R-2 Al-Tauba. R-13

اَلسَّابِقُوْنَ الْاَوَّلُوْنَ (واحد sing اَوَّلٌ)
پہلے سب سے سبقت لے جانیوالے
Those who go first, the foremost.

حَوْلَكُمْ تمہارے اردگرد۔ Around you.

مَرَدُوْا مصر ہیں۔ پختہ ہیں۔
جم چکے ہیں۔(خIV)
They persisted.

اِعْتَرَفُوْا انہوں نے اقرار کیا۔
They confessed.

خَلَطُوْا انہوں نے ملا جلا دیا۔
They mixed.

مُرْجَوْنَ چھوڑے جانے والے
Those who have been postponed.

اِرْصَادًا پناہ گاہ۔ کمین گاہ۔
Ambush, hiding place, lurking place.

لَيَحْلِفُنَّ وہ ضرور قسمیں کھائیں گے۔
They will surely swear.

اُسِّسَ بنیاد رکھی گئی It was founded.

اَسَّسَ اس نے بنیاد رکھی He founded.

بُنْيَانَهٗ اس کی عمارت Its building.

شَفَا کنارہ۔ The brink.

جُرُفٍ کھوکھلا۔ پھسلنے والا۔ بھربھرا۔
Water-worn bank.

هَارٍ گرنے والا۔ Tottering, crumbling, weak.

لَا يَزَالُ ہمیشہ۔ Ever.

بُنْيَانُهُمْ ان کی عمارت۔
The building of theirs.

بَنَوْا انہوں نے بنائی They built.

رِيْبَةً شک اور خلش کا باعث۔
To be a source of disquiet.

تَقَطَّعَ وہ ٹکڑے ٹکڑے ہو گئے۔
They have been cut into pieces, became severed.

توبہ رکوع ۱۴ پارہ ۱۱ رکوع ۳
Part-11. R-3 Al-Tauba. R-14

فَاسْتَبْشِرُوْا پس خوش ہو جاؤ۔
Rejoice then.

بِبَيْعِكُمُ اپنے سودے پر۔
In your bargain.

اَلسَّآئِحُوْنَ سفر کرنے والے Those who go about in the land.

تَبَرَّاَ وہ بیزار ہو گیا۔ الگ ہو گیا۔
He dissociated himself.

لَاَوَّاهٌ نرم دل۔ Tender-hearted.

حَلِيْمٌ بردبار Forbearing.

Wise, shrewd. عقلمند (خ۔II)

تَابَ اللّٰهُ اللہ نے فضل کیا۔
Allah has turned with mercy.

كَادَ قریب تھا Was about to do, Well-nigh.

يَزِيْغَ ٹیڑھے ہو جاتے۔
(*Hearts*) had swerved.

خُلِّفُوْا وہ پیچھے چھوڑے گئے۔
They were left behind.

ضَاقَتْ تنگ ہو گئی۔ It became strait.

بِمَا رَحُبَتْ باوجود فراخی کے۔
With all its vastness.

مَلْجَاَ پناہ۔ Refuge, shelter.

التوبہ رکوع ۱۵ پارہ ۱۱ رکوع ۴
Part-11. R-4 Al-Tauba. R-15

يَتَخَلَّفُوْا وہ پیچھے رہ جاتے۔ They should have remained behind.

يَرْغَبُوْا اَنْفُسَهُمْ وہ اپنی جانوں کی فکر میں لگ جاتے۔ مائل ہو جاتے اپنی طرف
They should have preferred their own lives.

عَنْ نَفْسِهٖ اس (رسول اللہ) کی جان سے بے پرواہ ہو کر۔ اس (رسول) کی بجائے۔
Indifferently, improvidently, instead of this (*Messenger*).

ظَمَاٌ پیاس۔ Thirst.

نَصَبٌ تھکان Fatigue, tiredness

مَخْمَصَةٌ بھوک۔ Hunger.

يَطَـُٔوْنَ وہ چلتے ہیں۔ قدم مارتے ہیں۔
They tread, walk, step.

مَوْطِئًا کسی زمین پر۔ راستہ پر۔ A track.

يَغِيْظُ غصہ دلاتا ہے It enrages.

يَنَالُوْنَ وہ لیتے ہیں۔ کوئی فتح پاتے ہیں۔
They gain, obtain, win.

نَيْلاً کوئی مال غنیمت Advantage, spoils of war.

يَقْطَعُوْنَ وہ طے کرتے ہیں۔
They traverse, travel.

يَنْفِرُوْا وہ نکلیں They go forth.

كَافَّةً سب کے سب All together.

نَفَرَ وہ نکلا۔ He went forth.

لِيَتَفَقَّهُوْا تاکہ وہ دین کا فہم حاصل کریں
That they may become well-versed in religion.

لِيُنْذِرُوْا تاکہ وہ ہوشیار کریں، خبردار کریں
That they may warn.

یَحْذَرُوْنَ وہ ڈرنے لگیں۔ وہ بچ جائیں (ہلاکت سے) محتاط ہو جائیں۔
They may guard (*against evil*)

التوبہ رکوع ۱۶ پارہ ۱۱ رکوع ۵
Part-11. R-5 Al-Tauba. R-16

یَلُوْنَکُمْ وہ تمہارے قریب رہتے ہیں۔
They are near to you.

غِلْظَۃً سختی۔ مضبوطی۔ پختگی۔
Hardness, firmness.

Which of you. تم میں سے کون اَیُّکُمْ

یَسْتَبْشِرُوْنَ وہ خوشی حاصل کرتے ہیں
They rejoice, خوشخبریاں حاصل کرتے ہیں
feel great joy, take delight.

Uncleanness. گند۔ رِجْسًا

یُفْتَنُوْنَ وہ آزمائش میں ڈالے جاتے ہیں۔
They are tried.

اِنْصَرَفُوْا وہ چلے جاتے ہیں، پھر جاتے ہیں
They turn away.

صَرَفَ اس (اللہ) نے پھیر دیا۔
He (*Allah*) has turned away.

عَزِیْزٌ عَلَیْہِ اس پر شاق گذرتا ہے۔
It is grievous, گراں گذرتا ہے
heavy to him.

That جو تم تکلیف اٹھاتے ہو۔ مَاعَنِتُّمْ
you fall into trouble.

حَرِیْصٌ عَلَیْکُمْ تم پر حریص ہے (خیر کا) وہ تمہارے لئے خیر کا بھوکا ہے۔ (خ۔II)
He is ardently desirous of your welfare.

حَسْبِیَ اللّٰہُ اللہ میرے لئے کافی ہے
Allah is sufficient for me.

یونس رکوع ۱ پارہ ۱۱ رکوع ۶
Part-11. R-6 Yonus. R-1

Warn, caution. ہوشیار کر۔ اَنْذِرْ

A true rank. کامل درجہ قَدَمَ صِدْقٍ

یُدَبِّرُ الْاَمْرَ وہ ہر کام کا انتظام کرتا ہے۔
He governs every thing.

حَمِیْمٌ کھولتا ہوا پانی۔ گرم پانی۔
Boiling water.

ضِیَآءً روشن۔ ذاتی روشنی والا (خ۔II)
Radiant, emitting rays of light,
A brilliant light.

He اس نے مقرر کیا۔ اندازہ کیا۔ قَدَّرَ
ordained, decreed, measured.

Count. گنتی۔ عَدَدَ

Years. (واحد *sing* سَنَۃٌ) سال اَلسِّنِیْنَ

They hope. وہ امید رکھتے ہیں۔ یَرْجُوْنَ

They وہ راضی ہو گئے۔ رَضُوْا
became content, pleased.

وَاطْمَاَنُّوْا وہ مطمئن ہو گئے
They felt at rest, satisfied.

Their prayer. ان کی پکار دَعْوٰھُمْ

یونس رکوع ۲ پارہ ۱۱ رکوع ۷
Part-11. R-7 Yonus. R-2

اِسْتِعْجَالَھُمْ ان کا جلدی چاہنا۔
Their hastiness.

The good. مال۔ اَلْخَیْرَ

قُضِيَ پوری ہوچکی ہوتی۔
It is decided, completed.

Their term. ان کی میعاد۔ اَجَلُهُمْ

طُغْيَانِهِمْ ان کی سرکشی۔
Their transgression.

يَعْمَهُوْنَ وہ سرگردان پھر رہے ہیں۔
They wander distractedly.

He went this way, passed. وہ گذرا مَرَّ

As though. گویا کہ۔ كَاَنْ

لَّمْ يَدْعُنَا اس نے ہم کونہیں پکارا۔
He had never called on us.

اَلْقُرُوْنَ (واحد sing قَرْنٌ) قومیں۔
Generations, centuries. صدیاں

Bring. لا۔ اِئْتِ

تِلْقَائِ نَفْسِيْ اپنی طرف سے۔
Of my own accord.

عَصَيْتُ میں نے نافرمانی کی۔
I disobeyed.

I recite it. میں اس کو پڑھتا ہوں تَلَوْتُهٗ

اَدْرٰيكُمْ بِهٖ اس نے تم کو اس کا علم دیا۔
He made it known to you.

What. کیا۔ اَ

تُنَبِّئُوْنَ تم بتاتے ہو۔ خبر دیتے ہو۔
You tell, inform.

یونس رکوع ۳ پارہ ۱۱ رکوع ۸
Part-11. R-8 Yonus. R-3

To plan. تدبیر کرنا۔ مَكْرٌ

اَسْرَعُ مَكْرًا وہ (اللہ) بہت جلدی تدبیر کرتا ہے۔
He (*Allah*) is swifter in planning.

You plan. تم تدبیر کرتے ہو تَمْكُرُوْنَ

يُسَيِّرُكُمْ وہ تم کو چلاتا ہے۔
He enables you to journey.

بِرِيْحٍ طَيِّبَةٍ عمدہ ہوا کے ذریعہ۔
With a fair breeze, favourable wind.

A violent wind. تند ہوا رِيْحٌ عَاصِفٌ

The wave. پانی کی لہر۔ اَلْمَوْجُ

اُحِيْطَ بِهِمْ وہ گھیرے گئے۔
They are encompassed.

مُخْلِصِيْنَ لَهٗ خالص کرتے ہوئے اسی (خدا) کے لئے۔
Purifying to Him (*Allah*). making their exclusive devotion to Him.

اَلدِّيْنَ اطاعت۔ دین۔
Submission, religion.

يَبْغُوْنَ وہ سرکشی، بغاوت کرتے ہیں۔
They commit excesses.

It mingled, mixed. وہ مل گئی اِخْتَلَطَ

Its ornament, embellishment. اپنا سنگار۔ زُخْرُفَهَا

اِزَّيَّنَتْ وہ خوبصورت ہوگئی۔
It looked beautiful.

حَصِيْدًا کٹی ہوئی کھیتی۔
A mown down field.

لَمْ تَغْنَ آبادنہ تھی۔وجودنہ تھا۔
Nothing had existed.

It will cover. چھائے گی یَرْهَقُ

Darkness. غبار۔سیاہی۔ قَتَرٌ

Protector. بچانے والا۔ عَاصِمٌ

اُغْشِيَتْ اوپرڈال دیئے جائیں گے۔
Will have been covered.

Patches, pieces. ٹکڑے۔ قِطَعًا

Dark. تاریک۔ مُظْلِمًا

مَكَانَكُمْ تم اپنی جگہ ٹھہرو۔
Stand back at your places.

زَيَّلْنَا ہم جدائی ڈال دیں گے۔
We shall separate.

There. وہاں۔ هُنَالِكَ

تَبْلُوا مزا چکھے گی (ہرجان)
(*Every soul*) (IVخ) جان لے گی۔
will realize, understand.

It shall be lost. بھول جائے گا ضَلَّ

They forge, وہ گھڑتے ہیں يَفْتَرُوْنَ
imitate fraudulently.

یونس رکوع ۴ پارہ ۱۱ رکوع ۹
Part-11. R-9 Yonus. R-4

تُصْرَفُوْنَ تم پھیرائے جاتے ہو۔
You are turned away.

تُؤْفَكُوْنَ تم کو پھیرا جارہا ہے۔
You are being turned away.

لَا يَهِدِّيْ وہ راہ نہیں پاتا ہے۔ہدایت
He finds not the way. نہیں پاتا۔

يُهْدٰى وہ ہدایت دیا جاتا ہے۔
He is guided.

تَاْوِيْلُهٗ اس کی حقیقت۔
Its interpretation, the truth.

یونس رکوع ۵ پارہ ۱۱ رکوع ۱۰
Part-11. R-10 Yonus. R-5

يَسْتَمِعُوْنَ وہ کان لگا رکھتے ہیں۔
They give ear.

تُسْمِعُ تو سنائے گا۔
You will make hear.

They see. وہ بصیرت رکھتے ہیں يُبْصِرُوْنَ

يَتَعَارَفُوْنَ وہ تعارف حاصل کریں گے۔
They will recognize.

يَسْتَاْخِرُوْنَ وہ پیچھے رہتے ہیں۔
They remain behind.

يَسْتَقْدِمُوْنَ وہ آگے بڑھتے ہیں۔
They get ahead.

By night. رات کو۔ بَيَاتًا

يَسْتَعْجِلُ مِنْهُ وہ (مجرم) بھاگ سکیں گے
He (*guilty*) will اس (عذاب) سے
run away from it (*Punishment*)

يَسْتَنْبِئُوْنَكَ وہ تجھ سے پوچھتے ہیں۔
They ask you.

Yea. ہاں۔ اِیْ

By my Lord. میرے رب کی قسم وَرَبِّیْ

یونس رکوع ٦ پارہ ۱۱ رکوع ۱۱
Part-11. R-11 Yonus. R-6

اَسَرُّوا انھوں نے چھپایا۔
They concealed, hid.

فَلْيَفْرَحُوْا چاہیے کہ وہ خوش ہوں۔
They should rejoice.

یونس رکوع ۷ پارہ ۱۱ رکوع ۱۲
Part-11. R-12 Yonus. R-7

شَاْنٌ کام۔ Anything.
شُهُوْدًا گواہ ہوتے ' دیکھ رہے ہوتے ہیں۔
Are witnesses.
تُفِيْضُوْنَ تم مشغول ہوتے ہو۔ You are engrossed, occupied fully.
مَا يَعْزُبُ نہیں چھپا رہتا۔ نہیں پوشیدہ رہتا
Is not hidden.
يَخْرُصُوْنَ وہ اٹکل سے کام لیتے ہیں۔
They only make guesses.

یونس رکوع ۸ پارہ ۱۱ رکوع ۱۳
Part-13. R-6 Yonus. R-8

وَاتْلُ اور پڑھ۔ And recite.
نَبَاٌ (جمع plu اَنْبَاءٌ) خبر The story.
فَاجْمَعُوْا تم جمع کرو Muster, collect.
غُمَّةٌ مشتبہ۔ Obscure, vague.
اقْضُوْا اِلَيَّ نافذ کرو مجھ پر Carry out *(your designs)* against me.
لَا تُنْظِرُوْنِ تم مجھے مہلت نہ دو۔
You give me no respite.
نَطْبَعُ ہم مہر لگاتے ہیں۔ We do seal.
جِئْتَنَا تو ہمارے پاس آیا۔
You came to us.
لِتَلْفِتَنَا تاکہ تو ہمیں ہٹا دے That you may turn us away.

اَلْكِبْرِيَاءُ بڑائی۔ Greatness.
سَيُبْطِلُهٗ ضرور وہ (اللہ) اسکو باطل کر دیگا۔ مٹا دے گا Surely He *(Allah)* will bring it to naught.
لَا يُصْلِحُ وہ نہیں صحیح قرار دیتا ہے۔
نہیں کامیاب ہونے دیتا۔ He does not permit to prosper.

یونس رکوع ۹ پارہ ۱۱ رکوع ۱۴
Part-11. R-14 Yonus. R-9

لَعَالٍ ضرور سرکشی کرنے والا۔
Surely, a tyrant, oppressive.
تَبَوَّاٰ تم دونوں رہائش کی جگہ بناؤ۔
Both of you make dwellings.
تم دونوں گھر تیار کرو۔ (خIV) Both of you take some houses. (Kh-IV)
قِبْلَةً آمنے سامنے۔ Face to face,
Face each other, opposite.
اِطْمِسْ تباہ و برباد کردے۔ Destroy.
اُشْدُدْ سزا نازل کر۔ سختی نازل کر۔
Harden, attack.
اُجِيْبَتْ قبول کرلی گئی Is accepted.
اِسْتَقِيْمَا تم دونوں استقامت دکھاؤ۔
Be both of you steadfast.
جَاوَزْنَا ہم نے پار اتارا۔ گزارا۔
We brought across.
فَاَتْبَعَهُمْ اس نے ان کا پیچھا کیا۔
He pursued them.
بَغْيًا بغاوت کرتے ہوئے۔ Wrongfully.
عَدْوًا دشمنی۔ ظلم کرتے ہوئے۔
Aggressively.

اَدۡرَکَهُ آلیا اس (فرعون) کو
It overtook him (*Pharaoh*).

نُنَجِّیۡکَ ہم تجھے نجات دیں گے۔
We shall save you.

یونس رکوع ۱۰ پارہ ۱۱ رکوع ۱۵
Part-11. R-15 Yonus. R-10

بَوَّاۡنَا ہم نے جگہ دی۔ٹھکانا دیا۔
We assigned, settled.

مُبَوَّاَ صِدۡقٍ سچائی کا ٹھکانا۔
An excellent abode.

The ظاہری اور باطنی خوبی والی جگہ (خII)
abode having extrinsic as well as intrinsic attributes. (Kh-II)

You will force. تُکۡرِهُ تو مجبور کریگا

Dirt, اَلرِّجۡسَ گندگی۔پلیدی (خIV)
filth, uncleanliness. (Kh-IV)

Wrath. غضب۔(خ۔II)

Warnings. اَلنُّذُرُ ڈرانے والی باتیں، خبریں

It is حَقًّا عَلَیۡنَا ہمارے ذمہ ہے۔
incumbent, necessary on us.

نُنۡجِ الۡمُؤۡمِنِیۡنَ ہم مومنوں کو نجات دیتے ہیں۔
We save believers.

یونس رکوع ۱۱ پارہ ۱۱ رکوع ۱۶
Part-11. R-16 Yonus. R-11

اَقِمۡ وَجۡهَکَ اپنی توجہ کو وقف کردے۔
Set your face.

حَنِیۡفًا ہر قسم کی کجی سے پاک ہوتے ہوئے ہمیشہ اللہ کی طرف مائل ہوتے ہوئے (خ۔IV)
Inclining to God's command.

یَمۡسَسۡکَ اللّٰهُ اللہ تجھے پہنچائے۔
Allah touch you.

کَاشِفٌ دور کرنے والا۔
One who removes.

One who رَآدَّ روکنے والا۔
repel, intercept.

یُصِیۡبُ وہ پہنچاتا ہے۔
He causes to reach.

مَنِ اهۡتَدٰی جو ہدایت کو اختیار کرے۔
Whoever follows the guidance.

یَضِلُّ عَلَیۡهَا اس گمراہی کا وبال اس پر پڑے گا
It will err only against it.

ھود رکوع ۱ پارہ ۱۱
Part-11. R-1 Hud. R-1

اُحۡکِمَتۡ محکم، مضبوط کی گئی ہیں۔
These have been made firm.

These فُصِّلَتۡ کھول کر بیان کی گئی ہیں
have been expounded in detail.

It is from. مِنۡ لَّدُنۡ طرف سے

اَجَلٍ مُّسَمًّی مقررہ میعاد۔
Appointed term.

یَثۡنُوۡنَ وہ موڑتے رہتے ہیں۔وہ بل دیتے ہیں۔(خ۔IV)
They fold up. (IV-خ)

That لِیَسۡتَخۡفُوۡا تا کہ وہ چھپے رہیں
they may remain hiden.

یَسۡتَغۡشُوۡنَ وہ اوڑھتے ہیں۔وہ پہنتے ہیں۔(خ۔IV)
They cover. (IV-خ)

ثِیَابَهُمۡ (واحد sing ثَوۡبٌ) اپنے کپڑے
Their garments.

هود رکوع ۱ پارہ ۱۲ رکوع ۱
Part-12. R-1 Hud. R-1

وَمَا مِنْ دَآبَّةٍ اور کوئی جاندار نہیں ہے۔
There is no creature.

مَبْعُوْثُوْنَ اٹھائے جانے والے۔
Those who will be raised.

مَايَحْبِسُهٗ کس چیز نے اسکو روکا ہے۔
What withholds it.

مَصْرُوْفًا ہٹایا جانے والا۔
One who shall be averted.

حَاقَ اس نے گھیرا۔ He encompassed.

هود رکوع ۲ پارہ ۱۲ رکوع ۲
Part-12. R-2 Hud. R-2

اَذَقْنَا ہم نے چکھایا۔ We made taste.

نَزَعْنَا ہم نے ہٹایا۔ چھین لیا۔
We took away.

يَئُوْسٌ ناامید۔ Despairing.

كَفُوْرٌ ناشکرا۔ منکر احسان۔ Ungrateful.

فَرِحٌ اترانے والا۔ خوش ہونے والا۔ Exultant.

فَخُوْرٌ فخر کرنے والا Boastful.

ضَآئِقٌ تنگ ہونیوالا ہے Straitened.

فَاْتُوْا پس لاؤ۔ Then bring.

عَشْرِ دس۔ Ten.

سُوَرٍ سورتیں۔ (واحد sing سُوْرَةٌ)
Chapters.

مُفْتَرَيَاتٍ جھوٹی۔ اپنی طرف سے بنائی ہوئی۔
Forged.

لَمْ يَسْتَجِيْبُوْا وہ نہ قبول کریں۔
They do not accept.

نُوَفِّ ہم پورا پورا دیں گے۔ We shall fully repay, pay in full.

يُبْخَسُوْنَ وہ کم دیئے جائیں گے۔ ان کی حق تلفی کی جائے گی۔
They shall be wronged.

حَبِطَ ضائع ہو گیا۔
It has come to naught.

صَنَعُوْا انھوں نے کیا۔ کمایا۔ They wrought, earned, worked.

بَاطِلٌ مٹ جانے والا ہے۔ Vain.

يَتْلُوْهُ وہ اس کے پیچھے آئے گا۔
He will follow him.

شَاهِدٌ (جمع plu اَشْهَادٌ) ایک گواہ۔
A witness.

يُعْرَضُوْنَ وہ پیش کئے جائیں گے۔
They shall be presented.

يَصُدُّوْنَ وہ روکتے ہیں۔
They turn them away.

يَبْغُوْنَ وہ چاہتے ہیں۔ تلاش کرتے ہیں
They seek.

عِوَجًا کجی۔ Crooked.

لَاجَرَمَ بے شک۔ بلاشبہ۔ Undoubtedly.

اَخْبَتُوْا وہ جھکے۔ وہ جھک گئے۔
They humbled.

اَلْاَعْمٰى (جمع plu عُمْىٌ)
The blind. اندھا۔

اَلْاَصَمُّ (جمع plu صُمٌّ) بہرہ۔ The deaf.

هود رکوع ۳ پارہ ۱۲ رکوع ۳
Part-12. R-3 Hud. R-3

اَرَاذِلُنَا ہمارے ذلیل ترین۔ حقیر ترین۔ پنچ لوگ۔
The meanest of us.

بَادِیَ الرَّاْیِ ظاہری نظر میں۔ بظاہر۔ سرسری نظر میں۔
To all outward appearance.

فَعُمِّیَتْ پس پوشیدہ رکھی گئی۔ مشتبہ رہی
It has remained obscure.

اَنُلْزِمُکُمُوْهَا کیا ہم تم سے جبراً یہ (بیّنہ) منوالیں گے۔ پابند کریں گے تمہیں
Shall we force it upon you.

کٰرِهُوْنَ ناپسند کرنے والے
Averse, reluctant, unwilling, those who dislike.

طَارِدُ دھتکارنے والا۔
One who drives away, repels.

مُلٰقُوْا وہ ملنے والے ہیں۔
They shall meet.

تَجْهَلُوْنَ تم جاہلیت (کے کام) کرتے ہو۔ تم جاہل لوگ ہو۔
You are an ignorant people.

تَزْدَرِیْ حقارت سے دیکھتی ہیں۔
(*Eyes*) despise, scorn, disdain.

جَادَلْتَنَا تو ہم سے بحث کر چکا ہے۔
You have disputed with us.

فَاَکْثَرْتَ جِدَالَنَا بلکہ ہم سے خوب بحث کر چکا ہے۔
But you have disputed with us many a time.

فَاْتِنَا پس لا ہم پر
Bring us now.

تَعِدُنَا تو ہمیں ڈراتا ہے۔
You threaten us.

مُعْجِزِیْنَ عاجز کرنیوالے۔
Those who frustrate, make ineffective.

یُغْوِیَکُمْ وہ تم کو ہلاک کرے گا۔ گمراہ کریگا۔
He will destroy you.

اِجْرَامِیْ میرا جرم۔
My crime.

تُجْرِمُوْنَ تم جرم کرتے ہو۔
You commit crime.

هود رکوع ۴ پارہ ۱۲ رکوع ۴
Part-12. R-4 Hud. R-4

فَلَا تَبْتَئِسْ پس تو افسوس نہ کر، تو دل بُرا نہ کر۔
Therefore you have not grieved, you need not grieve.

اِصْنَعْ بنا۔
Build.

بِاَعْيُنِنَا ہماری آنکھوں کے سامنے۔
Under our eyes.

وَحْيِنَا
Our revelation.

مَرَّ عَلَيْهِ وہ اس کے پاس سے گذرا۔
He passed by him.

كُلَّمَا جب کبھی
Every time.

یَحِلُّ عَلَيْهِ وہ اس پر نازل ہوگا۔
It will fall on him.

عَذَابٌ مُّقِيْمٌ مستقل عذاب۔
A lasting punishment.

فَارَ جوش مارا۔ پھوٹ پڑے۔
(*Fountains*) gushed forth.

اَلتَّنُّوْرُ چشمے۔
Fountains.

اِحْمِلْ سوار کر۔
Embark.

مِنۡ کُلٍّ ہرایک (جانوروں) میں سے۔
From every kind (*of animals*).

زَوۡجَیۡنِ ایک جوڑا۔(خ۔IV)
A pair.

اِثۡنَیۡنِ نرومادہ۔ دو دو۔
Male and female, two and two.

سَبَقَ عَلَیۡہِ الۡقَوۡلُ جس پر فردِ جرم لگ چکا۔ جس کے خلاف فیصلہ ہو چکا۔ جس کے متعلق پہلے ہمارا فرمان جاری ہو چکا۔
Against whom the word has already gone forth.

اِرۡکَبُوۡا سوار ہو جاؤ۔
Embark.

مَجۡرِیۡھَا اُس (کشتی) کا چلنا۔
Be its (*Ark*) course.

مُرۡسٰھَا اس (کشتی) کا ٹھہرایا جانا۔ لنگرانداز ہونا
Its (*Ark*) mooring.

مَعۡزِلٌ الگ جگہ۔ علیحدہ۔
Apart.

سَاٰوِیۡۤ ابھی میں پناہ لے لوں گا۔
I shall soon betake myself for refuge

یَعۡصِمُنِیۡ وہ (پہاڑ) مجھے بچائیگا
That (*mountain*) will shelter me.

عَاصِمٌ بچانیوالا۔
One who shelters, protects.

اِبۡلَعِیۡ تو نگل جا۔
Swallow.

اَقۡلِعِیۡ تو تھم جا (برسنے سے)
Cease (*raining*).

غِیۡضَ (پانی) خشک کر دیا گیا۔(خ۔IV)
جذب کر دیا گیا۔ (خ۔II)
(*Water*) was made to subside.

قُضِیَ الۡاَمۡرُ معاملہ ختم کر دیا گیا۔(خ۔II)
فیصلہ صادر کر دیا گیا۔(خ۔IV)
The matter was decided.

اِسۡتَوَتۡ وہ (کشتی) ٹھہر گئی۔
That (*Ark*) came to rest.

جُوۡدِیِّ پہاڑ کا نام ہے۔ میرا کرم۔
(لفظی معنی۔ خدائی بخشش کا پہاڑ)
Name of a mountain, my graciousness. (*wordly meaning, mountain of divine forgiveness*)

قِیۡلَ (فرشتوں کو) کہا گیا۔
It was said (*to the angels*).

بُعۡدًا ہلاکت مقدر کر دو۔ (خ۔II)
May be cursed, perish.

اَحۡکَمُ سب سے بہتر فیصلہ کرنیوالا۔
The most just of judges.

اَعِظُکَ میں تجھے نصیحت کرتا ہوں۔
I admonish you, advise you.

اِھۡبِطۡ اتر جا۔
Descend, come down, move down.

ھود رکوع ۵ پارہ ۱۲ رکوع ۵
Part-12. R-5 Hud. R-5

مُفۡتَرُوۡنَ افترا کرنے والے۔
Forgers of lies, those who fabricate lies.

فَطَرَنِیۡ اس نے مجھے پیدا کیا۔
He created me.

تُوۡبُوۡا توبہ کرو۔ رجوع کرو۔ لوٹو۔
Repent, return.

مِدْرَارًا خوب برسنے والا (بادل)۔
موسلا دھار برسنے والا۔
Pouring down abundant rain.

لَا تَتَوَلَّوْا نہ پیٹھ پھیرو۔
Turn not away.

مُجْرِمِيْنَ مجرم بن کر Being sinners.

اِعْتَرٰكَ وہ تیرے پیچھے پڑ گیا ہے۔
He has smitten, visited you.

بِسُوْٓءٍ بدارادہ سے۔ With evil.

نَاصِيَةٍ پیشانی کے بال۔ Forelocks.

يَسْتَخْلِفُ وہ جانشین بنا دے گا۔
He will make successor.

غَلِيْظٌ سخت۔ Severe, harsh.

جَحَدُوْا انہوں نے انکار کر دیا۔
They denied.

جَبَّارٌ سرکش۔سخت جابر Haughty, arrogant, disdainful.

عَنِيْدٌ حق کا سخت دشمن۔
Severe enemy of truth.

اُتْبِعُوْا ان کے پیچھے لگائی گئی۔
They were followed.

هود رکوع ٦ پارہ ١٢ رکوع ٦
Part-12. R-6 Hud. R-6

اَنْشَاَكُمْ اس (خدا) نے تم کو اٹھایا۔
He (*Allah*) raised you.

اِسْتَعْمَرَكُمْ اس (خدا) نے تم کو آباد کیا
He (*Allah*) settled you.

مُجِيْبٌ قبول کرنیوالا۔جواب دینے والا One who accepts prayer, responds.

مَرْجُوًّا امید کی جگہ One on whom hopes are placed, pinned.

مُرِيْبٌ بے چین کرنیوالا، Disquieting, making anxious.

تَزِيْدُوْنَنِيْ تم مجھے بڑھاؤ گے۔
You will add to me, increase.

تَخْسِيْرٍ تباہی اور نقصان۔
Destruction, destroying.

لَا تَمَسُّوْهَا بِسُوْٓءٍ اس (اونٹنی) کو کوئی تکلیف نہ دو۔
Touch her (*she-camel*) not with harm.

غَيْرُ مَكْذُوْبٍ جھٹلایا نہیں جاسکتا، جھوٹا نہیں ہوگا۔ I will never prove false.

اَلصَّيْحَةُ سخت گونج دار آواز۔
Thunderbolt, punishment.

فَاَصْبَحُوْا وہ ہو گئے۔
They had become.

جٰثِمِيْنَ زمین سے چمٹے ہوئے گھٹنوں کے بل پڑے ہوئے۔
Those who lay prostrate.

لَمْ يَغْنَوْا نہ آباد ہوئے تھے۔
They had never dwelt.

هود رکوع ٧ پارہ ١٢ رکوع ٧
Part-12. R- 7 Hud. R-7

عِجْلٌ بچھڑا۔ Calf.

حَنِيْذٍ بھنا ہوا۔ Roasted.

تَصِلُ پہنچتا ہے۔ It reaches.

نَكِرَهُمْ اس نے ان کو غیر سمجھا، اجنبی سمجھا
He considered them stranger.

He conceived. اُسنے محسوس کیا۔ اَوْجَسَ

ضَحِكَتْ وہ گھبرا گئی۔ (خ۔II)
He got frightened.(Kh-II)

He laughed. (خ۔IV)۔ وہ ہنسی۔

يٰوَيْلَتىٰٓ ہائے میری ذلت۔
Oh, woe is me!

Old woman. بڑھیا۔ عَجُوْزٌ

My husband. میرا خاوند۔ بَعْلِيْ

شَيْخًا بوڑھا۔ بڑھاپے کی حالت میں۔
Very old man, aged.

تَعْجَبِيْنَ تو تعجب کرتی ہے۔
You wonder.

مِنْ اَمْرِ اللّٰهِ اللہ کے فیصلہ پر۔
At Allah's decree.

Fear, panic. اَلرَّوْعُ خوف۔ گھبراهٹ

يُجَادِلُنَا وہ ہم سے بحث کرنے، جھگڑنے لگا
He began to plead with us, argue with us.

Clement, بردبار۔ عقلمند۔ حَلِيْمٌ
temperate, gentle.

Tender-hearted. نرم دل۔ اَوَّاهٌ

Oft-turning. جھکنے والا مُنِيْبٌ

اَعْرِضْ رک جا۔ منہ پھیر لے۔
Desist, turn away.

غَيْرُ مَرْدُوْدٍ نہ ٹلنے والا۔ نہ لوٹایا جانیوالا
Not to be averted, inevitable.

سِيْٓءَ وہ ناخوش ہوا۔ اسے غم ہوا۔
He was grieved.

ضَاقَ اس نے تنگی محسوس کی۔
He felt helpless, became narrow, straitened.

Heart. دل۔ ذَرْعًا

يَوْمٌ عَصِيْبٌ سخت دن۔
Distressful day.

يُهْرَعُوْنَ وہ بھاگتے ہوئے آئے۔
They came running.

تُخْزُوْنِ تم مجھے رسوا کرتے ہو۔
You disgrace me.

رَجُلٌ رَّشِيْدٌ سمجھدار آدمی۔
Right-minded man.

اٰوِيْ میں جھکتا۔ میں پناہ لے سکتا۔
I could betake. سہارا لے سکتا

رُكْنٍ شَدِيْدٍ زبردست طاقت۔
A mighty support *for shelter*.

They لَنْ يَّصِلُوْٓا وہ ہرگز نہ پہنچیں گے
shall by no means reach.

Depart at night. اَسْرِ رات کو لے چل

يَلْتَفِتْ وہ ادھر ادھر مڑ کر دیکھے۔
He may look back. منہ پھیرے۔

مُصِيْبُهَا اس (عورت) کو (وہ عذاب)
It will befall her. پہنچنے والا۔

مَوْعِدُهُمُ ان کے وعدہ کا وقت۔
Their appointed time.

سِجِّيْلٍ مَّنْضُوْدٍ سوکھی مٹی کے ڈھیر۔
Hardened and petrified clay.

Layer تہہ بہ تہہ (پتھروں کی بارش)
upon layer. (*Rain of stones*)

مُسَوَّمَةً نشان لگائے ہوئے۔ Marked.

هود رکوع ۸ پاره ۱۲ رکوع ۸
Part-12. R-8 Hud. R- 8

بَقِيَّتُ اللّٰهِ اللہ کا چھوڑا ہوا۔
Which is left by Allah, remainder, residue.

اُخَالِفَكُمْ میں تمہاری مخالفت کروں۔
I oppose against you.

لَا يَجْرِمَنَّكُمْ نہ اکسائے تمہیں۔
Let not lead you, نہ آمادہ کرے۔ should not incite you.

شِقَاقِيْ میری دشمنی۔ My hostility.

يُصِيْبَكُمْ تم کو مصیبت پہنچے۔
There should befall you.

بَعِيْدٌ دور۔ Far.

وَدُوْدٌ بہت محبت کرنے والا۔
Most Loving.

مَا نَفْقَهُ ہم اس کو نہیں سمجھتے۔
We do not understand him.

رَهْطٌ۔ گروہ۔ قبیلہ۔ خاندان۔ برادری
Tribe, family, kindred.

اَعَزُّ زیادہ قابلِ عزت۔ Mighter, more respectable, stronger position.

وَرَآءَكُمْ اپنے پیچھے۔ Behind you.

ظِهْرِيًّا پیٹھ۔ Back.

اِرْتَقِبُوْا انتظار کرو۔ Wait.

رَقِيْبٌ انتظار کرنے والا۔
One who waits.

بَعِدَتْ ہلاک ہوئی۔ دور ہوئی۔ ملعون ہوئی
It was cut off, perished, cursed.

هود رکوع ۹ پاره ۱۲ رکوع ۹
Part-12. R-9 Hud. R-9

بِرَشِيْدٍ درست۔ Rightful.

وَمَا اَمْرُ فِرْعَوْنَ بِرَشِيْدٍ اور فرعون کا امر درست نہ تھا۔
The command of Pharaoh was not at all rightful.

يَقْدُمُ آگے آگے چلے گا۔
He will go before.

اَوْرَدَهُمُ النَّارَ وہ (فرعون) انکو آگ کے گھاٹ پر اتارے گا۔
He (*Pharaoh*) will lead them into the fire.

بِئْسَ الْوِرْدُ بہت ہی بُرا گھاٹ ہے۔
Evil indeed is the watering-place.

اَلْمَوْرُوْدُ جس پر وہ اُتارے جائیں گے۔
Whom they will be arrived at.

بِئْسَ الرِّفْدُ کیا ہی بُرا انعام ہے۔
What an evil is the gift.

اَلْمَرْفُوْدُ جو (انعام) ان کو دیا جائے گا۔
Which (*gift*) will be given them.

حَصِيْدٌ تباہ شدہ (بستیاں)۔ کٹی ہوئی۔
(*Cities*) have been mown down, cut down.

مَا اَغْنَتْ عَنْهُمْ نہ کام آئے
They were of no avail to them.

مَا زَادُوْهُمْ انہوں نے ان کو نہیں بڑھایا۔
They added to them naught.

هود رکوع ۱۰ پارہ ۱۲ رکوع ۱۰
Part-12. R-10 Hud. R-10

فَاسْتَقِمْ پس تو سیدھی راہ پر قائم ہو جا۔
So stand you upright.

لَا تَطْغَوْا تم حد سے نہ بڑھنا۔
Exceed you not the bounds.

وَلَا تَرْكَنُوْا اور تم نہ جھکو۔
And incline you not.

لَمَسَّكُمْ تم کو چھوئے گی۔ لپیٹ لے گی
Shall touch you.۔ پکڑے گی

طَرَفَيِ النَّهَارِ دن کے دونوں کنارے
Two ends of the day.

زُلَفًا (واحد sing زُلْفَةٌ) (رات کی) گھڑیاں، حصے
Hours (*of night*), early hours.

They (برائیاں) یُذْهِبْنَ وہ لے جاتی ہیں
drive away (*the evil works*)

Evil works. برائیاں۔ اَلسَّيِّاٰتِ

Persons عقلمند لوگ۔ اُولُوْا بَقِيَّةٍ
possessed of understanding.

اُتْرِفُوْا لذت دیئے گئے۔
سامان عیش و عشرت دیئے گئے۔
The enjoyment of the good things were given.

وَلَا يَزَالُوْنَ ہمیشہ لگے رہیں گے۔
They would not cease.

We relate. ہم بیان کرتے ہیں نَقُصُّ

Tidings. خبریں۔ اَنْبَآءِ

We strengthen. ہم مضبوط کریں نُثَبِّتُ

غَيْرَ تَتْبِيْبٍ سوائے تباہی کے۔
But perdition, ruin.

Grievous. دردناک۔ اَلِيْمٌ

Severe. سخت۔ شَدِيْدٌ

مَجْمُوْعٌ جمع کیا جائے گا۔
Shall be gathered.

مَشْهُوْدٌ حاضر کئے جائیں گے۔ دکھائے
Shall be witnessed.۔ جائیں گے

Shall speak. کلام کرے گی تَكَلَّمُ

Unfortunate. بدبخت۔ شَقِيٌّ

Fortunate. خوش نصیب۔ سَعِيْدٌ

زَفِيْرٌ لمبے سانس۔ سیٹی کی طرح سانس چلانا
Sighing, deep sigh, moan.

شَهِيْقٌ چیخنا۔ ہچکی کی طرح کے سانس۔
Sobbing, convulsive breath.

مَادَامَتْ جب تک باقی ہیں۔
So long as they endure.

سُعِدُوْا نیک بخت ہوئے۔
خوش نصیب بنائے گئے۔
They were turn out fortunate.

Gift. بخشش۔ عَطَآءً

غَيْرَ مَجْذُوْذٍ نہ کاٹی جانے والی۔
That shall not be cut.

Doubt. شک۔ مِرْيَةٍ

لَمُوَفُّوْهُمْ ضرور انکو پورا پورا دیں گے۔
Shall surely pay them in full.

Their portion. انکا حصہ نَصِيْبَهُمْ

غَيْرَ مَنْقُوْصٍ نہ کم کیا گیا۔
Undiminished, not lessened.

یوسف رکوع ۱ پارہ ۱۲ رکوع ۱۱
Part-12. R-11 yosuf. R-1

كَوْكَبًا ستارہ۔جمع plu كَوَاكِبٌ Star.

نَقُصُّ ہم بیان کرتے ہیں۔ We relate.

اَحْسَنَ الْقَصَصِ (واحد sing قِصَّةٌ)
بہترین اور صحیح واقعات۔
The best of narratives.

اِخْوَانٌ بھائی واحد sing اَخٌ Broghters.

فَيَكِيْدُوْا ورنہ وہ تدبیر کریں گے۔
Lest they will contrive a plot.

يَجْتَبِيْكَ وہ تجھے چنے گا۔وہ تجھے
برگزیدہ کریگا۔ He will choose you.

تَاْوِيْلِ حقیقت۔معاملات کی تہہ تک پہنچنا
The interpretation of things.

یوسف رکوع ۲ پارہ ۱۲ رکوع ۱۲
Part-12. R-12 yosuf. R-2

اِخْوَتِهٖ اس کے (سب) بھائی۔
His brethren.

اَخُوْهُ اس کا بھائی۔ His brother.

عُصْبَةٌ مضبوط جماعت۔
A strong party.

ضَلاَلٌ غلطی۔ Error.

اِطْرَحُوْهُ پھینکو اس کو۔ Cast him out.

يَخْلُ خالی ہو جائے گا۔
He will be alone, free,
He will be exclusively (*yours*).

وَجْهُ اَبِيْكُمْ تمہارے باپ کی توجہ۔
Your father's favour.

غَيٰبَتِ اندھے۔گھرے۔تاریکیاں۔
The bottom of a deep.

جُبٌّ کنواں۔ Well

يَلْتَقِطْ کوئی اٹھالے گا۔
Some will pick.

اَلسَّيَّارَةُ کوئی قافلہ۔ Some of
the travellers, caravans.

لَا تَاْمَنَّا تو ہم پر اعتماد نہیں کرتا۔
You do not trust us.

يَرْتَعْ وہ کھائے پیئے گا۔ (لفظی معنی۔
وہ چرے گا) He will enjoy.

اَلذِّئْبُ بھیڑیا۔ The wolf.

عُصْبَةٌ مضبوط جماعت۔
A strong party.

اَجْمَعُوْا انہوں نے اتفاق کرلیا۔
متفق ہو گئے۔ They agreed.

يَبْكُوْنَ وہ رو رہے تھے۔
They were weeping.

نَسْتَبِقُ ہم ایک دوسرے سے آگے
بڑھنے لگے دوڑ میں (دوڑ میں مقابلہ کرنے لگے)
We went forth racing with one another.

دَمٍ كَذِبٍ جھوٹا خون۔ False blood.

سَوَّلَتْ خوبصورت کر کے دکھلا دیا (بات کو)
It has made a great thing appear light in your eyes.

اَلْمُسْتَعَانُ جس سے مدد مانگی جاتی ہے
One whose help is to be sought.

وَلِنُعَلِّمَهٗ مِنْ تَاْوِيْلِ الْاَحَادِيْثِ
تاکہ ہم اس کو معاملات کی تہہ تک پہنچنے کا علم سکھادیں
(خ۔IV) تاکہ ہم تعبیر رؤیا کا علم اس کو دیں (خ۔II)
That we might teach him the interpretation of things.

He attained, reached. وہ پہنچا بَلَغَ

اَشُدَّهٗ اپنی مضبوطی کو۔
His age of full strength.

رَاوَدَتْهُ اس (عورت نے) پھسلانا چاہا اس (یوسف) کو
She (*woman*) sought to seduce him (*Joseph*).

غَلَّقَتُ اس (عورت) نے بند کر دیا۔
She (*woman*) bolted.

هَيْتَ لَكَ (میری طرف) آجا۔
Come (*towards me*).

مَعَاذَاللّٰهِ میں اللہ کی پناہ چاہتا ہوں۔
I seek refuge with Allah.

He اَحْسَنَ اس (خدا) نے اچھا بنایا ہے۔
(*Allah*) has made honourable.

My stay. میری رہائش۔ ٹھکانا مَثْوٰيَ

هَمَّتْ بِهٖ اس (عورت) نے اس (یوسف) کے متعلق پختہ ارادہ کرلیا۔ کوشش کی۔
She (*woman*) made up her mind with regard to him (*Joseph*).

He saw. اس نے دیکھا۔ رَاٰ

Manifest sign. نشان۔ بُرْهَانٌ

لِنَصْرِفَ تاکہ ہم دور کر دیں۔
That we might turn away.

you تم بیان کرتے ہو۔ تَصِفُوْنَ
assert, state, declare.

سَيَّارَةٌ قافلہ۔
A caravan of travellers.

They sent. انہوں نے بھیجا فَاَرْسَلُوْا

Water-drawer. پانی لانے والا۔ سقّا وَارِدَ

He let down. اُسنے ڈالا۔ لٹکایا فَاَدْلٰي

His bucket. اپنا ڈول۔ دَلْوَهٗ

اَسَرُّوْهُ انہوں نے اس کو چھپایا۔
They concealed him.

بِضَاعَةً قیمتی سرمایہ۔
A piece of merchandise

شَرَوْهُ انہوں نے بیچا اس کو۔
They sold him.

Price. قیمت۔ بِثَمَنٍ

Paltry. معمولی۔ ناقص۔ کم بَخْسٍ

اَلزَّاهِدِيْنَ بے رغبتی کرنیوالے۔ بددل
Those who are not keen, desirous.

یوسف رکوع ۳ پارہ ۱۲ رکوع ۱۳
Part-12. R-13 yosuf. R-3

اَكْرِمِيْ باعزت بنا۔
Make hounourable.

His stay. اس کی رہائش کی جگہ مَثْوٰيهُ

مَكَّنَّا ہم نے تمکنت بخشی۔ ہم نے عزت کا مقام دیا۔
We did establish.

وَاسْتَبَقَا وہ دونوں دوڑے۔
They both raced.
قَدَّتْ اوراس (عورت) نے پھاڑ دیا۔
She (*woman*) tore.
دُبُرٍ پیچھے۔
Behind.
اَلْفَيَا ان دونوں نے پایا۔
They both found.
سَيِّدَهَا اس (عورت) کا خاوند۔
Her (*woman*) husband.
لَدَا الْبَابِ دروازہ کے پاس۔
At the door.
يُسْجَنَ وہ قید کیا جائے۔
He will be imprisond.
رَاوَدَتْنِي مجھے اس (عورت) نے پھسلانا چاہا تھا۔
She sought to seduce me.
عَنْ نَّفْسِي میری مرضی کے خلاف۔
Against my will.
قُدَّ پھاڑی گئی۔
It is torn.
قُبُلٍ آگے۔
Front.
فَصَدَقَتْ اس نے سچ بولا ہے۔
She has spoken the truth.
كَيْدَكُنَّ تمہاری تدبیر چالاکی (عورتوں کی)
Your device.

یوسف رکوع ۴ پارہ ۱۲ رکوع ۱۴
Part-12. R-14 yosuf. R-4

نِسْوَةٌ عورتیں۔
Women.
تُرَاوِدُ وہ (عورت) برا فعل کروانا چاہتی ہے پھسلاتی ہے۔
She seeks to seduce.
فَتٰهَا اپنے غلام کو۔
Her slave-boy.
شَغَفَهَا حُبًّا اس (یوسف) کی محبت اس (عورت) کے دل میں گھر کر گئی۔
He (*Joseph*) has infatuated her with love.
مَكْرِهِنَّ ان کی سرگوشیاں۔
Their sly whisperings.
اَرْسَلَتْ اِلَيْهِنَّ اس نے ان (عورتوں) کو دعوت دی۔ بلا بھیجا۔
She sent for them (*women*).
اَعْتَدَتْ اس (عورت) نے تیار کی۔
She prepared.
مُتَّكَأً ایک مسند۔
Repast.
سِكِّيْنًا چھری۔
Knife.
رَاَيْنَهٗ انہوں (عورتوں) نے اس (یوسف) کو دیکھا
They (*women*) saw him (*Joseph*).
اَكْبَرْنَهٗ انہوں (عورتوں) نے اس کو بہت شان کا انسان پایا۔
They (*women*) thought much of him, they found him dignified personality.
حَاشَ لِلّٰهِ وہ اللہ کے لئے ڈرا۔
Allah be glorified!
فَاسْتَعْصَمَ وہ بچ گیا۔
He preserved himself.
لَيُسْجَنَنَّ وہ ضرور قید کیا جائے گا
He shall certainly be imprisoned.
اَلسِّجْنُ قید خانہ۔ جیل۔
Prison.
اَلَّا تَصْرِفْ اگر نہ تو ہٹائے گا۔
Unless you turn away.
اَصْبُ میں جھک جاؤنگا۔
I shall incline.

یوسف رکوع ۵ پارہ ۱۲ رکوع ۱۵
Part-12. R-15 yosuf. R-5

فَتَيَانِ دونوجوان Two young men.
اَرَانِيْ میں اپنے آپ کو دیکھتا ہوں۔
I see myself.
اَعْصِرُ میں نچوڑتا ہوں۔ I press.
خَمْرًا شراب۔ Wine.
اَحْمِلُ میں اُٹھائے ہوئے ہوں۔
I am carrying.
خُبْزًا روٹیاں۔ Breads.
نَبِّئْنَا ہمیں بتا۔ Inform us.
بِتَاْوِيْلِهٖ اس کی حقیقت۔تعبیر
Its interpretation.
سَمَّيْتُمُوْهَا تم نے اُن (بتوں) کے نام رکھ لئے
You have named them (*idols*)
يَسْقِيْ وہ پلائے گا۔
He will pour out (*wine*).
يُصْلَبُ وہ صلیب دیا جائے گا۔
He will be crucified.
قُضِيَ الْاَمْرُ اس معاملہ کا فیصلہ کر دیا گیا
This matter has been decreed.
تَسْتَفْتِيَانِ تم دونوں پوچھ رہے تھے۔
You both were inquiring.
نَاجٍ نجات پانے والا ہے۔
One who would escape.
اُذْكُرْنِيْ میرا ذکر کرنا Mention me.
فَاَنْسٰهُ اس نے بھلا دیا اس کو۔
He caused him to forget.
بِضْعَ چند۔ Some.
سِنِيْنَ سال (واحد sing سَنَةٌ) Years.

یوسف رکوع ٦ پارہ ۱۲ رکوع ۱٦
Part-12. R-16 yosuf. R-6

سَبْعَ سات۔ Seven.
بَقَرَاتٍ گائیں (واحد sing بَقَرَةٌ)
Kines, cows.
سِمَانٍ موٹی۔ Fat.
عِجَافٌ دبلی Lean.
سُنْبُلَاتٍ بالیاں۔ Ears of corn.
خُضْرٍ سرسبز۔ Green.
اُخَرُ اور (دوسری) Others.
يٰبِسٰتٍ (واحد sing يَابِسَةٌ)
خشک۔سوکھی Withered.
تَعْبُرُوْنَ تم تعبیر کرتے ہو۔
You interpret.
اَضْغَاثُ پریشان۔پراگندہ خیالات پر مشتمل
Confused (*Consisting evil thoughts*).
اَحْلَامٌ خوابیں۔ Dreams.
وَادَّكَرَ اس کو یاد آیا He remembered.
اَفْتِنَا ہمیں بتا۔ Explain to us.
تَزْرَعُوْنَ تم زراعت، کاشت کرو گے۔
You will sow.
دَاَبًا مسلسل۔ Continuously.
حَصَدْتُّمْ تم کاٹو۔ You reap.
فَذَرُوْهُ تم اسکو رہنے دو You leave it.
سُنْبُلِهٖ اس کا خوشہ۔ Its ear.

سَبۡعٌ شِدَادٌ ساتسخت (سال)۔
Seven hard (*years*).

یَاۡکُلۡنَ وہ (سال) کھائیں گے۔
They (*years*) will consume.

مَاقَدَّمۡتُمۡ جو پہلے تم نے (بچا کر) رکھا۔
That you shall have laid by in advance.

تُحۡصِنُوۡنَ تم بچا رکھو گے۔
You will preserve.

عَامٌ سال۔
Year.

یُغَاثُ النَّاسُ لوگوں کی فریادسنی جائیگی
لوگ سیراب کئے جائیں گے (خ II)
لوگوں کو پانی دیا جائے گا (خ IV)
People shall be relieved, satisfied.

اِئۡتُوۡنِیۡ بِهٖ اسکو میرے پاس لاؤ۔
Bring him to me.

مَابَالُ کیا حال ہے۔ کیا قصہ ہے۔ (خ IV)
How fare.

مَاخَطۡبُكُنَّ تمہارا کیا معاملہ ہے
What was the matter with you.

رَاوَدۡتُّنَّ۔ تم نے پھسلانا چاہا تھا۔
You sought to seduce.

حَاشَ لِلّٰهِ اللہ پاک ہے۔ (خ IV)
حَاشَ لِلّٰهِ وہ اللہ کی خاطر (بدی سے) ڈرا تھا۔ (خ II)
He kept away from sin for fear of Allah.

حَصۡحَصَ الۡحَقُّ حق کھل گیا۔ ظاہر ہوگیا
The truth has come to light.

رَاوَدۡتُّهٗ عَنۡ نَّفۡسِهٖ میں نے اس کے نفس کے خلاف اسکو ورغلایا تھا
I sought to seduce him against his will.

لَمۡ اَخُنۡهُ میں نے اسکی خیانت نہیں کی۔
I was not unfaithful to him.

بِالۡغَيۡبِ (اسکی) غیر حاضری میں۔
In (*his*) absence.

☆☆☆

یوسف رکوع ۷ پارہ ۱۳ رکوع ۱
Part-13. R-1 Yosuf. R-7

وَمَآ اُبَرِّئُ میں بری قرار نہیں دیتا۔
I do not hold to be free

لَاَمَّارَةٌ بِالسُّوْءِ (نفس) بہت حکم دینے والا ہے بدی کا۔
(*The soul*) is prone to enjoin evil.

اَسْتَخْلِصْهُ میں اس کو چن لوں گا۔
I may choose him.

لَدَيْنَا ہمارے ہاں۔ہمارے پاس With us.

مَكِيْنٌ بڑے مرتبہ والا Established position, exalted.

اَمِيْنٌ قابل اعتماد Trust, confidant.

اِجْعَلْنِيْ مجھے مقرر کر Appoint me.

مَكَّنَّا ہم نے مرتبہ دیا۔طاقت دی۔
We established.

يَتَبَوَّاُ وہ ٹھہرتا ہے۔ He dwells.

نُصِيْبُ ہم پہنچاتے ہیں۔ہم حصہ دیتے ہیں۔
We bestow.

لَانُضِيْعُ ہم ضائع نہیں کرتے۔
We suffer not to perish.

یوسف رکوع ۸ پارہ ۱۳ رکوع ۲
Part-13. R-2 Yosuf. R-8

اِخْوَةٌ بھائی (واحد sing اَخٌ) Brethren.

عَرَفَ اس نے پہچان لیا۔ He knew them, recognized.

مُنْكِرُوْنَ ناآشنا۔ وہ نہ پہچانتے تھے۔
Those who do not recongnize.

جَهَّزَ اس نے تیار کیا۔
He had provided.

بِجَهَازِهِمْ ان کے سامان کے ساتھ۔
With their provision.

اُوْفِيْ میں پورا دیتا ہوں I give full.

اَلْكَيْلَ ماپ۔ Measure.

خَيْرُالْمُنْزِلِيْنَ بہترین میزبان مہمان نواز۔
The best of hosts.

كَيْلَ ماپ۔(غلہ)۔
Measure (of corn).

سَنُرَاوِدُ عَنْهُ ہم ضرور پھسلانے کی کوشش کریں گے اسکے متعلق۔
We will try to induce about it, tempt, coax.

فِتْيَانِهِ اس کے کارندے غلام۔
His servants.

بِضَاعَتَهُمْ ان کا مال۔انکی پونجی۔
Their money.

رِحَالِهِمْ ان کے بورے۔ان کے سامان
Their saddle-bags.

مُنِعَ مِنَّاالْكَيْلُ ہم سے ماپ روک دیا گیا ہے۔
The measure of corn has been denied us.

نَكْتَلْ تا کہ ہم ماپ لے سکیں۔
That we may obtain our measure.

اٰمَنُكُمْ میں تم کو امین بناؤں۔تم پر اعتماد کروں
I trust you.

مِنْ حَيْثُ جہاں سے In the manner which, from whencesoever, from the place where, from the time when.

قَضٰهَا اس نے اسکو پورا کیا۔
He fulfilled it.

یوسف رکوع ۹ پارہ ۱۳ رکوع ۳
Part-13. R-3 Yosuf. R-9

اٰوٰی اس نے پناہ دی۔ He lodged.

فَلَا تَبْتَئِسْ پس تو غم نہ کر۔
So you grieve not.

جَهَّزَهُمْ اس نے ان کو تیار کیا He had given them their provision.

اَلسِّقَايَةَ پانی پینے کا برتن۔ کٹورا۔
The drinking-cup.

رَحْلٌ کجاوے۔ بورے۔ Saddle-bag.

اَذَّنَ اس نے اعلان کیا He cried.

مُؤَذِّنٌ اعلان کرنے والا۔ A crier.

اَيَّتُهَا الْعِيْرُ اے قافلہ والو۔
O ye men of the caravan.

سَارِقُوْنَ چوری کرنیوالے Thieves.

اَقْبَلُوْا وہ متوجہ ہوئے۔
They turned round.

مَاذَا کیا۔ What.

تَفْقِدُوْنَ تم گم پاتے ہو You miss.

نَفْقِدُ ہم گم پاتے ہیں۔ We miss.

صُوَاعَ الْمَلِكِ شاہی پیمانہ۔
The King's measuring-cup.

زَعِيْمٌ ذمہ دار Surety, responsible.

اَمِنْتُكُمْ عَلٰى اَخِيْهِ میں نے تم کو اس کے بھائی پر امین سمجھا۔
I trusted you with his brother.

فَتَحُوْا انہوں نے کھولا۔
They unpacked, opened.

مَتَاعَهُمْ اپنا سامان۔ Their goods.

بِضَاعَتَهُمْ اپنی پونجی۔ Their money.

رُدَّتْ واپس کردی گئی ہے۔ لوٹائی گئی ہے
It is returned.

نَمِيْرُ ہم غلہ لائیں گے۔ اناج لائیں گے
We shall bring provision.

اَهْلَنَا اپنے خاندان کے لئے۔
For our family.

نَزْدَادُ ہم زیادہ لائیں گے۔
We shall have an extra.

كَيْلَ بَعِيْرٍ ایک اونٹ کا بوجھ۔ ایک بارِ شتر
Measure of a camel-load.

لَنْ اُرْسِلَهٗ میں اسکو ہرگز نہیں بھیجوں گا۔
I will not send him.

لَتَاْتُنَّنِيْ بِهٖ تم ضرور اس کو میرے پاس لاؤ گے۔ You will surely bring him to me.

يُحَاطَ وہ گھیرا جائے۔
He is encompassed.

مَا اُغْنِيْ عَنْكُمْ میں تمہارے کام نہیں آسکتا۔ I can avail you naught.

اَلْحُكْمُ فیصلہ The decision.

فَبَدَاَ اس نے (تلاشی کرنا) شروع کی۔
He began (*the search*)

اَوْعِيَتِهِمْ (واحد *sing* وِعَاءٌ)
Their sacks. اُن کے بورے

كِدْنَا We did plan. ہم نے تدبیر کی

اِنْ يَّسْرِقْ اگر اس نے چوری کی۔
If he has stolen.

سَرَقَ He has stolen. اُسنے چوری کی

فَاَسَرَّهَا اس (یوسف) نے اس کو پوشیدہ
He (*Joseph*) kept it secret. رکھا

لَمْ يُبْدِهَا نہ ظاہر کیا اس کو۔
Did not disclose it.

تَصِفُوْنَ تم بیان کرتے ہو۔
You allege, declare, state.

شَيْخًا كَبِيْرًا Very aged. بہت بوڑھا

یوسف رکوع ۱۰ پارہ ۱۳ رکوع ۴
Part-13. R-4 Yosuf. R-10

اِسْتَيْئَسُوْا وہ مایوس ہو گئے۔ نا امید ہو گئے
They despaired, lost hope.

خَلَصُوْا They وہ الگ ہو گئے۔
retired, extensively private.

نَجِيًّا باتیں کرتے ہوئے۔
Conferring مشورہ کرنے کے لئے۔
together in private, consulting.

مَوْثِقًا مِّنَ اللّٰهِ پکا عہد اللہ کی قسم کیساتھ
A solemn pledge
in the name of Allah.

فَرَّطْتُّمْ You تم نے کوتاہی کی۔
failed in your duty, neglected.

لَنْ اَبْرَحَ میں ہرگز نہ چھوڑوں گا۔
I will not leave.

اَلْعِيْرَ The caravan. قافلہ۔

اَقْبَلْنَا We came. ہم آئے ہیں

سَوَّلَتْ خوبصورت کر کے دکھایا۔
(*Souls*) have embellished, decorated, beautified.

تَوَلّٰي اس نے پیٹھ پھیر لی۔
He turned away.

وَابْيَضَّتْ عَيْنٰهُ اسکی دونوں آنکھوں
His two میں آنسو بھر آئے۔ ڈبڈبا آئیں
eyes were filled with tears.

كَظِيْمٌ One غصہ کو دبانے والا۔
who suppresses his sorrow.

تَفْتَؤُا تو ہمیشہ لگا رہے گا۔
You will not cease.

حَرَضًا کمزور۔ نڈھال۔ مضمحل۔
Wasted away, weak, fatigued.

اَشْكُوْا I complain. میں فریاد کرتا ہوں
entreat, ask earnestly, beg.

بَثِّيْ My sorrow. اپنی پریشانی۔

حُزْنِيْ My grief. اپنا غم۔

تَحَسَّسُوْا جستجو کرو۔ کھوج لگاؤ۔ تلاش کرو
Enquire about, seek, search.

فَلَا تَيْئَسُوْا نا اُمید نہ ہو۔
Despair not, don`t lose hope.

رَوْحِ اللّٰهِ اللہ کی رحمت۔
The mercy of Allah.

مُزْجٰةٍ A paltry, trifling. تھوڑی سی

بِبِضَاعَةٍ پونجی کے ساتھ۔
Wtih the sum of money.

اٰثَرَکَ اللّٰہُ اللہ نے تجھے فضیلت دی۔
Allah has preferred you, ennobled you.

لَا تَثْرِیْبَ نہیں کوئی ملامت۔الزام۔
No blame shall lie.

یَاْتِ بَصِیْرًا وہ حقیقت کو پالے گا۔
He will come to know.

یوسف رکوع ۱۱ پارہ ۱۳ رکوع ۵
Part-13. R-5 Yosuf. R-11

فَصَلَتْ چل پڑا۔(قافلہ)
(*The carvan*) departed.

لَاَجِدُ میں پاتا ہوں۔ I perceive, feel.

رِیْحُ خوشبو۔ The scent, smell.

لَوْلَا اگرنہ۔ Even though.

تُفَنِّدُوْنَ تم مجھے جھٹلاؤ۔جھٹلانے والے ہو جاؤ۔خواہ تم مجھے دیوانہ ٹھہراتے رہو۔(خIV)
You take me to be a dotard.

ضَلٰلِکَ الْقَدِیْمِ اپنی پرانی غلطی۔
Your old error.

اَلْقٰہُ عَلٰی وَجْھِہٖ اس نے اس (کرتہ) کواس (باپ) کے سامنے رکھ دیا۔ڈال دیا۔
He laid it (the shirt) before him (his father).

اِرْتَدَّ بَصِیْرًا اس پر حقیقت واضح ہوگئی
He became enlightened.

اٰوٰی اِلَیْہِ اس (یوسف) نے اپنے پاس جگہ دی۔
He (*Joseph*) put up with himself.

مِنَ الْبَدْوِ صحرا سے۔جنگل سے۔
From the desert.

نَزَغَ اس نے بگاڑ پیدا کردیا تھا۔
(*Satan*) had stirred up discord, made strife, incited to evil.

اَنْتَ وَلِیّٖ تو میرا مددگار ہے۔
You are my Protector.

اَجْمَعُوْا اَمْرَھُمْ جب وہ اپنے فیصلہ پر متفق ہوگئے تھے۔
When they agreed upon their plan.

یوسف رکوع ۱۲ پارہ ۱۳ رکوع ۶
Part-13. R-6 Yosuf. R-12

کَاَیِّنْ کتنے ہی۔ How many.

یَمُرُّوْنَ وہ گذرتے رہتے ہیں۔گذرجاتے ہیں
They pass by.

مُعْرِضُوْنَ اعراض کرنیوالے۔
Those who turn away.

اَفَاَمِنُوْا کیا وہ امن میں آگئے ہیں۔
Do they feel secure.

غَاشِیَۃٌ ڈھانپ دینے والی (مصیبت)
Overwhelming (*punishment*).

اِسْتَیْئَسَ وہ ناامید ہوگیا۔
He despaired, lost hope.

یُرَدُّ وہ لوٹایا جائے گا۔ It will be averted, turned away.

بَاْسُنَا ہمارا عذاب۔ Our chastisement, punishment.

قَصَصِهِمْ (واحد sing قِصَّةٌ) ان کے
Their narratives, واقعات۔حالات
stories of events.

عِبْرَةٌ عبرت۔سبق۔ A lesson.

يُفْتَرٰى گھڑلی جائے۔ It has been forged, imitated.

تَصْدِيْقَ پورا کرنے والی ہے۔سچا ثابت کرنے والی ہے۔ A fullfilment.

الرعد رکوع ۱ پارہ ۱۳ رکوع ۷
Part-13. R-7 Al-Ra`d. R-1

رَفَعَ اس نے بلند کیا He raised up.

بِغَيْرِ عَمَدٍ (واحد sing عَمُوْدٌ) بغیر ستونوں کے Without any pillars.

اِسْتَوٰى وہ قائم ہوگیا۔ He settled himself.

سَخَّرَ اُس (خدا) نے (مفت میں) خدمت میں لگا دیا He (*Allah*) pressed into service.

كُلٌّ سب کے سب۔ ہر ایک۔ Each, every one.

يَجْرِىْ چلتا ہے۔ It pursues its course.

لِاَجَلٍ مُّسَمًّى مقررہ مدت، معین میعاد تک Until an appointed term.

يُدَبِّرُ وہ انتظام کرتا ہے۔ He regulates.

اَلْاَمْرَ ہر ایک امر۔ ہر معاملہ All affairs.

مَدَّ اس نے پھیلایا۔ He spread out.

رَوَاسِىَ (واحد sing رَاسِيَةٌ) ٹھہرے رہنے والے پہاڑ Mountains.

يُغْشِى وہ ڈالتا ہے۔ڈھانک دیتا ہے۔ He causes to cover.

قِطَعٌ (واحد sing قِطْعَةٌ) ٹکڑے۔ Tracks, pieces, regions.

مُتَجٰوِرٰتٌ قریب قریب۔ پاس پاس ملے ہوئے۔ Adjoining one another.

زَرْعٌ کھیتیاں۔ Corn-fields.

صِنْوَانٌ ایک جڑ سے کئی کئی کونپلیں نکالنے والے Growing together from one root.

يُسْقٰى سیراب کیا جاتا ہے۔ It is watered.

اَلْاُكُلُ مزے۔ Flavor, fruit.

اَلْاَغْلٰلُ (واحد sing اَلْغُلُّ) طوق Shackles.

اَعْنَاقٌ (واحد عُنُقٌ) گردنیں Necks.

يَسْتَعْجِلُوْنَكَ وہ تجھ سے جلدی مانگتے ہیں۔ They want thee to hasten.

بِالسَّيِّئَةِ سزا۔ برائی۔ Punishment, evil.

اَلْمَثُلٰتُ (واحد sing مَثُلَةٌ) عبرتناک عذاب۔عبرتناک مثالیں (IVخ) Exemplary punishments.

الرعد رکوع ۲ پارہ ۱۳ رکوع ۸
Part-13. R-8 Al-Ra`d. R-2

اُنْثٰى مادہ۔ Female.

تَغِيْضُ ناقص کر دیتے ہیں۔کم کرتے ہیں۔(IVخ) (*Wombs*) diminish, lessen, reduce.

يُجَادِلُوْنَ وہ جھگڑتے ہیں۔
They dispute, quarrel.

شَدِيْدُ الْمِحَالُ سخت عذاب دینے والا
Severe in punishing.

لَهٗ دَعْوَةُ الْحَقِّ سچی دعا اسی سے کی جاتی ہے۔(خIV) نہ ٹلنے والا بلاوا اسی کا ہے (خII)
Unto Him is the true prayer, He alone deserves being called upn.

يَسْتَجِيْبُوْنَ وہ جواب دیتے ہیں۔
They answer.

بَاسِطٌ پھیلانے والا۔
One who stretches.

كَفَّيْهِ اپنے دونوں ہاتھ۔
His two hands.

His mouth. اس کے منہ۔ فَاهُ

Willingly. خوشی سے۔ طَوْعًا

كَرْهًا کراہت سے۔ناخوشی سے۔
Unwillingly.

ظِلَالُهُمْ ان کے سائے۔
Their shadows.

Mornings. صبح۔ بِالْغُدُوِّ

Evenings. شام۔ اَلْاٰصَالِ

فَسَالَتْ پس بہ نکلیں۔
So (*valleys*) flowed.

Valleys. وادیاں (واحد sing وَادٍ) اَوْدِيَةٌ

بِقَدَرِهَا اپنی گنجائش کے مطابق۔
According to their measure.

Foam. جھاگ۔ زَبَدًا

Swelling. اوپر آ جانے والی رَابِيًا

تَزْدَادُ وہ بڑھاتے ہیں۔
They cause to grow.

بِمِقْدَارٍ ایک اندازے کے مطابق۔
With a measure.

اَلْكَبِيْرُ بہت بڑے مرتبہ والا۔
The Incomparably Great.

اَلْمُتَعَالُ بلند شان والا۔
The Most High.

مُسْتَخْفٍ چھپنے والا۔
One who hides.

سَارِبٌ چلنے والا۔ظاہر ہونے والا۔
One who goes forth openly.

مُعَقِّبَاتٌ باری باری آگے پیچھے آنیوالے (محافظ) ہیں۔
A succession of angels before and behind.

He changes. وہ بدلتا ہے۔ يُغَيِّرُ

Punishment. عذاب۔ سُوْءً

Repelling. ہٹانے والا۔ مَرَدَّ

Helper. مددگار۔کارساز۔ وَالٍ

He raises. وہ اٹھاتا ہے۔ يُنْشِئُ

اَلسَّحَابَ الثِّقَالَ بوجھل بادل۔
The heavy clouds.

The thunder. کڑک بجلی کی اَلرَّعْدُ

اَلصَّوَاعِقُ (واحد sing صَاعِقَةٌ) کڑکتی ہوئی بجلیاں۔
The thunderbolts.

فَيُصِيْبُ وہ پہنچاتا ہے۔وہ مصیبت میں ڈالتا ہے۔وہ گراتا ہے (بجلی)
He smites (*thunderbolt*).

يُوْقِدُوْنَ وہ جلاتے ہیں۔
They heat, burn.

حِلْيَةٌ زیور۔
Ornaments.

يَذْهَبُ چلا جاتا ہے۔تباہ ہو جاتا ہے۔
It goes away.

جُفَاءً ناکارہ ہوکر۔بےکار ہوکر۔
As rubbish, waste, worthless.

يَمْكُثُ وہ ٹھہرا رہتا ہے۔
It stays.

الرعد رکوع ۳ پارہ ۱۳ رکوع ۹
Part-13. R-9 Al-Ra`d. R-3

يُوْفُوْنَ وہ پورا کرتے ہیں۔
They fulfil.

يَنْقُضُوْنَ وہ توڑتے ہیں۔
They break.

اَلْمِيْثَاقَ پختہ عہد
The covenant.

يَصِلُوْنَ وہ جوڑتے ہیں (ان تعلقات کو)
They join (*relations*).

يُوْصَلَ جوڑا جائے
To be joined.

صَبَرُوْا انہوں نے صبر کیا۔ثابت قدم رہے
They persevere, continue steadfastly.

سِرًّا چھپ کر۔پوشیدہ
Secretly.

عَلَانِيَةً ظاہر۔
Openly.

يَدْرَءُوْنَ وہ دور کرتے ہیں۔
They repel.

عَدْنٍ مستقل رہائش۔ہمیشگی (کے باغ)
Gardens of Eternity.

مَنْ صَلَحَ جس نے نیکی اختیار کی۔
Who are righteous.

بِمَا اس وجہ سے
Because.

صَبَرْتُمْ تم نیکی پر قائم رہے۔ثابت قدم رہے
You were steadfast.

فَنِعْمَ عُقْبَى الدَّارِ اس گھر کا کیا ہی اچھا انجام ہے۔
How excellent is the reward of the final Abode!

الرعد رکوع ۴ پارہ ۱۳ رکوع ۱۰
Part-13. R-10 Al-Ra`d. R-4

يُضِلُّ وہ ہلاک کرتا ہے۔
He lets go astray.

اَنَابَ وہ جھکا۔
He turned.

طُوْبٰى مبارک۔خوشخبری۔خوش حالی۔
Happiness, pleasure, gladness.

حُسْنَ مَاٰبٍ پاکیزہ مقام (خIV)
An excellent place.

حُسْنُ بہترین۔
An excellent.

مَاٰبِ لوٹنے کی۔واپسی کی جگہ۔
Place of return.

لِتَتْلُوَا تاکہ تو پڑھ کر سنائے۔
That you may recite.

مَتَابِ میرا رجوع ہے (خ ۱۱) میرا عاجزانہ جھکنا ہے۔(خIV)
My return.
(*Turning of God with mercy and bestowing favours upon a person and being gracious to him.*)

سُيِّرَتْ چلائے جاتے۔(پہاڑ)
(*Mountains*) could be moved.

قُطِّعَتْ ٹکڑے ٹکڑے (زمین) کی جاتی
(*The earth*) could be cut asunder.

كُلِّمَ باتیں کی جائیں۔
(*Dead*) could be spoken to.

یَئِسَ وہ مایوس ہوا۔اس کے علاوہ ایک معنی اس کے جاننے اور علم کے بھی ہیں۔
He despaired, came to know.

اَفَلَمْ یَايْئَسِ کیا نہیں علم۔کیا نہیں معلوم (خ ۱۱)
Have not come to know.

لَایَزَالُ ہمیشہ رہے
Shall not cease.

تُصِیْبُهُمْ پہنچتی رہے گی ان کو۔
It shall befall them.

قَارِعَةٌ کوئی سخت مصیبت
Wrought, great calamity, disaster.

تَحُلُّ نازل ہوتی رہے گی۔
It shall alight, descend.

الرعد رکوع ۵ پارہ ۱۳ رکوع ۱۱
Part-13. R-11 Al-Ra`d. R-5

اَمْلَيْتُ میں نے مہلت دی۔ڈھیل دی۔
I granted respite.

فَكَيْفَ پس کیسا تھا۔
How was.

عِقَابِ میرا عذاب۔میری سزا۔
My punishment.

قَآئِمٌ نگران۔
Watching.

سَمُّوْهُمْ ان کے نام (یعنی صفات) بتاؤ
Name them.

تُنَبِّئُوْنَهٗ تم اسکو بتاؤ گے۔آگاہ کرو گے
You would inform Him.

اَمْ بِظَاهِرٍ مِّنَ الْقَوْلِ یا تم صرف منہ کی باتیں کرتے ہو۔
Or, is it a mere empty saying, verbal talking.

صُدُّوْا وہ روکے گئے۔
They have been kept back.

اَشَقُّ زیادہ سخت۔
Harder.

وَاقٍ بچانے والا۔
Defender.

اُكُلُهَا اس (جنت) کا پھل
Its fruit.

دَآئِمٌ ہمیشہ رہنے والا۔
Everlasting.

ظِلُّهَا اس کا سایہ۔
Its shade.

يَفْرَحُوْنَ وہ خوش ہوتے ہیں۔
They rejoice, feel great joy.

يُنْكِرُ وہ انکار کرتا ہے۔
He denies.

مَاٰبِ میرا لوٹنا ہے۔
My return.

حُكْمًا عَرَبِيًّا مفصل حکم کی صورت میں
A clear judgment.

الرعد رکوع ٦ پارہ ۱۳ رکوع ۱۲
Part-13. R-12 Al-Ra`d. R-6

اَجَلٍ مقدر وقت۔
Term. destined time.

كِتَابٌ قانون۔نوشتہ تحریر ہے۔(خ IV)
A Divine decree.

يَمْحُوا اللّٰهُ اللہ مٹاتا ہے۔
Allah effaces, wipes out.

يُثْبِتُ وہ قائم رکھتا ہے
He establishs.

عِنْدَهٗ اسی کے پاس ہے
With Him is.

اُمُّ الْكِتَابِ تمام نوشتوں کا منبع (خ IV)
The source of all commandments. تمام احکام کی اصل (خ ۱۱)

اُمٌّ اصل۔جڑ۔منبع۔
The source.

اَنَّا نَاْتِی ہم چلے آ رہے ہیں۔
We are visiting.

نَنْقُصُھَا ہم اس (زمین) کو کم کرتے ہیں
We reduce it (*land*).

اَطْرَافِھَا اسکی اطراف سے اسکے کناروں سے
From its outlying borders.

مُعَقِّبُ تبدیل کرنے والا۔ پیچھے ڈالنے والا
One who reverses.

عُقْبَی الدَّارِ اُس گھر کا انجام۔
The final reward of the Abode.

مُرْسَلًا بھیجا ہوا۔ (یعنی رسول اللہ)۔
Sended. (*Messenger.*)

ابراھیم رکوع ۱ پارہ ۱۳ رکوع ۱۳
Part-13. R-13 Ibrahim. R-1

یَسْتَحِبُّوْنَ وہ پسند کرتے، محبت کرتے ہیں
They prefer, like.

They hinder. وہ روکتے ہیں۔ یَصُدُّوْنَ

یَبْغُوْنَھَا وہ اس میں تلاش کرتے ہیں۔
They seek it.

Crooked, bent. کجی۔ عِوَجًا

یَبْغُوْنَھَا عِوَجًا وہ اسے (اللہ کے راستہ کو) کجی اختیار کر کے (حاصل کرنا) چاہتے ہیں (خ۔۱۱) وہ اسے ٹیڑھا چاہتے ہیں (خIV)
They seek to make it crooked.

Remind them. ان کو یاد دلا ذَكِّرْهُمْ

ابراھیم رکوع ۲ پارہ ۱۳ رکوع ۱۴
Part-13. R-14 Ibrahim. R-2

He declared. اُسنے اعلان کیا تَاَذَّنَ

رَدُّوْا انھوں نے لوٹائے۔ رکھ لئے۔
They turned

Their hands. اپنے ہاتھ۔ اَيْدِيَهُمْ

Their mouths. اپنے مونہوں اَفْوَاهِهِمْ

Doubt. شک۔ شَكٍّ

مُرِيْبٍ بے چین کر دینے والا (شک)۔
Disquieting, disturbing (*doubt*).

يُؤَخِّرُكُمْ وہ تمہیں مہلت دیگا۔
He will grant you respite.

اَجَلٍ مُّسَمًّى مقررہ مدت۔
Appointed term.

تَصُدُّوْنَا تم ہم کو ہٹادو۔ روک دو
Turn us away.

Bring us. تم لاؤ ہمارے پاس فَاْتُوْنَا

وَلَنَصْبِرَنَّ ہم ضرور صبر کرتے چلے جائیں گے۔
We shall surely bear with patience.

اٰذَيْتُمُوْنَا تم ہمیں دکھ دیتے ہو۔
You harm us.

ابراھیم رکوع ۳ پارہ ۱۳ رکوع ۱۵
Part-13. R-15 Ibrahim. R-3

لَنُسْكِنَنَّكُمُ ہم ضرور تم کو آباد کرینگے
We shall surely make you dwell.

My warning. میری وعید۔ وَعِيْدِ

وَاسْتَفْتَحُوْا انہوں نے فتح مانگی۔
They prayed for victory, they sought decision. انہوں نے فیصلہ چاہا

تَـبَـعًـا تابع۔ پیچھے چلنے والے Followers.

مُغْـنُـوْنَ عَـنَّـا ہم سے دور کرنیوالے' بچانیوالے
Those who avail us aught.

اَجَـزِعْـنَـا خواہ ہم جزع فزع' آہ وزاری کریں
Whether we show impatience.

مَـحِـيْـصٍ بھاگنے کی جگہ۔
Way of escape.

ابراھیم رکوع ۴ پارہ ۱۳ رکوع ۱۶
Part-13. R-16 Ibrahim. R-4

سُـلْـطَـانٌ کوئی غلبہ۔کوئی زور Power.

دَعَـوْتُـكُـمْ میں نے تم کو بلایا۔
I called you.

فَـاسْـتَـجَـبْـتُـمْ لِـيْ تم نے میری دعوت
You obeyed me.۔کوقبول کرلیا

فَـلَا تَـلُـوْمُـوْنِـيْ پس مجھے ملامت نہ کرو
So balme me not.

مُـصْـرِخِـكُـمْ تمہاری مدد کرنے والا۔
ہوں۔تمہاری فریادرسی کرنے والا۔
One who succours you, helps.

اُدْخِـلَ داخل کئے جائیں گے۔
Will be admitted.

تَـحِـيَّـتُـهُـمْ ان کا تحفہ۔ان کی دعا۔
Their greeting.

ضَـرَبَ الـلّٰـهُ مَـثَـلًا اللہ نے مثال بیان کی
Allah set forth a similitude,
mentioned an axample.

اَصْـلُـهَـا اس (درخت) کی جڑ Its root.

ثَـابِـتٌ مضبوط ہے۔ Is firm.

فَـرْعُـهَـا اس کی شاخیں Its branches.

خَـابَ وہ ناکام ہوگیا۔ہلاک ہوگیا۔
He met with no success,
He came to naught.

جَـبَّـارٍ جابر۔سرکش Haughty.

عَـنِـيْـدٍ دشمن۔ Enemy.

يُـسْـقٰـى وہ پلایا جائے گا۔
He will be made to drink.

مَـآءٍ صَـدِيْـدٍ تیز گرم پانی (خ ۱۱)
Boiling water.
Water mixed with pus پیپ ملا پانی

يَـتَـجَـرَّعُـهٗ وہ اس کو گھونٹ گھونٹ کرکے پیئے گا۔
He will sip it. تھوڑا تھوڑا کر کے پیئے گا

يُـسِـيْـغُـهٗ وہ اسکو آسانی سے نگل سکے گا۔
He will swallow it easily.

كَـرَمَـادٍ راکھ کی طرح۔ Like ashes.

اشْـتَـدَّتْ بِـهِ الـرِّيْـحُ جس پر تیز ہوا چلے
On which the wind blows
violently.

يَـوْمٍ عَـاصِـفٍ آندھی والے دن۔
On a stormy day.

يُـذْهِـبْـكُـمْ تم کو لے جائے۔ہلاک کردے
He do away with you,
take away, remove.

يَـاْتِ وہ لے آئے گا He will bring.

خَـلْـقٍ جَـدِيْـدٍ نئی مخلوق۔
New creation.

عَـزِيْـزٍ زبردست۔مشکل۔ناممکن۔
All-Mighty, hard, difficult.

بَـرَزُوْا وہ نکلے۔ They appeared,
went forth.

تُـؤْتِـيْ وہ (درخت) دیتا ہے۔
It brings forth.
اُكُـلَـهَـا اپنا پھل۔ Its fruit.
كُـلَّ حِيْنٍ ہروقت At all times.
اُجْـتُـثَّـتْ اکھیڑ دیا جائے گا۔
It will be uprooted.
يُـثَـبِّـتُ اللّٰـهُ اللہ ثبات بخشتا ہے۔
Allah strengthens.
بِـالْـقَـوْلِ الـثَّـابِـتِ قائم رہنے والی بات کے ذریعہ۔
With established word.
يُـضِـلُّ اللّٰـهُ اللہ ہلاک کرتا ہے۔
Allah lets go astray.

ابراہیم رکوع ۵ پارہ ۱۳ رکوع ۱۷
Part-13. R-17 Ibrahim. R-5

كُـفْـرًا ناشکری۔ Ingratitude.
اَحَـلُّـوْا اُتارا انہوں نے۔ They landed.
دَارَالْـبَـوَارِ ہلاکت کا گھر۔
The abode of ruin.
مَـصِـيْـرَكُـمْ تمہارا سفر (خ IV)
تمہارا جانا (خ II) Your journey.
خِـلَالٌ گہری دوستی۔ Friendship.
سَـخَّـرَ اس نے بلا اجرت کام میں لگایا۔
He has subjected.
دَآئِـبَـيْـنِ وہ دونوں بلا وقفہ کام کرتے ہیں (خ II)
وہ دونوں ہمیشہ گردش کر رہے ہیں (خ IV)
Both performing their functions constantly.
تُـحْـصُـوْا تم گنو Number, count.

مَـا سَـاَلْـتُـمُـوْهُ جو تم نے مانگی۔
That you asked.
تَـعُـدُّوْا تم گنو۔ شمار کرو Try to number.
لَا تُـحْـصُـوْهَـا تم نہیں شمار کر سکو گے You will not be able to number.
كَـفَّـارٌ بڑا ہی ناشکر گزار Very ungrateful.

ابراہیم رکوع ۶ پارہ ۱۳ رکوع ۱۸
Part-13. R-18 Ibrahim. R-6

اُجْـنُـبْـنِـيْ بچا مجھے۔ دور رکھ۔
Preserve me.
بَـنِـيَّ میرے بیٹے۔ My children.
اَلْاَصْـنَـامَ (واحد sing صَنَمٌ) بت۔
معبودان باطلہ (خ II) Idols.
اَضْـلَـلْـنَ انہوں (معبودان باطلہ) نے گمراہ کیا ہے۔
ہلاک کیا ہے۔ They have led astray.
عَـصَـانِـيْ اس نے میری نافرمانی کی۔
He disobeyed me.
اَسْـكَـنْـتُ میں نے آباد کیا ہے۔
I have settled.
اَفْـئِـدَةً (واحد sing فُؤَادٌ) دل
Hearts.
تَـهْـوِيْ وہ جھک جائیں۔ They incline.
مُـقِـيْـمَ الـصَّـلٰـوةِ عمدگی سے نماز ادا کرنیوالا
Constant in observing prayer.

ابراہیم رکوع ۷ پارہ ۱۳ رکوع ۱۹
Part-13. R-19 Ibrahim. R-7

لَا تَـحْـسَـبَـنَّ نہ سمجھو۔ نہ گمان کرو۔
Think not, consider not.
غَـافِـلًا بے خبر۔ Unaware.

یُؤَخِّرُ وہ ڈھیل دیتا ہے۔
He gives respite.

تَشْخَصُ پھٹی کی پھٹی رہ جائیں گی۔
(*Eyes*) will fixedly stare.

Hurrying. مُهْطِعِيْنَ دوڑتے ہوئے

Raising up. مُقْنِعِيْ اوپر اٹھائے ہوئے

رُءُوْسِهِمْ (واحد sing رَاْسٌ)
Their heads. اپنے سروں کو

لَا يَرْتَدُّ نہ واپس آئیں گی۔
Will not return.

Their gaze. طَرْفُهُمْ ان کی نظریں

Void, empty. هَوَآءٌ خالی۔

نُجِبْ ہم قبول کریں گے۔
We shall respond.

نَتَّبِعْ ہم پیروی کریں گے۔
We shall follow.

سَكَنْتُمْ تم نے رہائش اختیار کی۔
You dwelled.

مَسَاكِنَ (واحد sing مَسْكَنٌ) گھروں
The dwellings.

ضَرَبْنَا لَكُمْ ہم نے تمہارے لئے بیان کیں۔
We set forth for you.

Parables, examples. اَلْاَمْثَالَ مثالیں

Will cease. تَزُوْلُ ٹل جائینگے۔

تُبَدَّلُ بدلے جائیں گے (زمین وآسمان)
Will be changed. (*the earth and heaven*)

They will appear. بَرَزُوْا وہ نکلیں گے۔

اَلْقَهَّارُ کامل غلبہ رکھنے والا ہے۔
The Most Supreme.

Bound. مُقَرَّنِيْنَ جکڑے ہوئے۔

In chains. اَلْاَصْفَادُ زنجیروں میں۔

سَرَابِيْلُهُمْ ان کے کُرتے۔
Their garments.

Pitch. قَطِرَان تارکول (یعنی کالے سیاہ)

تَغْشٰى ڈھانپ لے گی (آگ)
(*fire*) shall envelop.

بَلٰغٌ کھلا کھلا پیغام ہے۔
Is a sufficient admonition.

يُنْذَرُوْا وہ ڈرائے جائیں۔ ہوشیار کئے جائیں
They may be warned.

يَذَّكَّرُوْا نصیحت حاصل کریں۔
They may ponder.

☆☆☆

الحجر رکوع ۱ پارہ ۱۴ رکوع ۱
Part-14. R-1 Al-Hijr. R-1

رُبَمَا بسااوقات۔ Often.

يَوَدُّ وہ چاہتا ہے۔ He wishes.

يُلْهِهِمُ وہ ان کو غافل کرتا ہے۔ He beguiles them, diverts, deludes.

اَلْاَمَلُ امیدیں۔ Hopes.

تَسْبِقُ آگے بڑھتی ہے It outstrips.

يَسْتَاْخِرُوْنَ وہ پیچھے رہتے ہیں۔
They remain behind.

اَجَلٌ میعاد Term.

لَوْ مَا کیوں نہیں۔ Why not.

شِيَعِ جماعتیں۔ Parties.

نَسْلُكُهٗ ہم اسکو چلاتے ہیں۔ راسخ کرتے ہیں۔داخل کرتے ہیں۔ We enter it.

ظَلُّوْا وہ لگے۔ They began.

يَعْرُجُوْنَ وہ چڑھتے ہیں۔ They ascend.

سُكِّرَتْ مدہوش کردی گئی ہیں۔ پردہ ڈالا گیا ہے(خ۔II) (*Eyes*) are dazed.

مَسْحُوْرُوْنَ جادو کئے گئے ہیں۔
Those who are bewitched.

الحجر رکوع ۲ پارہ ۱۴ رکوع ۲
Part-14. R-2 Al-Hijr. R-2

بُرُوْجٌ منزلیں (ستاروں کی)۔
Mansions (*of stars*).

زَيَّنَّا ہم نے خوبصورت بنایا۔
We have adorned.

حَفِظْنَا ہم نے محفوظ کردیا۔
We have guarded.

شَيْطَان سرکش۔ Satan.

رَجِيْمٌ دھتکارہ ہوا۔ Rejected.

اِسْتَرَقَ السَّمْعَ اُسنے چوری سے سن لی (کوئی بات)۔ He heard stealthily.

فَاَتْبَعَهٗ اس کے پیچھے لگ جاتا ہے۔اس کا تعاقب کرتا ہے۔ It pursues him.

شِهَابٌ شعلہ۔ Flame.

مُبِيْنٌ روشن۔ Bright.

مَدَدْنَا ہم نے پھیلایا۔ We spread out.

اَلْقَيْنَا ہم نے ڈالے۔ڈال دیئے۔ We set.

رَوَاسِيَ مضبوطی سے گڑے ہوئے (پہاڑ)
Firm mountains.

مَوْزُوْنٌ وزن کی ہوئی۔مناسب۔ Proper.

مَعَايِشَ سامان معیشت۔زندگی۔
Means of livelihood.

بِقَدَرٍ مَّعْلُوْمٍ معین اندازے کے مطابق
A known measure.

لَوَاقِحَ اٹھانے والی (بخارات)۔پانی سے لدی ہوئی (خ IV) Impregnating (*winds*), carrying drops of water.

اَسْقَيْنٰكُمُوْهُ ہم نے تم کو پلایا۔
We gave it to you to drink.

خَازِنِيْنَ ذخیرہ، محفوظ کرنے والے۔
Those who store.

مُسْتَقْدِمِيْنَ آگے نکل جانے والے
Those who سبقت لے جانے والے۔
go ahead, excel, surpass.

اَلْمُسْتَاْخِرِيْنَ پیچھے رہنے والے۔
Those who lag behind.

الحجر رکوع ۳ پارہ ۱۴ رکوع ۳
Part-14. R-3 Al-Hijr. R-3

صَلْصَالٍ آواز دینے والی مٹی۔
Ringing clay.

حَمَاٍ Black mud. سیاہ کیچڑ۔

مَسْنُوْنٍ جس کی حالت تبدیل ہوچکی تھی (II خ)
Wrought into shape,
formed, molded into shape.

نَارِ السَّمُوْمِ سخت گرم ہوئی آگ۔
The fire of hot wind.

سَوَّيْتُهٗ میں نے اس کو ٹھیک ٹھاک کرلیا۔
I have مکمل کرلیا۔
fashioned him in perfection.

رُوْحِيْ My Spirit. اپنا کلام۔

فَقَعُوْا Then fall down. پس گر جانا

اَغْوَيْتَنِيْ تو نے مجھے گمراہ قرار دیا ہے۔
You have adjudged me
as gone astray.

مَوْعِدُهُمْ ان کے وعدے کی جگہ ہے۔
Their promised place.

جُزْءٌ Portion. حصہ۔

مَقْسُوْمٌ Allotted. مقررہ (تقسیم کیا ہوا)

الحجر رکوع ۴ پارہ ۱۴ رکوع ۴
Part-14. R-4 Al-Hijr. R-4

نَزَعْنَا ہم نکال دیں گے۔
We shall remove.

مُتَقَابِلِيْنَ آمنے سامنے۔
Facing one another.

نَصَبٌ Fatigue, tiredness. تھکان

وَجِلُوْنَ ڈر رہے ہیں۔ خائف ہیں۔
Those who are afraid.

لَا تَوْجَلْ Be not afraid. نہ ڈر

تُبَشِّرُوْنَ تم بشارت دیتے ہو۔
You give glad tidings.

اَلْقَانِطِيْنَ Those مایوس ہونے والے
who despair, lose hope.

مَا خَطْبُكُمْ تمہارا کیا اصل مقصد ہے۔
What is کیا اہم کام ہے۔
your real business.

قَدَّرْنَا We ہم نے اندازہ کیا۔
have surmised, guessed.

غَابِرِيْنَ پیچھے رہنے والے۔
Those who remain behind.

الحجر رکوع ۵ پارہ ۱۴ رکوع ۵
Part-14. R-5 Al-Hijr. R-5

مُرْسَلُوْنَ بھیجے ہوئے (یعنی رسول)۔
The Messengers.

مُنْكَرُوْنَ Strangers. اجنبی۔ ناواقف

يَمْتَرُوْنَ وہ شک کرتے ہیں۔
They have been in doubt.

وَاتَّبِعْ اور چلو۔ And follow.

اَدْبَارَهُمْ ان کے پیچھے In their rear.

لَایَلْتَفِتْ نہ پیچھے مڑ کر دیکھے۔

Let not look back.

وَامْضُوْا چلے جاؤ۔ Proceed.

تُؤْمَرُوْنَ تم کو حکم دیا جاتا ہے۔

You are commanded.

قَضَیْنَا اِلَیْهِ ہم نے اسکو یہ فیصلہ بتادیا

We communicated to him clearly this decree.

دَابِرَ جڑ۔ Root.

مَقْطُوْعٌ کاٹ دی جائے گی۔

It would be cut off.

مُصْبِحِیْنَ صبح صبح ہی۔ صبح ہوتے ہی۔

By the morning.

یَسْتَبْشِرُوْنَ وہ خوشیاں مناتے ہوئے آئے۔

They came rejoicing.

ضَیْفِیْ میرے مہمان۔ My guests.

لَا تَفْضَحُوْنِ مجھے رسوا نہ کرو۔

Put me not to shame,

Do not degrade me.

لَا تُخْزُوْنِ مجھے ذلیل نہ کرو۔

Do not humiliate me.

نَنْهَکَ ہم نے تجھے روکا تھا۔

We forbade you.

سَکْرَتِهِمْ اپنی بدمستی۔

Their mad intoxication.

یَعْمَهُوْنَ وہ بہک رہے ہیں۔ بھٹک رہے ہیں۔ اندھے ہو رہے ہیں۔ They are wandering in distraction.

مُشْرِقِیْنَ دن چڑھتے ہی۔ سورج نکلتے ہی

At sunrise, sunup.

عَالِیَهَا اسکا اوپر کا حصہ Its upside.

سَافِلَهَا اسکا نیچے کا حصہ Its downside.

حِجَارَةً پتھر۔ Stones.

سِجِّیْلٍ کنکروں اور سنگریزوں (سے بنے ہوئے پتھر) (*Stones*) of clay,

hardened and petrified clay.

مُتَوَسِّمِیْنَ فراست سے کام لینے والے

Those who use their understanding.

لَبِسَبِیْلٍ مُّقِیْمٍ بڑی شاہراہ۔ مستقل راستہ پر

On a road that still exists.

اَصْحَابُ الْاَیْکَةِ گھنے جنگل والے۔

The people of the Wood.

لَبِاِمَامٍ مُّبِیْنٍ کھلی شاہراہ پر ہے۔

On an open highway.

الحجر رکوع ٦ پارہ ١٤ رکوع ٦

Part-14. R-6 Al-Hijr. R-6

اَصْحَابُ الْحِجْرِ پتھر والے۔

(اصحاب الحجر سے مراد حضرت صالح کی قوم ہے جو پتھر کی مضبوط فصیل میں رہنے کی وجہ سے اصحاب الحجر کہلاتے تھے۔)

The people of the Hijr. (*It*

مُقْتَسِمِيْنَ تقسیم کرنے والے۔
(یعنی بانی اسلام اور اسلام کے خلاف منصوبوں میں ڈیوٹیاں تقسیم کی ہوتی تھیں)(خ-II)۔
Those who have formed themselves into groups against Islam and The founder of Islam.

عِضِيْنَ (واحد sing عِضَةٌ) جسکے معنی ٹکڑے کے بھی ہوتے ہیں اور جھوٹ کے بھی۔
Its meanings are part and lie.
جھوٹی باتوں کا مجموعہ (قرار دیا ہے(خ-II))
Packe of lies.
Divided into (کر دیا) ٹکڑے ٹکڑے parts.

فَاصْدَعْ کھول کر بیان کر۔
Declare openly.

كَفَيْنٰكَ ہم تیرے لئے کافی ہیں ہم تجھے محفوظ رکھیں گے۔(خ-II)
We shall suffice, save you.

يَضِيْقُ وہ تنگی محسوس کرتا ہے۔
He becomes straitened.

Death. (خII) موت۔ يَقِيْنَ

النحل رکوع ۱ پارہ ۱۴ رکوع ۷
Part-14. R-7 Al-Nahl. R-1

فَلَا تَسْتَعْجِلُوْهُ اس کو جلدی نہ مانگو۔
اس کے جلد آنے کا مطالبہ نہ کرو۔
Seek not to haste.

Exalted. بہت بالا۔ بلند۔ تَعَالٰى

Revelation. خاص کلام۔ وحی اَلرُّوْحُ

means the people of Salih which were called Ashab-ul-Hijr due to living in strong stone wall and rampart.)

مُعْرِضِيْنَ اعراض، روگردانی کرنیوالے
Those who turned away.

They وہ تراشتے تھے۔ كَانُوْا يَنْحِتُوْنَ
used to hew out, chisel.

مُصْبِحِيْنَ صبح ہوتے ہی۔
In the morning.

Forbear. درگذر کر۔ فَاصْفَحْ

الصَّفْحَ الْجَمِيْلَ عمدہ طور پر درگذر۔
Goodly forbearance.

اَلْمَثَانِيْ بار بار دُہرائی جانیوالی (آیات)۔
مثنٰی کی جمع بھی ہوسکتی ہے۔ جسکے معنی ثنا و تعریف کے ہیں۔ سبع مثانی سورۃ فاتحہ کا نام ہے۔
Oft-repeated (*verses*).
It could be also plural of ثنیٰ whose meaning is praise of God. سبع مثانی It is a name of *Al-Fatihah*.

اَلْقُرْاٰنَ الْعَظِيْمَ عظمت والا قرآن۔
The Great Quran.

Stretch not. تو نہ پھیلا۔ نہ لمبی کر لَا تَمُدَّنَّ

عَيْنَيْكَ اپنی دونوں آنکھیں۔
Your both eyes.

Lower. جھکا۔ اِخْفِضْ

خَصِيْمٌ جھگڑنے والا۔ Disputer.

دِفْءٌ گرمی کا سامان۔ Warmth.

حِيْنَ جب۔ When.

تُرِيْحُوْنَ تم شام کو چرا کر (مال مویشی) واپس لاتے ہو۔ You bring (*cattle*) in the evening.

تَسْرَحُوْنَ تم صبح کو (چرنے کیلئے) چھوڑتے ہو You drive them forth (*to pasture*) in the morning.

تَحْمِلُ وہ (چارپائے) اٹھاتے ہیں۔ They (*cattle*) carry.

اَثْقَالَ (واحد sing ثِقْلٌ) بوجھ Loads.

بَالِغِيْ پہنچنے والے Those who reach.

بَالِغِيْهِ اس (شہر) تک پہنچنے والے۔ Those who reach to it.

بِشِقِّ الْاَنْفُسِ اپنی جانوں کو مشقت میں ڈال کر۔ With great hardship to yourselves.

اَلْخَيْلَ گھوڑے۔ Horses.

اَلْبِغَالَ (واحد sing بَغْلٌ) خچریں Mules.

اَلْحَمِيْرَ (واحد sing حِمَارٌ) گدھے Asses.

قَصْدُ السَّبِيْلِ سیدھی راہ۔ The right way.

جَآئِرٌ ٹیڑھے (راستے)۔ Deviate (*course*).

النحل رکوع ۲ پارہ ۱۴ رکوع ۸
Part-14. R-8 Al-Nahl. R-2

تُسِيْمُوْنَ تم (جانور) چراتے ہو۔ You pasture (*cattle*).

لَحْمًا طَرِيًّا تازہ گوشت (یہاں مچھلی مراد ہے) Fresh flesh. (*fish*)

تَسْتَخْرِجُوْا تم نکالو۔ You may take forth.

حِلْيَةً زیور۔ Ornaments.

مَوَاخِرَ (کشتیاں) پھاڑنے والیاں (پانی) (*Ships*) Ploughing (*water*).

اَلْقٰى اُسنے رکھدیئے۔بنادیئے۔ He placed.

تَمِيْدَبِكُمْ کہ تمہارے لئے کھانے کا سامان مہیا کرے (IV-خ) May be a source of benefit and provision to you.

اَنْ تَمِيْدَبِكُمْ کہ تم کو چکر میں نہ ڈالے Lest it quake with you. (II-خ)

تُسِرُّوْنَ تم چھپاتے ہو۔ You conceal, keep hidden.

تُعْلِنُوْنَ تم ظاہر کرتے ہو You disclose.

اَيَّانَ کب۔ When.

يُبْعَثُوْنَ وہ اٹھائے جائیں گے۔ They will be raised.

النحل رکوع ۳ پارہ ۱۴ رکوع ۹
Part-14. R-9 Al-Nahl. R-3

مُنْكِرَةٌ ناآشنا۔ Strangers.

لَاجَرَمَ بے شک۔یہ یقینی بات ہے۔ Undoubtedly, certainly.

يُسِرُّوْنَ وہ چھپاتے ہیں۔ They keep secret.

اَسَاطِيْرُ الْاَوَّلِيْنَ پہلے لوگوں کی کہانیاں

Stories of the ancients.

اَوْزَارَ Burdens. بوجھ (واحد sing وِزْرٌ)

يَزِرُوْنَ They bear. وہ اٹھاتے ہیں۔

النحل رکوع ۴ پارہ ۱۴ رکوع ۱۰

Part-14. R-10 Al-Nahl. R-4

فَاَتَى اللّٰهُ پس اللہ آیا۔

But Allah came.

بُنْيَانٌ Structure. عمارت۔

اَلْقَوَاعِدُ Foundations. بنیادیں

خَرَّ He fell down. وہ گر پڑا۔

اَلسَّقْفُ Roof. چھت۔

تُشَآقُّوْنَ تم دشمنی کرتے ہو۔ مخالفت کرتے ہو۔

You oppose.

اَلسُّوْءَ Affliction, خرابی۔ برائی

distress, suffering.

اَلْقَوُا They offer. وہ ڈالتے ہیں۔

اَلسَّلَمَ صلح۔ وہ صلح کی پیشکش کرتے ہیں۔

Submission,

They offer submission.

سَيِّئَاتُ (واحد sing سَيِّئَةٌ)

Evils. برائیاں

النحل رکوع ۵ پارہ ۱۴ رکوع ۱۱

Part-14. R-11 Al-Nahl. R-5

لَا حَرَّمْنَا مِنْ دُوْنِهٖ مِنْ شَيْءٍ نہ ہم حرام ٹھہراتے اسکی اجازت کے بغیر کسی چیز کو (خ ۱۱)

Nor should we have forbidden anything without command from Him.

نہ ہم حرمت دیتے اسکے سوا کسی چیز کو (خ IV)

Nor should we have forbidden anything without Him.

اِجْتَنِبُوْا Shun, avoid. بچو۔

حَقَّتْ عَلَيْهِ اسی پر واجب ہوگئی۔

It has been justified on him.

تَحْرِصْ تو خواہش رکھتا ہے۔ تو حریص ہے

You are solicitous, eager.

يُضِلُّ He leads astray. وہ گمراہ کرتا ہے

النحل رکوع ۶ پارہ ۱۴ رکوع ۱۲

Part-14. R-12 Al-Nahl. R-6

لَنُبَوِّئَنَّهُمْ ہم ضرور ان کو جگہ دیں گے۔

We will surely give them abode.

حَسَنَةً Goodly. اچھے طور پر۔

زُبُرِ (واحد sing زَبُوْرٌ) نوشتے۔ صحیفے۔

Scriptures, sacred writings.

اَفَاَمِنَ کیا امن میں آ گئے۔

Did he feel secure.

يَخْسِفَ اللّٰهُ اللہ ان کو ذلیل کر دیگا۔

اللہ ان کو دھنسا دے گا۔

Allah will humiliate them.

تَقَلُّبِهِمْ ان کے سفروں میں۔

ان کے چلنے پھرنے کی حالت میں۔

In their going to and fro.

مُعْجِزِيْنَ Those عاجز کرنے والے۔

who are able to frustrate.

تَخَوُّف آہستہ آہستہ کم کرکے (تعداد)
A process of gradual Destruction, to take little by little, gradual diminution.

يَتَفَيَّؤُا اِدھراُدھر ہورہے ہیں۔
جگہ بدلتے ہیں (سائے) (*Shadows*) shift, change their places.

هُمْ دَاخِرُوْنَ وہ ذلیل ہونیوالے ہیں۔
They are being humbled.

النحل رکوع ۷ پارہ ۱۴ رکوع ۱۳
Part-14. R-13 Al-Nahl. R-7

اَلدِّيْنُ اطاعت۔ Obedience.

وَاصِبًا ہمیشہ کی۔ For ever.

تَجْـَٔرُوْنَ تم فریاد کرتے ہو' چلاتے ہو۔
You cry for help.

بُشِّرَ بشارت دیا جاتا ہے۔
He is conveyed the tidings.

اُنْثٰي لڑکی۔ Female.

ظَلَّ ہوجاتا ہے (*Face*) becomes.

مُسْوَدًّا سیاہ۔ Dark.

كَظِيْمٌ بہت رنجیدہ غمگین۔
Suppressed grief.

يَتَوَارٰى وہ چھپتا ہے۔ He hides.

يُمْسِكُهٗ وہ اسکو روکے (یعنی زندہ رکھے)
He keep it (*alive*).

هُوْنٍ ذلت (کے باوجود)۔
(*In spite of*) disgrace.

يَدُسُّهٗ اس کو گاڑتا ہے۔ He bury it.

النحل رکوع ۸ پارہ ۱۴ رکوع ۱۴
Part-14. R-14 Al-Nahl. R-8

يُؤَخِّرُهُمْ وہ ان کو مہلت دیتا ہے۔
He gives them respite.

يَكْرَهُوْنَ وہ ناپسند کرتے ہیں۔
They dislike.

تَصِفُ بیان کرتی ہیں۔(زبانیں)
(*Tongues*) utter.

اَلْسِنَتُهُمْ ان کی زبانیں۔
Their tongues.

لَاجَرَمَ بلاشبہ۔بے شک۔یقیناً۔
Undoubtedly, surely.

مُفْرَطُوْنَ وہ چھوڑے جائیں گے(آگ کے عذاب میں) وہ بے یارومددگار چھوڑ دیئے جائیں گے(خIV)
They shall be abandoned (*in the Fire*).

النحل رکوع ۹ پارہ ۱۴ رکوع ۱۵
Part-14. R-15 Al-Nahl. R-9

عِبْرَةٌ نشان۔نصیحت۔ A lesson.

فَرْثٌ گوبر۔ faeces.

سَآئِغًا خوشگوار۔ Pleasant.

سَكَرًا نشہ۔(خIV) شراب۔
Intoxicating, wine.

اَلنَّحْلُ شہد کی مکھی۔ The bee.

يَعْرِشُوْنَ وہ (بیلوں کو) چھتوں پر(ٹٹیوں پر) چڑھاتے ہیں۔ٹٹیاں بناتے ہیں۔
They build trellises, lattices.

فَاسْلُكِيْ تو چل۔ Follow.

كَـلَـمۡـحِ الۡـبَـصَـرِ آنکھ جھپکنے کی طرح۔
As the twinkling of an eye

سَـكَـنًـا رہائش کا ذریعہ۔سکون کا ذریعہ۔
A place of rest.

جُـلُـوۡدٌ (واحد sing جِلۡدٌ) جلدیں۔
Skins.چمڑے

تَـسۡـتَـخِـفُّـوۡنَ تم ہلکا پاتے ہو(چمڑے کے
You find light گھروں کو)
(*the houses of skin*).

Your travel. اپنے سفر ظَعۡـنِـكُـمۡ

Wool. (بھیڑوں کی) باریک اُون اَصۡـوَافٌ

Furs. (اونٹوں کی) موٹی اَوۡبَـارَ

Hair. (بکری کے) بالوں کی اَشۡـعَـارٌ

Household goods. مستقل سامان اَوۡثَانًا

مَـتَـاعًـا عارضی سامان۔
Articles of use for a time.

اَكۡـنَـانًـا پناہ کی جگہیں۔
Places of shelter.

سَـرَابِـيۡـلَ (واحد sing سِرۡبَالٌ) قمیصیں۔
Garments. اوڑھنے کا سامان۔

تَـقِـيۡـكُـمۡ تم کو بچاتی ہیں (زرہیں)۔
They protect you.

Your wars. تمہاری جنگ بَـاۡسَـكُـمۡ

They deny. وہ انکار کرتے ہیں يُـنۡـكِـرُوۡنَ

النحل رکوع ۱۲ پارہ ۱۴ رکوع ۱۸
Part-14. R-18 Al-Nahl. R-12

ذُلُـلًا عاجزی کرتے ہوئے۔
Submissively, humbly.

Bellies. پیٹوں۔ بُـطُـوۡنِ

Drink. پینے کی چیز۔ شَـرَابٌ

The عمر کی بدترین حالت۔ اَرۡذَلِ الۡعُـمُـرِ
worst stage of life.

النحل رکوع ۱۰ پارہ ۱۴ رکوع ۱۶
Part-14. R-16 Al-Nahl. R-10

فَـضَّـلَ پس (اللہ) نے فضیلت دی۔ بڑھایا
He favoured.

فُـضِّـلُـوۡا وہ فضیلت دیئے گئے۔
They have been favoured.

Those who restore. لوٹانیوالے رَآدِّیۡ

They deny. وہ انکار کرتے ہیں يَـجۡـحَـدُوۡنَ

حَـفَـدَةً (واحد sing حَفَدٌ) پوتے۔
Grandsons.

فَلَا تَـضۡـرِبُـوۡا پس نہ بیان کرو۔
So coin not, narrate not.

مَـمۡـلُـوۡكًـا کسی کی ملکیت۔غلام۔
Slave who is owned.

Dumb. گونگا۔ اَبۡـكَـمُ

Burden. بوجھ۔ كَـلٌّ

Whithersoever. جدھر بھی اَيۡـنَـمَا

He sends him. وہ اسکو بھیجے يُـوَجِّـهۡـهُ

النحل رکوع ۱۱ پارہ ۱۴ رکوع ۱۷
Part-14. R-17 Al-Nahl. R-11

يَسْتَعْتَبُوْنَ وہ دہلیز تک رسائی پائیں گے (خIV)
They will be allowed to approach the threshold.
ان کا عذر قبول کیا جائے گا۔ (خ-II)
Their plea will be accepted.

اَلْقَوْا اِلَيْهِمُ الْقَوْلَ (وہ شرکاء) انکی بات کو کاٹتے ہوئے انہیں کہیں گے
They will retort on them with the words.

اَلسَّلَمَ اطاعت۔ صلح۔ فرمانبرداری کا پیغام
Submission, obedience.

يَفْتَرُوْنَ وہ گھڑتے ہیں۔
They used to forge.

النحل رکوع ۱۳ پارہ ۱۴ رکوع ۱۹
Part-14. R-19 Al-Nahl. R-13

اَلْمُنْكَرُ ناپسندیدہ باتیں۔
Manifest evil.

بَغْيٌ بغاوت۔ Transgression.

تَوْكِيْدِ پختگی۔ Firm.

كَفِيْلٍ ضامن۔ Surety.

نَقَضَتْ اس (عورت) نے توڑ دیا۔
She cut up.

غَزْلَهَا اپنا کاتا ہوا سوت Her yarn.

اَنْكَاثًا ٹکڑے ٹکڑے، پارہ پارہ کرکے۔
Making into pieces, tearing apart.

اُمَّةٌ کوئی قوم۔ One people, any nation.

اَرْبٰى زیادہ طاقتور More powerful.

يَبْلُوْكُمُ وہ (خدا) تم کو آزماتا ہے۔
He (*Allah*) tries you.

دَخَلًا (دھوکہ دہی اور اثر ورسوخ بڑھانے کا) ذریعہ۔
Means (*of discord and to deceive*).

تَزِلَّ پھسل جائے گا۔ اکھڑ جائیگا۔
(*Foot*) will slip.

تَذُوْقُوا السُّوْءَ تم بدی (کا مزا) چکھو گے (خIV)
You will taste evil.
تم برا انجام دیکھو گے (خII)۔
You will reach to bad end.

صَدَدْتُمْ تم نے روکا۔
You turned away.

يَنْفَدُ وہ ختم ہو جائے گا۔
He will pass away.

بَاقٍ باقی رہنے والا Lasting.

سُلْطٰنٌ تسلط۔ غلبہ۔ Power.

النحل رکوع ۱۴ پارہ ۱۴ رکوع ۲۰
Part-14. R-20 Al-Nahl. R-14

يُثَبِّتَ وہ مضبوط کرتا ہے He strengthens.

يُلْحِدُوْنَ وہ منسوب کرتے ہیں۔
They incline, dispose.

اَعْجَمِيٌّ عجمی ہے۔ غیر عربی ہے۔
Is foreign.

اُكْرِهَ وہ مجبور کیا گیا۔ He is forced.

اِسْتَحَبُّوْا انہوں نے محبت کی۔ انہوں نے پسند کر لی۔
They have preferred.

طَبَعَ اس (اللہ) نے مہر کردی۔
He (*Allah*) has set a seal.

فُتِنُوْا وہ دکھ میں، فتنہ میں ڈالے گئے۔
They had been persecuted.

النحل رکوع ۱۵ پارہ ۱۴ رکوع ۲۱
Part-14. R-21 Al-Nahl. R-15

تُجَادِلُ جھگڑے گا (ہر نفس)۔
(*Soul*) will plead.

تُوَفّٰى پورا پورا دیا جائے گا۔
It will be fully recompensed.

كَانُوْا يَصْنَعُوْنَ وہ کیا کرتے تھے۔
They used to do.

تَصِفُ بیان کرتی ہیں (زبانیں)۔
(*Tongues*) utter.

اَلْسِنَتُكُمْ تمہاری زبانیں۔
Your tongues.

مَاقَصَصْنَا جس کا ہم نے ذکر کیا ہے۔
That we have related.

النحل رکوع ۱۶ پارہ ۱۴ رکوع ۲۲
Part-14. R-22 Al-Nahl. R-16

قَانِتًا فرمانبردار۔ Obedient.

حَنِيْفًا اللہ کی طرف جھکنے والا۔
Ever inclined to Allah.

اِجْتَبَاهُ اس (خدا) نے اس کو چن لیا۔
He (*Allah*) chose him.

عَاقَبْتُمْ تم سزا دو۔ You punish.

عُوْقِبْتُمْ تم کو سزا دی گئی۔
You have been punished.

ضَيْقٌ تنگی۔ تکلیف Grief, distress.

☆☆☆

بنی اسرائیل رکوع ۱ پارہ ۱۵ رکوع ۱
Part-15. R-1 Bani Israil. R-1

سُبۡحٰنَ الَّذِیۡ پاک ہے وہ ذات جو
Glory be to Him Who.

اَسۡرٰی اس نے سیر کرایا۔ وہ لے گیا رات کے وقت۔
He carried by night.

اَقۡصَا دُور۔
Distant.

وَکِیۡلَ کارساز۔ ضامن۔
Guardian.

قَضَیۡنَا ہم نے (یہ بات) پہنچادی تھی۔
We had clearly conveyed.

لَتُفۡسِدُنَّ تم ضرور فساد کروگے
You will surely do mischief.

لَتَعۡلُنَّ تم ضرور سرکشی کروگے۔
You will surely become excessively arrogant, be supercilious.

عُلُوًّا کَبِیۡرًا بہت بڑی سرکشی۔
Overbearing, grave transgression.

بَعَثۡنَا ہم نے کھڑا کردیا
We sent.

اُولِیۡ بَاۡسٍ شَدِیۡدٍ شدید۔ سخت جنگجو۔
Possessed of great might in war.

جَاسُوۡا وہ گھس گئے۔ داخل ہوگئے۔
They penetrated, entered.

خِلٰلَ الدِّیَارِ گھروں کے اندر۔
Into houses.

وَعۡدًا مَّفۡعُوۡلًا پورا ہو کر رہنے والا وعدہ
Bound to be fulfilled.

کَرَّۃَ حملہ کی طاقت۔
The powar.

نَفِیۡرٌ جتھا۔
A company dealing with others, concourse.

اَحۡسَنۡتُمۡ تم اچھا کام کروگے۔
You will do good.

لِیَسُوۡٓءَ تاکہ وہ برا سلوک کریں۔ ناپسندیدہ معاملہ کریں۔
That they might cover with grief, treat badly.

اَسَاۡتُمۡ تم برے اعمال کروگے۔
You will do evil.

وُجُوۡھَکُمۡ تمہارے معزز لوگ۔
Your faces, noble people.

لِیُتَبِّرُوۡا تَتۡبِیۡرًا تاکہ وہ مکمل طور پر تباہ کردیں۔
They might destroy utterly, completely.

مَا عَلَوۡا جس پر وہ غالب آئیں۔
All that they conquered.

عُدۡتُّمۡ تم لوٹے
You return.

حَصِیۡرًا قیدخانہ۔
Prison.

بنی اسرائیل رکوع ۲ پارہ ۱۵ رکوع ۲
Part-15. R-2 Bani Israil. R-2

دُعَآءَہٗ وہ (اللہ) اس (بندہ) کو بلاتا ہے۔
He (*Allah*) calls him (*man*).

بِالۡخَیۡرِ بھلائی کی طرف
For good.

عَجُوۡلًا جلد باز۔
Hasty.

مَحَوۡنَا ہم نے مٹادیا۔
We have made dark, effaced.

مُبۡصِرَۃً بینائی بخشنے والا
Sight-giving.

اَلۡزَمۡنٰہُ ہم نے اس (اعمالنامہ) کو باندھ دیا
We fastened (*works*) to him .

طٰٓئِرَہٗ اس کا پرندہ۔ (یعنی اعمالنامہ)
His bird.(*namely Man's works*)
مَنْشُوْرٌ کھلی ہوئی (کتاب)۔
Wide, panoramic (*book*).
مُتْرَفِیْھَا اس (بستی) کے خوشحال
Its (*township*) مالدار لوگ۔
people who live in comfort.
دَمَّرْنٰھَا تَدْمِیْرًا ہم نے اس (بستی)
We destroyed it کو پوری طرح تباہ کر دیا
(*township*) with utter destruction.
کَمْ How many. کتنی ہیں (یعنی بہت سی)
قُرُوْنَ نسلیں۔قومیں۔صدیاں۔
Generations, centuries.
اَلْعَاجِلَۃَ جلدی۔(یعنی دنیا)۔
Quick passing, (*present life*).
مَذْمُوْمًا Condemned. مذمت کیا ہوا
مَدْحُوْرًا Rejected. دھتکارہ ہوا۔
مَشْکُوْرًا مقبول ہوگی (اس کی کوشش اور
Shall be (اس کی قدر کی جائیگی
appreciated.(*whose striving shall be duly appreciated*)
نُمِدُّ We render aid. ہم مدد کرتے ہیں
عَطَآءً A gift. بخشش۔عطا۔
مَحْظُوْرً Restricted. روکی گئی۔
تَقْعُدَ تو بیٹھ جائے گا۔
You will sit down.
مَذْمُوْمًا مذمت کیا ہوا (الزام لگوا کر)
Condemned.

مَخْذُوْلًا Forsaken. دھتکارہ ہوا۔

بنی اسرائیل رکوع ۳ پارہ ۱۵ رکوع ۳
Part-15. R-3 Bani Israil. R-3

قَضٰی اس نے تاکیدی حکم دیا۔
He has commanded.
اَلْکِبَرُ Old age. بڑھاپا۔
لَاتَنْھَرْ Don`t reproach. تو نہ جھڑک
قَوْلًا کَرِیْمًا نرم بات۔
Kindly speech.
اِخْفِضْ Lower. جھکا۔
جَنَاحَ الذُّلِّ اطاعت کا بازو۔
The wing of humility.
اَوَّابِیْنَ جھکنے والے۔(بار بار رجوع کرنے
Those who turn.(II-خ)۔ والے۔
لَا تُبَذِّرْ تَبْذِیْرًا تو فضول خرچی بالکل
Squander not نہ کر۔
your wealth extravagantly.
کَفُوْرًا Ungrateful. بہت ہی ناشکرا
تُعْرِضَنَّ تو اعراض کرے۔
You have to turn away.
قَوْلًا مَّیْسُوْرًا آسان اور نرم بات۔
A kind word.
مَغْلُوْلَۃً Chained. باندھ کر۔
لَا تَبْسُطْھَا نہ کھول اس (ہاتھ) کو۔
Don`t stretch it (*hand*) forth.
مَلُوْمًا Blamed. ملامت کیا ہوا۔
مَحْسُوْرًا حسرت زدہ۔تھکا ہوا۔
Exhausted, tired.

بنی اسرائیل رکوع ۴ پارہ ۱۵ رکوع ۴
Part-15. R-4 Bani Israil. R-4

اِمۡلَاقٌ غربت۔تنگدستی۔ Poverty.

خَشۡیَۃَ خوف۔ Fear.

خِطۡاً غلطی Sin, fault, failing.

مَنۡصُوۡرًا وہ مدد دیا جائے گا۔
He will be supported.

سُلۡطَانًا اختیار۔غلبہ۔ Authority.

بَلَغَ وہ پہنچ جاتے۔ They attain, reach, arrive, gain.

اَشُدَّہٗ اپنی مضبوطی۔ His maturity.

مَسۡئُوۡلًا پوچھا جائے گا۔
Shall be questioned.

کِلۡتُمۡ تم ماپ کرو۔ You measure.

وَزِنُوۡا وزن کرو۔تول کردو Weigh.

بِالۡقِسۡطَاسِ الۡمُسۡتَقِیۡمِ
سیدھے ترازو کے ساتھ۔
With a right balance.

لَا تَقۡفُ نہ پیچھے پڑ۔نہ اتباع کر۔
Follow not.

مَرَحًا اکڑ کر۔ Haughtily, proudly.

لَنۡ تَخۡرِقَ الۡاَرۡضَ تو ہرگز زمین کو نہیں پھاڑ سکتا۔تو ملک کی انتہا کو نہیں پہنچ سکتا (خ۔II)
You can not rend the earth.

سَیِّئَۃٗ اس کی بُرائی۔ His evil.

مَکۡرُوۡھًا ناپسندیدہ۔ Hateful.

مَلُوۡمًا ملامت کیا ہوا۔ Condemned.

مَدۡحُوۡرًا دھتکارا ہوا۔ Rejected.

بنی اسرائیل رکوع ۵ پارہ ۱۵ رکوع ۵
Part-15. R-5 Bani Israil. R-5

صَرَّفۡنَا ہم نے بار بار بیان کیا۔پھیر پھیر کر بیان کیا۔ We have explained in various ways, expounded.

یَزِیۡدُ وہ (قرآن) بڑھاتا ہے۔
It (*Quran*) increases.

نُفُوۡرًا نفرت Aversion, dislike.

لَابۡتَغَوۡا وہ ضرور تلاش کرتے۔ڈھونڈتے
They would have sought out a way.

عُلُوًّا بلند۔بالا۔ Above.

کَبِیۡرًا بہت۔(بلند)۔بڑا۔ Far.

حَلِیۡمًا بردبار۔پردہ پوش۔(خ۔II)
Forbearing, one who connives faults of others.

حِجَابًا پردہ۔ Veil.

مَسۡتُوۡرًا پوشیدہ۔ Invisible.

رُفَاتًا چورا چورا۔ریزہ ریزہ۔
Broken particles.

فَسَیُنۡغِضُوۡنَ پس وہ ہلائیں گے۔
Then they will shake .

تَسۡتَجِیۡبُوۡنَ تم جواب دو گے۔تم مانو گے۔ You will respond.

بنی اسرائیل رکوع ۶ پارہ ۱۵ رکوع ۶
Part-15. R-6 Bani Israil. R-6

یَنۡزَغُ وہ (شیطان) فساد ڈالتا ہے۔
He (*satan*) stirs up discord.

يَـمْـلِـكُـوْنَ وہ اختیار رکھتے ہیں۔ وہ طاقت رکھتے ہیں۔ They have power.

كَـشْـفَ دور کرنا۔ To remove.

تَـحْـوِيْـلًا تبدیل کرنا۔ بدلنا Change.

يَـبْـتَـغُـوْنَ وہ تلاش کرتے ہیں They seek.

وَسِـيْـلَـةٌ ذریعہ۔ Nearness, intermediary, mean, medium.

اَيُّـهُـمْ کون ان میں سے۔ Who are those of them.

مَـحْـذُوْرًا ڈراجاتا ہے۔ خوف کیا جاتا ہے To be feared.

مَـسْـطُـوْرًا لکھاہوا Written down.

مُـبْـصِـرَةً روشن نشان Clear sign.

تَـخْـوِيْـفًا ڈرنے کے لئے To warn.

فِـتْـنَـةً آزمائش۔ امتحان۔ Trial.

نُـخَـوِّفُـهُـمْ ہم ان کو ڈراتے ہیں۔ We warn them.

بنی اسرائیل رکوع ۷ پارہ ۱۵ رکوع ۷
Part-15. R-7 Bani Israil. R-7

لَاَحْـتَـنِـكَـنَّ ضرور میں قابو کرلوں گا I will surely bring under my sway.

جَـزَاءً مَّـوْفُـوْرًا پورا پورا بدلہ۔ A full recompense.

اِسْـتَـفْـزِزْ بہکا۔ فریب دے۔ Entice, lure.

اَجْـلِـبْ بُلا۔ کھینچ لا۔ Urge, drive.

خَـيْـلِـكَ اپنے سوار Your horsemen.

رَجِـلِـكَ اپنے پیادے Your footmen.

يُـزْجِـيْ وہ چلاتا ہے۔ He drives.

ضَـلَّ وہ گم ہوگیا۔ غائب ہوگیا۔ He became lost.

كَـفُـوْرًا ناشکرا۔ ناشکر گذار Ungrateful.

حَـاصِـبًا تیز آندھی (جس میں سنگریزے ہوں) Violent sandstorm.

قَـاصِـفًا تندہوا Storm-blast, gale.

تَـبِـيْـعًا مددگار۔ بدلہ لینے والا Helper, protector, prosecutor.

بنی اسرائیل رکوع ۸ پارہ ۱۵ رکوع ۸
Part-15. R-8 Bani Israil. R-8

فَتِـيْـلًا بتی کے برابر۔ ذرّہ بھر A whit.

ثَـبَّـتْـنٰـكَ ہم نے تجھے ثابت قدم رکھا۔ We had strengthened thee.

كِـدْتَّ قریب تھا کہ تو۔ You had well nigh, near.

تَـرْكَـنُ تو جھک جاتا۔ مائل ہوجاتا۔ You would have inclined.

يَـسْـتَـفِـزُّوْنَـكَ وہ تجھے اضطراب میں ڈال دیں، مجبور کردیں They drive you away, unsettle you.

يَـلْـبَـثُـوْنَ وہ ٹھہریں گے۔ They would have stayed.

خِـلَافَـكَ تیرے بعد After you.

تَـحْـوِيْـلًا کوئی فرق۔ کوئی تبدیلی۔ Any change.

بنی اسرائیل رکوع ۹ پارہ ۱۵ رکوع ۹
Part-15. R-9 Bani Israil. R-9

دُلُـوْكِ ڈھلنا (سورج کا زوال) Declining.

غَسَقِ چھا جانا۔خوب تاریک ہو جانا۔
To become very dark,
The darkness.

مَشْهُوْدًا حاضر کیا گیا (اللہ کے ہاں) یعنی مقبول عمل ہے۔
Witnessed, acceptable.

تَهَجَّدْ بِهٖ اس (قرآن) کے ساتھ شب بیداری کیا کر۔
Wake up for it (*the Quran*).

يَبْعَثَكَ وہ تجھے کھڑا کرے گا۔
He will raise you.

مَحْمُوْدًا حمد والا (مقام)۔
Exalted (*station*).

مُدْخَلَ صِدْقٍ داخل ہونے کی عمدہ جگہ
A good entry.

مُخْرَجَ صِدْقٍ نکلنے کی عمدہ جگہ۔ A good going forth, exit.

نُنَزِّلُ ہم آہستہ آہستہ اتارتے ہیں۔
We gradually reveal.

نَاٰ وہ دور کر لیتا ہے۔ He turns away, removes,

جَانِبِهٖ اپنا پہلو۔ His side.

شَاكِلَتِهٖ اپنا طریق۔ His own way.

بنی اسرائیل رکوع ۱۰ پارہ ۱۵ رکوع ۱۰
Part-15. R-10 Bani Israil. R-10

ظَهِيْرًا مددگار۔ Helper.

صَرَّفْنَا ہم نے پھیر پھیر کر بیان کیا۔
We have مختلف پیرایوں میں بیان کیا۔ set forth in various ways.

تُفَجِّرُ توجاری کردے۔ You gush forth.

يَنْبُوْعًا چشمہ۔ Spring.

تُسْقِطَ تو گرائے۔ You fall upon.

كِسَفًا ٹکڑے۔ Pieces.

قَبِيْلًا آمنے سامنے۔ Face to face.

زُخْرُفٌ سونا۔ Gold.

رُقِيِّكَ تیرا چڑھنا۔ Your ascension.

بنی اسرائیل رکوع ۱۱ پارہ ۱۵ رکوع ۱۱
Part-15. R-11 Bani Israil. R-11

يَمْشُوْنَ وہ چلتے پھرتے ہیں۔
They are walking about.

مُطْمَئِنِّيْنَ امن سے۔اطمینان سے In peace and quiet, tranquillity.

عَلٰي وُجُوْهِهِمْ ان کے چہروں کے بل
On their faces.
ان کے مقاصد اور نیتوں کے مطابق (خ۔II)
According to their aims and intentions.

كُلَّمَا جب کبھی۔ Every time, whenever, often as.

خَبَتْ ٹھنڈی ہو جائے گی دھیمی ہو جائے گی (جہنم یا آگ)
It will abate, subside, become tranquil.

سَعِيْرًا آگ Flame, fire.

اَجَلًا میعاد۔ Term, stipulated period.

تَمْلِكُوْنَ تم مالک ہوتے۔
You possessed.

لَاَمۡسَکۡتُمۡ تم ضرور روک لیتے۔
You would surely hold back.

قَتُوۡرًا بخیل، کنجوس۔ Niggardly, stingy.

بنی اسرائیل رکوع ۱۲ پارہ ۱۵ رکوع ۱۲
Part-15. R-12 Bani Israil. R-12

مَسۡحُوۡرًا فریب خوردہ۔ جادو شدہ۔
A victim of deception.

بَصَآئِرَ بصیرت بخشنے والے (نشان)
Evidences.

مَثۡبُوۡرًا ہلاک شدہ۔ ناکام و نامراد۔
Doomed to perish.

یَسۡتَفِزَّهُمۡ وہ (فرعون) ان کو اضطراب میں ڈال کر نکال دیتا ہے۔
He (*Pharaoh*) removes them after making them anxious.

جِئۡنَا بِکُمۡ ہم تم کو لے آئیں گے۔
We shall bring you.

لَفِیۡفًا جمع کرکے۔ اکٹھا کرکے Together.

فَرَقۡنَا ہم نے اس کو جدا جدا کیا۔ ٹکڑے ٹکڑے کیا) یعنی سورتیں بنائیں
We have divided the Quran in parts.

مُکۡثٍ ٹھہر ٹھہر کے۔ سہولت سے۔ آہستگی سے۔
Slowly.

نَزَّلۡنٰهُ ہم نے اس کو اتارا ہے۔
We have sent it down, revealed it.

تَنۡزِیۡلًا تھوڑا تھوڑا کرکے۔ Piecemeal.

اَلۡاَذۡقَانِ (واحد sing ذَقَنٌ) ٹھوڑیاں۔
Chins, faces.

سُجَّدًا فرمانبرداری کرتے ہوئے۔ Prostrate.

یَبۡکُوۡنَ وہ روتے ہیں۔ They weep.

یَزِیۡدُهُمۡ وہ (قرآن) ان کو بڑھاتا ہے۔
It (*Quran*) increases them.

خُشُوۡعًا عاجزی میں۔ فروتنی میں۔
In humility, humbleness.

اَیًّامَّا جسے بھی۔
By whichever name.

لَا تَجۡهَرۡ نہ اونچی کر (آواز)
Don`t utter (*Prayer*) loud.

وَلَا تُخَافِتۡ نہ آہستہ کر (آواز)۔
Don`t utter it low.

اَلذُّلِّ کمزوری اور عاجزی Weakness.

کَبِّرۡهُ اس کی بڑائی بیان کر۔
Proclaim His greatness.

تَکۡبِیۡرًا بہت بڑائی۔ (اس کی خوب اچھی طرح بڑائی بیان کر)۔
Glorifying.
(*Extol His glory with all glorification*).

الکھف رکوع ۱ پارہ ۱۵ رکوع ۱۳
Part-15. R-13 Al-Kahf. R-1

عِوَجًا کجی Crookedness, curve.

قَیِّمًا سچ سے معمور۔ صحیح راہنمائی کرنیوالی (کتاب)
Right, true, guidance.(خ۔II)
مضبوطی سے قائم اور قائم رکھنے والی (کتاب) (خIV)
Guardian, sustainer.

بَاۡسًا شَدِیۡدًا سخت عذاب۔
A severe chastisement.

مَاکِثِیۡنَ وہ رہنے والے ہیں۔
They shall abide.

اَبَدًا ہمیشہ۔ For ever.

كَبُرَتْ كَلِمَةً بہت بڑی بات ہے۔
Grievous is the word.

بَاخِعٌ ہلاکت میں ڈالنے والا One
who grieve himself to death.

اٰثَارِهِمْ ان کے پیچھے After them.

اَسَفًا افسوس کرتے ہوئے۔ مارے غم کے
Sorrowing, regrettably.

اَيُّهُمْ ان میں سے کون Which of them.

اَحْسَنُ عَمَلًا بہترین عمل کرنے والا۔
Best in conduct.

صَعِيْدًا خشک مٹی۔ Soil.

جُرُزًا بنجر (چٹیل میدان) Barren.

اَلرَّقِيْمُ تحریروں والے۔
People of the Inscription.

اَوٰى اس نے پناہ لی۔
He betook himself for refuge.

اَلْفِتْيَةُ چند نوجوان۔
Some young men.

هَيِّئْ مہیا کر۔ تیار کر Furnish, provide.

اَمْرِنَا ہمارے معاملہ میں In our affair.

رَشَدًا کوئی ہدایت Any guidance.

ضَرَبْنَا عَلٰى اٰذَانِهِمْ ہم نے انہیں (باہر کی باتیں) سننے سے محروم کردیا۔ We prevented them from hearing.

سِنِيْنَ عَدَدَ چند سالوں تک۔
For a number of years.

اَيُّ کون۔ Which.

اَحْصٰى خوب گننے والا ہے۔ زیادہ شمار کرتا ہے۔ A better reckoning.

لَبِثُوْا وہ ٹھہرے۔ They tarried, stayed, lingered.

اَمَدًا مدت۔ The time.

الکہف رکوع ۲ پارہ ۱۵ رکوع ۱۴
Part-15. R-14 Al-Kahf. R-2

رَبَطْنَا ہم نے مضبوط کردیا۔
We strengthened.

رَبَطْنَا عَلٰى قُلُوْبِهِمْ ہم نے ان کے دلوں کو مضبوط کردیا۔
We strengthened their hearts.

شَطَطًا زیادتی کی بات۔ حق سے ہٹی ہوئی بات۔ A preposterous thing, absurd thing.

اِعْتَزَلْتُمُوْهُمْ تم الگ ہوگئے ان سے تم نے ان (مشرکوں اور معبودان باطلہ) کو چھوڑ دیا۔ You have withdrawn from them.

فَاْوٗا پناہ لو۔ چلے جاؤ Seek refuge.

كَهْفٌ وسیع پہاڑی پناہ گاہ (غار) (خ۱۱)
Refuge in cave.

يَنْشُرْ وہ پھیلا دیگا۔ He will unfold, spread.

يُهَيِّئْ وہ مہیا کرے گا۔
He will provide.

اَمْرِكُمْ تمہارے معاملہ میں In you affair.

مِرْفَقًا کوئی آسانی۔ سہولت کا سامان Some easy and comfortable course.

طَلَعَتْ وہ (سورج) چڑھتا ہے۔
It (*sun*) rises.

بَعَثْنٰھُمْ ہم نے ان کو اٹھایا۔ بیدار کیا۔
We raised them up.

لِیَتَسَآءَ لُوْا وہ ایک دوسرے سے سوال کریں
They might question one another.

کَمْ لَبِثْتُمْ تم کتنا عرصہ ٹھہرے۔
How long have you tarried?

فَابْعَثُوْا پس بھیجو۔ Then send.

بِوَرِقِکُمْ اپنے سکہ کے ساتھ۔
With your coin.

اَیُّھَا کونسا۔ Which of its.

اَزْکٰی طَعَامًا سب سے اچھا کھانا۔
The purest food.

وَلْیَتَلَطَّفْ چاہیے کہ وہ نرم گوئی اختیار کرے۔ مہربانی سے پیش آئے
Let him be courteous.

یُشْعِرَنَّ خبر ہونے دے۔ شعور دیں۔ آگاہ کرے۔
Let inform.

یَظْھَرُوْا وہ غالب آ گئے۔
They have prevailed.

یَرْجُمُوْا وہ سنگسار کر دیں گے۔
They would stone.

یُعِیْدُوْکُمْ وہ تم کو واپس لے جائیں گے
They would force you to return.

اَعْثَرْنَا ہم نے آگاہ کیا۔
We disclosed.

یَتَنَازَعُوْنَ وہ آپس میں بحث کرتے ہیں۔ جھگڑتے ہیں۔
They dispute among themselves.

اَبْنُوْا بناؤ۔ Build.

بُنْیَانًا عمارت۔ Building.

تَزٰوَرُ وہ (سورج) ہٹ جاتا ہے۔
It (*sun*) moves away.

ذَاتَ الْیَمِیْنِ دائیں طرف۔
On the right.

تَقْرِضُ وہ (سورج) ہٹ جاتا ہے۔
It (*sun*) turns away.

فَجْوَةٌ کھلی جگہ۔ A spacious hollow.

مُھْتَدِ ہدایت یافتہ۔ Rightly guided.

مُرْشِدٌ ہدایت دینے والا۔ Guide.

الکھف رکوع ۳ پارہ ۱۵ رکوع ۱۵
Part-15. R-15 Al-Kahf. R-3

اَیْقَاظًا جاگا ہوا۔ بیدار۔ Awake.

رُقُوْدٌ سوئے ہوئے۔
Those who are asleep.

نُقَلِّبُھُمْ ہم ان کو پھیرائیں گے۔ We shall cause them to turn over.

بَاسِطٌ پھیلائے ہوئے ہے۔
Stretching out.

ذِرَاعَیْهِ اپنے دونوں بازو (یعنی اگلی ٹانگیں
Its forelegs.

اَلْوَصِیْدُ چوکھٹ، دہلیز، صحن۔ Threshold.

اِطَّلَعْتَ تو جھانکے۔ جھانک کر دیکھے۔
You had had a look.

لَوَلَّیْتَ تو ضرور پیٹھ پھیر لے گا۔ You would surely turn away.

فِرَارًا بھاگتے ہوئے۔ Fleeing.

لَمُلِئْتَ ضرور تو بھر جائے گا۔ You would surely be filled.

رُعْبًا رعب۔ دہشت۔ خوف Awe.

رَجْـمًـا اندازے۔اٹکل پچو۔تیر تکے۔
Guessing at.

رَجْـمًـا بِـالْـغَـيْـبِ غیب کے متعلق
Guessing at random. اندازے

لَا تُـمَارِ تو نہ جھگڑ۔نہ بحث کر. Argue not.

مِـرَآءً ظَـاهِـرًا مضبوط بحث۔ (خ-II)
Unanswerable arguments.
sound discussion.

تَـسْـتَـفْـتِ تو دریافت کر۔ Seek
information, enquire.

الکهف رکوع ۴ پارہ ۱۵ رکوع ۱۶
Part-15. R-16 Al-Kahf. R-4

غَـدًا آئندہ کل۔ Tomorrow.

نَـسِـيْـتَ تو بھول گیا۔ You forgot.

عَـسٰـى قریب ہے۔ممکن۔بعید نہیں۔
Is even nearer, just possible.

رَشَـدًا ہدایت پانے کے لحاظ سے
To the right path. (قریب راستہ)

سِـنِـيْـنَ (واحد sing سَـنَـةٌ) سال Years.

اِزْدَادُوْا زیادہ کئے۔انہوں نے بڑھائے۔
They added.

تِـسْـعًـا نو۔ Nine.

اَبْـصِـرْ بِـهٖ وہ خوب دیکھنے والا ہے۔
How Seeing is He.

اَسْـمِـعْ وہ بہت سننے والا ہے۔
How Hearing is He.

يُـشْـرِكُ وہ شریک بناتا ہے He lets
anyone share, associates.

مُـلْـتَـحَـدًا پناہ کی جگہ۔ Refuge.

اِصْـبِـرْ روکے رکھ۔ Keep.

لَا تَـعْـدُ نہ تو پھیر۔نہ آگے نکل جائیں۔
Not let (*your eye*) (تیری نظریں)
turn away, pass beyond.

فُـرُطًـا حد سے بڑھا ہوا۔ One who
exceeds all legitimate bounds.

اَحَـاطَ اس نے گھیرا۔ He enclosed.

سُـرَادِقُـهَـا اس (آگ) کی چار دیواری نے
Its canopy, covering. یا دیواروں نے

يَـسْـتَـغِـيْـثُـوْا وہ فریاد کریں گے۔پانی
They will cry for help. مانگیں گے

يُـغَـاثُـوْا انکی فریاد رسی کی جائیگی۔وہ پانی پلائے
They will be helped. جائیں گے

كَـالْـمُـهْـلِ پگھلے ہوئے تانبے کی طرح۔
Like molten copper.

يَـشْـوِى الْـوُجُـوْهَ چہروں کو جھلس دیگا It
would scald their faces, burn.

بِـئْـسَ الـشَّـرَابُ بہت بُری چیز پینے کی۔
How dreadful the drink!

مُـرْتَـفَـقًـا ٹھکانہ (ہے) آرام گاہ۔
The resting place.

يُـحَـلَّـوْنَ وہ پہنائے جائیں گے۔
They will be adorned.

اَسَـاوِرَ (واحد sing اَسْوِرَةٌ) کنگن۔
Bracelets of gold.

يَـلْـبَـسُـوْنَ وہ پہنائے جائیں گے۔
They will be worn.

ثِـيَـابًـا کپڑے۔ Garments.

خُـضْـرًا سبز۔ Green.

سُـنـدُسٍ باریک ریشم۔ Fine silk.

اِسْـتَـبْـرَق موٹے ریشم Heavy brocade.

نِعْـمَ الـثَّـوَابُ کیاہی اچھابدلہ ہے۔
How good the reward.

حَـسُـنَـتْ مُـرْتَـفَـقًا بہت اچھاٹھکانہ۔
How excellent the place of rest!

الکہف رکوع ۵ پارہ ۱۵ رکوع ۱۷
Part-15. R-17 Al-Kahf. R-5

حَـفَـفْـنَـا ہم نے گھیر رکھا۔
We surrounded.

كِـلْـتَـا دونوں (باغ)۔
Both of (*the gardens*).

لَـمْ تَـظْـلِـمْ نہ کم کیا۔ Failed not
the least, stinted not.

فَـجَّـرْنَـا ہم نے جاری کی۔
We caused to flow.

خِـلٰـلَـهُـمَـا ان (دونوں باغوں) کے درمیان
Between them (*two gardens*).

يُـحَـاوِرُ وہ باتیں کرتا ہے۔ He argues.

اَعَـزُّ زیادہ معزز۔زیادہ طاقتور۔ Stronger.

نَـفَـرًا جتھا۔ People, men,
(*Company not exceeding ten nor less then three*).

تَـبِـيْـدَ تباہ ہوگا (باغ) یابرباد ہوجائے گا۔
(*Garden*) will perish.

اَبَـدًا کبھی۔ Ever.
(*A long time without any break, perpetuity, endless duration. This word is also used to stress and emphasize for the future*).

رُدِدْتُّ میں لوٹایا گیا۔
I am brought back.

مُـنْـقَـلَـبًا لوٹنے کی جگہ۔ٹھکانہ۔ Resort.

سَـوّٰىكَ تجھے ٹھیک ٹھاک کیا۔ He
fashioned you, perfected.

سَـوّٰىكَ رَجُـلًا اس (خدا) نے تجھے مکمل
آدمی بنایا۔ He (*Allah*) fashioned
thee into a perfect man.

رَجُـلًا مکمل آدمی کی صورت میں۔
Into a perfect man.

تَـرَنِ تو نے مجھے دیکھا You saw me.

حُـسْـبَـانًا آگ کا شعلہ۔(خ۔II)
Thunderbolt, flash of lightning with thunder.

بطور محاسبہ کوئی عذاب۔(خ۔IV)
Definite reckoning.

تُـصْـبِـحُ وہ (باغ) ہوجائے گا۔
It (*garden*) will become.

صَـعِـيْـدًا زَلَـقًا چٹیل میدان۔
Bare slippery ground.

غَـوْرًا خشک۔ Dry.

طَـلَـبًا تلاش کرنا۔حاصل کرنا۔ To find.

اُحِـيْـطَ تباہ کردیا گیا۔ Was destroyed.

فَـاَصْـبَـحَ پس وہ لگا۔پس وہ ہوگیا۔
Then he began.

يُـقَـلِّـبُ وہ ملتا تھا۔(افسوس سے)
He wrung.(*with sorrow*)

كَـفَّـيْـهِ اپنے دونوں ہاتھ Both his hands.

خَـاوِيَـةٌ گراہوا تھا۔
It had fallen down.

عُرُوْشِھَا اپنے سہاروں پر۔چھتوں پر۔
On its trellises, lattices.

فِئَةٌ کوئی جمعیت۔ Any party.

مُنْتَصِرًا انتقام لینے والا۔بدلہ لینے والا
One who defends himself.

ھُنَالِکَ ایسے موقع پر۔ In such a case.

اَلْوَلَایَةُ بادشاہت۔مدد Protection,
inheritance, guardianship.

ثَوَابًا بدلہ دینے میں۔ In rewarding.

عُقْبًا انجام۔ Outcome.

الکھف رکوع ٦ پارہ ١٥ رکوع ١٨
Part-15. R-18 Al-Kahf. R-6

فَاخْتَلَطَ مل گئی۔ It mingled, mixed.

نَبَاتُ الْاَرْضِ زمین کی روئیدگی۔
Vegetation of the earth.

اَصْبَحَ ہوگئی۔ It became.

ھَشِیْمًا چوراچورا۔
Broken into pieces.

تَذْرُوْہُ اس کو اُڑاتی ہے۔
(*Winds*) scatters it.

مُقْتَدِرًا قدرت رکھنے والا۔
One who has power.

اَمَلًا امید۔ Hope.

نُسَیِّرُ ہم چلائیں گے۔
We shall remove.

بَارِزَةً نکلی ہوئی (زمین) مقابلہ کے لئے
March forth (مراد اہل زمین)
against one another. (*The nations of the earth*)

حَشَرْنٰھُمْ ہم ان کو اکٹھا کریں گے۔
We shall gather them.

نُغَادِرْ ہم چھوڑیں گے۔
We shall leave.

عُرِضُوْا وہ پیش کئے جائیں گے۔
They will be presented.

زَعَمْتُمْ تم نے یہ سمجھ رکھا تھا۔
You thought,
was your opinion. تمہارا خیال تھا۔

مَوْعِدًا وعدہ پورا ہونے کا وقت A time
for the fulfilment of promise.

مُشْفِقِیْنَ ڈرتے ہوئے Fearfully.

اَحْصٰی اس نے احاطہ کرلیا ہے۔گن رکھا ہے
He has recorded.

الکھف رکوع ٧ پارہ ١٥ رکوع ١٩
Part-15. R-19 Al-Kahf. R-7

مُتَّخِذَ بنانے والا۔ One who takes.

مُضِلِّیْنَ گمراہ کرنے والے Those
who lead people astray.

عَضُدًا دست وبازو۔مددگار Helpers.

نَادُوْا بلاؤ۔ Call.

مَوْبِقًا ایک آڑ۔ہلاکت کی دیوار (خIV)
A barrier, obstacle, fance.

مَوَاقِعُوْھَا وہ پڑنے والے ہیں اس (آگ) میں۔
They are going to fall
therein (*Fire*).

مَصْرِفًا بھاگنے کی راہ Way of escape.

الکھف رکوع ٨ پارہ ١٥ رکوع ٢٠
Part-15. R-20 Al-Kahf. R-8

جَـدَلًا جھگڑالو۔ بحث کرنیوالا۔
Contentious, argumentative.

سُنَّةٌ حالت The precedent, state.

قُبُلًا سامنے۔ Face to face.

يُدْحِضُوْا وہ مٹادیں They rebut. refute, disprove.

اُنْذِرُوْا وہ ڈرائے گئے۔
They were warned.

اَكِنَّة پردے۔ Veils.

وَقْرًا بوجھ۔ بہراپن Deafness.

عَجَّلَ وہ فوراً لایا۔ جلدی کی۔
He hastened, hurried.

مَوْئِلًا پناہ کی جگہ۔ Refuge.

الکہف رکوع ۹ پارہ ۱۵ رکوع ۲۱
Part-15. R-21 Al-Kahf. R-9

لَا اَبْرَحُ میں نہ رکوں گا۔
I will not cease.

اَمْضِيَ میں چلتا رہوں گا۔
I may have to journey on.

حُقُبًا صدیاں۔ سالہاسال For ages.

نَسِيَا وہ دونوں بھول گئے۔
They both forgot.

سَرَبًا تیز بھاگتے ہوئے۔
Going away quickly.

جَاوَزَا وہ دونوں (موسیٰ اور اس کا ساتھی) آگے نکل گئے۔
They (*Moses and his companion*) had gone beyond.

اٰتِنَا دوہمیں۔ Bring us.

غَدَآئَنَا ہماراناشتہ۔ صبح کا کھانا۔
Our morning meal.

نَصَبًا تھکان۔ fatigue, tiredness.

اَوَيْنَا ہم نے پناہ لی۔ We betook ourselves to, took shelter.

الصَّخْرَة چٹان۔ The rock.

نَسِيْتُ میں بھول گیا۔ I forgot.

نَبْغِ ہم چاہتے تھے۔ ہمیں تلاش تھی۔
We have been seeking.

فَارْتَدَّا وہ دونوں لوٹے۔
They both returned.

اٰثَارِهِمَا اپنے قدموں کے نشان۔
Their footsteps.

قَصَصًا دیکھتے ہوئے، کھوج لگاتے ہوئے
Retracing, going back over.

رُشْدًا ہدایت (کی باتیں)۔
The guidance.

الکہف رکوع ۱۰ پارہ ۱۵ رکوع ۲۲
Part-15. R-22 Al-Kahf. R-10

فَانْطَلَقَا وہ دونوں چل پڑے۔
They both set out.

رَكِبَا وہ دونوں سوار ہوئے They both embarked, set out, started.

خَرَقَهَا اس (بزرگ) نے اس (کشتی) میں شگاف کردیا۔ سوراخ کردیا۔ He made a hole.

لَا تُرْهِقْنِيْ مجھ پر سختی نہ کریں۔
Take me not to task.

زَكِيَّةً پاک، معصوم، بےگناہ An innocent.

نُكْرًا ناپسندیدہ (چیز)۔
A hideous, very ugly (*thing*).

الکہف رکوع ۱۰ پارہ ۱۶ رکوع ۱
Part-16. R-1 Al-Kahf. R-10

قَالَ اَلَمْ اَقُلْ اس نے کہا کیا نہیں میں نے کہا تھا
He replied, Did I not tell?

فَلَا تُصَاحِبْنِيْ مجھے اپنے ساتھ نہ رکھنا۔
Keep me not in your company.

اِسْتَطْعَمَا ان دونوں نے کھانا مانگا۔
They both asked for food.

جِدَارًا دیوار۔
Wall.

يُرِيْدُ اَنْ يَّنْقَضَّ وہ (دیوار) گرنے والی تھی
That (*wall*) was about to fall.

غَصْبًا زبردستی سے۔چھین لینا۔
By force.

يُرْهِقَهُمَا وہ اُن پر الزام لگادے۔
وہ ان کو مبتلا کردے۔
He should involve them into trouble.

يَبْلُغَا وہ دونوں پہنچ جائیں۔
They both should reach.

اَشُدَّهُمَا اپنی مضبوطی کو۔اپنی پختہ عمر کو۔
Their age of full strength, maturity.

تَاْوِيْلُ حقیقت، تعبیر
The explanation.

الکہف رکوع ۱۱ پارہ ۱۶ رکوع ۲
Part-16. R-2 Al-Kahf. R-11

مَكَّنَّا ہم نے طاقت دی تھی۔
We established.

عَيْنٍ حَمِئَةٍ گدلا چشمہ۔
A pool of murky water.

عَذَابًا نُّكْرًا سخت عذاب۔
A dreadful punishment.

مِنْ دُوْنِهَا اس (سورج) کے درمیان۔
Against it (*sun*).

سِتْرًا پردہ۔
Shelter.

اَحَطْنَا ہم نے گھیرا ہوا ہے۔
We encompassed.

لَدَيْهِ اس کے پاس
With him.

خُبْرًا علم۔معلومات
Knowledge.

سَدَّيْنِ دو پہاڑ۔دو اوٹیں۔دیواریں
Two mountains, protections, walls.

دُوْنِهِمَا اُن سے ورے
Beneath them.

خَرْجًا خراج۔ٹیکس۔
Tribute.

سَدًّا روک۔دیوار۔
Barrier.

فَاَعِيْنُوْنِيْ پس میری مدد کرو۔
You may help me.

رَدْمًا روک۔
Rampart, defensive wall.

زُبَرَ الْحَدِيْدِ لوہے کے ٹکڑے۔
Blocks of iron.

سَاوٰى پورا کر دیا۔
Had filled up.

بَيْنَ الصَّدَفَيْنِ دو پہاڑوں کی درمیانی جگہ۔
The space between the two mountain sides.

اُنْفُخُوْا پھونکو۔دھونکو۔
Blow.

اُفْرِغْ میں ڈالوں
I may pour.

قِطْرًا پگھلا ہوا تانبا
Molten copper.

يَظْهَرُوْهُ وہ اس پر چڑھ سکیں۔ They were able to scale it, climb it.

نَقْبًا نقب لگانے۔سوراخ کرنا۔ To dig through, make a hole.

دَكَّآءَ ٹکڑے ٹکڑے۔ Pieces.

يَمُوْجُ فِيْ بَعْضٍ بعض میں لہریں مارتا ہے۔وہ ایک دوسرے کے خلاف جوش سے حملہ آور ہوتا ہے (خ۱۱) Surges against others, move suddenly and powerfully.

نُفِخَ فِي الصُّوْرِ بگل بجایا جائے گا۔ بگل میں پھونکا جائے گا۔ The trumpet will be blown.

اَلصُّوْرِ بگل۔ The trumpet.

الکہف رکوع ۱۲ پارہ ۱۶ رکوع ۳
Part-16. R-3 Al-Kahf. R-12

نُزُلًا مہمان نوازی کے طور پر، انعام کے طور پر As an entertainment, treatment as guest.

ضَلَّ ضائع ہو گئیں۔ Is lost.

سَعْيُهُمْ ان کی کوشش Pursuit of them, their activities, efforts.

يَحْسَبُوْنَ وہ سمجھتے ہیں۔ They imagine, think, guess.

يُحْسِنُوْنَ صُنْعًا وہ اچھا کام کر رہے ہیں They are doing good works.

يَبْغُوْنَ وہ چاہیں گے They will desire.

حِوَلًا الگ ہونا Change, removal.

مِدَادًا سیاہی۔روشنائی۔ Ink.

لَنَفِدَ ضرور ختم ہو جاتا۔ Would be exhausted, consumed, used up.

مریم رکوع ۱ پارہ ۱۶ رکوع ۴
Part-16. R-4 Maryam. R-1

كٓهٰيٰعٓصٓ تو کافی ہادی ہے اے علیم وصادق Thou art Sufficient for all and thou art the True Guide, O All-Knowing, Truthful God!

نَادٰى اس نے پکارا۔ He called upon.

نِدَآءً خَفِيًّا آہستہ آواز میں۔ In a low voice.

وَهَنَ کمزور ہو گئی ہیں (ہڈیاں) (*Bones*) have become feeble, weak.

وَاشْتَعَلَ بھڑک اٹھا ہے۔شعلہ مارتا ہے It glistens, sparkles.

اَلرَّاْسُ سر۔ Head.

شَيْبًا بڑھاپا Hoariness, old age.

شَقِيًّا نامراد۔ناکام بدنصیب Unblessed.

مَوَالِيَ وارثوں۔رشتہ داروں Relations.

عَاقِرًا بانجھ۔ Barren.

هَبْ عطا کر۔بخش Grant, bestow.

رَضِيًّا پسندیدہ۔ Well-pleasing.

سَمِيًّا ہم نام۔ By that name, a namesake,

بَلَغْتُ میں پہنچ چکا ہوں۔ I have reached.

عِتِيًّا انتہا کی حد The extreme limit.

هَيِّنٌ آسان۔ Easy.

اِجۡعَلۡ لِیۡۤ اٰیَۃً مجھےکوئی حکم دے۔
Appoint for میرے لئے نشان بنا۔
me a commandment, sign.

لَیَالٍ Nights. راتیں (واحد sing لَیۡلَۃً)

سَوِیًّا Successive. متواتر۔برابر

اَوۡحٰۤی اس نے اشارہ کیا۔
He asked by signs
اس نے آہستہ آواز میں کہا۔(خ-II)
He asked in a low voice.

بُکۡرَۃً Morning. صبح۔

عَشِیًّا Evening. شام۔

صَبِیًّا Childhood. بچپن۔

حَنَانًا مہربانی۔شفقت(کے طور پر)
Tenderness.(*tenderly*)

زَکٰوۃً For purity. پاک کرنے کیلئے

جَبَّارًا Haughty, ظالم۔سرکش۔سخت گیر
arrogant, disdainful.

عَصِیًّا Rebellious. نافرمان۔

مریم رکوع ۲ پارہ ۱۶ رکوع ۵
Part-16. R-5 Maryam. R-2

اِنۡتَبَذَتۡ وہ جدا ہوگئی۔گوشہ نشین ہوگئی۔
She withdrew, took aside.

مَکَانًا شَرۡقِیًّا مشرق کی طرف ایک جگہ
An eastern place.

فَاتَّخَذَتۡ اس(مریم)نے ڈال دیا۔
She (*Mary*) screened herself off.

حِجَابًا Screen, veil, پردہ۔
curtain, barrier.

رُوۡحَنَا اپنا فرشتہ۔کلام لانے والا۔
Our angel. (*Gabriel*) (جبرائیل)

تَمَثَّلَ He appeared. وہ ظاہر ہوا

بَشَرًا سَوِیًّا مکمل انسان کی صورت میں
In the form of a
well-proportioned man.

غُلٰمًا Son. لڑکا۔

زَکِیًّا Righteous. پاک۔

بَغِیًّا Unchaste. بدکار۔

اَمۡرًا A thing. ایک امر۔معاملہ

مَقۡضِیًّا فیصلہ شدہ ہے۔طے پاچکا ہے۔
Decreed, decided.

مَکَانًا قَصِیًّا دور کی جگہ۔
A remote place.

اَلۡمَخَاضُ The pains of دردِزہ۔
child-birth, labour pains.

جِذۡعٌ The trunk, تنہ۔
main stem of a tree.

نَسۡیًا مَّنۡسِیًّا بھولی بسری میری یاد مٹا
A thing quite forgotten. دی جاتی

سَرِیًّا Rivulet, fountain. چشمہ۔

هُزِّیۡ Shake. توہلا۔

جِذۡعِ The trunk. تنا(مراد شاخ)

جِذۡعِ النَّخۡلَۃِ کھجور کی شاخ۔
The trunk of the palm-tree.

تُسٰقِطۡ It will drop. وہ گرائے گی

رُطَبًا جَنِیًّا تازہ بتازہ پھل۔
Fresh ripe dates.

رُطَبًا پختہ تازہ کھجور۔ Ripe dates.

جَنِیًّا چنا ہوا۔ تازہ چنا ہوا۔ Fresh.

کُلِیْ تو (مریم) کھا۔ (*Mary*) eat.

اِشْرَبِیْ تو (عورت) پی۔
(*Woman*) drink.

قَرِّیْ تو (عورت) ٹھنڈی کر (*Woman*)
cool, be comforted.

تَرَیِنَّ تو دیکھے۔ You see.

فَقُوْلِیْ تو کہہ دے۔ You say.

نَذَرْتُ میں نے نذر مانی ہے۔ I have
vowed, promised solemnly.

اِنْسِیًّا کوئی انسان۔ Any human being.

فَرِیًّا بُرا کام A monstrous thing,
wrong or absurd thing.

اِمْرَءَ سَوْءٍ بُرا آدمی A wicked man,
sinful, immoral man.

اَلْمَهْدُ پنگوڑا۔ گود۔ Cradle.

صَبِیًّا بچہ۔ Child.

مَادُمْتُ جب تک میں ہوں۔
So long as I am.

حَیًّا زندہ۔ Live.

شَقِیًّا بدبخت۔ بدنصیب۔ Graceless.

یَمْتَرُوْنَ وہ شک کرتے ہیں۔ وہ اختلاف
کرتے ہیں۔ They entertain doubt.

قَضٰی وہ فیصلہ کرتا۔ He decrees.

مَشْهَدِ حاضر ہونا۔ The meeting.

اَسْمِعْ بِهِمْ وہ خوب سنیں گے۔ انکی شنوائی
تیز ہوگی How wonderful will
their hearing, hear well!.

اَبْصِرْ اور خوب دیکھیں گے ان کی بینائی
یعنی نظریں تیز ہوں گی۔
How well they will see.

قُضِیَ الْاَمْرُ فیصلہ کیا جائے گا اس معاملہ کا
The matter will be decided.

مریم رکوع ۳ پارہ ۱۶ رکوع ۶
Part-16. R-6 Maryam. R-3

اَرَاغِبٌ اَنْتَ عَنْ اٰلِهَتِیْ کیا تو میرے
معبودوں سے متنفر ہے۔ Do you
turn away from my gods,
show disregard.

لَمْ تَنْتَهِ تو باز نہ آیا۔ You cease not.

اَرْجُمَنَّکَ میں تجھے سنگسار کر دوں گا۔
I shall surely stone, I shall cut
off all relations with thee.

وَاهْجُرْنِیْ مجھ سے الگ ہو جا۔ دور ہو جا
Leave me alone.

مَلِیًّا کچھ دیر کے لئے For a while.

حَفِیًّا مہربان۔ Gracious.

اَعْتَزِلُکُمْ میں تم کو چھوڑ دونگا۔ الگ ہو جاؤ نگا
I shall keep away from you.

اِعْتَزَلَ وہ الگ ہوا۔ He had
separated, left behind.

لِسَانَ صِدْقٍ ذکر خیر۔ سچی یاد۔
True renown, good reputation.

عَلِيًّا بلند۔اعلیٰ درجہ کا (ذکر)۔
Lasting, lofty, high.

مریم رکوع ۴ پارہ ۱۶ رکوع ۷
Part-16. R-7 Maryam. R-4

مُخْلَصًا Chosen. منتخب۔چنا ہوا۔

جَانِبٌ Side. طرف۔

اَلْاَيْمَنُ Right. دائیں۔

نَجِيًّا ہم راز دار بنانے کے لئے، سرگوشی کرنے کے لئے
For communion, whispering.

مَرْضِيًّا Well-pleasing. پسندیدہ

اِجْتَبَيْنَا We chose. ہم نے چن لیا۔

خَلْفٌ بُرے لوگ۔
An evil generation.

يَلْقَوْنَ وہ پہنچ جائیں گے۔ملیں گے۔
They will meet.

غَيًّا Destruction. گمراہی۔ہلاکت

مَاْتِيًّا (وعدہ) پورا ہو کر رہتا ہے۔
(*Promise*) must come to pass.

نُوْرِثُ We shall give for an inheritance. ہم وارث کریں گے

نَتَنَزَّلُ We come down. ہم اترتے ہیں

نَسِيًّا Forgetful. بھولنے والا۔

وَاصْطَبِرْ Be steadfast. قائم رہ۔صبر کر۔

سَمِيًّا Name-sake. ہم نام۔ہم صفت

مریم رکوع ۵ پارہ ۱۶ رکوع ۸
Part-16. R-8 Maryam. R-5

لَنُحْضِرَنَّهُمْ ہم ضرور ان کو حاضر کریں گے۔
We shall assuredly gather them together.

حَوْلَ Around. گرد۔

جِثِيًّا On knees. گھٹنوں کے بل

لَنَنْزِعَنَّ We shall certainly pick out. ہم ضرور الگ کریں گے۔

شِيْعَةٍ Group. گروہ۔جماعت۔

عِتِيًّا Rebellion. سرکشی۔دشمنی

اَوْلٰى زیادہ حقدار ہیں، مستحق، قابل۔
Deserving, worthy.

صِلِيًّا داخل۔(دوزخ میں) جلنے کے لائق ہیں۔
To be burnt (*in the Hell*).

وَارِدُهَا اس (دوزخ) میں جانیوالا ہے۔وارد ہونے والا ہے۔
One who will come to it (*Hell*).

حَتْمًا Absolute. پکا۔

مَقْضِيًّا Decree. فیصلہ۔

حَتْمًا مَّقْضِيًّا طے شدہ فیصلہ۔
Absolute decree.

نَذَرُ We shall leave. ہم چھوڑ دیں گے

اَيُّ Which. کونسا۔

اَلْفَرِيْقَيْنِ Two parties. دو فرقوں

مَقَامًا Position. درجہ۔

اَحْسَنُ More impressive. زیادہ اچھا۔

نَدِيًّا ہم جلیسوں (کے لحاظ سے)۔
(*In respect of*) companions.

Alone. اکیلا۔ فَـرْدًا

A source of honour, power. عزت کا موجب۔ عِزًّا

Opponents. مخالف۔ ضِــدًّا

مریم رکوع ۶ پارہ ۱۶ رکوع ۹
Part-16. R-9 Maryam. R-6

He (*satan*) incites, urges, stirs up. وہ (شیطان) اکساتا ہے۔ تَـؤُزُّ

Incitement. اکسانا۔ابھارنا۔ اَزًّا

نَـمُـدُّهُـمْ ہم نے ان کے (دن) گن رکھے ہیں
We are keeping full account.

وَفْـدًا وفد کی صورت میں۔اکٹھا کر کے۔
To gather (*as an honoured delegate*).

نَـسُـوْقُ ہم ہانک کر لے جائیں گے۔
We shall drive.

(*At*) arriving place (*like a thirsty*). گھاٹ (پر پیاسے کی طرح) وِرْدًا

A most hideous, very ugly thing. بُری اور بے ہودہ بات۔ اِدًّا

یَـتَـفَـطَّـرْنَ پھٹ جائیں (آسمان)۔
(*Heavens*) burst.

(*Earth*) cleave asunder, break apart. ٹکڑے ٹکڑے ہوجائے تَـنْـشَـقُّ

تَـخِـرُّ گر پڑیں۔
(*Mountains*) fall down.

In pieces, to crumble down in pieces. کانپ کر، ریزہ ریزہ ہوکر هَـدًّا

He will come. وہ آئے گا۔آنیوالا اٰتِـیْ

Wealth. سامان۔ اَ ثَـاثًـا

رِءْ یًـا ظاہری شان وشوکت۔
In outward show. دکھاوے میں

فَـلْـیَـمْـدُدْ ڈھیل دیتا ہے۔لمبا کرتا ہے۔
Respites, delays.

For a time. ایک مدت تک مَـدًّا

They will see. وہ دیکھیں گے رَاَوْا

یُـوْعَـدُوْنَ وہ وعدہ دیئے گئے۔
They are threatened.

اَضْـعَـفُ بہت کمزور ہے۔زیادہ کمزور ہے
Is weaker.

جُـنْـدًا جتھے کے لحاظ سے۔
In respect of forces.

اِهْـتَـدَوْا وہ ہدایت پا گئے۔
They followed guidance.

مَـرَدًّا انجام کے لحاظ سے۔
In respect of the end.

لَاُوْتَـیَـنَّ ضرور میں دیا جاؤں گا۔
I shall certainly be given.

اَطَّـلَـعَ اس نے اطلاع پائی۔
He got knowledge.

Or. یا۔ اَمْ

He has taken. اس نے لیا اِ تَّـخَـذَ

نَـمُـدُّ ہم لمبا کریں گے۔
We shall prolong.

نَـرِثُـهٗ ہم اس کے وارث ہو جائیں گے۔
We shall inherit of him.

یَـاْتِـیْـنَـا وہ ہمارے پاس آئے گا۔
He will come to us.

عَبْدًا غلام کی صورت As a bondman, male slave.

اَحْصٰهُمْ اس نے ان کو گھیر رکھا ہے۔
He comprehends them.

عَدَّهُمْ اس نے ان کو گن رکھا ہے۔
He has numbered them.

فَرْدًا اکیلا اکیلا۔فرداً فرداً Alone.

وُدًّا محبت۔ Love.

لُدًّا جھگڑالو۔ Contentious, quarrelsome.

رِكْزًا آہٹ۔ Whisper.

تُحِسُّ تو محسوس کرتا ہے You perceive.

طٰهٰ رکوع ۱ پارہ ۱۶ رکوع ۱۰
Part-16. R-10 Ta Ha. R-1

طٰهٰ اے کامل قوتوں والے۔
O perfect man!

طا طیب۔ ھا۔ہادی۔(خ۔IV)
Excellent. Guide.

تَشْقٰي تو دکھ میں پڑے۔
You should be distressed.

اَلْعُلٰي بلند۔ High.

اِسْتَوٰى وہ متمکن ہوا۔ مستحکم طور پر قائم ہو گیا
He has settled firmly.

اَلثَّرٰى گیلی مٹی The moist sub-soil

اَلسِّرَّ پوشیدہ۔ Secret.

اَخْفٰي بہت ہی پوشیدہ۔ More hidden.

اِمْكُثُوْا ٹھہرو۔ Tarry, stay.

اٰنَسْتُ میں نے (آگ) دیکھی ہے۔
I perceived (*a fire*).

قَبَسٍ انگارہ۔ A brand.

فَاخْلَعْ تو اتار دے You take off.

نَعْلَيْكَ اپنی دونوں جوتیاں۔
Your shoes.

اَلْمُقَدَّسُ پاک۔ The sacred.

اُخْفِيْهَا میں اس کو چھپاؤں (خ IV)
I am going to hide.

میں اسے ظاہر کروں۔ (خ ۱۱)
I am going to manifest.

هَوٰىهُ اپنی خواہش His own desire.

فَتَرْدٰى تو ہلاک ہو جائے گا۔
You will perish.

اَتَوَكَّؤُا میں سہارا لیتا ہوں۔ I lean.

اَهُشُّ میں جھاڑتا ہوں I beat down.

غَنَمِيْ اپنی بھیڑ بکریاں My sheep.

مَاٰرِبُ فوائد۔ Uses.

اُخْرٰى اور۔ Other.

حَيَّةٌ سانپ Serpent, larg snake.

تَسْعٰي دوڑتا ہے۔ It runs.

نُعِيْدُ ہم لوٹا دینگے We shall return.

سِيْرَتَهَا الْاُوْلٰي اس کی پہلی حالت۔
Its former state.

وَاضْمُمْ دبالے۔چمٹالے Draw close.

جَنَاحِكَ اپنے پہلو۔اپنی بغل۔
Your arm-pit, wing, wide.

بَيْضَآءَ سفید۔ White.

تُصۡنَعَ تو پرورش کیا جائے۔ You might be reared, brougth up.

یَکۡفُلُہٗ وہ اس کی پرورش کرے گا۔
He will take charge of him.

تَقَرَّ ٹھنڈی ہوں Might be cooled.

فَتَنّٰکَ ہم نے تجھے آزمایا۔
We tried you.

اِصۡطَفَیۡتُکَ میں نے تجھے چن لیا۔ میں نے تیار کیا تجھے I have chosen you.

لَا تَنِیَا نہ کوتاہی کرنا۔ نہ سستی کرنا۔
Slacken not, relax not.

قَوۡلًا لَّیِّنًا نرم بات' نرم کلام کرنا۔
Speak a gentle word.

یَفۡرُطَ وہ زیادتی کرے۔ سختی کرے۔
He commits some excess.

یَطۡغٰی وہ سرکشی کرے۔
He exceeds all bounds.

He gave. اَعۡطٰی اس نے دیا۔

خَلۡقَہٗ ضرورت کے مطابق اعضاء۔
Its proper form.

The fate. بَالُ حال۔

اَلۡقُرُوۡنِ الۡاُوۡلٰی پہلی قومیں۔
Former generations.

Neither he errs لَایَضِلُّ نہ وہ بھٹکتا ہے

لَا یَنۡسٰی نہ وہ بھولتا ہے۔
Nor he forgets.

سَلَکَ اس نے چلائے۔ بنائے۔
He caused to run.

Vegetation. نَبَاتٍ روئیدگیاں

غَیۡرِ سُوۡٓءٍ بغیر کسی بیماری کے۔
Without any disease.

طٰہٰ رکوع ۲ پارہ ۱۶ رکوع ۱۱
Part-16. R-11 Ta Ha. R-2

طَغٰی اس نے سرکشی کی۔
He has exceeded all bounds.

یَسِّرۡلِیۡ آسان کردے میرے لئے۔
Make easy for me.

Loose. اُحۡلُلۡ کھول دے۔

Knot. عُقۡدَۃً گرہ۔

یَفۡقَھُوۡا وہ سمجھ لیں۔
They may understand.

An assistant. وَزِیۡرًا مددگار۔ نائب

اُشۡدُدۡ مضبوط کر۔
Increase (*strength*).

My strength. اَزۡرِیۡ میری کمر۔ میری طاقت

اُوۡتِیۡتَ تو دیا گیا۔ تو پا گیا۔
You are granted.

سُؤۡلَکَ اپنا مطلب۔ اپنی مراد۔
Your prayer.

مَنَنَّا ہم نے احسان کیا۔
We did confer a favour.

اِقۡذِفِیۡہِ تو (عورت) رکھ اسکو (بچہ کو)۔
Put him (*infant*). ڈال دے اس کو۔

The river. اَلۡیَمّ سمندر۔ دریا

Shore. اَلسَّاحِلُ کنارہ۔

I wrapped. اَلۡقَیۡتُ میں نے ڈال دی

شَتّٰى مختلف قسم Various kinds.

وَارْعَوْا چراؤ۔ Pasture, graze.

طٰهٰ رکوع ۳ پارہ ۱۶ رکوع ۱۲
Part-16. R-12 Ta Ha. R-3

اَرَيْنٰهُ ہم نے اس (فرعون) کو دکھائے۔
We did show (*Pharaoh*).

ضُحًى دن چڑھے۔ Brightness of th day, early afternoon.

يُسْحِتَكُمْ وہ تم کو پیس ڈالے گا۔
He will destroy you utterly.

تَنَازَعُوْا انھوں نے جھگڑا کیا۔
They argued, quarrelled.

اَسَرُّوْا انہوں نے پوشیدہ رکھا۔
They concealed, hid.

اَلنَّجْوٰى مشورے۔
Counsulting in secret

يَذْهَبَا وہ (دونوں) تباہ کردیں گے۔
They (*both*) will destroy.

طَرِيْقَتِكُمْ تمہارے طریقے۔مذہب۔
Your way of life.

اَلْمُثْلٰى اعلیٰ درجہ کا Of best.

فَاَجْمِعُوْا اکٹھا کرلو Concert.

كَيْدَكُمْ اپنے منصوبے. Your plan.

صَفًّا جماعت کی صورت میں اکٹھے۔
صف باندھے۔ Arrayed, In a rank.

حِبَالُهُمْ (واحد sing حَبْلٌ) ان کی رسیاں
Their cords.

عِصِيُّهُمْ ان کی لاٹھیاں۔سونٹے۔
Their staves.

يُخَيَّلُ خیال میں آنے لگیں۔ڈالی گئیں۔
(*Staves*) appeared.

تَسْعٰى وہ دوڑتے ہیں۔
They run about.

اَوْجَسَ اس نے محسوس کیا۔
He conceived.

تَلْقَفْ نگل جائیگا. It will swallow.

صَنَعُوْا انھوں نے بنایا۔
They have wrought.

كَيْدُ سَاحِرٍ جادوگروں کا فریب ہے۔
فریب کاروں کا فریب ہے۔جادوگر کا دھوکہ۔
Magician's trick.

جُذُوْعِ (واحد sing جِذْعٌ) تنے. Trunks.

اَبْقٰى دیرپا۔ باقی رہنے والا۔
More abiding, lasting.

نُؤْثِرَكَ ہم تجھے فوقیت دیں گے۔
تجھے ترجیح دیں گے تجھے اختیار کریں گے۔
We shall prefer you.

فَطَرَنَا اس نے ہم کو پیدا کیا۔
He has created us.

فَاقْضِ پس تو فیصلہ کر So, decree.

قَاضٍ فیصلہ کرنیوالا. One who decrees.

تَقْضِيْ توختم کریگا. You will decree.

اَكْرَهْتَنَا تونے ہم کو مجبور کیا تھا۔
You did force us.

اَبْقٰى سب سے زیادہ قائم رہنے والا۔
The most abiding.

تَزَكّٰى پاکیزگی اختیا کرتا ہے۔
He keeps himself pure.

طٰهٰ رکوع ۴ پارہ ۱۶ رکوع ۱۳
Part-16. R-13 Ta Ha. R-4

اَسْرِ رات کو لے چل۔
Take away by night.

فَاضْرِبْ لَهُمْ طَرِيْقًا ان کو راستہ بتا۔
Strike for them a path.

Dry. خشک۔ يَبَسًا

You will fear. تو ڈرے گا۔ تَخَافُ

دَرَكًا پیچھے سے پکڑا جانا۔
To be overtaken.

فَاَتْبَعَهُمْ ان (بنی اسرائیل) کے پیچھے
Then he pursued them. چلا

غَشِيَهُمْ ان (فرعون اور لشکر) کو ڈھانپ لیا
It covered them (*Pharaoh and forces*).

He led astray. اس نے گمراہ کیا اَضَلَّ

We made a covenant with you. ہم نے تم سے وعدہ کیا ہے وٰعَدْنٰكُمْ

لَا تَطْغَوْا سرکشی نہ کرو۔
Transgress not.

He will descend. وہ اترے گا۔ يَحِلَّ

هَوٰى وہ بلندی سے گر گیا (یعنی ذلیل ہو گیا)
He perished, degraded.

مَا اَعْجَلَكَ کیا چیز تجھے جلدی لائی۔
What has made you hasten away.

My footsteps. میرے پیچھے اَثَرِىْ

Angry. غصہ سے بھرا ہوا۔ غَضْبَانَ

Sad. افسوس۔ افسردہ حالت۔ اَسِفًا

اَخْلَفْتُمْ تم نے خلاف کیا۔
You did break.

بِمَلْكِنَا اپنے اختیار سے۔ اپنی مرضی سے
Of our own accord.

Loads. بوجھ۔ اَوْزَارًا

زِيْنَةَ الْقَوْمِ قوم کا زیور۔
People's ornaments.

we cast away ہم نے پھینک دیا قَذَفْنَا

Calf. بچھڑا۔ عِجْلًا

جَسَدًا جسم (محض جسم تھا)
Body (*was a mere body*).

خُوَارٌ بے معنی آواز۔ (بچھڑے کی سی)
A lowing sound.

طٰهٰ رکوع ۵ پارہ ۱۶ رکوع ۱۴
Part-16. R-14 Ta Ha. R-5

We shall cease. ہم ہٹیں گے۔ نَبْرَحَ

عَصَيْتَ تو نے نافرمانی کی۔
You disobeyed.

My beard. میری ڈاڑھی لِحْيَتِىْ

My head. میرا سر۔ رَاْسِىْ

فَرَّقْتَ تو نے تفرقہ ڈال دیا۔
You have caused a division.

لَمْ تَرْقُبْ قَوْلِىْ تو نے میری بات کا خیال نہ رکھا۔ تو نے میرے فیصلہ کا انتظار نہ کیا۔
You did not wait for my word

مَاخَطْبُكَ تیرا معاملہ کیا ہے؟
What is your plea.

بَصُرْتُ میں نے دیکھا
I perceived.

قَبَضْتُ میں نے لیا
I had adopted.

اَثَرِ الرَّسُوْلِ اس رسول کی باتیں۔ رسول کے نقش قدم۔
Impress of the Messenger.

نَبَذْتُ میں نے پھینک دیا
I threw away.

سَوَّلَتْ اچھا کر کے دکھایا۔
It commended, praised.

لَامِسَاسَ نہ چھونا (مجھے)۔
Touch (*me*) not.

مَوْعِدًا وعدہ کا مقررہ وقت۔
A promise of punishment.

لَنْ تُخْلَفَهٗ اس کی تجھ سے خلاف ورزی نہیں کی جائے گی۔
For you, which shall not fail to fulfilled.

لَنُحَرِّقَنَّهٗ ہم ضرور اس کو جلائیں گے۔
We will certainly burn it.

لَنَنْسِفَنَّهٗ ضرور ہم اسکو بکھیر دیں گے۔
We will certainly scatter it.

نَسْفًا اچھی طرح بکھیرنا۔
Well-scattering.

وَسِعَ وہ حاوی ہے
He embraced, comprehended, included.

عِلْمًا علم کے لحاظ سے۔
In respect of knowledge.

اَنْبَآءُ خبریں۔
The tidings.

مَاقَدْ سَبَقَ جو پہلے ہو چکا ہے۔
What has happened.

سَآءَ حِمْلًا بُرا بوجھ۔
The evil burden.

زُرْقًا نیلی آنکھیں والے
Blue-eyed.

يَتَخَافَتُوْنَ وہ آپس میں آہستہ آہستہ باتیں کریں گے۔
They will talk to one another in a low tone.

لَبِثْتُمْ تم رہے۔
You tarried.

اَمْثَلُهُمْ ان میں سب سے بہتر ہوگا۔
The one most upright will be.

طَرِيْقَةً اپنی روش میں۔ مذہب کے لحاظ سے
In his conduct, way of life.

طٰهٰ رکوع ٦ پارہ ١٦ رکوع ١٥
Part-16. R-15 Ta Ha. R-6

يَنْسِفُ وہ اکھاڑ پھینکے گا۔ وہ (پہاڑوں) کو ریزہ ریزہ کردے گا۔ (خIV)
He will break into pieces.

يَذَرُ وہ کر چھوڑے گا۔ (ان پہاڑوں کو)
He will leave (*mountains*).

قَاعًا میدان۔
A barren place.

صَفْصَفًا چٹیل۔
Level plain.

عِوَجًا کوئی موڑ
Depression, distortion, deviation.

اَمْتًا ٹیلا۔ اونچائی
Elevation, height.

خَشَعَتْ دب جائیں گی۔
Shall be hushed, become silent.

يُقْضٰى اِلَيْكَ وَحْيُهٗ پوری کی جائے

Revelation مکمل کی جائے تیری طرف اسکی وحی is completed unto you.

عَهِدْنَا ہم نے تاکیدی حکم دیا۔

We had made a covenant.

He forgot. فَنَسِيَ وہ بھول گیا۔

Resolve. عَزْمًا پختہ ارادہ۔

طٰهٰ رکوع ۷ پارہ ۱۶ رکوع ۱۶
Part-16. R-16 Ta Ha. R-7

تَشْقٰى تو مصیبت میں پڑ جائے گا۔

You will come to grief.

You will تَجُوْعَ تو بھوکا رہے گا۔ hunger, will be hungry.

تَعْرٰى تو ننگا رہے گا۔

You will be naked.

تَظْمَئُوْا تو پیاسا رہے گا۔

You will thirst.

تَضْحٰى تو دھوپ میں جلے گا۔

You will be exposed to the sun.

Kingdom. مُلْكٍ بادشاہت۔

لَا يَبْلٰى فنا نہ ہوگی۔

Shall never decay.

Became manifest. بَدَتْ ظاہر ہوگئی

سَوْاٰتُهُمَا ان دونوں کی کمزوریاں۔

Their both nakedness.

They began. طَفِقَا وہ دونوں لگے

Cover. يَخْصِفَانِ لپیٹنے۔

اَصْوَاتُ (واحد sing صَوْتٌ)

Voices. آوازیں

Murmur. هَمْسًا کھسر پھسر۔

لَا يُحِيْطُوْنَ وہ نہیں احاطہ کر سکتے۔

They cannot compass.

عِلْمًا علم کے ذریعہ۔

With their knowledge.

عَنَتِ الْوُجُوْهُ جھک جائیں گے چہرے (ذلیل ہو جائیں گے) (یعنی بڑے لوگ)

All great leaders will humble, debase.

اَلْوُجُوْهُ بڑے لوگ۔ چہرے۔

All great leaders, faces.

He perished. خَابَ وہ ناکام ہو گیا۔

حَمَلَ اس نے کمایا۔ اٹھایا۔

He bore the burden.

فَلَا يَخَافُ وہ نہ ڈرے گا۔

He will have no fear.

Loss. هَضْمًا حق تلفی۔

We صَرَّفْنَا ہم نے کھول کھول کر بیان کیا have explained, expounded.

اَلْوَعِيْدَ ہر قسم کے انذار۔

Every kind of warning.

يُحْدِثُ وہ کوئی نیا نشان ظاہر کرے۔

He will bring forth new sign.

لَهُمْ ذِكْرًا ان کی عبرت کیلئے۔

Remembrance in them.

عَصٰى اس نے نافرمانی کی۔

He observed not, disobeyed.

غَوٰى وہ بھٹک گیا۔

He became astray.

اِجْتَبٰهُ اس نے اس کو چن لیا۔ He chose.

يَضِلُّ وہ گمراہ ہو جائے گا۔

He will go astray.

يَشْقٰى وہ مشقت میں پڑے گا۔

He will go to grief.

مَعِيْشَةً زندگی۔ Life.

ضَنْكًا تنگی اور تکلیف والی۔ Straitened.

نَحْشُرُهٗ ہم اسکو اٹھائیں گے۔

We shall raise him up.

اَعْمٰى اندھا۔ Blind.

بَصِيْرًا دیکھنے والا۔ بینا۔ Sight.

نَسِيْتَ تو بھول گیا تھا۔

You did ignore.

تُنْسٰى تو بھلا دیا جائے گا۔

You will be ignored.

اَسْرَفَ وہ آگے نکل گیا۔ حد سے گذر گیا۔

He transgressed the limits.

طٰہٰ رکوع ۸ پارہ ۱۶ رکوع ۱۷

Part-16. R-17 Ta Ha. R-8

لِزَامًا دائمی۔ لازمی۔ Inevitable, unavoidable.

اَطْرَافَ النَّهَارِ دن کے سب حصے۔

All parts of the day.

تَرْضٰى تو خوش ہو جائے۔

You may find happiness.

لَا تَمُدَّنَّ تو نہ پھیلا۔ Strain not.

عَيْنَيْكَ اپنی دونوں آنکھیں۔

Your eyes.

زَهْرَةَ آرائش The splendour.

نَذِلَّ ہم ذلیل ہوتے۔

We were humbled.

نَخْزٰى ہم رسوا ہوئے۔

We were disgraced.

مُتَرَبِّصٌ انتظار کرنے والا ہے۔

Is waiting.

فَتَرَبَّصُوْا پس تم بھی انتظار کرو۔

Then you wait.

☆☆☆

الانبیاء رکوع ۱ پارہ ۱۷ رکوع ۱
Part-17. R-1 Al-Anbiya. R-1

اِقْتَرَبَ قریب آ گیا۔
Has drawn near.

مُعْرِضُوْنَ اعراض کرنے والے۔
Those who turn away.

ذِكْرٌ یاددہانی۔ Admonition, reminder.

مُحْدَثٍ نئی۔ New.

اِسْتَمَعُوْهُ وہ اس کو سنتے ہیں۔
They listen to it.

یَلْعَبُوْنَ وہ (ساتھ کے ساتھ) مذاق بھی کرتے ہیں
They make sport, jest, play. (*along with*)

لَاهِيَةً غافل۔ Forgetful.

اَسَرُّوا النَّجْوٰى وہ (ظالم لوگ) پوشیدہ مشورہ کرتے ہیں
They (*cruel people*) confer together in secret.

اَضْغَاثُ اَحْلَامٍ پراگندہ خوابیں۔
Confused dreams.

فِيْهِ ذِكْرُكُمْ اس (کتاب) میں تمہاری بزرگی کے سامان ہیں
There are your glory and eminence in it.

كَمْ کتنی (بستیاں) How many (*a township*).

الانبیاء رکوع ۲ پارہ ۱۷ رکوع ۲
Part-17. R-2 Al-Anbiya. R-2

قَصَمْنَا ہم نے کاٹ دیا۔ تباہ کر دیا۔
We have destroyed.

اَنْشَاْنَا ہم نے پیدا کر دیا۔
We have raised up.

اَحَسُّوْا انہوں نے محسوس کیا۔
They perceived, felt.

بَاْسَنَا ہمارا عذاب۔ Our punishment.

يَرْكُضُوْنَ وہ دوڑتے ہیں۔ بھاگتے ہیں
They began to flee.

اُتْرِفْتُمْ تم آرام دیئے گئے۔ تم کو آسودگی دی گئی
You have been exulted.

مَازَالَتْ مسلسل رہی This ceased not.

حَصِيْدًا کٹی ہوئی کھیتی۔
Mown down, reaped field.

خٰمِدِيْنَ بے رونق، ویران Reduced to ashes, extinguished.

نَقْذِفُ ہم مارتے ہیں۔ We hurl.

يَدْمَغُهٗ وہ (حق) اس کے سر کو توڑ دیتا ہے
That (*truth*) breaks its head.

زَاهِقٌ بھاگنے والا (باطل) It (*falsehood*) perishes, passes away.

وَيْلٌ ہلاکت۔ افسوس Woe, grief.

تَصِفُوْنَ تم باتیں بناتے ہو۔ بیان کرتے ہو
You ascribe, attribute.

يَسْتَحْسِرُوْنَ وہ تھکتے ہیں۔
They do weary, tire.

لَا يَفْتُرُوْنَ وہ وقفہ نہیں کرتے۔ وہ رکتے نہیں
They flag not, stop not.

يُنْشِرُوْنَ وہ پیدا کرتے ہیں۔
They raise the dead.

فَسَدَتَا وہ دونوں تباہ ہو جاتے They both would have gone to ruin.

مُکْرَمُوْنَ وہ عزت دیئے گئے ہیں۔قابل احترام
They are honoured.
مُشْفِقُوْنَ ڈرنے والے ہیں۔
They tremble. ڈرتے رہتے ہیں

الانبیاء رکوع ۳ پارہ ۱۷ رکوع ۳
Part-17. R-3 Al-Anbiya. R-3

رَتْقًا بند۔جڑے ہوئے A closed-up.
فَفَتَقْنَا پس ہم نے کھول دیا۔
We opened out.
تَمِیْدَ بِھِمْ وہ (پہاڑ) ان کے لئے غذا مہیا کریں
They may be a source of benefit and provision,
It should quake with them.
فِجَاجًا کھلے کھلے (راستے)۔
Wide (*pathways*).
یَسْبَحُوْنَ وہ (سیارے ستارے) تیرتے ہیں۔بے روک آسانی سے چل رہے ہیں۔
They are gliding, floating.
عَجَلٍ جلدی۔ Haste, hurry.
تَسْتَعْجِلُوْنَ تم جلدی سے کام لیتے ہو
You hasten, hurry.
یَکُفُّوْنَ وہ روک سکیں گے They will be able to ward off, repel, avert.
تَبْھَتُھُمْ وہ (گھڑی) ان کو حیران کردیگی
It will confound them, puzzle.
حَاقَ اُسنے گھیر لیا He encompassed.

الانبیاء رکوع ۴ پارہ ۱۷ رکوع ۴
Part-17. R-4 Al-Anbiya. R-4

یَکْلَؤُکُمْ وہ تمہیں بچاتا ہے۔نگہبانی کرتا ہے حفاظت کرتا ہے
He protects you.
یُصْحَبُوْنَ وہ ساتھ دیئے جائیں گے۔
They will be befriended.
طَالَ لمبا ہوگیا۔ It grew long.
اَلْعُمُرُ زمانہ Life, life-time.
اَنَّا نَاْتِی الْاَرْضَ ہم ان کی زمین یا ملک کی طرف بڑھ رہے ہیں۔
We are visiting their land.
نَنْقُصُھَا ہم اس (زمین) کو کم کرتے ہیں
We reduce it.
اَطْرَافِھَا اس (زمین) کے کنارے۔
Its outlying borders.
اُنْذِرُکُمْ میں تم کو متنبہ کرتا ہوں۔ہوشیار کرتا ہوں۔ڈراتا ہوں
I warn you.
اَلدُّعَآءُ بلاوا۔ Call.
نَفْحَةٌ جھونکا۔لپٹ A breath.
اَلْمَوَازِیْنَ (واحد sing مِیْزَانٌ) ترازو۔
Scales.
اَلْقِسْطَ انصاف۔ Justice.
اَلْمَوَازِیْنُ الْقِسْطَ انصاف کے ترازو۔
Scales of justice.
مِثْقَالَ برابر۔ weight.
حَبَّةٍ دانہ۔ Grain.
خَرْدَلٍ رائی۔ Mustard seed.

الانبیاء رکوع ۵ پارہ ۱۷ رکوع ۵
Part-17. R-5 Al-Anbiya. R-5

رُشْدَ صلاحیت۔قابلیت Guidance.

قَـوۡمَ سَـوۡءٍ بُری قوم۔ برے لوگ۔
A wicked people.

یَـحۡـکُـمَـانِ وہ دونوں فیصلہ کرتے تھے۔
They both exercised their respective judgments.

Strayed, grazed. نَـفَـشَـتۡ چرگئی تھیں

غَـنَـمُ الۡقَـوۡمِ اس قوم کی بھیڑ بکریاں۔
The sheep of certain people.

General people. ایک قوم کے عام لوگ۔

فَفَهَّـمۡـنٰـهَـا ہم نے سمجھا دیا (معاملہ)
We gave understanding of (*the matter*).

یُـسَـبِّـحۡـنَ وہ سب (پرندے اور پہاڑ)
All they تسبیح کرتے تھے۔
celebrated praises.

صَنۡـعَـةَ لَـبُـوۡسٍ لباس کا بنانا۔
The making of coats of mail.

تُـحۡـصِـنَـکُـمۡ وہ (لباس) تم کو بچائے۔
That (*dress*) might protect.

Your battle. بَـاۡسِـکُـمۡ تمہاری لڑائی

Violent. عَـاصِـفَـةً تیز

یَـغُـوۡصُـوۡنَ وہ غوطے لگاتے ہیں۔
They dive.

ذُوالـنُّـوۡنِ مچھلی والا۔ (یعنی یونس)۔
The man of the great fish.

In anger. مُـغَـاضِـبًـا غصہ سے۔

We cured. اَصۡلَـحۡـنَـا ہم نے تندرست کیا

In hope. رَغَـبًـا محبت سے۔ چاہت سے

In fear. رَهَـبًـا خوف سے۔

Images. تَـمَـاثِـيۡـلُ بت۔ مجسمے۔

عَـاکِـفُـوۡنَ بیٹھنے والے۔ اعتکاف کرنیوالے
Those who are devoted.

Pieces. جُـذٰذًا ٹکڑے ٹکڑے۔

Bring him. فَـاۡتُـوۡا بِـهٖ لاؤ اس کو۔

They speak. یَـنۡـطِـقُـوۡنَ وہ بولتے ہیں

رَجَـعُـوۡٓا وہ لوٹے یعنی وہ متوجہ ہوئے۔
They returned.

اَنۡـفُـسِـهِـمۡ اپنے سرداروں کی طرف۔
Towards their heads.

نُـکِـسُـوۡا عَـلٰی رُءُوۡسِـهِـمۡ وہ اپنے سروں کے بل گرائے گئے۔ یعنی وہ لاجواب ہو گئے
Their heads were made to hang low for shame.

Fie on you. اُفٍّ لَّـکُـمۡ تم پر افسوس

حَـرِّقُـوۡهُ اس (ابراہیم) کو جلا دو۔
Burn him (*Abraham*).

Be. کُـوۡنِـیۡ ہو جا۔

Cold. بَـرۡدًا ٹھنڈی۔

Evil plan. کَـیۡـدًا منصوبہ۔ بُری تدبیر

Grandson. نَـافِـلَـةً پوتا۔

Abominations, اَلۡـخَـبٰٓـئِـثَ بُرے کام
abhorrences, aversions.

الانبیاء رکوع ٦ پارہ ١٧ رکوع ٦
Part-17. R-6 Al-Anbiya. R-6

فَـاسۡـتَـجَـبۡـنَـا ہم نے قبول کی (دعا)۔
We heard (*prayer*).

Distress. اَلۡـکَـرۡبُ بے چینی۔ گھبراہٹ

اَحْصَنَتْ اس (عورت) نے حفاظت کی
She guarded.

تَقَطَّعُوْا انھوں نے ٹکڑے ٹکڑے کردیا۔
They split up.

اَمْرَهُمْ Their affair. اپنا معاملہ۔ دین

الانبیاء رکوع ۷ پارہ ۱۷ رکوع ۷
Part-17. R-7 Al-Anbiya. R-7

فَلَا كُفْرَانَ نہ ناقدری کی جائیگی۔ نہ رد
Will not be rejected. کیا جائے گا

لِسَعْيِهٖ His endeavour. اسکی کوشش

حَدَبٍ Height. بلندی۔ اونچی جگہ

يَنْسِلُوْنَ وہ دوڑتے چلے آئیں گے۔
They will hasten forth.

شَاخِصَةٌ پھٹی کی پھٹی رہ جائیں گی (آنکھیں)
(*Eyes*) will fixedly stare.

حَصَبُ Fuel. ایندھن۔

وَارِدُوْنَ داخل ہونے والے۔
Those who shall enter.

زَفِيْرٌ Groaning, چیخ و پکار۔
mournful cry.

اَلْحُسْنٰى نیک سلوک۔ بھلائی کا فرمان
A good reward.

مُبْعَدُوْنَ وہ دور رکھے جائیں گے۔
They will be removed far.

حَسِيْسَ آواز۔ آہٹ۔ سرسراہٹ۔
Slightest sound.

اِشْتَهَتْ چاہتے ہیں۔ چاہیں گے۔
Will desire.

اَلْفَزَعُ الْاَكْبَرُ بڑی سے بڑی گھبراہٹ
The great terror.

نَطْوِىْ ہم لپیٹیں گے۔ لپیٹ دیں گے۔
We shall roll.

اَلسِّجِلُّ A scribe. طومار۔ بہیاں

كُتُبٌ Scrolls. تحریریں۔

اَلذِّكْرِ The reminder. نصیحت۔

لَبَلٰغًا A message. ایک پیغام۔

اٰذَنْتُ میں نے اعلان کردیا، خبردے دی
I have warned you.

اٰذَنْتُكُمْ عَلٰى سَوَآءٍ میں نے تم سب کو
I warned you all alike. برابر اطلاع دی

تُوْعَدُوْنَ تم کو وعدہ دیا گیا ہے۔
You are promised.

اَدْرِىْ I know. میں جانتا ہوں۔

اِنْ اَدْرِىْ میں نہیں جانتا۔ (اِنْ بعض دفعہ نہیں
I know not. (کے معنوں میں بھی آتا ہے
(اِنْ - *It comes sometime for negative meaning.*)

اَلْمُسْتَعَانُ اس سے مدد مانگی جاتی ہے
Whose help is sought.

تَصِفُوْنَ تم بیان کرتے ہو۔ تم باتیں
You assert, state. بناتے ہو۔

الحج رکوع ۱ پارہ ۱۷ رکوع ۸
Part-17. R-8 Al-Hajj. R-1

تَرَوْنَ You will see. تم دیکھو گے

تَـذْهَـلُ بھول جائے گی (دودھ پلانے والی)
she will forget.(*her suckling*).
مُـرْضِعَـةٍ دودھ پلانے والی.Suckling.
تَـضَـعُ وہ گرادے گی She will cast.
ذَاتَ حَـمْلٍ حمل والی۔
Pregnant woman.
سُكٰرٰى بدحواس۔مدہوش۔بدمست۔
Drunken, intoxicated.
مَـرِيْـدٌ سرکش۔دھتکارا ہوا.Rebellious.
كُتِبَ عَلَيْـهِ اس کے متعلق فیصلہ کیا گیا
It is decreed for him.
تَـوَلَّاهُ اس کو دوست بنائے گا۔ He will
make friends with him.
اَلْبَعْث دوبارہ اٹھائے جانا۔
Resurrection.
مُـضْـغَـةً بوٹی ۔ Lump of flesh.
عَـلَـقَـةً لوتھڑا (جما ہوا خون)۔
Clotted blood.
مُخَـلَّـقَـةً کامل بوٹی.Partly formed.
غَيْـرِ مُخَلَّقَةٍ ناقص بوٹی۔
Partly unformed.
نُـقِـرُّ ہم رکھتے ہیں۔ٹھہراتے ہیں۔
We cause to stay, remain.
يُـرَدُّ وہ لوٹایا جائے گا He will be
taken back, averted.
اَرْذَلِ الْعُمُرِ انتہائی بڑھاپا۔
The worst part of life.

هَـامِـدَةً بے آب وگیاہ۔خشک.Lifeless.
اِهْـتَـزَّتْ وہ (زمین) لہلہاتی ہے۔متحرک ہو
جاتی ہے۔جوش میں آجاتی ہے (خII)
It (*earth*) stirs, throbes, thrills.
رَبَـتْ وہ (زمین) بڑھتی ہے.It swells.
اَ نْـبَـتَـتْ اُگاتی ہے۔ It grows.
زَوْجٍ کھیتی .Vegetation, herbage
بَـهِـيْـجٍ خوبصورت۔پررونق.Beauteous.
ثَـانِـيَ موڑنے والے (یعنی تکبر کرتے ہیں)
Turning.(*proudly*)
عِـطْـفِـهٖ اپنا پہلو۔ His side.

الحج رکوع ۲ پارہ ۱۷ رکوع ۹
Part-17. R-9 Al-Hajj. R-2

عَلٰى حَرْفٍ کنارہ پر۔بددلی سے (خ۔II)
On the verge,
with a wavering mind.(Kh-II)
اِنْقَلَبَ لوٹ گیا۔ He returned.
عَلٰى وَجْـهِـهٖ اپنے منہ کی سیدھ۔
To his former way.
خَسِـرَ وہ گھاٹے میں پڑ گیا۔
He lost, suffered a loss.
يَـدْعُـوْا وہ پکارتا ہے۔.He calls on
اَلْـمَـوْلٰى آقا۔دوست.The patron
اَلْعَشِيْرُ ساتھی The associate.
فَلْيَـمْـدُدْ چاہئے کہ وہ لے جائے۔لمبا کرے
Let stretch (*himself*). (اپنے آپ کو)
بِسَبَبٍ رسی کے ذریعہ By a rope.

يُذْهِبَنَّ كَيْدُهٗ دور کردے گی اس کی تدبیر
His device will remove.

مَايَغِيظُ جو غصہ دلا رہی ہے۔
Which enrages.

حَقَّ عَلَيْهِ الْعَذَابُ (اس کے خلاف عذاب کا فیصلہ ہو چکا ہے
He became deserving of punishment.

خَصْمَانِ دو جھگڑنے والے۔
Two disputants.

اِخْتَصَمُوْا انہوں نے جھگڑا کیا۔
They disputed.

قُطِّعَتْ کاٹے جائینگے۔ بنائے جائینگے۔
Will be cut out.

ثِيَابٌ (واحد sing ثَوْبٌ) کپڑے۔
Garments.

يُصَبُّ ڈالا جائے گا۔
Will be poured down.

اَلْحَمِيْمُ گرم پانی Boiling water.

يُصْهَرُ گلا دیا جائیگا Will be melted.

اَلْجُلُوْدُ (واحد sing جِلْدٌ)
Skins. چمڑے۔

مَقَامِعُ (واحد sing مَقْمَعٌ)
Maces. ہتھوڑے۔

اَلْحَرِيْقُ جلانے والا۔ Burning.

الحج رکوع ۳ پارہ ۱۷ رکوع ۱۰
Part-17. R-10 Al-Hajj. R-3

يُحَلَّوْنَ وہ پہنائے جائیں گے۔
They will be adorned.

اَسَاوِرَ کنگن۔ Bracelets.

ذَهَبٌ سونا۔ Gold.

لُؤْلُؤًا موتی۔ Pearls.

حَرِيْرٌ ریشم۔ Silk.

هُدُوْا ان کی راہنمائی کی جائے گی۔
They will be guided.

اَلْعَاكِفُ بیٹھنے والے۔ اعتکاف کرنیوالے
Dweller, one who keep himself in a mosque for devotion to God.

اَلْبَادِ جنگلوں میں رہنے والے۔ باہر سے آنے والے
Visitors from desert.

يُرِدْ وہ ارادہ کرتا۔ چاہتا ہے He seek.

بِاِلْحَادٍ کجی پیدا کرنا۔ Deviation.

نُذِقْهُ ہم اس کو چکھائیں گے۔
We shall cause him to taste.

الحج رکوع ۴ پارہ ۱۷ رکوع ۱۱
Part-17. R-11 Al-Hajj. R-4

بَوَّاْنَا ہم نے رہائش کی جگہ دی۔ رہائش کا موقع دیا۔
We assigned, settled.

مَكَانَ الْبَيْتِ بیت اللہ کی جگہ۔
The site of the house.

طَهِّرْ پاک کر۔ (جسمانی صفائی کے علاوہ شرک اور بتوں سے بھی مراد ہے)
Clean. *(Besides the physical cleanliness, it means idolatry also.)*

لِلطَّآئِفِيْنَ طواف کرنیوالوں کیلئے
For those who perform circuits.

اَلْقَآئِمِيْنَ (عبادت کیلئے) کھڑے ہونیوالے
Those who stand up (*for worship*)

اَلرِّجْسَ شرک The abomination.

اَلْاَوْثَانِ ہر قسم کے بتوں (کی پرستش، شرک)
Idols. (*idolatry*)

قَوْلَ الزُّوْرِ جھوٹی باتوں سے۔ جھوٹ بولنے سے
All words of untruth.

فَتَخْطَفُهُ اُچک لیتے ہیں اسکو۔
Snatch him away.

تَهْوِىْ بِهٖ پھینک دیتی ہے اس کو۔
(*Wind*) blows him away.

مَكَانٍ سَحِيْقٍ دور کی جگہ۔
A far-off place.

يُعَظِّمْ وہ عزت کرتا ہے۔ He honours.

شَعَآئِرَ اللّٰهِ اللہ کی نشانیاں۔
The sacred Signs of Allah.

مَحِلُّهَا اس کے حلال ہونے کی جگہ۔
Their place of sacrifice.

الحج رکوع ۵ پارہ ۱۷ رکوع ۱۲
Part-17. R-12 Al-Hajj. R-5

مَنْسَكًا قربانی کا طریق۔
Rites of sacrifice.

اَسْلِمُوْا فرمانبردار ہو جاؤ. Submit.

مُخْبِتِيْنَ عاجزی کرنے والے۔
The humble.

وَجِلَتْ کانپ جاتے ہیں (دل)۔
(*Harts*) are filled with awe.

اَلْبُدْنُ قربانی کے اونٹ۔
The sacrificial camels.

صَوَآفَّ پاؤں باندھ کر صفوں میں کھڑا کر کے
(*They*) stand tied up in lines.

اَذِّنْ اعلان کر۔ Proclaim.

يَاْتُوْكَ وہ تیرے پاس آئیں گے۔
They will come to you.

رِجَالًا پیدل۔ On foot.

ضَامِرٍ دبلی سواری (لمبے سفروں کی وجہ سے)
Lean camel. (*due to long jurney*)

فَجٍّ دور دور کے راستے. Distant track.

عَمِيْقٍ گہرے۔ Deep.

لِيَشْهَدُوْا تا کہ وہ دیکھیں۔
That they may witness.

مَنَافِعَ فوائد۔ Benefits.

اَيَّامٍ مَعْلُوْمَاتٍ مقررہ دن۔
The appointed days.

بَهِيْمَةِ الْاَنْعَامِ چارپائے۔ The quadrupeds. (*four-footed animal*)

اَطْعِمُوْا کھلاؤ۔ Feed.

اَلْبَآئِسَ تکلیف زدہ۔ بھوکے۔
The distressed.

اَلْفَقِيْرَ محتاج۔ نادار. The needy.

لِيَقْضُوْا چاہیئے کہ وہ دُور کریں۔
Let them accomplish.

تَفَثَهُمْ اپنی میل Their needful acts of cleansing.

اَلْعَتِيْقِ پرانا. Ancient, very old.

يُّعَظِّمْ وہ تعظیم کرتا ہے. He honours.

حُرُمَاتِ اللّٰهِ اللہ کی حرمات۔
The things (حرمت کی جگہوں کی) declared sacred by Allah.

فَاجْتَنِبُوْا بچو۔ Shun, avoid.

وَجَبَتْ لگ جائیں۔ گر پڑیں۔
Fell down dead.
جُنُوبُهَا Their sides. ان کے پہلو
اَطْعِمُوْا Feed. کھلاؤ۔
اَلْقَانِعَ تھوڑے پر گذارہ کرنے والا۔
Contented. سوال نہ کرنے والے
اَلْمُعْتَرَّ سوال کرنے والے۔
One who supplicates.
يَنَالُ It reaches. پہنچتا ہے۔
تُكَبِّرُوْا تم بڑائی بیان کرو۔
You may glorify.
يُدَافِعُ وہ دفاع کرتا ہے۔ ہٹاتا ہے۔
He defends.
خَوَّانٍ Perfidious. خیانت کرنے والا
كَفُوْرٍ Ungrateful. انکار کرنیوالا۔ ناشکرا

الحج رکوع ۶ پارہ ۱۷ رکوع ۱۳
Part-17. R-13 Al-Hajj. R-6

اُذِنَ اجازت دی جاتی ہے۔
Permission is given.
يُقَاتَلُوْنَ وہ قتل کئے جاتے ہیں۔ جن سے جنگ کی جاتی ہے۔
They are being fought.
دَفْعُ اللّٰهِ اللہ کا ہٹانا۔ بچاؤ کرنا۔
Repelling of Allah.
لَهُدِّمَتْ گرا دیئے جاتے۔
There would surely have been pulled down.
صَوَامِعُ راہب خانے۔ خلوت خانے۔
Cloisters, monastery, nunnery.
بِيَعٌ Churches. عیسائیوں کے گرجے

صَلَوَاتٌ یہودیوں کی عبادت گاہیں۔
Synagogues, building of Jews for worship.
مَكَّنّٰهُمْ ہم نے ان کو طاقت دی۔
We established them.
نَهَوْا They forbad. انہوں نے روکا
فَاَمْلَيْتُ میں نے مہلت دی۔
I gave respite.
كَيْفَ How was. کیسا تھا۔
نَكِيْرِ (میرا) عذاب، عقوبت، انکار کرنا
My punishment, dislike, charge, dispproval.
بِئْرٍ Well. کنواں۔
مُعَطَّلَةٍ متروک۔ ناکارہ۔ غیر آباد۔
Deserted.
قَصْرٌ Castle. محل۔
مَشِيْدٌ Lofty. مضبوط۔
لَا تَعْمَى نہیں اندھی ہوتی ہیں۔
Are not blind.
اَلْاَبْصَارُ Eyes. آنکھیں۔
يَسْتَعْجِلُوْنَكَ They demand of thee to hasten. وہ تجھ سے جلدی مانگتے ہیں۔
سَنَةٌ Years. سال۔
تَعُدُّوْنَ You reckon. تم شمار کرتے ہو

الحج رکوع ۷ پارہ ۱۷ رکوع ۱۴
Part-17. R-14 Al-Hajj. R-7

سَعَوْا They strived. انہوں نے کوشش کی
تَمَنّٰى اس نے خواہش کی۔
He sought to attain.

يَنۡسَخُ وہ (خدا) مٹادیتا ہے۔
He (*Allah*) removes.

يُحۡكِمُ وہ مضبوط کرتا ہے۔
He firmly establishes.

فِتۡنَةٌ آزمائش۔ٹھوکر۔ The obstacles.

اَلۡقَاسِيَةُ سخت (دل) Hardened.

شِقَاقٍ بَعِيۡدٍ پرلے درجہ کی مخالفت۔
Far in opposition.

لِيَعۡلَمَ تاکہ وہ لوگ جان لیں۔
That they may know.

تُخۡبِتَ جھک جائیں (دل)۔
(*Hearts*) may be humble.

لَايَزَالُ ہمیشہ رہیں گے۔
Will not cease to be.

مِرۡيَةٌ شک۔ Doubt.

عَقِيۡمٌ (وہ عذاب) جو اپنے پیچھے کچھ بھی
نہ چھوڑے گا۔ (*The punishment*)
that will leav nothing.

الحج رکوع ۸ پارہ ۱۷ رکوع ۱۵
Part-17. R-15 Al-Hajj. R-8

مُدۡخَلاً داخل ہونے کی جگہ۔
Place to enter.

حَلِيۡمٌ سمجھ رکھنے والا۔ (خII)
Forbearing.

عَاقَبَ اُسنے سزادی He relatiated.

عُوۡقِبَ وہ تکلیف دیا گیا۔ He is afflicted.

بُغِيَ عَلَيۡهِ پھر اس پر سرکشی کی گئی۔
It is transgressed against him.

يُوۡلِجُ وہ داخل کرتا ہے He enters.

اَلۡبَاطِلُ تباہ ہونیوالا Falsehood.

تُصۡبِحُ ہوجاتی ہے۔ (زمین)
(*The earth*) becomes.

مُخۡضَرًّا سرسبز۔ Green.

لَطِيۡفٌ مہربانی کا سلوک کرنیوالا (خ۔II)
Gracious, kind.
باریک بین ہے۔ (خIV)
The Knower of subtleties.

الحج رکوع ۹ پارہ ۱۷ رکوع ۱۶
Part-17. R-16 Al-Hajj. R-9

يُمۡسِكُ وہ (خدا) روکے ہوئے ہے۔
He (*Allah*) holds back.

تَقَعَ وہ گر پڑے۔ It should fall.

مَنۡسَكًا قربانی کا طریق۔
Ways of worship.

نَاسِكُوۡهُ وہ (اس کی) قربانی کرتے ہیں
They observe it.

فَلَا يُنَازِعُنَّكَ پس وہ ہرگز کوئی جھگڑا
تجھ سے نہ کریں Let them not
dispute with you.

جَادَلُوۡكَ وہ تجھ سے بحث کریں۔ جھگڑا کریں
They contend with you.

يَسِيۡرٌ آسان ہے۔ Easy.

تَعۡرِفُ تو پہچان لے گا۔
You will notice.

اَلۡمُنۡكَرُ ناپسندیدگی (کے آثار)۔
Displeasure.

یَـكَـادُوْنَ قریب ہے کہ وہ۔
They would well-nigh.

یَـسْـطُـوْنَ وہ حملہ کریں گے۔
They would attack.

الحج رکوع ۱۰ پارہ ۱۷ رکوع ۱۷
Part-17. R-17 Al-Hajj. R-10

ضُـرِبَ بیان کی گئی۔ Is set forth.

فَاسْـتَـمِـعُـوْا غور سے سنو Listen to.

ذُبَـابًـا ایک مکھی۔ A fly.

وَلَـوِاجْـتَـمَـعُـوْا خواہ وہ اس کے لئے سب جمع ہو جائیں۔
Though they should all combine together.

یَـسْـلُـبْـهُـمُ وہ (مکھی) چھین لے ان سے
That (*the fly*) should snatch away from them.

لَایَـسْـتَـنْـقِـذُوْهُ وہ اس کو اس (مکھی) سے نہیں چھڑا سکتے۔
They cannot recover it (*the fly*) therefrom.

ضَـعُـفَ کمزور ہے۔ بے بس ہے Is weak.

اَلـطَّـالِـبُ مانگنے والا۔ Seeker.

اَلْـمَـطْـلُـوْبُ جس سے مانگا جاتا ہے۔
The sought.

یَـصْـطَـفِـیْ وہ چنتا ہے He chooses.

وَافْـعَـلُـوْا اور کرو۔ And do.

اَلْـخَـیْـرَ نیکی۔ Good deeds.

جَـاهِـدُوْا جہاد کرو۔ کوشش کرو Strive.

اِجْـتَـبٰـكُـمْ اس نے تم کو چن لیا۔
He has chosen you.

حَـرَجٌ تنگی۔ Hardship.

سَـمّٰـكُـمْ اس (خدا) نے تمہارا نام رکھا
He (*Allah*) has named you.

شَـهِـیْـدًا گواہ۔ نگران۔ Witness.

وَاعْـتَـصِـمُـوْا مضبوطی سے پکڑو۔
And hold fast.

نِـعْـمَ کیا ہی اچھا۔ Excellent.

مَـوْلٰـكُـمْ تمہارا آقا Your protector.

اَلـنَّـصِـیْـرُ مددگار۔ Helper.

☆☆☆

المومنون رکوع ۱ پارہ ۱۸ رکوع ۱
Part-18. R-1 Al-Mu`minun. R-1

قَدْ اَفْلَحَ (کامل مومن) اپنی مراد کو پہنچ گئے۔ (II-خ)
(*The believers*) have succeeded.

مَلُوْمِيْنَ ملامت کئے جانے والے۔
Blamed ones.

رٰعُوْنَ خیال رکھنے والے۔ Watchful.

سُلٰلَةٍ خلاصہ۔ An extract.

طِيْنٍ گیلی مٹی۔ Clay.

جَعَلْنٰهُ ہم نے اس کو بنایا۔ ہم نے اس (خلاصہ) کو رکھا۔
We placed him.

قَرَارٍ ٹھہرنے کی جگہ Depository.

مَكِيْنٍ مضبوط۔ Safe.

عَلَقَةً چمٹنے والا (وجود) A clot.

مُضْغَةً بوٹی۔ گوشت کا ٹکڑا A lump.

كَسَوْنَا ہم نے چڑھایا۔ پہنایا۔
We clothed.

لَحْمًا گوشت۔ Flesh.

اَنْشَاْنٰهُ ہم نے اس کو تبدیل کر دیا۔
We developed.

خَلْقًا اٰخَرَ ایک اور شکل۔
Another creation.

مَيِّتُوْنَ مرنے والے۔ Dead ones.

تُبْعَثُوْنَ تم اٹھائے جاؤ گے۔
You will be raised up.

سَبْعَ طَرَآئِقَ سات راستے۔
Seven ways.

اَلْخَلْق مخلوق۔ The creation.

بِقَدَرٍ اندازہ کے مطابق۔
According to a measure.

اَسْكَنّٰهُ ہم نے اس کو ٹھہرایا۔ رکھا۔
We caused it to stay.

فَوَاكِهُ (واحد sing فَاكِهَةٌ) پھل Fruits.

تَنْبُتُ وہ اگتا ہے۔ It produces.

الدُّهْنِ تیل۔ Oil.

صِبْغٍ سالن۔ Sauce.

عِبْرَةً عبرت۔ سبق A lesson.

نُسْقِيْكُمْ ہم تم کو پلاتے ہیں۔
We give you to drink.

بُطُوْن (واحد sing بَطْنٌ) پیٹ Bellies.

تُحْمَلُوْنَ تم سوار کئے جاتے ہو۔
You are borne.

المومنون رکوع ۲ پارہ ۱۸ رکوع ۲
Part-18. R-2 Al-Mu`minun. R-2

يَتَفَضَّل وہ فضیلت لے جاتا ہے۔
He gains superiority.

جِنَّةٌ جنون۔ Madness.

تَرَبَّصُوْا تم انتظار کرو۔ Wait.

حِيْنٌ کچھ وقت For a while.

اِصْنَعْ بنا۔ Make.

فَارَ پھوٹ پڑے۔ Gushed forth.

اَلتَّنُّوْرُ زمین کا سوتا۔ چشمے۔
The fountains of the earth.

فَاسْلُکْ داخل کر۔ رکھ۔ Take, enter.

زَوْجَيْنِ ہر ایک (جنس میں سے) جوڑا۔
Two of every kind.

اِثْنَيْنِ دو (یعنی نر و مادہ) Two (*namely male and female*).

سَبَقَ عَلَيْهِ الْقَوْلُ جس پر فرد جرم لگ چکا۔
Against whom the word has already gone forth, has been convicted.

اِسْتَوَيْتَ تو اچھی طرح بیٹھ جائے۔
You have settled.

مُبْتَلِيْنَ آزمانے والے۔
Those who do try.

قَرْنًا قومیں Generations.

اٰخَرِيْنَ اور۔ کئی۔ Another.

المومنون رکوع ۳ پارہ ۱۸ رکوع ۳
Part-18. R-3 Al-Mu`minun. R-3

اَتْرَفْنٰهُمْ ہم نے ان کو آسودگی دی تھی۔ مالدار بنایا تھا۔
We had afforded them ease and comfort.

يَعِدُكُمْ وہ تم کو وعدہ دیتا ہے۔ وہ تم کو ڈراتا ہے
He promises you, threatens you.

مُخْرَجُوْنَ نکالے جاؤ گے۔
Will be brought forth.

هَيْهَاتَ دور کی بات ہے۔
Away, very far.

تُوْعَدُوْنَ تم سے وعدہ کیا جاتا ہے۔
You are promised.

نَمُوْتُ ہم مردہ حالت میں ہوتے ہیں۔
We die. ہم مرتے بھی ہیں۔

مَبْعُوْثِيْنَ اٹھائے جائیں گے۔
Shall be raised up.

عَمَّا قَلِيْلٍ جلد ہی۔ In a little while.

لَيُصْبِحُنَّ وہ ہو جائیں گے۔
They will become.

غُثَآءً کوڑا کرکٹ Rubbish.

بُعْدًا لعنت، ہلاکت ہو Be cursed.

لَا تَسْبِقُ نہیں آگے نکلے گی (کوئی امت)
(*People*) will not go ahead.

اَجَلَهَا اپنی مدت۔
Their appointed time.

تَتْرَا متواتر۔ پے درپے۔ One after the other, successive.

فَاَتْبَعْنَا ہم پیچھے لگاتے ہیں۔
We made follow.

اَحَادِيْثَ کہانیاں۔ افسانے Tales.

عَالِيْنَ سرکش۔ Haughty.

عَابِدُوْنَ غلام۔ Servants.

مُهْلَكِيْنَ ہلاک شدہ (ہلاک کئے ہوئے)
Ruined, destroyed.

اٰوَيْنٰهُمَا ہم نے ان دونوں (عیسیٰؑ اور اس کی والدہ) کو پناہ دی۔
We gave them (*the son of Mary and his mother*) shelter.

رَبْوَةٍ اونچی جگہ۔ ٹیلہ۔ Elevated land.

ذَاتِ قَرَارٍ ٹھہرنے کے قابل۔
Abounding with meadows.

مَعِيْنٍ چشمہ والی۔
Springs of running water.

المومنون رکوع ۴ پارہ ۱۸ رکوع ۴
Part-18. R-4 Al-Mu`minun. R-4

فَتَقَطَّعُوْا انہوں نے کاٹ دیا۔
They have cut up.

اَمْرَهُمْ اپنا معاملہ (یعنی شریعت)۔
Their affair.(*religious belief*)

زُبُرًا ٹکڑے ٹکڑے۔
Forming into parties.

فَرِحُوْنَ وہ خوش ہیں۔ They rejoice.

ذَرْهُمْ ان کو چھوڑ دے۔ Leave them.

غَمْرَتِهِمْ اپنی غفلت۔ جہالت۔
Their confusion, ignorance.

نُمِدُّهُمْ ہم ان کی مدد کرتے ہیں۔ We bestow upon them, help.

نُسَارِعُ ہم جلدی کرتے ہیں۔ We hasten.

مُشْفِقُوْنَ کانپتے ہیں۔ ڈرنے والے ہیں
Those who tremble with fear.

يُؤْتُوْنَ وہ دیتے ہیں They give.

مَآاٰتُوْا جو وہ دیئے گئے۔ What they have been given.

وَجِلَةٌ ڈرنے والے (ان کے دل)۔
Full of fear.(*their hearts*)

لَانُكَلِّفُ ہم نہیں بوجھ ڈالتے۔
We burden not.

غَمْرَةٍ غفلت۔ بے خبر۔ Heedless.

مُتْرَفِيْهِمْ ان کے مالدار Those of them who indulge in luxury.

يَجْئَرُوْنَ وہ چلّانے لگتے ہیں۔ فریاد کرتے ہیں۔ They cry for help.

تُتْلٰى پڑھی جاتی ہیں Are recited.

اَعْقَابِكُمْ اپنی ایڑیوں Your heels.

تَنْكِصُوْنَ تم پھر جاتے ہو۔ You used to turn back, revert.

سَامِرًا بے ہودہ باتیں، کہانیاں بیان کرتے ہوئے Telling stories, talking nonsense.

تَهْجُرُوْنَ تم الگ ہو جاتے ہو۔ You give it up, separate.

لَمْ يَدَّبَّرُوا انہوں نے غور و فکر نہیں کیا۔
They have not pondered over.

كٰرِهُوْنَ ناپسند کرنے والے۔
Those who hate.

لَفَسَدَتْ ضرور تباہ ہو جاتے Verily they would have been corrupted.

اٰتَيْنٰهُمْ ہم نے دیا ان کو۔
We have brought them.

بِذِكْرِهِمْ ان کا ذکر۔ Their admonition, advice.

مُعْرِضُوْنَ اعراض کرنے والے۔
Those who turn aside.

خَرْجًا تاوان۔ اُجرت۔ Reward.

خَرَاجُ عطا۔ The reward.

نَاكِبُوْنَ وہ ہٹنے والے ہیں۔
They are deviating.

لَلَجُّوْا وہ لگے رہیں گے۔
They would persist.

يَعْمَهُوْنَ بھٹکتے پھریں گے۔
They would be wandering blindly.

فَمَا اسْتَكَانُوْا وہ نہ جھکے۔
They humbled not.

يَتَضَرَّعُوْنَ وہ گریہ وزاری کرتے ہیں
They would supplicate in lowliness.

مُبْلِسُوْنَ مایوس ہونے والے۔
Those who despaire.

المومنون رکوع ۵ پارہ ۱۸ رکوع ۵
Part-18. R-5 Al-Mu`minun. R-5

اَنْشَاَ اس نے پیدا کیا
He created.

ذَرَاَكُمْ اس نے تم کو پھیلایا۔
He has multiplied you.

اِخْتِلَافُ آگے پیچھے آنا (رات اور دن کا)
The alternation (of night and day)

مَبْعُوْثُوْنَ اٹھائے جانے والے۔
Those who will be raised up.

يُجِيْرُ وہ پناہ دیتا ہے۔
He protects.

لَا يُجَارُ عَلَيْهِ اس کے مقابلہ پر پناہ نہیں دی جاتی۔
There is no protection against Him.

تُسْحَرُوْنَ تم بہکائے جاتے ہو۔
You are being deluded.

لَعَلَا ضرور چڑھائی کی۔
He surely had dominated over.

المومنون رکوع ٦ پارہ ١٨ رکوع ٦
Part-18. R-6 Al-Mu`minun. R-6

اِمَّا اگر۔
If.

تُرِيَنِّيْ تو مجھے دکھادے گا۔
You will show.

مَا يُوْعَدُوْنَ جس سے وہ ڈرائے جاتے ہیں۔ جس کا وہ وعدہ دیئے جاتے ہیں۔
That which they are promised, threatened.

نُرِيَكَ ہم تجھے دکھادیں گے۔
We shall show you.

مَا نَعِدُهُمْ جس کے ذریعے ہم ان کو ڈراتے ہیں۔
With which we threaten them.

يَصِفُوْنَ وہ بیان کرتے ہیں۔
They allege, declare, state.

هَمَزَاتٍ (واحد *sing* هَمَزَةٌ) وساوس۔ شرارتیں۔
The incitements, suspicions.

بَرْزَخٌ۔ روک۔
Barrier.

اَنْسَابَ رشتے۔ تعلقات۔
Ties of relationship, kinship.

تَلْفَحُ جھلسے گی۔ جھلسائے گی۔
Will scorch, burn slightly.

كَالِحُوْنَ روسیاہ ہونے والے
Those who will grin with fear.

شِقْوَتُنَا ہماری بدبختی۔ بدنصیبی۔
Our ill fortune.

اِخۡسَـؤُا دفع ہو جاؤ۔ دور ہو جاؤ۔
Away with you.

سِخۡرِيًّا تمسخر کا نشانہ۔
Laughing-stock, mockery.

اَنۡسَوۡكُمۡ انہوں نے تم کو بھلا دیا۔
They caused you to forget.

تَضۡحَكُوۡنَ تم ہنستے ہو You laugh.

اَلۡعَادِّيۡنَ شمار کرنے والے۔
Those who keep count.

عَبَثًا بے فائدہ۔ بے مقصد۔
Without purpose.

النور رکوع ۱ پارہ ۱۸ رکوع ۷
Part-18. R-7 Al-Nur. R-1

فَاجۡلِدُوۡا کوڑے مارو۔
Flog with stripes.

مِاۡئَةَ ایک سو A hundred.

جَلۡدَةٍ کوڑے۔ Stripes.

رَاۡفَةٌ نرمی۔ رحم۔ Pity.

وَلۡيَشۡهَدۡ چاہیئے کہ مشاہدہ کرے۔ دیکھے۔
Let witness.

عَذَابَهُمَا ان دونوں کی سزا۔
Their punishment.

طَآئِفَةٌ ایک جماعت A party.

لَايَنۡكِحُ نہیں ہم صحبت ہوتا He does not have sexual intercourse.

يَرۡمُوۡنَ وہ تہمت لگاتے ہیں۔ الزام لگاتے ہیں They calumniate, slander.

اَلۡمُحۡصَنَاتُ پاک دامن عورتیں۔ شادی شدہ عورتیں
Chaste women.

لَمۡ يَاۡتُوۡا وہ نہیں لاتے They bring not.

اَرۡبَعَةَ چار۔ Four.

شُهَدَآءَ گواہ۔ Witnesses.

فَاجۡلِدُوۡهُمۡ ان کو کوڑے لگاؤ۔
Flog them with stripes.

ثَمَانِيۡنَ اسّی۔ Eighty.

لَاتَقۡبَلُوۡا نہ قبول کرو Do not admit.

شَهَادَةً گواہی۔ Evidence.

اَصۡلَحُوۡا اصلاح کرلیں Make amends.

يَدۡرَؤُا وہ (خدا) دور کر دے گا۔
He (*Allah*) will avert.

النور رکوع ۲ پارہ ۱۸ رکوع ۸
Part-18. R-8 Al-Nur. R-2

اَلۡاِفۡكُ جھوٹ۔ بہتان۔ اتہام۔ الزام
Lie, slander, falseness, blame.

عُصۡبَةٌ گروہ۔ A party.

لَاتَحۡسَبُوۡهُ نہ خیال کرو اس کو۔
Think it not.

تَوَلّٰى اس نے لیا۔ He took.

ظَنَّ اس نے خیال کیا He thought.

بِاَنۡفُسِهِمۡ اپنی قوم (کے بارہ میں اچھا گمان) (*Good thinking about*) their own people.

لَمَسَّكُمۡ ضرور پہنچتا تم کو۔
Would have befallen you.

اَفَضْتُمْ تم (جس فتنہ میں) پڑ گئے تھے۔
You plunged in. (*trouble*)
تَلَقَّوْنَہٗ تم اس (جھوٹ) کو اچھالتے چلے گئے۔
You began to learn it, receive it, exploit it.
بِاَلْسِنَتِکُمْ اپنی زبانوں (سے)
From your tongue.
تَحْسَبُوْنَہٗ تم اسکو سمجھتے ہو۔ خیال کرتے ہو۔
You thought it.
Light. ھَیِّنًا آسان۔ معمولی۔
They love. یُحِبُّوْنَ وہ پسند کرتے ہیں۔
Should spread. تَشِیْعَ پھیل جائے۔

النور رکوع ۳ پارہ ۱۸ رکوع ۹

Part-18. R-9 Al-Nur. R-3

Swear not. لَایَاْتَلِ نہ قسم کھائیں
اَنْ یُّؤْتُوْا کہ وہ دیں گے۔
That they will give.
لُعِنُوْا ان پر لعنت کی جائیگی۔
They will be cursed.
تَشْھَدُ گواہی دیں گے۔
Will bear witness.
دِیْنَھُمْ ان کا بدلہ۔ ان کی جزا۔
Their just due.
اَلْخَبِیْثَاتُ ناپاک اور گندی باتیں۔
Evil things.
Good things. اَلطَّیِّبَاتُ پاک باتیں۔
Are innocent, free from guilty. مُبَرَّءُوْنَ پاک ہیں۔ بری ہیں۔

النور رکوع ۴ پارہ ۱۸ رکوع ۱۰

Part-18. R-10 Al-Nur. R-4

تَسْتَاْنِسُوْا تم اجازت لے لو۔
You aske permission, leave.
Salute. تُسَلِّمُوْا تم سلام کرو
Leave be given, allowed, permitted. یُؤْذَنُ اجازت دی جاتی ہے
Go back. اِرْجِعُوْا لوٹ جاؤ۔
Will be purer. اَزْکٰی زیادہ پاکیزہ ہوگا
Uninhabited غَیْرَمَسْکُوْنَۃٍ غیر آباد
Inhabited. مَسْکُوْنَۃً آباد۔
یَغُضُّوْا وہ (مرد) نیچی رکھیں۔
They (*men*) restrain.
They guard. یَحْفَظُوْا وہ حفاظت کریں
They do. یَصْنَعُوْنَ وہ کرتے ہیں
یَغْضُضْنَ وہ (عورتیں) نیچی رکھیں۔
They (*women*) restrain.
یُبْدِیْنَ وہ (عورتیں) ظاہر کریں۔
They (*women*) display.
They draw. یَضْرِبْنَ وہ ڈالیں۔
خُمُرِھِنَّ اپنی اوڑھنیاں۔
Their head-coverings.
جُیُوْبِھِنَّ اپنے گریبانوں، سینوں۔
Their bosoms.
بُعُوْلَتِھِنَّ (واحد *sing* بَعْلٌ) اپنے خاوندوں۔
Their husbands.
Brothers. اِخْوَانٌ (واحد *sing* اَخٌ) بھائی
Sisters. اَخَوَاتٌ (واحد *sing* اُخْتٌ) بہنیں

نِسَآئِهِنَّ اپنی عورتیں. Their women.

اَلتَّابِعِيْنَ ماتحت مردوں۔ ساتھ رہنے والے خادموں. Male attendants.

اُوْلِي الْاِرْبَةِ حاجت والے. Have desire.

غَيْرِاُوْلِي الْاِرْبَةِ مِنَ الرِّجَالِ

مردوں میں سے (ایسے خادم) جو کوئی (جنسی) حاجت نہیں رکھتے Such of male attendants as have no desire.

لَمْ يَظْهَرُوْا نہیں آ گاہ ہوئے۔ Have not attained knowledge.

عَوْرَاتِ پوشیدہ باتیں. Hidden parts.

اَلنِّسَآءِ عورتیں۔ Women.

لَا يَضْرِبْنَ نہ ماریں (وہ عورتیں)۔ Strike not. (*those women*)

اَرْجُلِهِنَّ اپنے پاؤں (زور سے زمین پر) Their feet. (*with force on the earth*)

يُعْلَمَ کہ ظاہر ہو جائے۔ That may become known.

يُخْفِيْنَ وہ (عورتیں) چھپاتی ہیں۔ They (*women*) hide.

تُوْبُوْا تم رجوع کرو۔ Turn.

اَنْكِحُوْا شادیاں کر دیا کرو۔ Arrange marriages.

اَلْاَيَامٰى بیوگان۔ Widows.

عِبَادِكُمْ اپنے غلام۔ Your male slaves.

اِمَآئِكُمْ اپنی لونڈیوں۔ You female slaves.

يَسْتَعْفِفْ پاکیزگی اختیار کرے۔ بچائے رکھے. Let keep chaste.

يَبْتَغُوْنَ وہ چاہتے ہیں. They desire.

اَلْكِتَابَ مکاتبت۔ *Deed of manumission in* writing.

كَاتِبُوْهُمْ ان سے مکاتبت کرلو۔ Write it for them.

لَا تُكْرِهُوْا نہ مجبور کرو Force not.

فَتَيٰتِكُمْ اپنی لونڈیاں. Your maids.

اَلْبِغَآءِ بدکاری۔ Unchaste.

اَرَدْنَ وہ (لونڈیاں) چاہیں۔ They (*maids*) desire.

تَحَصُّنًا پاک رہنا Keep chaste.

يُكْرِهْهُنَّ ان (لونڈیوں) کو مجبور کرے Forces them (*maids*).

مَثَلًا حالات۔ The example.

خَلَوْا وہ گذر گئے. They have passed.

النور رکوع ۵ پارہ ۱۸ رکوع ۱۱

Part-18. R-11 Al-Nur. R-5

مِشْكٰوةٌ طاق. A hole in a wall.

مِصْبَاحٌ چراغ۔ دیا۔ Lamp.

زُجَاجَةٌ شیشہ۔ A glass.

كَوْكَبٌ ستارہ۔ Star.

دُرِّيٌّ چمکتا ہوا۔ Glittering.

يُوْقَدُ (چراغ) جلایا جائے۔ روشن کیا جائے. (*The lamp*) is lit.

يَكَادُ قریب ہے۔ Well-nigh.

زَيۡـتُـهَـا اس کا تیل۔ It`s oil.

يُضِـيۡءُ روشن ہو جائے۔بھڑک اُٹھے۔
It glow forth.

لَمۡ تَـمۡـسَـسۡـهُ نہ چھوئی ہو اس کو۔
(*Fire*) touched it not.

نُـوۡرٌ عَـلٰى نُـوۡرٌ وہ نوروں کا مجموعہ۔
Light upon light!

اَذِنَ الـلّٰـهُ اللہ نے اعلان کیا ہے۔
Allah has ordained.

تُـرۡفَـعَ اونچا کیا جائے گا۔ It will be exalted, glorified.

اَ لۡـغُـدُوُّ صبح۔ Mornings.

اۡ لۡاٰصَـال شام۔ Evenings.

تَـتَـقَـلَّـبُ الٹ جائیں گے (دل)
(*Hearts*) will be agitated.

تَـتَـقَـلَّـبُ الۡاَبۡـصَـارُ آنکھیں پلٹ جائینگی
Eyes will be agitated.

كَـسَـرَابٍ سراب کی طرح۔
Like a mirage.

بِـقِـيۡـعَـةٍ بیابانی۔چٹیل میدان A desert.

اَلـظَّـمۡـاٰنُ پیاسا۔ The thirsty.

فَـوَفّٰـهُ پس وہ (خدا) اسکو پورا پورا دیتا ہے Then He (*Allah*) pays him in full.

بَـحۡـرٍ لُـجِّـيٍّ گہرا سمندر Deep sea.

يَـغۡـشٰـهُ ڈھانک لیتی ہیں اسکو۔
(*Wave*) covers over it.

مَـوۡجٌ فَـوۡقَ مَـوۡجٍ موج کے اوپر ایک اور موج۔ Waves above waves.

سَـحَـابَ بادل۔ Clouds.

لَـمۡ يَـكَـدۡ يَـرٰهَـا نہیں ممکن وہ اس (ہاتھ) کو دیکھ سکے
He can hardly see it (*hand*).

النور رکوع ٦ پارہ ١٨ رکوع ١٢
Part-18. R-12 Al-Nur. R-6

يُـزۡجِـيۡ وہ (خدا) چلاتا ہے۔
He (*Allah*) drives.

صٰـفّٰـتٍ (پرندے) صف باندھے ہوئے۔
(*Birds*) extending پر پھیلائے ہوئے their wings, wings outspread.

صَـلَاتَـهٗ اپنی عبادت۔اپنی نماز۔
His own mode of prayer.

يُـؤَلِّـفُ وہ (بادل کو) اکٹھا کرتا ہے۔
He joins (*clouds*) together.

يَـجۡـعَـلُـهٗ رُكَـامًـا وہ اس (بادل) کو تہہ بہ تہہ بنا دیتا ہے
He piles it (*cloud*) up, concentrates it.

اَلۡـوَدۡقَ۔ بارش۔ Rain.

خِـلَالِـهٖ اس (بادل) کے درمیان۔
From the midst of it (*cloud*).

مِـنۡ جِـبَـالٍ بڑے حجم کی چیزیں (خ۔ii)
Mountains, big things.

بَـرَدٍ اولے۔ Hail.

يُـصِـيۡـبُ وہ پہنچاتا ہے He smites.

يَـصۡـرِفُـهٗ وہ اس (بادل یا اولوں) کو روک لیتا ہے۔پھیر لیتا ہے۔ He turns it (*clouds or hails*) away.

سَـنَـا روشنی۔چمک۔ The flash.

بَـرۡقِـهٖ اس بجلی کی چمک Its lightning.

النور رکوع ۸ پارہ ۱۸ رکوع ۱۴
Part-18. R-14 Al-Nur. R-8

يَسْتَاذِنْكُمْ وہ اجازت حاصل کریں
Let they ask leave of you. تم سے

لَمْ يَبْلُغُوا وہ نہیں پہنچے۔
They have not reachd.

اَلْحُلُمَ بلوغت۔ Puberty.

حِيْنَ جب۔ When.

تَضَعُوْنَ تم اتارتے ہو۔ You lay aside.

ثِيَابَكُمْ اپنے کپڑے۔ Your clothes.

اَلظَّهِيْرَةِ دوپہر کے وقت At noon.

عَوْرَاتٍ پردے (کے وقت)۔
(*Times of*) privacy.

طَوَّافُوْنَ باربار آنے والے۔
Those who move about.

اَلْقَوَاعِدُ بیٹھ رہنے والیاں۔
Elderly women.

يَرْجُوْنَ وہ امید رکھتی ہیں۔ They desire.

يَضَعْنَ وہ (عورتیں) اتار دیں۔
They (*women*) lay aside.

مُتَبَرِّجَاتٍ نمود ودکھاوا کرنے والیاں۔
Those who ظاہر کرنے والیاں۔
display their beauty.

يَسْتَعْفِفْنَ وہ بچیں۔
They abstain from.

حَرَجَ تنگی۔ اعتراض۔ Harm.

اَلْاَعْرَجِ لنگڑوں۔ The lames.

يُقَلِّبُ وہ (خدا) چکر دیتا ہے بدلتا رہتا ہے
He (Allah) alternates.

لِاُولِي الْاَبْصَارِ عقلمندوں کیلئے۔
For those who have eyes.

دُعُوْا وہ بلائے جاتے ہیں۔ They are called.

مُذْعِنِيْنَ اظہار اطاعت کرتے ہوئے۔
Running in submission.

اِرْتَابُوْا وہ شک میں پڑے ہیں۔
They do doubt. شک کرتے ہیں

يَحِيْفَ اللّٰهُ وہ ظلم کرے گا۔ حق تلفی کریگا
He will be unjust.

النور رکوع ۷ پارہ ۱۸ رکوع ۱۳
Part-18. R-13 Al-Nur. R-7

لَا تُقْسِمُوْا قسمیں نہ کھاؤ۔ Swear not.

يَسْتَخْلِفَنَّهُمْ وہ ان کو ضرور خلیفہ
He will, surely بنائے گا۔
make them successors.

لَيُمَكِّنَنَّ وہ (خدا) ضرور مضبوط بنائیگا
He (*Allah*) will surely establish.

اِرْتَضٰى اس (خدا) نے پسند کیا۔
He (*Allah*) has chosen.

لَيُبَدِّلَنَّهُمْ وہ ضرور بدل دے گا۔ He
will surely give in exchange.

لَا تَحْسَبَنَّ تو نہ خیال کر۔ Think not.

مُعْجِزِيْنَ عاجز کرنے والے۔
Those who can frustrate.

اَعْمَامٌ چچوں۔ (واحد sing عَمٌّ)
Fathers' brothers.

اَخْوَال (واحد sing خَالٌ) ماموں۔
Mothers' brothers.

اَشْتَاتًا Separately. الگ الگ۔

تَحِيَّةً A greeting. دعا۔(تحفہ)

مُبَارَكَةً برکت والی (دعا)۔
Full of blessing (*pray*).

النور رکوع ۹ پارہ ۱۸ رکوع ۱۵
Part-18. R-15 Al-Nur. R-9

اَمْرٌ جَامِعٌ For the قومی کام کے لئے
matter of common concern.

اِسْتَاْذَنُوْكَ وہ تجھ سے اجازت چاہتے
They aske leave of you. ہیں

شَاْنِهِمْ اپنے کسی کام کے لئے۔
For some affair of theirs.

فَاْذَنْ Give leave. اجازت دے۔

يَتَسَلَّلُوْنَ وہ بھاگ جاتے ہیں۔
They steal away. کھسک جاتے ہیں

لِوَاذًا Covertly. پہلو بچا کر۔

فَلْيَحْذَرْ Let beware. چاہیے کہ ڈریں

تُصِيْبُهُمْ Afflict them. پہنچے ان کو

فِتْنَةٌ A trial. کوئی آفت۔

الفرقان رکوع ۱ پارہ ۱۸ رکوع ۱۶
Part-18. R-16 Al-Furqan. R-1

نَذِيْرًا Warner. ہوشیار کرنے والا۔

قَدَّرَهٗ اس (خدا) نے مقرر کیا اس کا۔
He (*Allah*) has determined its.

تَقْدِيْرًا Proper measure. اندازہ

يُخْلَقُوْنَ وہ پیدا کئے جاتے ہیں۔
They are created.

اَعَانَهٗ اس نے اس کی مدد کی۔
He helped him.

نُشُوْرًا Resurrection. جی اُٹھنا۔

زُوْرًا Falsehood. جھوٹ۔

اِكْتَتَبَهَا He اس نے ان کو لکھوالیا۔
has got them written down.

تُمْلٰى Are read. پڑھی جاتی ہیں

بُكْرَةً Morning. صبح۔

اَصِيْلًا Evening. شام۔

يَمْشِيْ وہ (رسول) چلتا ہے۔
He (*messanger*) walks.

اَلْاَسْوَاق (واحد sing سُوْقٌ)
Streets. بازار۔

يُلْقٰى It has وہ اتارا جاتا۔
been thrown down.

كَنْزٌ Treasure. (جمع plu كُنُوْزٌ) خزانہ

مَسْحُوْرًا جادو کیا گیا۔ فریب خوره۔
Bewitched.

ضَرَبُوْا لَكَ وہ تیرے لئے بیان کرتے
They coin for you. ہیں

اَمْثَال Similitudes. مثالیں۔

فَضَلُّوْا وہ گمراہ ہو گئے۔
They have gone astray.

الفرقان رکوع ۲ پارہ ۱۸ رکوع ۱۷
Part-18. R-17 Al-Furqan. R-2

قُصُوْرًا (واحد sing قَصْر)
Palaces. محلات۔

سَعِيْرًا دوزخ۔ (بھڑکنے والا عذاب)
A blazing fire.

رَاَتْهُمْ وہ (دوزخ) ان کو دیکھے گی۔
It (*Hell*) will see them.

مَكَانٍ بَعِيْدٍ دور سے۔ دور کے مقام۔
A place far-off. دور کی جگہ۔

تَغَيُّظًا Raging. جوش و غصہ والی آواز

زَفِيْرًا چیخیں۔ (باریک سیٹی کی سی آوازیں)
Roaring.

اُلْقُوْا وہ ڈالے جائیں گے۔
They will be thrown.

مَكَانًا ضَيِّقًا تنگ جگہ۔
A narrow place.

مُقَرَّنِيْنَ جکڑے ہوئے زنجیروں میں۔
Chained together.

ثُبُوْرًا Destruction. ہلاکت۔ موت

مَصِيْرًا Resort. لوٹ کر آنے کی جگہ

وَعْدًا مَّسْئُوْلًا پوچھا جانے والا وعدہ۔
Promise is to be (یعنی پورا کیا جائے گا)
prayed for, questioned, asked for.

اَضْلَلْتُمْ تم نے گمراہ کیا تھا۔
You led astray.

ضَلُّوْا They وہ گمراہ ہو گئے تھے۔
did themselves astray away.

اَلسَّبِيْلَ The path. راستہ۔

مَتَّعْتَهُمْ تو نے ان کو دنیوی مال و متاع بخشا
You did bestow on them.

نَسُوْا They forgot. وہ بھول گئے۔

اَلذِّكْرَ تیری یاد۔ (قرآن)
Your admonition. (Qur\`an)

قَوْمًا بُوْرًا ہلاک ہونے والی قوم۔
A ruined people.

كَذَّبُوْكُمْ انہوں (جھوٹے معبودوں) نے تم
They (*worshippers*) کو جھٹلا دیا ہے
have given you the lie,
turned you down.

تَسْتَطِيْعُوْنَ تم طاقت رکھتے ہو۔
You have power.

صَرْفًا ہٹانا (عذاب کو)
Avert (*the punishment*)

نَصْرًا Help. مدد (حاصل کرنے کی)

نُذِقْهُ ہم اسکو چکھائیں گے۔ پہنچائیںگے۔
We shall make him taste.

فِتْنَةً A trial. آزمائش۔

☆☆☆

الفرقان رکوع ۳ پارہ ۱۹ رکوع ۱
Part-19. R-1 Al-Furqan. R-3

وَقَالَ الَّذِيْنَ اور کہا ان لوگوں نے۔
And those who said.

يَرْجُوْنَ وہ امید رکھتے ہیں They expect.

عَتَوْا انہوں نے سرکشی کی۔
They have gone in rebellion.

عُتُوًّا كَبِيْرًا بہت بڑی سرکشی۔
Far in rebellion.

حِجْرًا روک۔ Barrier.

مَحْجُوْرًا روکی گئی Forbidden.

قَدِمْنَا ہم نے توجہ کی۔ہم نے پیش قدمی کی
We turned to, advanced.

هَبَآءً ذرے۔ Particles.

مَنْثُوْرًا پراگندہ۔بکھیرے ہوئے۔
Scattered, unfolded.

مُسْتَقَرًّا ٹھہرنے کے لحاظ سے، مستقل ٹھکانے
کے لحاظ سے As regards abode.

مَقِيْلًا دوپہر بسر کرنے کے لحاظ سے۔
عارضی آرام کے لحاظ سے۔
In respect of place of repose.

نُزِّلَ اُتارے جائیں گے۔
Shall be sent down.

تَنْزِيْلًا بار بار نازل ہونا۔
Gradual revelation

عَسِيْرًا بہت مشکل۔تنگ۔ Hard,
firm, difficult, severe.

يَعَضُّ وہ کاٹے گا۔ He will bite.

خَذُوْلًا بہت ذلیل کرنے والا۔
Great deserter, betrayer.

مَهْجُوْرًا چھوڑا ہوا۔ Discarded.

جُمْلَةً وَّاحِدَةً ایک دفعہ All at once.

نُثَبِّتُ ہم مضبوط کرتے ہیں۔
We strengthen.

رَتَّلْنٰهُ پڑھا ہم نے اسے We have
arranged it in excellent order,
recited it.

تَرْتِيْلًا ٹھہر ٹھہر کر In the best form,
distinctly and thoughtfully well.

عَلٰى وُجُوْهِهِمْ اپنے سرداروں کیساتھ
On their faces.

الفرقان رکوع ۴ پارہ ۱۹ رکوع ۲
Part-19. R-2 Al-Furqan. R-4

وَزِيْرًا نائب۔بوجھ اٹھانیوالا Assistant.

دَمَّرْنٰهُمْ ہم نے ان کو تباہ کردیا۔
We destroyed them.

تَدْمِيْرًا اچھی طرح ہلاک کرنا Utterly.

اَصْحَابَ الرَّسِّ کنویں والے۔
The people of the well.

قُرُوْنًا قومیں۔ Generation.

تَبَّرْنَا ہم نے ہلاک کردیا We destroyed.

اُمْطِرَتْ بارش برسائی گئی Was rained.

مَطَرَ السَّوْءِ بُری، تکلیف دہ بارش۔
An evil rain.

نُشُوْرًا دوبارہ اُٹھنا To be raised
after death, the resurrection.

لَيُضِلُّنَا وہ ضرور ہمیں گمراہ کر دیتا۔
He indeed had led us astray.

His gods. اپنا معبود۔ اِلٰهَهٗ

His own desire. اپنی خواہش هَوٰيهُ

الفرقان رکوع ۵ پارہ ۱۹ رکوع ۳
Part-19. R-3 Al-Furqan. R-5

He lengthened. اُسنے پھیلایا۔لمبا کیا مَدَّ

Shade. سایہ۔ اَلظِّلَّ

Stationary. ٹھہرا ہوا۔ سَاكِنًا

دَلِيْلًا گواہ (خII) راہنما۔
Indicator. نشان دہی کرنے والا (خiv)

قَبَضْنٰهُ ہم نے اس (سائے) کو لپیٹا، سمیٹا
We draw it (*shade*).

قَبَضْنٰهُ اِلَيْنَا ہم نے اسکو اپنی طرف کھینچا
We draw it towards ourselves.

قَبْضًا يَسِيْرًا آہستہ آہستہ کھینچ کر۔
Drawing in little by little.

Covering. پردہ۔ لِبَاسًا

Sleep. نیند۔ اَلنَّوْمَ

For rest. آرام کا ذریعہ۔ سُبَاتًا

Expanding. پھیلنے کا ذریعہ۔ نُشُوْرًا
Rising up. ترقی کا ذریعہ (خII)

مَآءً طَهُوْرًا پاک صاف پانی۔
Pure water.

We صَرَّفْنَا ہم نے پھیر پھیر کر بیان کیا
have expounded indiverse ways.

مَرَجَ اس نے چلایا۔
He has caused to flow.

Palatable, sweet, میٹھا۔ عَذْبٌ
pleasant to taste.

Sweet, پیاس بجھانے والا۔ فُرَاتٌ
thirst quenching.

Saltish. نمکین۔ مِلْحٌ

Bitter. کڑوا۔ اُجَاجٌ

Barrier. روک۔ بَرْزَخًا

حِجْرًا مَحْجُوْرًا بڑی روک۔اَوٹ۔
A great partition.

Kindred by descent, شجرۂ آباد نَسَبًا
one`s relations collectively

Kindred by شجرۂ سسرال صِهْرًا
marriage, relationship
on the woman`s side.

Helper. مددگار۔ ظَهِيْرًا

You bid us. تو ہم کو حکم دیتا ہے۔ تَاْمُرُنَا

Aversion, dislike. نفرت نُفُوْرًا

الفرقان رکوع ٦ پارہ ۱۹ رکوع ۴
Part-19. R-4 Al-Furqan. R-6

بُرُوْجًا ستاروں کے ٹھہرنے کے مقام۔
Mansions of the stars, towers.

Giving light. نور دینے والا مُنِيْرًا

خِلْفَةً ایک دوسرے کے آگے پیچھے آنیوالا
Each following the other.

They walk. وہ چلتے ہیں يَمْشُوْنَ

Humbly. آرام۔فروتنی سے هَوْنًا

يَبِيتُونَ وہ رات بسر کرتے ہیں۔
They spend the night.
اِصْرِفْ دور کر۔ٹال دے۔پھیر دے۔
Avert, turn away, prevent.
غَرَامًا بڑی تباہی۔چٹی۔ Torment,
agony, great suffering.
لَمْ يُسْرِفُوْا انہوں نے فضول خرچی نہیں کی
They are not extravagant.
لَمْ يَقْتُرُوْا نہ وہ بخل کرتے ہیں۔
They are not niggardly, stingy.
قَوَامًا میانہ رَو۔اعتدال ہوتا ہے۔
In the middle, moderate.
يَلْقَ وہ ملے گا' وہ پائیگا. He will meet.
اَثَامًا گناہ۔ Sin.
يُضٰعَفُ بڑھایا جائے گا۔
Shall be doubled.
مُهَانًا ذلیل وخوار ہوکر Disgracefully.
يُبَدِّلُ وہ بدل دیگا. He will convert.
يَتُوْبُ وہ لوٹتا ہے۔ He turns.
مَتَابًا اللہ تعالیٰ کی طرف رجوع کرنا۔
Turning to Allah.
اَلزُّوْرُ جھوٹی گواہی. False witness.
مَرُّوْا وہ گزر گئے They passed by.
كِرَامًا بزرگانہ طور پر۔ وقار سے۔
With dignity.
لَمْ يَخِرُّوْا وہ نہیں گرتے۔
They fall not down.
صُمًّا بہرے ہوکر۔ Deaf.
عُمْيَانًا اندھے ہوکر۔ Blind.

اَلْغُرْفَةُ بالاخانے۔ High place.
يُلَقَّوْنَ وہ پہنچائے جائیں گے۔
They will be received.
تَحِيَّةً دعائیں۔ Greeting.
سَلَامًا سلامتی کے پیغام Peace.
يَعْبَؤُا وہ پرواکرتا ہے. He would care.
مَايَعْبَؤُبِكُمْ تمہاری کیا پرواہے۔
Would not care for you.
لِزَامًا چمٹ جانے والا (لازمی)۔
One who cleave, abiding.

الشعراء رکوع ۱ پارہ ۱۹ رکوع ۵
Part-19. R-5 Al-Shu`ara. R-1

لَعَلَّكَ شایدتو۔ Perhaps you,
may be that you.
بَاخِعٌ ہلاک کرنیوالا. One who grieve.
فَظَلَّتْ ہوجاتی It becomes, remains.
اَعْنَاقُ (واحد sing عُنُقٌ) گردنیں Necks.
خَاضِعِيْنَ جھکنے والیں۔
Submissive ones.
مُحْدَثٍ نیا۔ New.
مُعْرِضِيْنَ اعراض کرنے والے۔
Those who turn away.
اَنْبٰٓؤُا (واحد sing نَبَأٌ) خبریں Tidings.
كَمْ کتنے ہی۔ How many.
اَنْبَتْنَا ہم نے اگائے ہیں۔
We caused to grow.
زَوْجٌ جوڑے۔ Species.

كَـرِيْـمٌ عمدہ۔ Noble.

الشعراء رکوع ۲ پارہ ۱۹ رکوع ٦
Part-19. R-6 Al-Shu`ara. R-2

يَضِـيْـقُ وہ تنگی محسوس کرتا ہے۔
He is straitened, distressed.

يَـنْطَلِقُ چلتی ہے (میری زبان) (My tongue)
is fluent, moves quickly.

مُـسْـتَـمِـعُـوْنَ خوب سننے والے ہیں۔
Those who listen to.

وَلِـيْـدًا بچہ۔ Child.

اَلـضَّـآلِّـيْـنَ گمراہ Those who err.

فَـرَرْتُ میں بھاگ گیا۔ I fled.

تَـمُـنُّـهَـا تم اس (نعمت) کا احسان
جتاتے ہو You taunt me for it.

عَـبَّـدْتَّ تو نے غلام بنالیا۔
You have enslaved.

تَـسْـتَـمِـعُـوْنَ تم سنتے ہو You hear.

لَاَجْعَلَـنَّـكَ میں ضرور تجھے بنادوں گا۔
I will certainly put you.

اَلْـمَـسْـجُـوْنِـيْـنَ قیدیوں Prisons.

ثُـعْـبَـانٌ اژدہا۔ Serpent.

نَـزَعَ اس نے نکالا He drew out.

بَـيْـضَـآءُ سفید۔ White.

الشعراء رکوع ۳ پارہ ۱۹ رکوع ۷
Part-19. R-7 Al-Shu`ara. R-3

لَسَـاحِرٌ عَلِـيْمٌ بڑا واقف کار جادوگر۔
A skilful magician.

فَـمَا ذَا پس کیا۔ Now what.

تَـاْمُـرُوْنَ تم مشورہ دیتے ہو۔ حکم دیتے ہو
You advise, recommend.

اَرْجِـهْ مہلت دے اس کو۔ Put him off.

مَـدَآئِـنُ (واحد sing مَدِيْنَةٌ) شہروں. Cities.

سَحَّـارٌ عَلِـيْـمٌ (واحد sing سَاحِرٌ) بڑے
ماہر فن جادوگر. Cunning sorcerer.

مِـيْـقَـاتٌ مقررہ وقت۔ مقررہ جگہ۔ The
appointed time, place.

مُـجْـتَـمِـعُـوْنَ جمع ہونیوالے۔ Those
who gather together.

اَلْـقُـوْا ڈالو۔ پیش کرو۔ Throw.

مُـلْـقُـوْنَ تم ڈالنے والے ہو۔
You have to throw.

حِـبَـالٌ (واحد sing حَبْلٌ) رسیاں. Ropes.

عِـصِـيُّـهُـمْ (واحد sing عَصَا) اپنے سونٹے
Their rods.

تَـلْـقَـفُ وہ نگلتا ہے. It swallows up.

مَـا يَـاْفِـكُـوْنَ جو انہوں نے جھوٹ گھڑا تھا
Which they had fabricated.

لَاضَـيْـرَ کوئی حرج نہیں۔ کوئی نقصان نہیں
There is no harm.

مُـنْـقَـلِـبُـوْنَ لوٹنے والے۔
Those who return.

نَـطْـمَـعُ ہم امید رکھتے ہیں. We do hope.

الشعراء رکوع ۴ پارہ ۱۹ رکوع ۸
Part-19. R-8 Al-Shu`ara. R-4

اَسْـرِ رات کو لے چل۔
Take away by night.

مُتَّبَعُوْنَ تم پیچھا کیئے جاؤ گے۔تمہارا پیچھا
You will be pursued. کیا جائے گا

اَرْسَلَ اس (فرعون) نے بھیجے۔
He (*Pharaoh*) sent.

Party. جماعت۔ شِرْذِمَةٌ

Small. تھوڑی۔مختصر۔ قَلِيْلُوْنَ

Those who لَغَآئِظُوْنَ غصہ دلانیوالے
have offended, aroused temper.

A multitude. جماعت جَمِيْعٌ

Vigilant, alert. بہت محتاط حٰذِرُوْنَ

مَقَامٍ كَرِيْمٍ عزت والی جگہ۔
An abode of honour.

فَاَتْبَعُوْهُمْ پس انہوں (فرعونیوں) نے
And they ان (بنی اسرائیل) کا پیچھا کیا
(*The hosts of Pharaoh*) pursued them
(*the Children of Israel*).

مُشْرِقِيْنَ صبح صبح ہی۔صبح کے وقت۔
At sunrise.

تَرَآءَ دیکھا۔آمنے سامنے ہوئے۔
Came in sight of each other.

Two hosts. دونوں گروہ۔ جَمْعَانِ

مُدْرَكُوْنَ (ہم) پکڑے گئے۔
(*We*) are caught.

فَانْفَلَقَ پس پھٹ گیا (سمندر)۔
And (*sea*) parted.

Every part. ہر ایک ٹکڑا۔ كُلُّ فِرْقٍ

Mount. ٹیلہ۔ طَوْدٌ

اَزْلَفْنَا ہم نے قریب کر دیا۔
We made nearer.

There. وہاں۔ ثَمَّ

The others. دوسرا گروہ اَلْاٰخَرِيْنَ

الشعراء رکوع ۵ پارہ ۱۹ رکوع ۹
Part-19. R-9 Al-Shu`ara. R-5

Recite. پڑھ کر سنا۔ اُتْلُ

The story. خبر۔واقعہ۔ نَبَاَ

We continue. ہم رہتے ہیں نَظَلُّ

عَاكِفِيْنَ بیٹھے رہنے والے۔
Those who devote.

اَفَرَءَيْتُمْ کیا تم کو معلوم ہے۔کیا تم نے دیکھا
Do you know. ہے۔کیا تم نے غور کیا ہے

يُطْعِمُنِيْ وہ مجھے کھانا کھلاتا ہے۔
He gives me food.

يَسْقِيْنِيْ وہ مجھے پلاتا ہے۔
He give me drink.

I hope. میں امید رکھتا ہوں۔ اَطْمَعُ

Bestow. عطا کر۔ هَبْ

Wisdom. صحیح تعلیم۔حکمت حُكْمًا

Join me. مجھے ملا۔ اَلْحِقْنِيْ

لِسَانَ صِدْقٍ اچھی سچی شہرت۔
True reputation.

اَلضَّآلِّيْنَ بھٹک جانے والے۔
The erring ones.

لَا تُخْزِنِيْ مجھے رسوا نہ کرنا۔
Disgrace me not.

الشعراء رکوع ٦ پارہ ١٩ رکوع ١٠
Part-19. R-10 Al-Shu`ara. R-6

اِتَّبَعَکَ اس نے تیری پیروی کی۔
He followed you.

اَرْذَلُوْنَ نہایت حقیر۔ذلیل لوگ۔
The meanest, poor.

تَشْعُرُوْنَ تم سمجھتے ہو You know.

طَارِدٌ دھتکارنے والا۔
One who drive away.

تَنْتَہِ توباز آیا You desist.

مَرْجُوْمِیْنَ سنگسار کیے جانے والے۔
Those who are stoned.

فَافْتَحْ فیصلہ کر۔ Judge.

اَلْفُلْکَ کشتی۔ Ark.

اَلْمَشْحُوْنَ بھری ہوئی Fully laden.

الشعراء رکوع ٧ پارہ ١٩ رکوع ١١
Part-19. R-11 Al-Shu`ara. R-7

تَبْنُوْنَ تم عمارت بناتے ہو۔
You build monuments.

رِیْعٍ اونچی جگہ۔ٹیلہ High place.

اٰیَۃً نشان کے طور پر۔ As a sign.

تَعْبَثُوْنَ تم عبث کام کرتے ہو۔بےفائدہ فضول کام کرتے ہیں
You seek vain.

تَتَّخِذُوْنَ تم بناتے ہو You erect.

مَصَانِعَ کارخانے۔قلعے Palaces.

تَخْلُدُوْنَ تم ہمیشہ قائم رہو گے۔
You will live for ever.

یُبْعَثُوْنَ وہ اٹھائے جائیں گے۔
They will be raised up.

اَتَی اللّٰہَ وہ آئے گا اللہ کے پاس۔
He will come to Allah.

بِقَلْبٍ سَلِیْمٍ ایک تندرست دل کیساتھ
With a sound heart.

اُزْلِفَتْ قریب کی جائے گی (جنت)
Shall be brought near.(*Heaven*)

بُرِّزَتْ ظاہر کردی جائے گی۔
Shall be placed in full view.

غَاوِیْنَ گمراہ۔ Those who have gone astray.

یَنْصُرُوْنَ وہ مدد کریں گے۔
They will help.

یَنْتَصِرُوْنَ وہ بدلہ لیں گے۔ They will get help themselves.

کُبْکِبُوْا وہ اوندھے منہ گرائے جائینگے۔
They will be thrown headlong.

یَخْتَصِمُوْنَ وہ جھگڑیں گے۔
They will dispute.

اَضَلَّنَا اس نے ہم کو گمراہ کیا۔
He led us astray.

شَافِعِیْنَ سفارش کرنے والے۔
Intercessors, interceders.

صَدِیْقٌ دوست۔ Friend.

حَمِیْمٌ غمخوار۔پُرجوش۔ Warm.

کَرَّۃً لوٹنا۔ Return.

بَطَشْتُم تم پکڑتے ہو۔
You lay hands upon any one.

جَبَّارِيْنَ سرکش اور ظالم ہوکر۔ بن کر۔
As tyrants.

اَمَدَّكُم اس نے تمہاری مدد کی۔
He helped you.

Sons. بَنِيْنَ بیٹے۔ اولاد۔

Whether اَوَعَظْتَ خواہ تو وعظ کرے۔
you admonish, advise.

The habits. خُلُقُ اخلاق۔ عادات۔

الشعراء رکوع ۸ پارہ ۱۹ رکوع ۱۲
Part-19. R-12 Al-Shu`ara. R-8

تُتْرَكُوْنَ تم چھوڑ دیئے جاؤ گے۔
You will be left.

هٰهُنَا یہاں۔ (اسی دنیا میں)
Here. (*in this world*)

Those اٰمِنِيْنَ امن سے رہنے والے۔
who are safe, in peace.

طَلْعُهَا ان (کھجوروں) کے پھل گابھے۔
Its heavy spathes. شگوفے

هَضِيْمٌ ٹوٹ جانے والے۔ ٹوٹ رہے
Breaking ہوں۔

You hew out. تَنْحِتُوْنَ تم کھودتے ہو

فَارِهِيْنَ اتراتے ہوئے۔ خوشی مناتے ہوئے
Elatedly, skilfully. مہارت سے

اَلْمُسَحَّرِيْنَ فریب خوردہ۔ جادو کئے ہوئے
Bewitched ones, کھانا دیئے گئے۔
who are dependent on being given food.

شِرْبٌ گھاٹ۔ پانی پینے کا وقت۔
Turn of drinking.

الشعراء رکوع ۹ پارہ ۱۹ رکوع ۱۳
Part-19. R-13 Al-Shu`ara. R-9

Males. اَلذُّكْرَان مرد۔

اَلْعَالَمِيْنَ تمام مخلوقات۔
All creatures.

You leave. تَذَرُوْنَ تم چھوڑتے ہو

اَلْقَالِيْنَ نفرت کرنے والے۔
Those who hate.

Save me. نَجِّنِيْ مجھے نجات دے۔

An old woman. عَجُوْزًا بڑھیا

غَابِرِيْنَ پیچھے رہنے والے۔
Those who stay behind.

اَمْطَرْنَا ہم نے بارش برسائی۔
We rained upon.

مُنْذَرِيْنَ ڈرائے گئے۔ ہوشیار کئے گئے
Those who were warned.

الشعراء رکوع ۱۰ پارہ ۱۹ رکوع ۱۴
Part-19. R-14 Al-Shu`ara. R-10

مُخْسِرِيْنَ کم دینے والے (ماپ تول میں) نقصان پہنچانے والے۔
Those who give less.

And weigh. وَزِنُوْا اور وزن کرو۔ تولا کرو۔

With بِالْقِسْطَاسِ الْمُسْتَقِيْمِ
a true balance. سیدھی ڈنڈی سے

لَا تَبْخَسُوْا نہ کم دیا کرو۔
Diminish not.

Peoples. مخلوق۔ اَلْجِبِلَّةُ
The earlier. پہلی۔ اَلاَوَّلِيْنَ
Cause to fall on. گرادے۔ اَسْقِطْ
Fragment. ٹکڑا۔ كِسَفًا
يَوْمَ الظُّلَّةِ سایہ کا دن۔ گھنے بادلوں کا دن
The day of overshadowing.

الشعراء رکوع ۱۱ پارہ ۱۹ رکوع ۱۵
Part-19. R-15 Al-Shu`ara. R-11

Warners. ڈرانے والے اَلْمُنْذِرِيْنَ
Scriptures. صحیفے (واحد sing زَبُوْرٌ) زُبُرِ
سَلَكْنَا ہم نے داخل کر دیا (یہ خیال) ہم نے چلادیا
We caused to enter.
مُنْظَرُوْنَ مہلت دیئے جانے والے۔
Those who will be respited.
يَسْتَعْجِلُوْنَ وہ جلدی مانگتے ہیں۔
They seek to haste.
Years. سالہا سال۔ سِنِيْنَ
يُوْعَدُوْنَ وہ وعدہ دیئے جاتے ہیں۔
They are promised.
تَنَزَّلَتْ اترے۔
Have brought down.
مَايَنْبَغِيْ لَهُمْ ان کے مناسب حال نہ تھا۔
They were not fit for it.
مَعْزُوْلُوْنَ روکے گئے۔ دور رکھے گئے۔
They are debarred, excluded.
عَشِيْرَتَكَ اپنے رشتہ دار۔ قبیلہ۔
Your kinsmen, relatives.

Lower. جھکا دے۔ اِخْفِضْ
Your wing. اپنے بازو جَنَاحَكَ
عَصَوْكَ وہ تیری نافرمانی کریں۔
They disobey you.
تَقَلُّبَكَ تیرا پھرنا۔ تیری بے چینی۔
Your movements.
Great liars. پکے جھوٹے۔ اَفَّاكٌ
Great sinner. سخت گنہگار۔ اَثِيْمٌ
يُلْقُوْنَ السَّمْعَ وہ اپنے کان لگاتے ہیں (یعنی جھوٹی باتیں توجہ سے سنتے ہیں)
They strain their ears, hear attentively.
يَتَّبِعُهُمْ وہ ان کی پیروی کرتے ہیں۔
They follow them.
The erring ones. گمراہ۔ اَلْغَاوٗنَ
يَهِيْمُوْنَ وہ سرگردان پھرتے ہیں۔
They wander aimlessly.
وَانْتَصَرُوْا اور بدلہ لیا انہوں نے۔
And they retaliated, defended themselves.
اَيَّ مُنْقَلَبٍ کس پھرنے کی جگہ۔
What place of return.
يَنْقَلِبُوْنَ وہ پھریں گے۔ لوٹ کر جائیں گے
They will return.

النمل رکوع ۱ پارہ ۱۹ رکوع ۱۶
Part-19. R-16 Al-Naml. R-1

زَيَّنَّا ہم نے خوبصورت کر کے دکھایا۔
We made appear beautiful.
يَعْمَهُوْنَ وہ بھٹک رہے ہیں۔ بھٹکے بھٹکے پھرتے ہیں۔
They wander blindly.

تُـلَـقّٰـي تو سکھایا جاتا ہے۔ تجھے عطا کیا جاتا ہے
You have been given.

اٰنَـسْـتُ میں نے دیکھی
I perceived.

شِـهَـابٍ انگارہ۔
A fire.

قَـبَـسٍ سلگتا ہوا۔ چمکتا ہوا۔
A flaming brand.

تَـصْـطَـلُـوْنَ تم سینکو آگ۔ تاپو۔
You may warm yourselves.

بُـوْرِکَ برکت دیا گیا
Blessed.

اَلْـقِ تو پھینک
Throw down.

تَـهْـتَـزُّ وہ (لاٹھی۔ سونٹی) ہل رہی ہے۔ حرکت کرتی ہے
That (*rod*) moves.

جَـانٌّ چھوٹا سانپ
A serpent, snake.

وَلّٰـي وہ پھر گیا۔
He turned.

مُـدْبِـرًا پیٹھ پھیرتا ہوا
Back retreating.

لَـمْ يُـعَـقِّـبْ پیچھے مڑ کر نہ دیکھا۔
Did not look back.

جَـيْـبِـکَ اپنے گریبان
Your bosom.

تِـسْـعِ نو۔
Nine.

مُـبْـصِـرَةً آنکھیں کھولنے والے (نشان) بصیرت بخشنے والے (نشان)
Sight-giving.

جَـحَـدُوْا انہوں نے انکار کیا۔
They rejected.

وَاسْـتَـيْـقَـنَـتْـهَـا حالانکہ ان (نشانوں) کا یقین کرلیا تھا
While they were convinced of them (*signs*).

النمل رکوع ۲ پارہ ۱۹ رکوع ۱۷
Part-19. R-17 Al-Naml. R-2

فَـضَّـلَـنَـا اس نے ہم کو فضیلت دی۔
He has exalted us.

عُـلِّـمْـنَـا ہم کو سکھائی گئی ہے۔
We have been taught.

مَـنْـطِـقَ الـطَّـيْـرِ پرندوں کی زبان۔
The language of birds.

يُـوْزَعُـوْنَ وہ (لشکر) ترتیب وار اکٹھے کئے گئے۔
They were formed in separate divisions.

اَلـنَّـمْـلُ (واحد sing نَمْلَةٌ) چیونٹیاں
Ants.

(نوٹ نملہ ایک قبیلے کا نام تھا۔ نملہ اس قوم کی عورت بھی ہوسکتی ہے۔)
(*Note:- Namlah was the name of a tribe. Namlah may be the woman of this tribe.*)

لَايَـحْـطِـمَـنَّـكُـمْ نہ کچل دے تم کو۔ روند دے۔
Lest crush you.

تَـبَـسَّـمَ وہ مسکرایا۔
He smiled.

ضَـاحِـکًـا ہنستا ہوا۔
Laughing.

اَوْزِعْـنِـيْ مجھے توفیق دے
Grant me.

تَـرْضٰـهُ جس سے تو خوش ہوجائے۔ جسے تو پسند کرے
As it would please you.

تَـفَـقَّـدَ جائزہ لیا۔ حاضری لی
Reviewed.

اَذْبَـحَـنَّـهٗ میں ضرور اس کو قتل کردوں گا۔
I surely will slay him.

مَـکَـثَ وہ ٹھہرا
He tarried, stayed.

اَحَطْتُّ میں نے معلوم کرلیا ہے۔
I have acquired knowledge.

تَمْلِكُهُمْ وہ ان پر حکومت کرتی ہے۔
She rules over them.

Hidden. پوشیدہ۔ اَلْخَبْءَ

We shall see. ہم دیکھیں گے نَنْظُرُ

اَلْقِهِ اِلَيْهِمْ ان کو (وہ خط) پیش کر۔
Lay (*that letter*) before them.

اُلْقِيَ اِلَيَّ میرے سامنے رکھا گیا ہے
There has میری طرف بھیجا گیا ہے
been delivered to me.

لَا تَعْلُوْا نہ زیادتی کرو۔
Behave not proudly.

Come to me. ہمارے پاس آؤ وَاْتُوْنِيْ

النمل رکوع ۳ پارہ ۱۹ رکوع ۱۸
Part-19. R-18 Al-Naml. R-3

Advise me. مجھے مشورہ دو اَفْتُوْنِيْ

قَاطِعَةً اَمْرًا اہم فیصلہ کرتی۔
Decide any affair.

اُولُوْا قُوَّةٍ طاقتور۔
Those who possess power.

Those بڑے جنگجو اُولُوْا بَاْسٍ شَدِيْدٍ
who possess prowess in war.

اَلْاَمْرُ اِلَيْكِ فیصلہ کرنا تیرے ہاتھ میں
ہے۔ تیرا ہی کام ہے۔
It is for you to command.

فَانْظُرِيْ پس آپ (خاتون) غور کرلیں۔
So you (*woman*) consider.

اَفْسَدُوْهَا وہ اس (بستی) کو تباہ کردیتے ہیں
They despoil it. (*town*)

The highest. معزز۔ اَعِزَّةَ

The lowest. ذلیل۔ اَذِلَّةً

A present. تحفہ۔ هَدِيَّةٍ

تُمِدُّوْنَنِيْ تم مجھے مدد دیتے ہو۔
You help me.

تَفْرَحُوْنَ تم اتراتے ہو۔ خوش ہوتے ہو
You take pride.

لَاقِبَلَ نہ مقابلہ ہو سکے گا۔
Will have no power.

صَاغِرُوْنَ وہ بے بس ہونگے، رسوا ہونگے
وہ عزت کھو چکے ہوں گے۔
They will be humbled.

Which of you. تم میں سے کون اَيُّكُمْ

يَرْتَدَّ اِلَيْكَ طَرْفُكَ لوٹے تیری
طرف تیری نظر یعنی تیرے آنکھ جھپکنے سے (پہلے)
Before your noble envoy
returns to you.

Trustworthy. قابل اعتماد۔ اَمِيْن

Gracious. سخاوت کرنے والا۔ معزز۔ كَرِيْمٌ

نَكِّرُوْا اس کو عام چیز بنادو۔ حقیر بنادو۔
Make appear quite ordinary.

صَدَّهَا اس (سلیمان) نے اس (عورت) کو روکا
He (*Solomon*) prevented her.

Palace. محل۔ اَلصَّرْحَ

A great expanse water. گہرا۔ لُجَّةً

She bared. اس نے ننگا کیا كَشَفَتْ

سَاقَيْهَا اپنی دونوں پنڈلیاں۔
Their both shanks.

مُمَرَّدٌ جڑا ہوا ہے۔
Paved.

قَوَارِيْرًا شیشے۔
Slabs of glass.

النمل رکوع ۴ پارہ ۱۹ رکوع ۱۹
Part-19. R-19 Al-Naml. R-4

يَخْتَصِمُوْنَ وہ جھگڑنے لگے۔
They became contending, disputed.

تَسْتَعْجِلُوْنَ تم جلدی کرتے ہو۔
You seek to hasten.

طَيَّرْنَا ہم نے منحوس پایا۔ ہم براشگون لیتے ہیں۔
We augured evil, drew a bad omen.

طَآئِرُكُمْ تمہارا شگون۔ تمہاری نحوست کا سبب۔
Your evil-fortune.

تُفْتَنُوْنَ تم آزمائش میں ڈالے گئے ہو۔
You are on trial.

رَهْطٍ آدمی۔ فرد۔ گروہ۔
Persons.

تَقَاسَمُوْا تم قسمیں کھاؤ۔
You swear.

لَنُبَيِّتَنَّهٗ ہم ضرور رات کو شب خون ماریں گے اس پر حملہ کریں گے
We will surely attack him by night.

شَهِدْنَا ہم نے دیکھا
We witnessed.

مَهْلِكَ ہلاکت کے وقت۔
At the destruction.

دَمَّرْنَا ہم نے ہلاک کر دیا۔ تباہ کر دیا۔
We destroyed.

خَاوِيَةٌ ویران۔ گرے ہوئے۔
Fallen down.

يَتَطَهَّرُوْنَ وہ پاک باز بنتے ہیں۔ بڑا نیک بنا چاہتے ہیں۔
They keep pure.

قَدَّرْنٰهَا ہم نے اس (عورت) کو گن چھوڑا تھا
We decreed her to be.

غَابِرِيْنَ پیچھے رہنے والے۔
Those who stayed behind.

اَمْطَرْنَا ہم نے برسائی۔
We rained upon.

مَطَرًا بارش۔
Rain.

مُنْذَرِيْنَ ڈرائے ہوئے۔
Those who had been warned.

اِصْطَفٰى اس (خدا) نے چن لیا۔
He (*Allah*) has chosen.

يُشْرِكُوْنَ وہ شریک بناتے ہیں۔
They associate (*with Him.*)

☆☆☆

النمل رکوع ۵ پارہ ۲۰ رکوع ۱
Part-20. R-1 Al-Naml. R-5

اَمَّنْ خَلَقَ کس نے پیدا کیا ہے۔
Who created.

اَنۡبَتۡنَا ہم نے اُگائے۔ ہم نے نکالے۔
We cause to grow.

حَدَآئِقَ (واحد sing حَدِيقَةٌ) باغات۔
Orchards, plots of fruit-trees.

ذَاتَ بَهۡجَةٍ رونق والے۔ خوبصورت۔
Beautiful, pleasant, lively.

تُنۡبِتُوۡا تم اُگاؤ۔
You cause to grow.

يَعۡدِلُوۡنَ وہ (اللہ کے) شریک بناتے ہیں
They deviate from the right path, associate (*with Allah*).

جَعَلَ بَيۡنَهَا اَنۡهَارًا اس نے چلائی نہریں اس کے درمیان
He placed rivers in its midst.

حَاجِزًا روک۔
Barrier.

يُجِيۡبُ وہ (دعا) قبول کرتا ہے۔ سنتا ہے
He answers the cry.

مُضۡطَرَّ بے کس۔ بے قرار۔
The distressed person.

خُلَفَآءَ الۡاَرۡضِ ساری زمین کے وارث جانشین
Successors in the earth.

ظُلُمٰتِ اندھیرے، مصیبتیں
Darknesses.

بُشۡرًا بشارت کے طور پر
As glad tidings.

يُعِيۡدُهٗ وہ اسکو جاری کرتا ہے
He repeats it.

اَيَّانَ کب۔
When.

اِدّٰرَكَ ختم ہو چکا ہے۔ (کسی نے اس کا احاطہ نہیں کیا)
Has reached its end.

النمل رکوع ۶ پارہ ۲۰ رکوع ۲
Part-20. R-2 Al-Naml. R-6

ضَيۡقٌ تنگی۔
Distress.

رَدِفَ پیچھے لگا ہوا ہو۔
It may be close behind.

تُكِنُّ چھپاتے ہیں (سینے)۔
(*Bosoms*) conceal.

غَآئِبَةٍ مخفی۔ پوشیدہ۔
Hidden.

يَقُصُّ وہ (قرآن) بیان کرتا ہے۔
That (*Quran*) explains.

يَقۡضِيۡ وہ (خدا) فیصلہ کرتا ہے۔
He (*Allah*) decides.

بِحُكۡمِهٖ اپنے حکم (قرآن) سے۔
By His judgment. (*Quran*)

تُسۡمِعُ تو سناتا ہے۔
You make to hear.

وَقَعَ الۡقَوۡلُ واقع ہو گئی بات (ان پر) پوری ہو جائے گی (یعنی فرد جرم لگ جائے گا)
The sentence is passed, It will be happened, fulfilled.

تُكَلِّمُهُمۡ وہ (کیڑا) ان کو کاٹے گا۔
That (insect) shall wound them.

النمل رکوع ۷ پارہ ۲۰ رکوع ۳
Part-20. R-3 Al-Naml. R-7

يُوۡزَعُوۡنَ وہ مختلف گروہوں میں تقسیم کئے

وُجُوْهُهُمْ ان کے چہرے۔سردار۔
Their faces, leaders.

حَرَّمَهَا اس نے عزت بخشی اس (شہر) کو
He has made sacred to it (*city*)

اَتْلُوْا میں پڑھ کر سناؤں I recite.

يُرِيْكُمْ وہ تم کو دکھائے گا۔
He will show you.

تَعْرِفُوْنَهَا تم ان (نشانوں) کو پہچان لوگے۔
You will know them (*signs*).

القصص رکوع ١ پارہ ٢٠ رکوع ٤
Part-20. R-4 Al-Qasas. R-1

نَتْلُوْا ہم پڑھتے ہیں We rehearse, recite, say over.

نَبَاِ خبر۔ Tidings.

عَلَا اس نے سرکشی کی۔
He behaved arrogantly.

شِيَعًا ٹکڑے ٹکڑے۔ Divided.

يَسْتَضْعِفُ وہ کمزور کرنا چاہتا ہے۔
He seeks to weaken.

نَمُنَّ ہم احسان کریں۔
We show favour.

اسْتُضْعِفُوْا انہیں کمزور سمجھا گیا۔
They were considered weak.

اَئِمَّةً (واحد sing اِمَامٌ) سردار۔ Leaders.

نُمَكِّنُ ہم طاقت دیں گے۔
We shall establish.

يَحْذَرُوْنَ وہ ڈرتے ہیں۔خوف کرتے ہیں
They fear.

جائینگے۔الگ الگ کئے جائینگے۔ They will be formed into separate groups.

لَمْ تُحِيْطُوْا تم نے احاطہ نہیں کیا تھا You did not embrace, encompass.

وَقَعَ الْقَوْلُ بات پوری ہو جائیگی The sentence shall fall upon.

لَايَنْطِقُوْنَ وہ نہ بول سکیں گے۔
They will be speechless.

مُبْصِرٌ روشن کرنے والا۔(خIV)
دیکھنے کی طاقت دینے والا۔(خ-II)
The sight-giving, One who enables one to see.

فَزِعَ گھبرا جائیں گے۔
Will be struck with terror.

دَاخِرِيْنَ فرمانبردار ہو کر۔ذلیل ہو کر۔
عاجزانہ طور پر۔ Obediently, humbly.

جَامِدَةٌ ٹھہرے ہوئے۔ Fixed.

تَمُرُّ وہ (پہاڑ) چلتے ہیں۔
That (*mountains*) pass away.

مَرَّ السَّحَابِ بادلوں کے چلنے کی طرح
As the clouds pass away.

صُنْعَ اللّٰهِ یہ اللہ کی صنعت ہے۔کاریگری
The handiwork of Allah.

اَتْقَنَ اس (خدا) نے مضبوط بنایا He (*Allah*) has made perfect.

فَزَعٍ گھبراہٹ۔خوف۔ Terror.

اٰمِنُوْنَ وہ محفوظ ہوں گے۔
They will be secure.

كُبَّتْ اوندھے۔گرائے جائیں گے۔
Shall be thrown down.

بَصُرَتْ وہ دیکھتی رہی، She observed., kept watching.

جُنُبٍ دور سے۔(ایک طرف ہٹ کر) From afar.

اَلْمَرَاضِعَ دودھ پلانے والیاں۔ The wet nurses.

اَدُلُّكُمْ میں تم کو بتاؤں گا۔خبر دوں گا۔ I shall direct you.

اَهْلِ بَيْتٍ گھر والے۔ The people of a household.

يَكْفُلُوْنَهٗ وہ اسکو پالیں گے۔ They will bring him up.

نٰصِحُوْنَ خیرخواہ Well-wishers.

رَدَدْنٰهُ ہم نے اس (موسیٰ) کو لوٹا دیا۔ We restored him (*Moses*).

كَيْ تا کہ۔ So that.

تَقَرَّ ٹھنڈی ہوں۔ Might be gladdened.

القصص رکوع ۲ پارہ ۲۰ رکوع ۵
Part-20. R-5 Al-Qasas. R-2

بَلَغَ وہ (موسیٰ) پہنچا He reached.

اَشُدَّهٗ اپنی جوانی کو۔ His age of full strength.

اِسْتَوٰى وہ مضبوطی سے قائم ہوگیا۔ He attained maturity.

اِسْتَغَاثَهٗ اُسنے اس (موسیٰ) کی مدد مانگی He sought his (*Moses*) help.

فَوَكَزَهٗ پس اس (موسیٰ) نے اسکو مکا مارا So he (*Moses*) smote him with his fist, struck a blow.

اَرْضِعِيْهِ تو اسکو (موسیٰ کو) دودھ پلا۔ Suckle him (*Moses*).

خِفْتِ تجھے خوف ہو۔ You fear.

فَاَلْقِيْهِ تو اس کو ڈال دے۔ Cast him.

لَا تَخَافِيْ تو (عورت) نہ ڈر Fear not.

وَلَا تَحْزَنِيْ نہ تو غم کر Grieve not.

رَآدُّوْهُ اس کو لوٹا دیں گے۔ Shall restore him.

فَالْتَقَطَهٗ پس اٹھالیا اسکو۔ And picked him up.

عَدُوًّا دشمن۔ Enemy.

حَزَنًا غم۔ Sorrow.

خَاطِئِيْنَ غلطی پر تھے۔ Were wrongdoers.

قُرَّتُ عَيْنٍ آنکھوں کی ٹھنڈک۔ A joy of the eyes.

اَصْبَحَ ہوگیا۔ Became.

فُؤَادُ دل۔ Heart.

فٰرِغًا (غم سے) فارغ ہوگیا۔خالی ہوگیا Became free (*from anxiety*).

كَادَتْ قریب تھی کہ وہ۔ She had well nigh, was about to.

تُبْدِيْ وہ ظاہر کردیتی۔ She had disclosed.

رَبَطْنَا ہم نے مضبوط کیا۔ We had strengthened.

قُصِّيْهِ اس کے پیچھے پیچھے جا۔ Follow him up.

فَقَضٰی عَلَیۡہِ اس کا کام تمام کر دیا۔
He killed him.

ظَہِیۡرًا مددگار۔ Helper.

فَاَصۡبَحَ وہ (موسیٰ) صبح کے وقت نکلا۔
He (*Moses*) went upon the time of morning.

یَتَرَقَّبُ ادھر ادھر دیکھتا ہوا۔ Watchfully.

اِسۡتَنۡصَرَہٗ اس نے اس کی مدد مانگی تھی۔
He had sought his help.

بِالۡاَمۡسِ گزشتہ کل۔ The day before.

یَسۡتَصۡرِخُہٗ وہ اسکی (موسیٰ کی) مدد طلب کر رہا ہے۔ وہ اسے پکار رہا ہے
He is crying out to him (*Moses*) for help.

یَبۡطِشَ وہ پکڑے گا۔
He will lay hold.

جَبَّارًا سرکش Tyrant, oppressive.

مُصۡلِحِیۡنَ اصلاح کرنیوالے۔
Peace-maker.

اَقۡصَا دور سے۔ From the far.

اَقۡصَا الۡمَدِیۡنَۃ شہر کے دور کے حصہ سے
From the far side of the city.

یَسۡعٰی دوڑتا ہوا۔ Running.

یَاۡتَمِرُوۡنَ وہ مشورہ کر رہے ہیں۔
They are taking counsel.

القصص رکوع ۳ پارہ ۲۰ رکوع ۶
Part-20. R-6 Al-Qasas. R-3

تَوَجَّہَ اس نے توجہ کی۔ منہ کیا۔
He turned his face.

تِلۡقَآءَ طرف۔ Towards.

وَرَدَ وہ پہنچا۔ He arrived.

یَسۡقُوۡنَ وہ پانی پلاتے ہیں۔
They water.

وَرَآئِہِمۡ ان سے ورے۔ ان سے پیچھے
Behind them.

تَذُوۡدَانِ (وہ عورتیں) (اپنے جانور) روکے ہوئے تھیں
(*Those women*) holding back (*their flocks*).

لَانَسۡقِیۡ ہم پانی نہیں پلا سکتیں۔
We cannot water.

یُصۡدِرَ وہ (چرواہے) چلے جائیں۔
They (*shepherds*) depart.

اَلرِّعَآءُ (واحد sing رَاعِیٌ) چرواہے۔
Shepherds.

سَقٰی اس نے پانی پلایا He watered.

تَوَلّٰی وہ ہٹ گیا۔ He turned aside.

فَقِیۡرٌ محتاج۔ Needy, poor.

تَمۡشِیۡ وہ چلتی ہے۔ She walks.

اِسۡتِحۡیَآءٍ شرماتی ہوئی۔
Bashfully, shyly.

سَقَیۡتَ تونے پانی پلایا۔
You have watered.

قَصَّ اس (موسیٰ) نے بیان کیا۔
He (*Moses*) told.

اَلۡقَصَصَ سارا واقعہ۔
The whole story.

اِسۡتَاۡجِرۡہُ تو اس کو نوکر رکھ لے۔
Take him into your service.

اَلْاَیْـمَـنِ دائیں Right.

اَ لْـبُـقْـعَـةُ زمین۔ Spot.

تَـهْـتَـزُّ وہ(عصا)حرکت کرتا ہے۔
It (*rod*) moves.

جَـآنٌّ ایک چھوٹا سانپ A serpent.

وَلّٰـي وہ پھر گیا۔مڑ گیا He turned.

مُـدْبِـرًا پیٹھ دکھاتا ہوا Back retreating.

لَـمْ یُعَقِّبْ وہ پیچھے نہ مڑا۔
He did not look back.

اَ قْـبِـلْ آگے آ Come forward.

اُسْـلُـکْ ڈال۔ Insert.

اُضْـمُـمْ ملا لے۔چمٹا لے Draw back.

جَـیْـبِـکَ اپنے گریبان Your bosom.

جَـنَـاحَـکَ اپنے پہلو Your arm.

اَلـرَّهْـب ڈر۔ Fear.

رِدْاً مدد دینے والا۔مددگار۔ Helper.

سَـنَـشُـدُّ ہم مضبوط کریں گے۔
We shall strengthen.

عَـضُـدَکَ تیرے بازو Your arm.

سُـلْـطَانًـا غلبہ۔ Power.

یَـصِـلُـوْنَ وہ پہنچیں گے۔
They will reach.

اَوْقِـدْ جلا آگ۔ Burn.

صَـرْحًـا قلعہ۔محل۔ Tower.

اَطَّـلِـعَ اطلاع پاؤں۔معلوم کروں۔
I may have a look. جھانک کر دیکھوں

اِسْـتَـاْجَـرْتَ جس کو تو ملازم رکھے۔
That thou canst employ.

اَ لْـقَـوِیُّ قوی۔طاقتور Strong.

اُ نْـکِحَـکَ میں نکاح کردوں گا تیرا۔
I intend to marry to you.

تَـاْجُـرَ تو نوکری کرے۔خدمت کرے۔
you stay in my service.

ثَـمَـانِـیَ آٹھ۔ Eight.

حِـجَـجٍ (واحد sing حِـجَّـةٌ) سال Years.

اَشُـقَّ میں مشقت ڈالوں۔بوجھ ڈالوں۔
I would lay any hardship.

اَ یَّـمَـا جو بھی۔ Whichever.

اَلْاَجَـلَـیْـنِ دو مدتیں Two terms.

قَـضَـیْـتُ میں پوری کروں I fulfil.

القصص رکوع ۴ پارہ ۲۰ رکوع ۷
Part-20. R-7 Al-Qasas. R-4

قَـضٰـي اس نے پورا کرلیا۔
He had fulfilled.

اَلْاَجَـلَ مقررہ وقت۔ The term.

سَـارَ وہ چلا۔ He set forth.

اٰ نَـسَ اس نے دیکھی He perceived.

اُمْـکُـثُـوْا تم ٹھہرو۔ Wait.

جَـذْوَةٍ انگارہ A burning brand.

تَـصْـطَـلُـوْنَ تا کہ تم سینکو۔تاپو۔
You may warm yourselves.

نُـوْدِیَ وہ پکارا گیا He was called.

شَـاطِـیٴِ کنارہ۔ Side.

اَتْبَعْنٰهُمْ ہم نے ان کے پیچھے لگا دی۔
We caused them to be followed.

اَلْمَقْبُوْحِيْنَ بدحال لوگ
Those who deprived of all good.

القصص رکوع ۵ پارہ ۲۰ رکوع ۸
Part-20. R-8 Al-Qasas. R-5

اَلْقُرُوْنَ قومیں۔ Generations.

اَلْاُوْلٰى پہلی۔ Earlier.

بَصَآئِرَ بصیرت یعنی بینائی بخشنے والی۔ آنکھیں کھولنے والی (کتاب) تھی۔
A source of enlightenment.

قَضَيْنَا ہم نے سپرد کیا۔ We committed.

اَلْاَمْرَ اہم کام (یعنی شریعت ورسالت)
The matter. (*prophethood*)

اَنْشَاْنَا ہم نے پیدا کیا۔
We brought forth.

قُرُوْنًا قومیں Generations.

تَطَاوَلَ لمبی ہوگئی It prolonged.

ثَاوِيًا ٹھہرنے والا۔ رہنے والا Dweller.

تَتْلُوْا تو پڑھ کر سناتا You rehearse.

مُرْسِلِيْنَ رسول بھیجنے والے۔
Those who send Messengers.

نَادَيْنَا ہم نے پکارا We called.

لِتُنْذِرَ تاکہ تو ڈرائے۔ ہوشیار کرے۔
That you may warn.

وَلَوْلَا اگر نہ ہوتا یہ If it were not.

تُصِيْبَهُمْ کہ پہنچے گی ان کو۔
That should befall them.

سِحْرَانِ دونوں جادوگر۔
Two sorcerers, magicians.

تَظَاهَرَا جنہوں نے ایک دوسرے کی مدد کی
Who backed up each other.

لَمْ يَسْتَجِيْبُوْا وہ نہ جواب دیں گے وہ نہ قبول کریں گے۔
They will not answer.

القصص رکوع ۶ پارہ ۲۰ رکوع ۹
Part-20. R-7 Al-Qasas. R-4

وَصَّلْنَا ہم نے پہنچادی تھی We have sent.

اَلْقَوْلَ بات۔ Word.

وَصَّلْنَا لَهُمُ الْقَوْلَ ہم مسلسل پے در پے ان کی طرف وحی اتارتے رہے۔ (خ-II)
We have been sending revelation to them continuously. (Kh-II)

يُتْلٰى وہ (قرآن) پڑھا جاتا ہے۔
It (*Quran*) is recited.

يَدْرَءُوْنَ وہ دُور کرتے ہیں۔ مقابلہ کرتے ہیں۔ ہٹاتے ہیں
They repel.

نُتَخَطَّفْ مِنْ اَرْضِنَا اپنے وطن سے اُچک لئے جائیں گے۔ اپنے وطن سے نکال پھینکے جائینگے۔
We shall be snatched away from our land.

نُمَكِّنْ ہم نے جگہ دی
We have established, given a place.

حَرَمًا محفوظ۔ Safe.

يُجْبٰى لائے جاتے ہیں Are brought.

بَطِرَتْ متکبر ہوگئی تھیں۔ اتراتی تھیں۔
It exulted.

Their مَسَاكِنُهُمْ ان کے گھر۔
dwellings, houses, residences.
Inhabited. تُسْكَنْ آباد ہوئے۔

القصص رکوع ۷ پارہ ۲۰ رکوع ۱۰
Part-20. R-10 Al-Qasas. R-7

لَاقِيهِ وہ اس (وعدہ) کو پانیوالا ہے۔
He is the fulfilment of which.
اَلْمُحْضَرِيْنَ حاضر کئے جانے والوں میں سے ہو۔
Those who are brought before.
تَزْعُمُوْنَ تم گمان کرتے ہو۔
You imagine, think.
We led astray. اَغْوَيْنَا ہم نے گمراہ کیا۔
غَوَيْنَا ہم گمراہ تھے۔
We had gone astray.
We تَبَرَّأْنَا ہم بیزاری کا اظہار کرتے ہیں
dissociate ourselves, separate.
What. مَاذَا کیا۔
اَجَبْتُمُ تم نے جواب دیا تھا۔
You gave answer.
Messengers. مُرْسَلِيْنَ رسول
عَمِيَتْ بھول جائیں گی۔ پوشیدہ کی جائیں گی مشتبہ ہو جائیں گی۔ (IV-خ)
Will become obscure, hidden
News, اَنْبَاءُ (واحد sing نَبَاءٌ) خبریں
Excuses, reasons. (II-خ) دلیلیں۔
يَتَسَاءَلُوْنَ وہ ایک دوسرے سے سوال کرینگے
They shall ask each other.

He chooses. يَخْتَارُ وہ چنتا ہے
Choice. اَلْخِيَرَةُ کوئی اختیار۔
تُكِنُّ (سینے) چھپاتے ہیں۔
(*Breasts*) conceal.
يُعْلِنُوْنَ وہ ظاہر کرتے ہیں۔
They disclose.
Sovereignty اَلْحُكْمُ حکومت۔ حکم
Dominion, judgment,
سَرْمَدًا ہمیشہ کیلئے دراز کردے۔
Continue perpetually over.
تَسْكُنُوْنَ تم آرام کرو گے۔
You will rest.
نَزَعْنَا ہم نکالیں گے۔
We shall take out.
ضَلَّ جاتا رہے گا۔ کھویا جاوے گا۔
It will be lost.

القصص رکوع ۸ پارہ ۲۰ رکوع ۱۱
Part-20. R-11 Al-Qasas. R-8

بَغٰی اس نے بغاوت کی۔ سرکشی کی۔
He behaved arrogantly.
كُنُوْزُ (واحد sing كَنْزٌ) خزانے۔
Treasures.
لَتَنُوْءَ تھکا دیتی تھیں (چابیاں)۔
(*The keys*) (ان چابیوں کا) اٹھانا مشکل تھا۔
would have weighed down.
Party. اَلْعُصْبَةُ جماعت۔
Strong men. اُولِي الْقُوَّةِ طاقتور
Exult not. لَا تَفْرَحْ فخر مت کر۔ مت اترا

اَلۡفَرِحِیۡنَ اترانے والے۔
Those who exult.

وَابۡتَغِ تلاش کر۔
Seek.

لَا تَنۡسَ نہ بھول۔
Neglect not.

اَحۡسِنۡ نیکی کر۔
Do good.

اَکۡثَرَ جَمۡعًا زیادہ مالدار۔(خ۔II)
جمعیت میں زیادہ تھیں (خ۔IV)
Were greater in riches.

لَذُوۡحَظٍّ عَظِیۡمٍ بڑے نصیب والا
He is the master of a great fortune.

وَیۡلَکُمۡ تمہارا ستیاناس ہو۔
Woe unto you.

لَایُلَقّٰھَا نہیں پاتا اس (جزا) کو۔
It shall be granted to no one.

خَسَفۡنَا بِہٖ وَبِدَارِہٖ ہم نے دھنسا دیا اس (قارون) کو اور اس (قارون) کے قبیلے کو مکروہات میں مبتلا کر دیا (خ۔ii)
We caused to swallow him up.

یَنۡصُرُوۡنَہٗ وہ مدد کرتے اس کی۔
They helped him.

مَاکَانَ نہ ہوا وہ
He had no.

اَلۡمُنۡتَصِرِیۡنَ بدلہ لینے والے۔انتقام لینے والے۔
Those who defend themselves.

تَمَنَّوۡا وہ تمنا کرتے تھے، آرزو کرتے تھے
They had coveted.

مَکَانَہٗ اس کا مقام
His position.

بِالۡاَمۡسِ گذشتہ کل
The day before.

وَیۡکَاَنَّ وائے حسرت (خ۔IV) تجھ پر ہلاکت ہو۔(خ۔II)
Ruin seize you.

القصص رکوع ۹ پارہ ۲۰ رکوع ۱۲
Part-20. R-12 Al-Qasas. R-9

عُلُوًّا بڑائی۔غلبہ
Self-exaltation.

لَرَآدُّکَ تجھے واپس لائے گا۔
Will bring you back.

مَعَادٍ واپس آنے کی جگہ (مکہ) جہاں لوگ بار بار لوٹ کر آتے ہیں
The place of return.

تَرۡجُوۡا تو امید رکھتا ہے۔
You do expect.

یُلۡقٰی نازل کی جائے گی۔
Would be revealed.

ظَھِیۡرًا مددگار۔
Helper.

لَایَصُدُّنَّکَ تجھے نہ روکے۔
Let not turn you.

وَجۡھَہٗ جس کی طرف اس (خدا) کی توجہ ہو۔(خ۔II)
To whom God`s attention is set.

لَہُ الۡحُکۡمُ حکومت اسی (اللہ) کی ہے۔
His is the judgment, authority.

العنکبوت رکوع ۱ پارہ ۲۰ رکوع ۱۳
Part-20. R-13 Al-Ankabut. R-1

یُتۡرَکُوۡا وہ چھوڑ دیئے جائیں گے۔
They will be left.

یُفۡتَنُوۡنَ وہ آزمائے جائیں گے۔
They will be tried.

لَیَعْلَمَنَّ وہ (خدا) ضرور ظاہر کردیگا He (*Allah*) will surely distinguish.

یَسْبِقُوْنَا وہ ہم پر سبقت لے جائینگے وہ ہماری سزا سے بچ جائیں گے۔ وہ ہم سے آگے نکل جائیں گے۔ They will escape us.

جَاهَدَا وہ دونوں (والدین) بحث کریں، جھگڑیں Both they strive, dispute.

العنکبوت رکوع ۲ پارہ ۲۰ رکوع ۱۴
Part-20. R-14 Al-Ankabut. R-2

اَوْثَانًا (واحد *sing* وَثَن) بت. Idols.

یُنْشِئُ وہ (اللہ) اٹھائے گا۔ He (*Allah*) will provide, raise.

تُقْلَبُوْنَ تم لوٹائے جاؤ گے۔ You will be turned back.

العنکبوت رکوع ۳ پارہ ۲۰ رکوع ۱۵
Part-20. R-15 Al-Ankabut. R-3

یَئِسُوْا وہ مایوس ہوگئے۔ They despaired.

حَرِّقُوْهُ اس (ابراھیم) کو جلا دو۔ Burn him (*Abraham*).

مَوَدَّةً محبت۔ Love.

تَقْطَعُوْنَ السَّبِيْلَ تم راستہ کاٹتے ہو یعنی یعنی ڈاکے ڈالتے ہو. You commit robbery.

نَادِيْكُمْ اپنی مجالس. Your meetings.

اَلْمُنْكَر ناپسندیدہ باتیں۔ حرکتیں۔ Abomination, disagreeable things.

العنکبوت رکوع ۴ پارہ ۲۰ رکوع ۱۶
Part-20. R-16 Al-Ankabut. R-4

اَلْغَابِرِيْنَ پیچھے رہنے والے۔ Those who remain behind.

سِيْٓءَ دکھ پہنچا (لوط کو) ناخوش ہوا۔ He (*Lot*) was distressed.

ضَاقَ تنگ ہوگیا Felt powerless.

ذَرْعًا دل۔ Heart.

مُنَجُّوْكَ نجات دینے والے ہیں۔ Those who will save.

رِجْزًا عذاب۔ Punishment.

اِرْجُوْا امید رکھو۔ یاد رکھو. Be mindful.

اَلرَّجْفَةُ زلزلہ۔ Earthquake.

مُسْتَبْصِرِيْنَ خوب دیکھنے، سمجھنے والے Sagacious, clear seers.

مَاكَانُوْا نہ ہوئے وہ Did not they.

سَابِقِيْنَ وہ آگے نکلنے والے (یعنی خدا کے عذاب سے بچکر نکلنے والے) Those who outstrip, surpass.

حَاصِبًا پتھروں کا مینہ۔ کنکر برسانے والا جھکڑ۔ (خ۔IV) Sandstorm.

اَلصَّيْحَةُ ہولناک گرج۔ سخت عذاب۔ A roaring blast.

خَسَفْنَا ہم نے ذلیل کردیا۔ ہم نے دھنسا دیا We caused to swallow up, suppress, humble.

اَوْهَنَ الْبُيُوْتِ سب گھروں سے کمزور The frailest of all houses.

العنکبوت رکوع ۵ پارہ ۲۱ رکوع ۱
Part-21. R-1 Al-Ankabut. R-5

اُتْلُ مَا اُوْحِیَ اِلَیْکَ تو پڑھ کر سنا جو تیری طرف وحی کیا جاتا ہے
Recite that which has been revealed to you.

تَنْهٰی (نماز) روکتی ہے۔ (*Prayer*) restrains, confines, prohibits.

اَلْفَحْشَآءِ بے حیائی' بری (باتوں سے)
Indecency.

اَلْمُنْکَرِ ناپسندیدہ (باتیں) Manifest evil.

تَصْنَعُوْنَ تم بناتے ہو You do.

لَا تُجَادِلُوْا نہ بحث کرو. Argue not.

یَجْحَدُ وہ انکار کرتا ہے. He rejects.

تَتْلُوْا تو پڑھتا ہے You recite.

تَخُطُّهٗ تو لکھتا ہے اسکو. You write it.

اِرْتَابَ شک میں پڑا He doubted.

اَلْمُبْطِلُوْنَ باطل پرست۔ جھٹلانے والے۔ Liars.

اَوَلَمْ یَکْفِهِمْ کیا یہ ان کیلئے کافی نہیں۔
Is it not enough for them.

یُتْلٰی پڑھی جاتی ہے (کتاب)
(*Book*) is recited.

العنکبوت رکوع ۶ پارہ ۲۱ رکوع ۲
Part-21. R-2 Al-Ankabut. R-6

لَمُحِیْطَةٌ گھیر لینے والی. Encompass.

یَغْشٰهُمْ ڈھانک لے گا ان کو (عذاب)
(*Punishment*) will overwhelm them.

اَرْجُلِ (واحد *sing* رِجْلٌ) پاؤں Feet.

لَنُبَوِّئَنَّهُمْ ہم ضرور ان کو جگہ دینگے۔
We shall surely house them.

غُرَفًا بالاخانے Lofty mansions.

کَاَیِّنْ کتنے ہی۔ How many.

دَآبَّةٍ زمین پر چلنے والے جاندار. Animals.

تَحْمِلُ اٹھائے پھرتے ہیں They carry.

اَنّٰی کس طرف How then.

یُؤْفَکُوْنَ وہ پھرائے جاتے ہیں۔
They are being turned away.

یَبْسُطُ وہ (اللہ) فراخ کر دیتا۔
He (*Allah*) enlarges.

یَقْدِرُ وہ (اللہ) تنگ کر دیتا۔
He (*Allah*) straitens.

العنکبوت رکوع ۷ پارہ ۲۱ رکوع ۳
Part-21. R-3 Al-Ankabut. R-7

رَکِبُوْا وہ سوار ہوتے ہیں۔
They go on board.

مُخْلِصِیْنَ خالص کرتے ہوئے With sincere, those who make exclusive their devotion.

اَلدِّیْنَ اطاعت' دین. Faith, obedience.

نَجّٰهُمْ وہ ان کو نجات دیتا ہے۔ بچا کر لے جاتا ہے
He brings them safe.

اَلْبَرِّ خشکی۔ Land.

يُتَخَطَّفُ اُچک لیے جاتے ہیں۔
Are snatched away.

الروم رکوع ۱ پارہ ۲۱ رکوع ۴
Part-21. R-4 Al-Rum. R-1

غُلِبَتْ مغلوب ہوگئے Have been defeated, overpowered.

بِضْعَ چند (تین سے نو تک کے عدد کیلئے استعمال ہوتا ہے) In a few. (*It is used for number from three to nine*)

سِنِيْنَ (واحد sing سَنَةٌ) سالوں. Years.

اَلْاَمْرُ حکومت۔ Dominion, sovereignty, realm.

يَفْرَحُ وہ خوش ہوتا ہے. He rejoices.

اَثَارُوْا انہوں نے (زمین کو) اکھیڑا، پھاڑا
They tilled (*the soil*).

عَمَرُوْا انہوں نے آباد کیا۔ They populated, inhabited.

اَسَآءُوْا انہوں نے بُرے کام کئے۔
They did evil.

اَلسُّوْآی بُرا۔ Evil.

الروم رکوع ۲ پارہ ۲۱ رکوع ۵
Part-21. R-5 Al-Rum. R-2

يُبْلِسُ مایوس ہو جائیں گے۔
Shall be despaired.

يَتَفَرَّقُوْنَ وہ الگ الگ ہو جائیں گے۔
They will become separated from one another.

رَوْضَةٌ باغ۔ Gardens.

يُحْبَرُوْنَ انکو خوشی پہنچائی جائیگی، دی جائیگی
They will be made happy.

مُحْضَرُوْنَ حاضر کئے جائیں گے۔
Shall be confronted.

تُمْسُوْنَ تم شام کرتے ہو۔
You enter the evening.

تُصْبِحُوْنَ تم صبح کرتے ہو۔
You enter the morning.

عَشِيًّا شام کے وقت۔ The time of the decline of the sun.

تُظْهِرُوْنَ تم دوپہر کرتے ہو۔
You enter the afternoon.

الروم رکوع ۳ پارہ ۲۱ رکوع ۶
Part-21. R-6 Al-Rum. R-3

تَنْتَشِرُوْنَ تم پھیل جاتے ہو۔
You move about.

مِنْ اَنْفُسِكُمْ تمہاری جنس سے۔
From among yourselves.

مَوَدَّةٌ محبت۔ Love.

اَلْسِنَتِكُمْ (واحد sing لِسَانٌ) تمہاری زبانیں Your tongues.

اَلْوَانِكُمْ (واحد sing لَوْنٌ) تمہارے رنگ Your colours.

مَنَامُ سونا۔ Sleep.

ابْتِغَاؤُكُمْ تمہارا تلاش کرنا۔
Your seeking.

تَقُوْمُ کھڑا ہونا۔ قائم ہونا Stand firm.

دَعَاكُمْ دَعْوَةً وہ تم کو ایک آواز دے گا۔
He will call you by a call.

قَانِتُوْنَ فرمانبردار۔ Obedient.

اَهْوَنُ بہت آسان۔ Most easy.

اَلْمَثَلُ الْاَعْلٰی بلندشان۔سب سے اعلیٰ شان The most exalted.

الروم رکوع ۴ پارہ ۲۱ رکوع ۷
Part-21. R-7 Al-Rum. R-4

سَوَآءٌ برابر۔ Equal.

اِتَّبَعَ پیچھے پڑ گئے۔پیروی کی۔
They followed.

اَهْوَآءَهُمْ اپنی خواہشات۔
Their desires.

اَقِمْ مخصوص کر۔ Set.

حَنِيْفًا اللہ کی طرف مائل ہوتے ہوئے۔ جھکتے ہوئے۔
exclusively inclining.

فِطْرَتَ اللّٰهِ اللہ کی فطرت کو اختیار کر۔
Follow the nature made by Allah.

فَطَرَ اس (اللہ) نے پیدا کیا۔
He (*Allah*) has fashioned.

اَلدِّيْنُ الْقَيِّمُ قائم رہنے والا دین The ever lasting right religion.

مُنِيْبِيْنَ جھکنے والے۔ Those who turn to (*Allah*).

فَرَّقُوْا انہوں نے تقسیم کر دیا۔پراگندہ کر دیا ٹکڑے ٹکڑے کر دیا
They split up, made division, separation.

كَانُوْا وہ ہو گئے۔
They have become.

شِيَعًا فرقہ فرقہ. Divided into sects.

حِزْبٌ گروہ۔ Party.

فَرِحُوْنَ وہ خوش ہیں۔ They are rejoicing, glad.

مَسَّ پہنچے۔چھوئے. Befell, touched.

ضُرٌّ تکلیف۔ Affliction.

اَذَاقَهُمْ وہ چکھائے ان کو۔
He has made them taste.

اَمْ کیا۔یا۔ What, or.

سُلْطَانًا دلیل Authority, argument.

يَقْنَطُوْنَ وہ مایوس ہو جاتے ہیں۔
They are in despair.

اٰتَيْتُمْ تم دیتے ہو You pay.

رِبًا سود کے طور پر۔سود حاصل کرنے کیلئے
At interest.

لِيَرْبُوَا تاکہ وہ (مال) بڑھے۔ That it (*wealth*) may increase.

مُضْعِفُوْنَ بڑھانے والے۔
Those who increase.

الروم رکوع ۵ پارہ ۲۱ رکوع ۸
Part-21. R-8 Al-Rum. R-5

ظَهَرَ الْفَسَادُ فساد غالب آ گیا۔
Corruption has spread on.

لِيُذِيْقَهُمْ تاکہ وہ چکھائے ان کو (مزا)
He may make them taste.

فَاَقِمْ تو پھیر دے۔ Set.

قَيِّمٌ قائم رہنے والا۔ Lasting.

لَا مَرَدَّ نہیں ٹلنا. Not averting, retur.

يَصَّدَّعُونَ وہ الگ الگ ہوجائیں گے۔
They will پراگندہ ہوجائیں گے
be separated from each other.

يَمْهَدُونَ وہ تیاری کرتے ہیں۔
They prepare.

اَجْرَمُوْا انھوں نے جرم کیا۔
They were guilty.

تُثِيْرُ وہ (ہوائیں) اٹھاتی ہیں۔
They (*winds*) raise.

سَحَابًا بادل۔ Clouds.

يَبْسُطُ وہ (خدا) پھیلاتا ہے۔
He (*Allah*) disperses.

كِسَفًا ٹکڑے ٹکڑے Fragments.

اَلْوَدْقَ بارش۔ Rain.

خِلَالِهٖ اس کے درمیان Its midst.

يَسْتَبْشِرُوْنَ وہ خوش ہوجاتے ہیں۔
They rejoice.

مُبْلِسِيْنَ مایوس ہونے والے۔
Were in despair.

اٰثَارِ نشانات۔ Marks.

مُصْفَرًّا زرد۔ Yellow.

لَظَلُّوْا البتہ وہ لگ جائیں۔
They would begin.

يَكْفُرُوْنَ وہ ناشکری کرتے ہیں۔
They deny.

تُسْمِعُ تو سناتا ہے۔
You make to hear.

اَلدُّعَآءَ دعوت۔آواز۔ The call.

وَلَّوْا وہ پھر گئے۔ They retreat.

مُدْبِرِيْنَ پیٹھ پھیرتے ہوئے۔
Turning their backs.

الروم رکوع ۶ پارہ ۲۱ رکوع ۹
Part-21. R-9 Al-Rum. R-6

ضُعْفٌ کمزوری۔ Weakness.

شَيْبَةً بڑھاپا۔ Old age.

يُقْسِمُوْا وہ قسمیں کھائیں گے۔
They will swear.

يُؤْفَكُوْنَ وہ بہکی بہکی باتیں بناتے ہیں۔وہ بھٹکا دیئے جاتے ہیں (خ۔iv)
They are turned away from the right path.

يَوْمُ الْبَعْثِ ترقی کا دن۔پھر اُبھرنے کا دن
The Day of Resurrection.

لَا يُسْتَعْتَبُوْنَ ان کا عذر قبول نہ کیا جائیگا نہ ان کو ڈیوڑھی تک آنے کا موقع دیا جائیگا (خ ۱۱)
They will not be allowed to make amends, to approach the threshold.

مُبْطِلُوْنَ جھوٹے۔ Liars.

لَا يَسْتَخِفَّنَّكَ وہ تجھے ہلکا نہ کرسکیں گے نہ رسوا کرسکیں گے۔وہ تجھے بے وزن نہ سمجھیں (خ۔IV)
وہ تجھے اپنی جگہ سے ہٹا نہ دیں۔(خ۔II)
They move not you from the stand you have taken, lighten.

لقمان رکوع ۱ پارہ ۲۱ رکوع ۱۰
Part-21. R-10 Luqman. R-1

لَهْوَ الْحَدِيْثِ تماشہ کی باتیں۔غافل کردینے والی بے ہودہ باتیں۔
Idle tales, vain talks.

جَاهَدٰکَ دونوں (والدین) تجھ سے بحث کریں۔ جھگڑا کریں
Both (*parents*) contend with you.

فَلَا تُطِعْهُمَا ان دونوں کی اطاعت نہ کرنا۔
Obey them not.

صَاحِبْهُمَا ان دونوں کا ساتھ دینا۔
Be a kind companion to them.

وَاتَّبِعْ پیروی کر۔ پیچھے چل۔
Follow the way.

اَنَابَ وہ جھکا۔ He turned.

مِثْقَالَ وزن۔ The weight.

تَکُ ہو۔ Be.

خَرْدَلٍ رائی۔ Mustard seed.

صَخْرَةٍ پہاڑ۔ چٹان۔ Rock.

لَطِيْفٌ باریک سے باریک راز کو پا لینے والا باریک بین۔
The knower of the most hidden secrets.

خَبِيْرٌ باخبر ہے۔ بہت خبردار ہے، خبر دینے والا۔
All-aware.

وَانْهَ اور روک۔ And forbid.

مُنْكَرِ ناپسندیدہ باتیں۔ Evil.

عَزْمِ الْاُمُوْرِ ہمت والے کام۔
Those matters which require high resolve.

وَلَا تُصَعِّرْ اور نہ پھلا۔
And turn not away.

خَدَّكَ اپنے گال Your cheek.

مَرَحًا تکبر سے Haughtily.

يَشْتَرِيْ وہ سودا کرتا ہے۔ He exchanges, sells, barters.

يَتَّخِذَهَا وہ اس (اللہ کے راستہ) کو بنالیں
They make it.

هُزُوًا تمسخر اور ہنسی کی چیز۔ A fun.

وَلّٰى اس نے پیٹھ پھیر لیا۔
He turned away.

مُسْتَكْبِرًا تکبر کرتے ہوئے۔
Disdainfully, proudly.

كَاَنْ لَّمْ گویا کہ نہ As though not.

يَسْمَعْهَا اس نے سنا اس کو۔
He heard them.

اُذُنَيْهِ اسکے دو کان His two ears.

وَقْرًا بہرہ پن۔ بوجھ Heaviness.

اَلْقٰى اس نے ڈال دیئے He has placed

(اَنْ) تَمِيْدَ بِكُمْ۔ وہ (پہاڑ) تمہیں خوراک مہیا کریں (خ IV)
They (*mountains*) may be a source of benefit and provision.

وہ (زمین) تمہارے سمیت شدید زلزلہ میں مبتلا نہ ہو جائے
It (*earth*) may not quake with you. (خ-II)

زَوْجٍ كَرِيْمٍ عمدہ جوڑے۔
Fine species.

لقمان رکوع ۲ پارہ ۲۱ رکوع ۱۱
Part-21. R-11 Luqman. R-2

وَهْنًا کمزوری۔ Weakness.

فِصٰلُهٗ اسکا دودھ چھڑانا۔ His weaning.

عَامَيْنِ (واحد sing عَامٌ)
Two years. دو سال

مُـخْـتَـالٍ شیخی کرنے والا Arrogant.

فَـخُـوْرٍ فخر کرنے والا Boaster.

وَاقْصِـدْ میانہ روی اختیار کر۔
Walk at a moderate pace.

مَـشْـيِـكَ اپنی چال۔ Your pace.

اغْـضُـضْ دھیما رکھ۔ Lower.

صَـوْتِـكَ اپنی آواز Your voice.

اَنْـكَـرَ سب سے ناپسندیدہ۔ بُری۔
The most hateful.

اَلْاَصْـوَاتِ (واحد sing صَوْتٌ)۔
Voices. آوازیں۔

اَلْـحَـمِـيْـرِ گدھا۔ Ass, donkey.

لقمان رکوع ۳ پارہ ۲۱ رکوع ۱۲
Part-21. R-12 Luqman. R-3

لَـمْ تَـرَوْا تم نے نہیں دیکھا، تم نے غور نہیں کیا
Have you not seen.

سَخَّـرَ اس نے مفت میں کام میں لگا دیا۔
He has pressed into service.

اَسْبَـغَ اس (خدا) نے بہادی ہیں (اپنی نعمتیں)
پانی کی طرح (خ ۱۱) پوری کردی ہیں (خ IV)
He (*Allah*) has lavished,
completed (*His favours*).

يُـسْـلِـمْ وہ پھیر دیتا ہے۔ He submits.

وَجْـهَـهٗ اپنی توجہ۔ اپنا چہرہ Himself,
his face, direction.

مُحْسِنٌ احسان کرنے والا۔
A doer of good.

اِسْـتَـمْـسَـكَ اس نے پکڑ لیا۔
He has grasped.

اَلْـعُـرْوَةِ کڑا۔ Handle.

اَلْـوُثْـقٰى مضبوط۔ Strong.

نُـمَـتِّـعُـهُـمْ ہم ان کو فائدہ پہنچائیں گے۔
We shall let them enjoy themselves.

نَـضْـطَـرُّهُـمْ ہم ان کو مجبور کریں گے۔
We shall drive them.

غَـلِـيْـظٍ سخت۔ Severe.

يَـمُـدُّهٗ وہ اسکی مدد کرتا ہے۔
He swells it, help it.

مَـانَـفِـدَتْ نہیں ختم ہوں گے۔
Would not be exhausted.

اَجَـلٍ مُّـسَـمًّـى مقررہ مدت۔
An appointed term.

اَلْـبَـاطِـلُ جھوٹ۔ باطل۔ False.

لقمان رکوع ۴ پارہ ۲۱ رکوع ۱۳
Part-21. R-13 Luqman. R-4

غَـشِـيَـهُـمْ ان کو ڈھانپ لیا۔
Engulfed them, overwhelmed.

اَلـظُّـلَـلُ (واحد sing ظِلٌّ) سائے۔
Coverings.

مُـقْـتَـصِـدٌ میانہ روی اختیار کرنیوالے۔
Those who keep the right path.

يَـجْـحَـدُ وہ انکار کرتا ہے He denies.

خَـتَّـارٌ عہد شکن، بدعہد، جھوٹا، سخت دھوکہ باز
Perfidious, treachery, betrayal. (خ۔IV)

اِخۡشَوۡا ڈرو۔ Fear.

یَجۡزِیۡ وہ بدلہ دے گا۔ وہ کام آئے گا۔
He will reward.

جَازٍ کام آنے والا ہے۔ One who
makes satisfaction for another.

لَایَغُرَّنَّکُمۡ تم کو دھوکا نہ دے گا۔
It will not deceive you.

اَلۡغَرُوۡرُ شیطان۔ دھوکا دینے والا Deceiver.

اَلۡغَیۡثَ بارش۔ Rain.

تَدۡرِیۡ جانتا (کوئی نفس)
(*Any soul*) knows.

غَدًا کل (آنے والا) Tomorrow.

السجدۃ رکوع ۱ پارہ ۲۱ رکوع ۱۴
Part-21. R-14 Al-Sajdah. R-1

تَنۡزِیۡلُ اتارا جانا۔ Revelation.

سِتَّۃٌ چھ۔ Six.

اَیَّامٍ وقت۔ دَور۔ Periods.

اِسۡتَوٰی وہ قائم ہو گیا۔
He settled Himself.

اَلۡعَرۡشِ عرش حکومت The throne.

یُدَبِّرُ وہ (خدا) انتظام کرتا ہے۔
He (*Allah*) plans.

اَلۡاَمۡرَ فیصلہ۔ حکم Ordinance.

یَعۡرُجُ وہ چڑھے گا۔ He will go up.

یَوۡمَ وقت۔ Day.

اَلۡفَ ہزار۔ Thousand.

سَنَۃٍ سال۔ Year.

تَعُدُّوۡنَ تم گنتے ہو۔ You reckon,
count, number.

اَحۡسَنَ عمدہ بنایا ہے۔ خوبصورت بنایا ہے
Has made perfect.

خَلَقَہٗ اس کو اس نے پیدا کیا ہے۔
He has created.

نَسۡلَہٗ اس کی نسل His progeny,
offspring, descendant.

سُلٰلَۃٍ خلاصہ۔ Extract.

مَھِیۡنٍ حقیر۔ Insignificant.

سَوّٰیہُ اسکو مکمل کیا۔ اس کو مکمل طاقتیں دیں
Endowed him with
perfect faculties.

ضَلَلۡنَا ہم کھوئے گئے۔ گم ہو گئے۔
We were lost.

وُکِّلَ مقرر کیا گیا ہے۔ وکیل بنایا گیا ہے
Has been put in charge.

السجدۃ رکوع ۲ پارہ ۲۱ رکوع ۱۵
Part-21. R-15 Al-Sajdah. R-2

نَاکِسُوۡا جھکائے ہوئے ہونگے۔
Will hang down.

حَقَّ الۡقَوۡلُ مِنِّیۡ میری بات پوری ہوگئی
The word from Me has come true.

لَاَمۡلَئَنَّ میں ضرور پُر کرونگا I will fill.

عَذَابَ الۡخُلۡدِ دیرپا عذاب۔
The lasting punishment.

تَتَجَافٰی الگ ہو جاتے ہیں۔
Keep away.

جُنُوۡبُھُمۡ ان کے پہلو Their sides.

اَلْـمَـضَـاجِـعَ (واحد sing مَضْجَعٌ)
Beds. بستروں
اُخْـفِـيَ پوشیدہ رکھا گیا.Is kept hidden
فَـاسِـقًـا نافرمان۔اطاعت سے نکلنے والا۔
Disobedient.
لَا يَـسْـتَـوٗنَ وہ برابر نہیں ہوسکتے۔
They are not equal.
اَلْـمَـاْوٰى رہائش کے قابل.Abode
نُـزُلاً مہمان داری، مہمان نوازی کے طور پر
As an entertainment.
كُـلَّـمَـا جب کبھی۔ Every time.
لَـنُـذِيْـقَـنَّ ہم ضرور چکھائیں گے۔
We will make taste.
اَلْـعَـذَابَ الْاَدْنٰى چھوٹا عذاب۔
The lesser punishment.
اَلْـعَذَابَ الْاَكْـبَرِ بڑا عذاب۔
The greater punishment.
مُـنْـتَـقِـمُـوْنَ انتقام لینے والے۔
Those who punish.

السجدۃ رکوع ۳ پارہ ۲۱ رکوع ۱۶
Part-21. R-16 Al-Sajdah. R-3

مِـرْيَـةٍ شک۔ Doubt.
كَـمْ کتنی ہی۔ How many.
اَلْـقُـرُوْنَ قومیں۔ Generations.
يَـمْـشُـوْنَ وہ چلتے ہیں۔
They walk about.
نَـسُـوْقُ ہم ہانک کرلے جاتے ہیں۔
We drive. ہم چلاتے ہیں۔

اَلْـجُـرُزُ بنجر۔ Dry.
زَرْعًـا کھیتی۔ Crops.
يُـنْـظَـرُوْنَ وہ مہلت دیئے جائیں گے
They will be respited.
مُـنْـتَـظِـرُوْنَ انتظار کرنے والے ہیں۔
Are waiting.

الاحزاب رکوع ۱ پارہ ۲۱ رکوع ۱۷
Part-21. R-17 Al-Ahzab. R-1

قَـلْـبَـيْـنِ دودل۔ Two hearts.
جَـوْفٌ سینہ۔(پیٹ)۔ Breast.
تُـظٰـهِـرُوْنَ تم اظہار کرتے ہو، تم ماں کہتے ہو
You keep away by calling them mothers.
اَدْعِـيَـآءَ كُـمْ تمہارے لے پالک منہ بولے بیٹے
Those you adopt them as sons.
اِخْـوَانُـكُـمْ تمہارے بھائی۔
Your brothers.
مَـوَالِـيْـكُـمْ تمہارے دوست۔
Your friends.
تَـعَـمَّـدَتْ پختہ ارادہ کرلیا۔
Intended, resolved.
اَوْلٰى زیادہ قریب ہے Is nearer.
مَـسْـطُـوْرًا لکھی ہوئی ہے۔
Is written down.
مِـيْـثَـاقًـا غَـلِـيْـظًـا پختہ عہد۔
A solemn covenant.

الاحزاب رکوع ۲ پارہ ۲۱ رکوع ۱۸
Part-21. R-18 Al-Ahzab. R-2

اَسۡفَلَ نیچے۔ Below.

زَاغَتۡ ٹیڑھی ہوگئیں Became distracted, turned aside, deviated.

بَلَغَتۡ پہنچ گئے۔ آ گئے Reached.

حَنَاجِرَ (واحد sing حَنۡجَرَةٌ) گلے. Throats.

اُبۡتُلِیَ مبتلا کئے گئے۔ ابتلاء میں ڈال دیئے گئے. Were tried.

زُلۡزِلُوۡا ہلائے گئے. Were shaken.

غُرُوۡرًا جھوٹا۔ دھوکہ۔ Delusion, deceiving.

مُقَامَ ٹھکانا۔ Stand.

فَارۡجِعُوۡا پس لوٹو۔ (یعنی مرتد ہو جاؤ) Therefore turn back.

یَسۡتَاۡذِنُ وہ اجازت مانگتا ہے۔ He asks leave.

عَوۡرَةٌ غیر محفوظ ہیں۔ خالی ہیں۔ دشمن کی زد میں ہیں Are exposed, uncovered, unprotected.

یُرِیۡدُوۡنَ وہ چاہتے ہیں They want.

فِرَارًا بھاگنا۔ To flee.

دُخِلَتۡ داخل کی جاتیں (فوجیں)۔ (*Forces*) were entered.

اَقۡطَارِهَا اسکی اطراف. Its environs.

سُئِلُوۡا ان سے مطالبہ کیا جائے۔ They were asked.

اَلۡفِتۡنَةَ فتنہ (ارتداد کا خانہ جنگی کا) The disturbance.

لَاٰتَوۡهَا وہ ضرور اس (دعوت ارتداد) کو قبول کریں گے They would certainly have done so.

تَلَبَّثُوۡا وہ ٹھہریں گے۔ They would have tarried, stayed.

یُوَلُّوۡنَ وہ پھیریں گے۔ They would turn.

اَدۡبَارَ (واحد sing دُبُرٌ) پیٹھیں Backs.

مَسۡئُوۡلًا پوچھا جائے گا۔ Will have to be answered for.

اَلۡفِرَارُ بھاگنا. To flee, run away.

فَرَرۡتُمۡ تم بھاگے۔. You ran away.

تُمَتَّعُوۡنَ تم فائدہ دیئے جاؤ گے۔ You will be allowed to enjoy yourselves.

مَنۡ یَّعۡصِمُکُمۡ کون تم کو بچائے گا۔ Who is it that can save you.

سُوۡٓءَ دکھ۔ تکلیف۔ سزا۔ Harm.

اَلۡمُعَوِّقِیۡنَ روکنے والے۔ پیچھے ہٹانیوالے Those who hinder.

اَلۡقَآئِلِیۡنَ کہنے والے۔ دعوت دینے والے Those who say.

هَلُمَّ آؤ۔ Come.

وَلَا یَاۡتُوۡنَ اور وہ نہیں آتے۔ And they come not.

اَلۡبَاۡسَ جنگ۔ The fight.

اَشِحَّةً عَلَیۡکُمۡ وہ تم سے بخل کرنیوالے

Allah turned back.

بِغَيْظِهِمْ ان کے غصہ سمیت۔
In their rage.

لَمْ يَنَالُوا انہوں نے نہیں حاصل کی۔
They gained not.

ظَاهَرُوهُمْ انہوں نے ان کی مدد کی تھی
They had aided them.

صَيَاصِيهِمْ ان کے قلعے۔
Their fortresses.

قَذَفَ He cast. اس نے ڈالا۔

تَأْسِرُونَ تم قیدی بناتے ہو۔
You took captive.

تَطَئُوا تم نے پامال کیا۔تم نے قدم رکھا۔
You have set foot.

الاحزاب رکوع ۴ پارہ ۲۱ رکوع ۲۰
Part-21. R-20 Al-Ahzab. R-4

تُرِدْنَ You desire. تم چاہتی ہو۔

تَعَالَيْنَ تم (عورتیں) آؤ۔
You (*women*) come.

أُمَتِّعْكُنَّ میں تم کو فائدہ پہنچاؤں۔
I shall provide for you.

أُسَرِّحْكُنَّ تم کو رخصت کروں۔
I shall send you away.

فَاحِشَةٌ اعلی ایمان کے خلاف کوئی
Be guilty بات کرے (خ۔۱۱)۔
of manifestly dishonourable conduct, indecency.

يُضٰعَفْ Will be بڑھایا جائے گا۔
doubled, increased.

ضِعْفَيْنِ Double. دگنا۔

Being niggardly of their help to you.

تَدُورُ چکر کھاتے ہیں (ان کے ڈھیلے)
(*Their eyes*) roll.

أَعْيُنُهُمْ Their eyes. انکی آنکھیں

يُغْشٰى عَلَيْهِ الْمَوْتُ جس پر موت کی
Who is fainting غشی طاری ہو
on account of death.

سَلَقُوكُمْ وہ تم پر چلاتے ہیں۔تم کو دکھ
They assail you, attack. دیتے ہیں

بِأَلْسِنَةٍ Tongues. زبانیں۔

حِدَادٍ Sharp. تیز۔

أَشِحَّةً بخیل ہیں۔بخل کرتے ہوئے
Being niggardly, greedy.

عَلَى الْخَيْرِ For wealth. خیر کیلئے

يَوَدُّوا وہ چاہیں گے۔
They would wish.

بَادُونَ Deserts. ویرانے۔جنگل

الْأَعْرَابِ Nomad Arabs. بدّو

الاحزاب رکوع ۳ پارہ ۲۱ رکوع ۱۹
Part-21. R-19 Al-Ahzab. R-3

قَضٰى He has fulfilled. اُسنے پورا کردیا

نَحْبَهُ His vow. اپنی منت۔نذر

يَنْتَظِرُ He waits. وہ انتظار کرتا ہے

مَا بَدَّلُوا انہوں نے نہیں تبدیلی کی۔
They have not changed.

رَدَّ اللّٰهُ اللہ نے لوٹا دیا۔

الاحزاب رکوع ۴ پارہ ۲۲ رکوع ۱
Part-22. R-1 Al-Ahzab. R-4

وَمَنْ يَقْنُتْ جوکوئی (عورت) فرمانبرداری کرے گی۔
Whoever (*woman*) is obedient.

لَسْتُنَّ تم نہیں ہو (عام عورتوں کی طرح)
You are not. (*like other women*)

اِتَّقَيْتُنَّ اگرتم تقویٰ اختیار کرو۔ پرہیزگاری اختیار کرو۔ اپنے مقام کو سمجھو۔ (خ۔II)
If you are righteous, virtuous.

لَا تَخْضَعْنَ بِالْقَوْلِ نہ نرمی کرو بات میں۔
Be not soft in speech.

يَطْمَعُ وہ امید کرے گا۔ ارادہ کریگا۔
He will feel tempted, covet, hope.

قَرْنَ ٹھہری رہو۔
Stay.

لَا تَبَرَّجْنَ اپنی زینت اور سنگھار ظاہر نہ کرو
Display not your beauty.

تَبَرُّجَ الْجَاهِلِيَّةِ الْاُوْلٰى پرانے زمانے کی جاہلیت کیطرح
Like the showing off of former days of ignorance.

لِيُذْهِبَ عَنْكُمْ تاکہ وہ تم سے دور کردے
So that he remove from you, purge, cleanse.

اَلرِّجْسَ گندگی۔
Uncleanness.

وَاذْكُرْنَ اورتم (عورتیں) یادرکھو۔
And you (*women*) remember.

مَا يُتْلٰى جو تلاوت کی جاتی ہے۔
What is rehearsed, recited.

الاحزاب رکوع ۵ پارہ ۲۲ رکوع ۲
Part-22. R-2 Al-Ahzab. R-5

اَلْمُتَصَدِّقِيْنَ کامل صدقہ کرنیوالے مرد
Men who give alms.

اَلصَّآئِمِيْنَ کامل روزہ رکھنے والے مرد
Men who fast.

قَضَى اللّٰهُ اللہ نے فیصلہ کردیا۔
Allah has decided.

اَلْخِيَرَةُ اختیار
Own choice.

يَعْصِ نافرمانی کرتا ہے۔
He disobeys.

مُبْدِي ظاہر کرنے والا ہے۔
One who brings to light.

قَضٰى زَيْدٌ زید نے فیصلہ کرلیا، پورا کردیا
Zaid had accomplished.

وَطَرًا اپنی خواہش کو۔
His want.

حَرَجٌ تنگی۔
Difficulty.

اَدْعِيَآئِهِمْ اپنے لے پالکوں۔ منہ بولے بیٹوں۔
Their adopted sons.

قَضَوْا مِنْهُنَّ وَطَرًا وہ (یعنی خاوند) پوری کرلیں ان کے متعلق اپنی خواہش (طلاق دیدیں)
They have accomplished their wants concerning them.

اَمْرُ اللّٰهِ اللہ کا فیصلہ۔
Allah's decree.

مَفْعُوْلًا ہوکررہتا ہے
To be fulfilled.

قَدَرًا فیصلہ شدہ چیز ہے (خ۔II)
Is a decree.

مَقْدُوْرًا اندازہ کیا ہوا۔ قطعی
Ordained.

الاحزاب رکوع ٦ پارہ ۲۲ رکوع ۳
Part-22. R-3 Al-Ahzab. R-6

بُكْرَةً صبح۔
Morning.

during war.

هَاجَرْنَ انہوں (عورتوں) نے ہجرت کی
They (*women*) emigrated.

وَهَبَتْ اس نے ھبہ کردیا۔ She offered herself for marriage.

تُرْجِي تو الگ کردے۔ پیچھے ہٹادے۔ چھوڑ دے۔ You may put aside.

تُؤْوِیْ تو جگہ دے۔اپنے پاس رکھ۔
Keep with yourself.

اِبْتَغَيْتَ تو چاہے You desire.

عَزَلْتَ تو چھوڑ چکا ہے۔
You have put aside.

اَدْنٰی زیادہ قریب ہے۔ Is more likely.

تَقَرَّ ٹھنڈی ہوں May be cooled.

اَعْيُنُهُنَّ ان کی آنکھیں۔ Their eyes.

لَايَحْزَنَّ وہ (عورتیں) غم نہ کریں They (*women*) may not grieve.

يَرْضَيْنَ وہ راضی ہوجائیں۔
They may be pleased.

الاحزاب رکوع ۷ پارہ ۲۲ رکوع ۴
Part-22. R-4 Al-Ahzab. R-7

يُؤْذَنَ دعوت دی جائے۔اجازت دی جائے
Leave is granted.

غَيْرَنَاظِرِيْنَ نہ انتظار کرنے والے۔
Not waiting.

اِنٰهُ اس (کھانے) کا پکنا۔
Its appointed time, ripeness.

طَعِمْتُمْ تم کھا چکو۔
You have had your meal.

فَانْتَشِرُوْا منتشر ہوجاؤ۔ چلے جاؤ۔
Disperse.

اَصِيْلًا شام۔ Evening.

يُصَلِّيْ وہ (اللہ) رحمتیں بھیجتا ہے۔ He (*Allah*) sends down blessings.

تَحِيَّتُهُمْ انکا تحفہ۔ Their greeting.

سِرَاجًا سورج۔ چراغ۔ Lamp.

مُنِيْرًا روشنی دینے والا۔ چمکتا ہوا۔
Light-giving.

دَعْ چھوڑ دے۔نظر انداز کردے۔ پرواہ نہ کر (ان کی ایذا رسانی کی) Leave alone, Overlook (*their annoying talk*)

نَكَحْتُمْ تم نکاح کرو۔شادی کرو۔
Marry, wed.

تَعْتَدُّوْنَ تم شمار کرتے رہو (عدت کو) You reckon.(*the period of waiting*)

مَتِّعُوْهُنَّ انکو کچھ نفع پہنچاؤ (دنیوی ساز و سامان)
Make some provision for them.

سَرِّحُوْهُنَّ تم ان کو رخصت کرو۔
Send them away.

سَرَاحًا جَمِيْلًا خوبصورت طریق پر رخصت کرنا۔ Setting free in a handsome manner

اَحْلَلْنَا ہم نے حلال کر دیا ہے۔
We have made lawful.

اَفَآءَ اللّٰهُ اللہ نے لوٹایا ہے۔ Allah has given as gains of war.

نوٹ:- فَیْ۔ اس مال یا سامان کو کہتے ہیں جو جنگ کے دوران دشمن سے حاصل ہو۔
"**Fai**" is called that goods which are gained from the enmey

لَامُسْتَانِسِيْنَ نہ شوق سے لگے رہو۔
Without seeking to engage.
اَلْحَدِيْثَ In talk. باتوں میں
يُؤْذِيْ تکلیف دہ ہے (یہ طریق)۔
(*That*) causes inconvenience.
يَسْتَحْيٖ He feels shy. وہ شرماتا ہے
سَاَلْتُمُوْهُنَّ تم ان (عورتوں) سے
You ask them. مانگو (کوئی چیز)
وَرَآءِ حِجَابٍ پردے کے پیچھے سے۔
From behind a curtain.
اَنْ تُؤْذُوْا That you کہ تم اذیت دو
cause inconvenience.
صَلُّوْا دعائیں کرتے رہو۔ درود بھیجو۔
Pray, invoke blessings.
سَلِّمُوْا Salute, سلامتی مانگتے رہو۔
say peace be upon you.
تَسْلِيْمًا خوب خوب سلام۔
The salutation of peace.
بِغَيْرِمَا اكْتَسَبُوْا بغیر کسی جرم کے
Without any جوانہوں نے کمایا
guilt what they have earned.
اِحْتَمَلُوْا They bore. انھوں نے اٹھالیا
بُهْتَانًا Calumny, false. جھوٹ
اِثْمًا مُّبِيْنًا Manifest sin. کھلم کھلا گناہ

الاحزاب رکوع ۸ پارہ ۲۲ رکوع ۵
Part-22. R-5 Al-Ahzab. R-8

يُدْنِيْنَ وہ (عورتیں) جھکادیں۔ (خ IV)
They وہ لٹکا دیں۔
(*women*) should pull down.

جَلَابِيْبِهِنَّ Their اپنی بڑی چادریں
outer cloaks, over-garments.
يُدْنِيْنَ عَلَيْهِنَّ مِنْ جَلَابِيْبِهِنَّ
وہ اپنے سروں سے کھینچ کر (چادروں کو) اپنے
Pull down سینہ تک لے آئیں۔ (خ II)
upon (*outer cloacks*) from their heads over their faces.
اَدْنٰى زیادہ قریب ہے۔ (یہ امر)
Is more likely.
يُعْرَفْنَ They وہ (عورتیں) پہچانی جائیں
(*women*) may be recognized.
لَايُؤْذَيْنَ وہ (عورتیں) نہ تکلیف دی جائیں
They (*women*) may not be molested, troubled.
لَمْ يَنْتَهِ وہ باز نہ آئیں۔
They desist not.
اَلْمُرْجِفُوْنَ افواہیں پھیلانیوالے۔
Spreading false rumours.
نُغْرِيَنَّكَ ہم تجھے ان کے پیچھے لگائینگے
We کھڑا کردیں گے۔ ہم تجھے بھڑکائیں گے
shall urge you on against them.
لَايُجَاوِرُوْنَكَ۔ وہ تیرے پڑوس میں نہ
They will not dwell رہ سکیں گے
as your neighbours.
مَلْعُوْنِيْنَ دھتکارے ہوئے خدا کے رحم
They are accursed. سے محروم
اَيْنَمَا Wherever. جہاں کہیں۔
ثُقِفُوْا وہ پائے جائیں۔
They are found.

مَایُدرِیکَ تجھے کیا چیز سمجھائے What will make you know.

تُقَلَّبُ الٹایا پلٹایا جائے گا۔ Will be turned over.

وَجُوهُهُم ان کے سرداروں۔ بڑے بڑے لوگ Their faces, leaders.

ضِعفَینِ دگنا۔ دہرا۔ Double.

الاحزاب رکوع ۹ پارہ ۲۲ رکوع ٦
Part-22. R-6 Al-Ahzab. R-9

اٰذَوا انہوں نے تکلیف دی۔ They maligned, slandered.

بَرَّاَهُ اس کو بری کیا۔ Cleared him.

وَجِیهًا بڑی شان والا ہے۔ Have a great position.

یُصلِح وہ درست کردے گا۔ He will set right.

عَرَضنَا ہم نے پیش کیا We offered.

اَبَینَ انہوں نے انکار کیا۔ They refused.

اَشفَقنَ وہ (زمین وآسمان وغیرہ) ڈر گئے They (*the heavens and the earth*) were afraid.

جَهُولًا عواقب سے بے پرواتھا۔ Was neglectful of himself.

سبا رکوع ۱ پارہ ۲۲ رکوع ۷
Part-22. R-7 Al-Saba. R-1

یَلِجُ داخل ہوتا ہے۔ Goes into.

یَعرُجُ چڑھتا ہے Ascends into.

یَعزُبُ غائب رہتا ہے۔ چھپا رہتا ہے۔ It hides, escapes.

کِتَابٌ مُّبِینٌ ظاہر کردینے والی کتاب ظاہر کردینے والی تحریریں A perspicuous book, clearly expressed.

سَعَوا کوشش کرتے ہیں۔ They strive.

مِن رِجزٍ گناہ۔ لرزہ خیز عذاب۔ Sin, a painful punishment.

نَدُلُّ ہم آگاہ کریں، پتہ دیں۔ We show.

یُنَبِّئُ وہ بتاتا ہے۔ He tells.

مُزِّقتُم کُلَّ مُمَزَّقٍ تم ٹکڑے ٹکڑے کئے جاؤ گے You will be broken up into pieces.

اَلضَّلٰلِ البَعِیدِ خطرناک گمراہی۔ دور کی گمراہی Abysmal error.

نَخسِف بِهِمُ ہم ان کو دھنسادیں۔ ہم ان کو مصائب میں مبتلا کردیں۔ We cause to sink with them.

نُسقِط ہم گرادیں۔ We fall upon.

کِسَفًا ٹکڑا۔ Piece.

مُنِیبٌ جھکنے والا۔ Repentant.

سبا رکوع ۲ پارہ ۲۲ رکوع ۸
Part-22. R-8 Al-Saba. R-2

اَوِّبِی جھک جاؤ Repent, repeat *the praises of Allah.*

اَلَنَّا ہم نے نرم کردیا۔ We made soft.

سَابِغَاتٍ زرہیں۔ Full-length coats of mail.

قَـدِّرْ چھوٹے بنا۔
Make a proper measure.
اَلــسَّـرْدَ حلقے۔ Rings.
غُـدُوُّهَـا اس (ہوا) کا صبح کا چلنا۔
Its (*wind*) morning course.
رَوَاحُـهَـا اس (ہوا) کا شام کا چلنا۔
Its (*wind*) evening course.
اَسَـلْـنَـا ہم نے بہا دیا۔ پگھلا دیا۔
We caused to flow.
عَـيْـنَ (جمع plu عُيُوْنٌ) چشمہ Fountaine.
اَ لْـقِـطْـرِ تانبہ۔ Molten copper.
يَـزِ غْ کجروی اختیار کرے گا۔ خلاف ورزی کرے گا۔ پھرے گا۔ Will turn away.
مَـحَـارِيْـبَ (واحد sing مِحْرَابٌ)
Places. قلعے۔
تَمَاثِيْـلَ (واحد sing تِمْثَالٌ)
Statues. مجسمے۔
جِفَـانٍ (واحد sing جَفْـنَـةٌ) بڑے بڑے لگن۔ ٹب۔
Basins.
جَـوَاب (واحد sing جَابِـيَـةٌ) تالاب حوض
Reservoirs, pools.
قُـدُوْرٍ (واحد sing قِـدْرٌ) دیگیں۔
Large cooking vessels.
رَاسِـيَـاتٌ دھری ہوئی (چولھوں پر)
Fixed (*in their places*).
قَـضَـيْـنَـا ہم نے فیصلہ کیا We decreed.
دَلَّ اس نے آگاہ کیا He indicated.
مِـنْـسَـاَتَ عصا (حکومت)
Staff. (*government*)

مَـسْـكَـنِـهِـمْ اُنکے ملک میں (رہنے کی جگہ)
In their homeland.
بَـلْـدَةٌ طَـيِّـبَـةٌ خوبصورت شہر۔
A beatiful town.
سَـيْـلَ سیلاب۔ Flood.
اَلْـعَـرِمَ ہر چیز کو تباہ کرنے والا۔
Fierce, devastating.
سَـيْـلَ الْـعَـرِمِ تیز سیلاب۔
A fierce flood.
ذَوَاتَـىْ اُكُـلٍ پھلوں والی Bearing fruit.
خَـمْـطٍ بدمزہ۔ کڑوا۔ Bitter.
اَ ثْـلٍ جھاؤ۔ Tamarisk.
سِـدْرٍ بیریاں۔ Lote-trees.
نُـجَـازِىْ ہم بدلہ دیتے ہیں We requite.
اَلْـكَـفُـوْرُ ناشکرے۔ Ungrateful.
قُـرًى بستیاں۔ Towns.
ظَـاهِـرَةً آمنے سامنے۔ پاس پاس۔
Prominently visible, face to face, close.
قَـدَّرْنَـا ہم نے چھوٹا کر دیا We fixed easy.
اَلـسَّـيْـرَ فاصلہ۔ سفر۔ منزل۔
Travel, journey.
بَـاعِـدْ دُوری ڈال دے۔ لمبا کر دے۔
Place longer distances.
جَـعَـلْـنٰـهُـمْ ہم نے ان کو بنا دیا۔
We made them.
اَحَـادِيْـثَ افسانے۔ Bywords.
مَـزَّقْـنٰـهُـمْ ہم نے ان کو ٹکڑے ٹکڑے کر دیا۔
ہم نے ان کو مٹا دیا We broke them into pieces.

كُلَّ مُمَزَّقٍ مکمل طور پر مٹانا۔
An utter breaking up.

سبا رکوع ۳ پارہ ۲۲ رکوع ۹
Part-22. R-9 Al-Saba. R-3

ظَهِيْرٌ مددگار۔ Helper.
فُزِّعَ گھبراہٹ دور کی جاتی ہے۔
Are relieved of awe.
يَفْتَحُ وہ فیصلہ کریگا He will judge.
اَلْفَتَّاحُ بہت اچھا فیصلہ کرنے والا۔
The Best Judge.
اَلْحَقْتُمْ تم نے ملایا ہے۔
You have joined.
كَآفَّةً سب۔ All.

سبا رکوع ۴ پارہ ۲۲ رکوع ۱۰
Part-22. R-10 Al-Saba. R-4

مَوْقُوْفُوْنَ کھڑے کئے جائیں گے۔
Will be made to stand.
اَسَرُّوْا وہ چھپائیں گے۔
They will conceal.
اَلْاَغْلَالَ (واحد *sing* غُلٌّ) طوق۔
Chains round.
اَعْنَاقِ واحد *sing* عُنُقٌ
Necks. گردنیں
مُتْرَفُوْهَا اس (بستی) کے آسودہ حال
The wealthy مالدار لوگ۔
ones thereof. (*city*)

سبا رکوع ۵ پارہ ۲۲ رکوع ۱۱
Part-22. R-11 Al-Saba. R-5

تُقَرِّبُكُمْ تم کو قریب کریں، مقرب بنائیں
Will bring you near.

زُلْفٰى قرب۔ Near in rank.
يُخْلِفُهٗ وہ اس کا بدلہ دے گا۔
He will replace it.
يَصُدُّ وہ روکتا ہے He turns away.
اِفْكٌ جھوٹ۔ Lie.
كُتُبٌ (واحد *sing* كِتَابٌ) صحیفے،
Books, scriptures. کتابیں
يَدْرُسُوْنَ وہ پڑھتے ہیں۔ They study.
مَابَلَغُوْا وہ نہیں پہنچے۔
They have not attained.
مِعْشَارَ دسواں حصہ۔ Tenth.
نَكِيْرِ میرا انکار۔ Denying Me.

سبا رکوع ۶ پارہ ۲۲ رکوع ۱۲
Part-22. R-12 Al-Saba. R-6

يَقْذِفُ وہ (خدا) ٹکڑے ٹکڑے کرتا ہے
He (*Allah*) breaks it (باطل کے)
(*falsehood*) into pieces.
يُبْدِئُ وہ شروع کرتا ہے He originates.
يُعِيْدُ وہ واپس لاتا ہے۔ وہ دہراتا ہے۔
He reproduces.
فَزِعُوْا وہ گھبرا جائیں گے۔ They
will be smitten with fear.
فَوْتَ بھاگنا۔ بھاگنے کی جگہ Escape.
place of escape.
اُخِذُوْا وہ پکڑے جائیں گے۔
They will be seized.
اَنّٰى لَهُمْ کیسے ممکن ہوگا ان کیلئے۔
How can be possible to them.

اَلــتَّــنَــاوُش ُ پکڑنا' حاصل کرنا Attaining.

یَـقْـذِفُـوْنَ اٹکل پچو اعتراض کرتے ہیں۔
They utter.

بِـالْـغَـیْـبِ بغیر غور و فکر کے Unseen,
conjectures, guessing.

حِـیْـلَ پردہ ڈالا گیا۔ روک ڈالی گئی۔
A barrier will be placed.

یَـشْـتَـهُـوْنَ وہ خواہش کرتے ہیں۔
They long for. وہ چاہتے ہیں

کَـمَـا فُـعِـلَ جیسا کہ کیا گیا As was done.

بِـاَشْـیَـاعِـهِـمْ ان کے ہم جنسوں سے۔
With the like of them.

مُـرِیْـبٍ بے چین کرنے والا۔
Disquieting, disturbing.

فاطر رکوع ۱ پارہ ۲۲ رکوع ۱۳
Part-22. R-13 Fatir. R-1

فَـاطِـرُ پیدا کرنیوالا The originator.

اَجْـنِـحَـةٍ (واحد sing جُنَاحٌ) بازووں۔
Wings. پروں

یَـزِیْـدُ وہ (خدا) زیادہ کرتا ہے۔
He (*Allah*) adds.

یَـفْـتَـحُ وہ (خدا) کھولتا ہے He (*Allah*)
lays open, grants to, bestows.

مُـمْـسِـکٌ روکنے والا۔ بند کرنیوالا۔
One who withholds.

مُـرْسِـلَ جاری کرنیوالا۔ بھیجنے والا۔
One who releases.

تَـغُـرَّنَّـکُـمْ تم کو دھوکا میں ڈالے۔
Deceive you.

اَلْـغَـرُوْرُ دھوکا دینے والا Deceiver.

حِـزْبَـهٗ اپنے ساتھی His followers.

فاطر رکوع ۲ پارہ ۲۲ رکوع ۱۴
Part-22. R-14 Fatir. R-2

فَـلَا تَـذْهَـبْ نہ جاتی رہے۔ نہ ہلاک ہو۔
So let not (*soul*) waste away.

نَـفْـسُـکَ تیری جان Your soul.

تُـثِـیْـرُ وہ (ہوائیں) اٹھاتی ہیں۔
They (*winds*) raise.

یَـصْـعَـدُ چڑھتی ہیں۔ (اچھی باتیں)
(*Pure words*) ascend.

یَـبُـوْرُ وہ (مکر' منصوبہ) تباہ ہوگا۔
It (*planning*) will perish.

یُـعَـمَّـرُ وہ عمر دیا جاتا ہے۔
He is granted long life.

مُـعَـمَّـرٌ بڑی عمر والا۔
One who is granted long life.

یُـنْـقَـصُ کمی کی جاتی ہے Is diminished.

فِیْ کِـتَـابٍ ایک قانون کے مطابق (خ II)
In a book.

لَایَـسْـتَـوِیْ نہیں برابر ہوتے۔
Are not alike.

عَـذْبٌ میٹھا۔ Palatable.

فُـرَاتٌ پسندیدہ۔ Sweet.

سَـآئِـغٌ خوشگوار۔ خوش ذائقہ Pleasant.

مِـلْـحٌ نمکین۔ Saltish.

اُجَـاجٌ گلا جلانے والا۔ کڑوا۔ Bitter.

طَـرِیًّـا تازہ۔ Fresh.

غَـرَابِـيْـبُ (واحد sing غِـرْبِـيْـبٌ) کالے۔
Raven, larg shiny black bird.

Black. سیاہ (واحد sing اَسْـوَدٌ) سُـوْدٌ

Will fail. تباہ ہوگی۔ تَـبُـوْر

We chose. ہم نے چن لیا اِصْـطَـفَـيْـنَـا

One who keep میانہ رَو مُـقْـتَـصِـدٌ
the middle course, moderate.

يُـحَـلَّـوْنَ وہ پہنائے جائیں گے۔
They will be adorned.

Bracelets. کنگن۔ اَسَـاوِر

Pearl. موتی۔ لُـؤْلُـؤًا

Silk. ریشم۔ حَـرِيْـرٌ

اَذْهَـبَ عَـنَّـا اس (خدا) نے ہم سے دور کیا
He (*Allah*) has removed from us.

اَحَـلَّـنَـا اس نے ہم کو اتارا۔
He has settled us.

The abode. ٹھہرنے کی جگہ دَارَالْـمُـقَـامَـة

لَايَـمَـسُّـنَـا نہیں چھوتی۔ (پہنچتی) ہم کو۔
Will not touch us.

Toil. تکلیف۔ نَـصَـبٌ

Weariness. تھکان۔ تھکاوٹ لُغُـوْبٌ

لَايُـقْـضٰـى عَـلَـيْـهِـمْ نہ فیصلہ کیا جائے گا
Will not be ان کے خلاف
decreed for them.

يُـخَـفَّـفُ ہلکا کیا جائے گا۔ کم کیا جائے گا۔
Will be lightened.

يَـصْـطَـرِخُـوْنَ وہ چلائیں گے۔
They will cry.

تَـسْـتَـخْـرِجُـوْنَ تم نکالتے ہو۔
You take forth.

Ornaments. زیور۔ حِـلْـيَـةٌ

قِـطْـمِـيْـرٌ گٹھلی کے درمیانی چھلکے کے برابر
A whit.

مَـااسْـتَـجَـابُـوْا نہ جواب دیں گے۔
Will not answer.

لَايُـنَـبِّـئُـكَ وہ تجھے نہیں بتا سکے گا۔
He could not inform you.

Like the باخبر کی طرح مِـثْـلُ خَـبِـيْـرٍ
one who is All-Aware.

فاطر رکوع ۳ پارہ ۲۲ رکوع ۱۵
Part-22. R-15 Fatir. R-3

يُـذْهِـبْـكُـمْ تم کو لے جائے۔ ہلاک کردے
Bring you.

تَـدْعُ وہ (بوجھ اٹھانے والی) پکارے۔
He (*heavily laden soul*) calls.

مُـثْـقَـلَـةٌ بوجھ سے دبی ہوئی۔
Heavily laden.

He purifies. وہ پاک ہوتا ہے يَـتَـزَكّٰـى

The heat. دھوپ۔ لُو۔ اَلْـحَـرُوْرُ

مُـسْـمِـعٍ سنانے والا۔
One who makes to hear.

فاطر رکوع ۴ پارہ ۲۲ رکوع ۱۶
Part-22. R-16 Fatir. R-4

Streaks. ٹکڑے (واحد sing جُـدَّةٌ) جُـدَدٌ

White سفید (واحد sing اَبْـيَـضٌ) بِـيْـضٌ

Red سرخ (واحد sing اَحْـمَـرٌ) حُـمُـرٌ

لَمْ نُعَمِّرْكُمْ ہم نے تم کو عمر نہیں دی تھی
We did not give you a life.

يَتَذَكَّرُ نصیحت حاصل کر لیتا ہے۔
Would take heed.

فاطر رکوع ۵ پارہ ۲۲ رکوع ۱۷
Part-22. R-17 Fatir. R-5

مَقْتًا ناراضگی۔ Displeasure.

يُمْسِكُ وہ (اللہ) روکے ہوئے ہے۔
He (*Allah*) holds.

تَزُوْلَا وہ دونوں (زمین و آسمان) ٹل جائیں
Both they (*the heavens and the earth*) deviate.

زَالَتَا وہ ٹل جائیں۔ They did deviate.

اِنْ اَمْسَكَهُمَا نہیں روک سکے گا ان دونوں کو
None can hold both of them.

نُفُوْرًا نفرت۔ Aversion.

اِسْتِكْبَارًا تکبر کی وجہ سے
For exaltation. بڑا بننے کی وجہ سے

يَحِيْقُ وہ ہلاک کرتا ہے۔ He encompasses, surrounds.

تَحْوِيْلًا تغیر۔ ٹلتے ہوئے Change, alteration, turning off.

يُعْجِزَهٗ وہ اس کو عاجز کرے۔
He can frustrate him.

یٰسٓ رکوع ۱ پارہ ۲۲ رکوع ۱۸
Part-22. R-18 Ya Sin. R-1

يٰسٓ اے سید، سردار۔ O Perfect leader.

حَقَّ الْقَوْلُ ہمارا دعویٰ پورا ہو گیا۔
Our word has proved true.

اَعْنَاق (واحد sing عُنُقٌ) گردنیں۔ Necks.

اَغْلٰلًا طوق۔ Collars.

اَذْقَانٌ (واحد sing ذَقَنٌ) ٹھوڑیوں Chins.

مُقْمَحُوْنَ گردنیں اونچی کیئے ہوئے ہونگے
Heads will be raised up.

سَدًّا روک۔ A barrier.

اَغْشَيْنٰهُمْ ہم نے ان کو ڈھانک لیا۔
We have covered them.

قَدَّمُوْا آگے بھیجا Send forward.

اٰثَارَهُمْ ان کے (عملوں کے) نتائج۔
That which they leave behind.

اَحْصَيْنٰهُ ہم نے اسکو گن رکھا ہے۔
We have recorded them.

اِمَامٍ مُّبِيْنٍ کھلی کتاب (خII)
A clear book.

یٰسٓ رکوع ۲ پارہ ۲۲ رکوع ۱۹
Part-22. R-19 Ya Sin. R-2

عَزَّزْنَا ہم نے طاقت بخشی۔
We strengthened.

تَطَيَّرْنَا ہم منحوس سمجھتے ہیں۔
We augur evil fortune.

طَآئِرُكُمْ تمہارا نحوست کا عمل۔
Your evil fortune.

ذُكِّرْتُمْ تم یاد دلائے جاتے ہو۔
You have been admonished.

اَقْصَا الْمَدِيْنَةِ شہر کی دوسری طرف۔
The farthest part of the town.

يَسْعٰى دوڑتا ہوا۔ Running.

مُهْتَدُوْنَ وہ ہدایت یافتہ ہیں۔
They are rightly guided.

یٰسٓ رکوع ۲ پارہ ۲۳ رکوع ۱
Part-23. R-1 Ya Sin. R-2

وَمَالِیَ اور مجھے کیا ہوا۔
And what reason have I.

فَطَرَنِیْ اس نے مجھے پیدا کیا۔
He has created me.

لَاتُغْنِ عَنِّیْ نہ فائدہ دے گی مجھے۔
Will avail me naught.

یُنْقِذُوْنِ وہ مجھے چھڑا سکیں گے۔ بچا سکیں گے۔
They could rescue me.

فَاسْمَعُوْنِ مجھے سنو۔ میری بات سنو۔
Listen to me.

مُکْرَمِیْنَ معزز لوگ۔
Honoured ones.

صَیْحَۃً عذاب' تند' تیز آواز' ہولناک آواز
Blast, thunderbolt, shout, terrible and mighty noise.

خَامِدُوْنَ وہ بجھ گئے۔ ان کی شان وشوکت جاتی رہی
They were extinct, dead.

اَلْقُرُوْنَ (واحد sing قَرْنٌ) قومیں۔ نسلیں
Generations.

مُحْضَرُوْنَ وہ حاضر کئے جائیں گے۔
They will be brought before.

یٰسٓ رکوع ۳ پارہ ۲۳ رکوع ۲
Part-23. R-2 Ya Sin. R-3

حَبًّا دانہ۔ اناج۔
Grain.

مَاعَمِلَتْ نہیں بنایا ہے۔
Is not made.

نَسْلَخُ ہم کھینچ کر نکالتے ہیں۔
We strip off, withdraw, pull.

مُظْلِمُوْنَ وہ اندھیرے میں ہوجاتے ہیں
They are left in darkness.

مُسْتَقَرٌّ مقررہ جگہ۔
Determined goal.

تَقْدِیْرُ اندازہ۔ مقرر کردہ قانون ہے۔
That is the decree, measuring.

قَدَّرْنَا ہم نے مقرر کردی ہیں۔
We have appointed.

مَنَازِلَ منزلیں۔
Stages.

عُرْجُوْنِ مڑی ہوئی شاخ
Dry branch of a palm-tree, dry date-stalk.

قَدِیْمٌ پرانی۔
Old.

تُدْرِکَ پالے۔ پکڑلے
It overtake.

سَابِقُ آگے نکل جانے والا
One who outstrips, exceeds, surpasses.

فَلَکٍ مقررہ راستہ۔
An orbit, path of planet.

یَسْبَحُوْنَ وہ تیرتے ہیں (آسانی سے چلتے ہیں)
They float. (*smoothly*)

فُلْکٌ کشتیاں۔
Ships, boats.

اَلْمَشْحُوْنَ بھری ہوئی۔
Laden, loaded.

یَرْکَبُوْنَ وہ سوار ہوں گے۔
They will ride.

نُغْرِقُ ہم غرق کردیں گے۔
We could drown.

صَرِیْخَ فریاد سننے والا۔ مددگار۔
One who succours, helps.

یُنۡقَذُوۡنَ وہ بچائے جائیں گے۔
They would be rescued.
مُعۡرِضُوۡنَ منہ پھیر لینے والے۔اعراض کرنیوالے
Those who turn away.
یَخِصِّمُوۡنَ وہ بحث کرتے ہونگے، جھگڑ رہے ہوں گے
They will dispute.
تَوۡصِیَۃً وصیت کرنا
To make a will.

یٰسٓ رکوع ۴ پارہ ۲۳ رکوع ۳
Part-23. R-3 Ya Sin. R-4

نُفِخَ پھونکا جائے گا۔بجایا جائیگا۔
Shall be blown.
اَلصُّوۡرُ بگل۔
The trumpet.
اَجۡدَاثٌ (واحد sing جَدَثٌ)
Graves. قبریں۔
یَنۡسِلُوۡنَ وہ دوڑیں گے۔
They will hasten.
بَعَثَنَا ہم کو اٹھایا
Has raised us.
مَرۡقَدِنَا ہماری قبروں، آرام کی جگہ، آرامگاہ
Our place of sleep, graves.
شُغُلٍ کام۔
Occupation.
فٰکِھُوۡنَ خوش ہونگے۔خوشی منارہے ہونگے۔
Will be happy.
مَایَدَّعُوۡنَ جو وہ مانگیں گے طلب کرینگے۔
Whatever they will call for.
سَلٰمٌ سلامتی
Peace.
قَوۡلًا پیغام ہوگا
Will be a word.

وَامۡتَازُوا الگ ہوجاؤ۔
Separate yourselves.
اَعۡهَدۡ اِلَیۡکُمۡ میں نے تم سے عہد لیا تھا۔
I enjoined on you.
اَضَلَّ اس (شیطان) نے ہلاک کیا۔گمراہ کیا
He did lead astray.
جِبِلًّا مخلوق
Multitude, a large group of people.
تُوۡعَدُوۡنَ تم سے وعدہ کیا گیا تھا۔
You were promised.
اِصۡلَوۡھَا اسی (جہنم) میں داخل ہوجاؤ۔
Enter it (*Hell*).
اَرۡجُلُھُمۡ (واحد sing رِجۡلٌ) ان کے پاؤں
Their feet.
طَمَسۡنَا ہم اندھا کردیں۔مسخ کردیں۔
We could have put out, lost brightness, destroyed.
فَاسۡتَبَقُوا الصِّرَاطَ وہ ایک راستہ کی طرف چل پڑیں
They would have rushed to the way.
فَاَنّٰی پس کس طرح۔
But how.
یُبۡصِرُوۡنَ وہ (اصل اور سچا راستہ) دیکھ سکیں گے
They could see (*right path*).
مَسَخۡنٰھُمۡ ہم ان کی حالت کو بدل دیتے ان کی شان وشوکت کو باطل کردیتے۔ ان کو ہلاک کردیتے
We could have transformed them.
مُضِیًّا آگے جانے کی۔
To move forward.

یٰسٓ رکوع ۵ پارہ ۲۳ رکوع ۴
Part-23. R-4 Ya Sin. R-5

نُعَمِّرْ ہم عمر دیتے ہیں۔
We grant long life.

نُنَكِّسْ ہم کمزور کرتے ہیں۔
We revert to a weak state.

يَحِقَّ الْقَوْلُ (خدا کی) بات پوری ہو جائے۔
The decree (*of Allah*) may be fulfilled.

ذَلَّلْنَا ہم نے (ان جانوروں کو) تابع کر دیا۔ فرمانبردار کر دیا۔ مطیع کر دیا۔
We have subjected (*these animals*)

خَصِيْمٌ Quarreller. جھگڑنے والا

نَسِيَ He forgot. وہ بھول گیا۔

رَمِيْمٌ Decayed. بوسیدہ۔ گلی سڑی

اَنْشَاَ He created. اس نے پیدا کیا

اَلْاَخْضَرُ Green. سبز

اَلشَّجَرُ Tree. درخت (واحد sing شَجَرَةٌ)

تُوْقِدُوْنَ You kindle. تم آگ جلاتے ہو

الصافات رکوع ۱ پارہ ۲۳ رکوع ۵
Part-23. R-5 Al-Saffat. R-1

اَلزّٰجِرٰتِ ڈانٹنے والیاں (جماعتیں)
Those who drive away.

زَجْرًا Driving away خوب ڈانٹنا۔
vigorously, driving shout.

اَلتّٰلِيٰتِ پڑھ پڑھ کر سنانے والی (جماعتیں)
Those who recite.

ذِكْرًا The Qur'an. قرآن۔

زَيَّنَّا ہم نے زینت دی۔ خوبصورت بنایا۔
We have adorned, decorated.

مَارِدٍ Rebellious, uncontrollable. سرکش۔

يُقْذَفُوْنَ وہ ہٹائے جاتے ہیں۔
They are pelted, driven away, blamed. ملامت کئے جاتے ہیں

دُحُوْرًا دھکے دے کر۔
Out cast, drive off.

وَاصِبٌ Perpetual, eternal, everlasting. مستقل۔ لازمی

خَطِفَ اُچک لے۔ لے اُڑے۔
He snatched away by stealth.

اَلْخَطْفَةَ ایک بار اڑا لے جانا۔
An act of snatching away.

اَتْبَعَهٗ اسکے پیچھے آتا ہے۔
It pursues him.

شِهَابٌ Flame. شعلہ۔

ثَاقِبٌ چمکتا ہوا۔ سوراخ کرنیوالا۔
Shining, bright, piercing.

فَاسْتَفْتِهِمْ پس تو ان سے پوچھ۔
So ask them.

اَشَدُّ Are harder. زیادہ سخت ہیں

خَلْقًا To create. پیدا کرنا۔

طِيْنٍ لَّازِبٍ چپکنے والی مٹی۔
Cohesive clay, sticking clay.

دَاخِرُوْنَ تم ذلیل ہو جاؤ گے۔ ذلیل ہونے والے ہو
You will be abased.

زَجْـرَةٌ ڈانٹ۔ Shout of reproach, stern call,

الصافات رکوع ۲ پارہ ۲۳ رکوع ٦
Part-23. R-6 Al-Saffat. R-2

فَاهْدُوْهُمْ تم ان کو لے جاؤ، ان کو ڈال دو
You lead (جہنم کے راستہ پر) them.(*along the path of Hell*)

وَقِفُوْهُمْ ان کو کھڑا کردو Stop them.

تَنَاصَرُوْنَ تم ایک دوسرے کی مدد کرتے ہو
You help one another.

مُسْتَسْلِمُوْنَ تسلیم کرنیوالے۔ ہتھیار ڈالنے والے
Those who surrender.

مُشْتَرِكُوْنَ شریک ہونے والے۔
Those who share.

مُخْلَصِيْنَ چنے ہوئے۔ The chosen.

يُطَافُ دور چلایا جائے گا۔
Will be served round.

كَاْسٌ گلاس۔ Cup.

مَعِيْنٌ چشموں کا پانی۔
Flowing fountains.

بَيْضَآءَ نہایت شفاف۔
Sparkling white.

غَوْلٌ نشہ۔ سردرد۔ خرابی۔ ہلاکت۔
Intoxication, headache.

يُنْزَفُوْنَ وہ عقل کھو بیٹھیں گے۔
They will be exhausted.

قَاصِرَاتُ نیچی رکھنے والیاں۔
Restraining, modest (*looks*).

اَلطَّرْفِ نظریں۔ Looks.

عِيْنٌ بڑی بڑی آنکھیں۔
Large beautiful eyes, wide-eyed, lovely black eyed.

بَيْضٌ (واحد بَيْضَةٌ *sing*) انڈے۔ Eggs.

مَكْنُوْنٌ ڈھکے ہوئے Sheltered, covered, hidden, guarded.

لَمَدِيْنُوْنَ ضرور جزا دیئے جائیں گے۔
Shall be requited, rewarded.

مُطَّلِعُوْنَ جھانک کر دیکھنے والے Those who have look and find out.

فَاطَّلَعَ اُس نے جھانک کر دیکھا۔
He will look and see.

سَوَآءِ درمیان۔ The midst.

كِدْتَّ قریب تھا کہ تو۔
You had almost.

تُرْدِيْنِ تو مجھے ہلاک کر دیتا۔
You had caused my ruin.

نُزُلاً مہمان نوازی۔ Entertainment.

اَصْلِ گہرائی (جہنم کی) پیندے Bottom of (*Hell*)(دوزخ کے)

طَلْعُهَا اس (تھوہر) کا پھل Its fruit.

اَلشَّيٰطِيْنِ سانپوں۔ Serpents.

فَمَالِئُوْنَ بھرنے والے ہیں۔
Those who fill.

لَشَوْبًا ملی ہوئی چیز۔ A mixture.

حَمِيْمٌ ابلتا ہوا پانی۔ Boiling water.

اٰثَارِهِمْ ان کے نقوش قدم پر۔
In their footsteps.

مَاذَا تَرٰى تیری کیارائے ہے۔
What you think of it.

اَسْلَمَا دونوں راضی ہوگئے۔ وہ دونوں فرمانبرداری پر آمادہ ہوگئے۔
They both submitted, obeyed.

تَلَّهٗ اس (باپ) نے اسکو گرالیا۔
He (*father*) had thrown him down.

لِلْجَبِيْنِ ماتھے کے بل۔
On his forehead.

صَدَّقْتَ تو نے پوری کردی۔
You have fulfilled.

فَدَيْنٰهُ ہم نے اس کا فدیہ دیا۔ ہم نے اسکو بچالیا (خ۔IV)
We ransomed him.

بِذِبْحٍ عَظِيْمٍ ذبح عظیم کے بدلے (حضرت محمد رسول اللہ کے بدلے) (خ۔IV)
With a mighty sacrifice. (*With Muhammad may peace be upon him*)

الصافات رکوع ۴ پارہ ۲۳ رکوع ۸
Part-23. R-8 Al-Saffat. R-4

تَمُرُّوْنَ تم گذرتے ہو۔
You pass by.

الصافات رکوع ۵ پارہ ۲۳ رکوع ۹
Part-23. R-9 Al-Saffat. R-5

اَبَقَ وہ بھاگا۔
He fled.

فَسَاهَمَ اُسنے قرعہ اندازی کی۔ قرعہ نکالا۔
He cast lots.

مُدْحَضِيْنَ پھینکے جانے والے۔
Rejected ones, cast away.

يُهْرَعُوْنَ وہ دوڑائے جاتے ہیں۔
They are hurried on.

الصافات رکوع ۳ پارہ ۲۳ رکوع ۷
Part-23. R-7 Al-Saffat. R-3

كَرْبٌ بے چینی۔ گھبراہٹ
Distress, disturbance,

شِيْعَتِهٖ اس کے گروہ
His party.

سَلِيْمٌ پاک۔ فرمانبردار۔
Pure.

سَقِيْمٌ بیمار ہونے والا ہوں (خ۔II)
بیزار ہو گیا ہوں (خ۔IV)
Feeling unwell, sick, ill.

رَاغَ چپکے سے گیا۔ نظر بچا کر گیا (خ۔IV)
Went quietly.

اَقْبَلُوْا وہ آئے۔
They came.

يَزِفُّوْنَ دوڑتے ہوئے
Hastening.

تَنْحِتُوْنَ تم تراشتے ہو۔
You carve out.

اِبْنُوْا بناؤ۔
Build.

بُنْيَانًا چاردیواری۔
Structure, building.

كَيْدًا منصوبہ، تدبیر
Design, plan.

اَسْفَلِيْنَ ذلیل۔ رُسوا۔
Most humiliated.

سَعْيَ بھاگنے دوڑنے، کام کرنے کی عمر
To run along, old enough to work.

اَرٰى میں دیکھا کرتا ہوں۔ میں دیکھتا ہوں۔
I have seen, I see.

اَلْمَنَامُ خواب۔
Dream.

فَانْظُرْ تو سوچ کر فیصلہ کر
Consider.

اِلۡتَقَمَهُ اس کونگل لیا۔لقمہ بنالیا۔
Swallowed him.

اَلۡحُوۡتُ مچھلی۔ Fish.

لَبِثَ وہ پڑا رہتا۔
He would have tarried.

یُبۡعَثُوۡنَ وہ اٹھائے جائیں گے۔
They will be raised.

نَبَذۡنَا ہم نے اس (یونسؑ) کو پھینکا۔
We cast him (*Junah*).

اَلۡعَرَآءُ کھلا میدان۔
A bare tract of land.

اَنۡبَتۡنَا عَلَیۡهِ ہم نے اس کے پہلو میں ایک کدو کا درخت اُگایا
We caused (*a gourd plant*) to grow over him.

مِنۡ یَّقۡطِیۡنَ کدو کا۔ A gourd plant.

اِسۡتَفۡتِهِمۡ ان سے پوچھ۔ Ask them.

اِنَاثًا عورتیں۔ Women.

اَصۡطَفَی اس نے چُن لیا۔اس نے ترجیح دی
He has chosen.

نَسَبًا رشتہ۔ Kinship.

یَصِفُوۡنَ وہ بیان کرتے ہیں۔
They attribute.

مَا اَنۡتُمۡ عَلَیۡهِ بِفَاتِنِیۡنَ نہیں ہو تم گمراہ کرنے والے۔فتنہ میں ڈالنے والے۔ تم اُس (خدا) کے خلاف کسی کو بہکا نہیں سکتے
None of you can mislead anyone against Him.

صَالِّ داخل ہونے والا ہے۔
One who will burn, enter.

مُسَبِّحُوۡنَ تسبیح کرنے والے ہیں۔
Those who glorify.

ذِکۡرًا رسول، کتاب۔ Prophet, book.

سَبَقَتۡ گزر چکا ہے۔ Has gone forth.

کَلِمَتُنَا ہمارا فیصلہ۔ Our word.

مَنۡصُوۡرُوۡنَ وہ جن کی مدد کی گئی۔
Those who are helped.

فَتَوَلَّ پس اعراض کرلے۔پیٹھ پھیر لے منہ موڑ لے۔
So turn away.

بِسَاحَتِهِمۡ ان کے صحنوں میں۔
Into their courtyard.

فَسَآءَ بُری ہوگی Will be an evil.

صَبَاحُ الۡمُنۡذَرِیۡنَ صبح ان لوگوں کی جن کو ڈرایا گیا ہے۔
Morning for those who were warned.

رَبُّ الۡعِزَّةِ تمام عزتوں کا مالک۔
The Lord of Honour.

صٓ رکوع ۱ پارہ ۲۳ رکوع ۱۰
Part-23. R-10 Sad. R-1

ذِی الذِّکۡرِ نصائح سے پُر۔
Full of exhortation, advices.

عِزَّةٍ تکبر۔ Pride.

شِقَاقٍ اختلاف۔مخالفت کرنا Enmity.

قَرۡنٍ قومیں Many a generation.

نَادَوۡا انھوں نے پکارا۔ They cried out.

لَاتَ نہیں۔ No.

حِیۡنَ وقت۔ Time.

مَنَاص نجات۔ بھاگنا۔ Escape.

سَاحِرٌ فریبی۔ جادوگر۔ Sorcerer.

عُجَابٌ بڑی عجیب Astounding, surprising, amazing.

اِنْطَلَقَ بولے۔ Spoke out.

اِمْشُوْا چلو۔ Go.

يُرَادُ ارادہ کیا گیا ہے۔ منصوبہ ہے۔ خاص مقصد ہے۔ Is to be desired.

اِخْتِلَاقٌ من گھڑت بات۔ (خ۔IV) محض جھوٹ ہے۔ Is a forgery, imitation, fraud.

فَلْيَرْتَقُوْا فِي الْاَسْبَابِ پس چاہئے کہ وہ رسیوں کے ذریعہ اوپر چڑھ جائیں So let them ascend with the means.

مَهْزُوْمٌ وہ جو شکست دیا جائے۔ One who is routed, defeated.

ذُوالْاَوْتَادِ میخوں والا۔ بڑی طاقت والا۔ The Lord of stakes, All-Mighty.

اَلْئَيْكَةُ جنگل۔ The wood.

ص رکوع ۲ پارہ ۲۳ رکوع ۱۱
Part-23. R-11 Sad. R-2

فَوَاقٌ وقفہ۔ Delaying.

عَجِّلْ جلدی کر۔ جلدی دے۔ Hasten.

قِطَّنَا ہمارا حصہ۔ Our portion.

ذَا الْاَيْدِ طاقتور۔ Man of strong hands.

اَوَّابٌ بہت جھکنے والا۔ Always turning.

اَلْاِشْرَاق صبح۔ Sunrise.

مَحْشُوْرَةً جمع کئے ہوئے۔ اکٹھے کئے ہوئے۔ Gathered together.

فَصْلُ الْخِطَاب قاطع دلیل (خ۱۱)۔ فیصلہ کن کلام Decisive judgment, distinguishing argument, irrefutable argument.

نَبَؤُا خبر۔ The story.

اَلْخَصِيْمُ دشمن۔ جھگڑنیوالا Disputant.

تَسَوَّرُوْا انہوں نے دیوار کو پھلانگا۔ وہ دیوار پھلانگ کر آئے۔ They climbed over the wall.

فَزِعَ وہ گھبرا گیا۔ He was afraid.

خَصْمَانِ دو جھگڑنے والے۔ Two disputants.

بَغٰى اس نے زیادتی کی He transgressed.

فَاحْكُمْ پس فیصلہ کر۔ So judge.

لَاتُشْطِطْ زیادتی نہ کر Deviate not, wrong not with unjustice.

تِسْعٌ نو(۹)۔ Nine.

تِسْعُوْنَ نوے(۹۰) Ninety.

تِسْعٌ وَّتِسْعُوْنَ نَعْجَةً ننانوے دُنبیاں۔ Ninety-nine ewes.

نَعْجَةٌ (جمع *plu* نِعَاجٌ) دنبی Ewe.

اَكْفِلْنِيْهَا وہ (دنبی) بھی میرے سپرد کردے۔ Give it (*ewe*) to me.

عَزَّنِيْ غالب آ گیا ہے مجھ پر۔ He has been overbearing to me.

فِي الْخِطَابِ بحث میں In address.

اَلْخُلَطَآءُ (واحد sing خَلِيطٌ)

شرکاء۔ Partners.

اَنَابَ اس نے رجوع کیا۔ توبہ کی۔ جھک گیا۔

(خدا کی طرف) He turned to (*Allah*).

زُلْفٰي قرب۔ مرتبہ Position.

عِنْدَنَا زُلْفٰي ہمارا مقرب ہے Has a position of nearness with Us.

يُضِلُّ وہ گمراہ کرتا ہے۔ He leads astray.

يَضِلُّ وہ گمراہ ہوتا ہے۔ بھٹک جاتا ہے۔

He goes astray.

ص رکوع ۳ پارہ ۲۳ رکوع ۱۲

Part-23. R-12 Sad. R-3

بَاطِلاً بے فائدہ۔ بے مقصد۔ In vain.

اَلصّٰفِنَاتِ اصیل گھوڑے۔

Horse of the noblest breed.

اَلْجِيَادُ تیز رو۔ Swift of foot.

اَحْبَبْتُ میں محبت کرتا ہوں۔ پسند کرتا ہوں

I love, like.

تَوَارَتْ چھپ گئے۔ Were hidden.

اَلْحِجَابِ اوٹ۔ پردہ۔ The veil.

طَفِقَ وہ لگا۔ He started.

مَسْحًا ہاتھ پھیرنا۔

To pass hand over.

اَلسُّوقِ واحد sing سَاقٌ پنڈلیاں Legs.

اَعْنَاقِ واحد sing عُنُقٌ گردنیں Necks.

رُخَآءً نرمی سے۔ Gently.

حَيْثُ جہاں۔ جدھر Withersoever.

اَصَابَ وہ جانا چاہتا۔ پہنچنا چاہتا (تھا)

He would go.

بَنَّاءً معمار۔ Builder.

بِنَاءٌ عمارت۔ Building.

غَوَّاصٌ واحد sing غَائِصٌ غوطہ خور Divers.

مُقَرَّنِينَ جکڑے ہوئے (رہتے ہیں)

Bound. بندھے ہوئے۔

اَلْاَصْفَادِ (واحد sing صَفَدٌ)

Fetters. زنجیریں

مَاٰبٍ ٹھکانا۔ Resort.

ص رکوع ۴ پارہ ۲۳ رکوع ۱۳

Part-23. R-13 Sad. R-4

مَسَّنِيَ مجھے پہنچایا ہے۔ دیا ہے۔

Has afflicted me.

نُصْبٌ تکلیف۔ دکھ۔ Toil, pain.

اُرْكُضْ مار۔ Urge.

رِجْلٌ (جمع plu اَرْجُلٌ) ایڑی۔ Foot.

مُغْتَسَلٌ نہانے والا پانی ہے۔

Water to wash with.

بَارِدٌ ٹھنڈا۔ Cool.

شَرَابٌ پینے کے قابل ہے A drink.

ضِغْثًا کھجور کی گچھے دار ٹہنی (خ ۱۱)

خشک اور تر شاخوں کا گچھا (خ IV)

A handful of dry twigs.

لَا تَحْنَثْ حق سے باطل کی طرف مائل

نہ ہو (خ II) Do not incline towards falsehood.

ضِعۡفًا دگنا Double.

سِخۡرِیًّا حقیر A laughing-stock.

زَاغَتۡ ٹیڑھی ہوگئی ہیں Have missed.

تَخَاصُمُ لڑنا۔لڑائی۔جھگڑا۔
The disputing.

ص ٓ رکوع ۵ پارہ ۲۳ رکوع ۱۴
Part-23. R-14 Sad. R-5

اَلۡمَلَاِ الۡاَعۡلٰی بلندشان فرشتے۔
The exalted Assembly.

یَخۡتَصِمُوۡنَ وہ بحث کرتے تھے۔
They discussed.

سَوَّیۡتُهٗ میں اس (بشر) کومکمل کرلوں I have fashioned him in perfection.

رُوۡحِیۡ اپنی روح یعنی کلام My spirit.

اِسۡتَکۡبَرۡتَ تونے اپنے آپ کو بڑا سمجھا
You behaved proudly.

اَلۡعَالِیۡنَ حکم ماننے سے بالالوگ۔اونچے لوگوں میں سے ہے(خ۔IV)
Those who are above obeying the command, self exalting ones.

الزمر رکوع ۱ پارہ ۲۳ رکوع ۱۵
Part-23. R-15 Al-Zumar. R-1

تَنۡزِیۡلُ اترنا۔ Revelation.

کَفَّارٌ ناشکرا۔ Ungrateful.

یُکَوِّرُ وہ ڈھانکتا ہے۔اُڑھا دیتا ہے۔
He covers.

اَنّٰی تُصۡرَفُوۡنَ کہاں تم پھیرے جاتے ہو
Whither then are you being turned away?

قسم کو جھوٹا نہ کر (خIV) قسم نہ توڑ۔
Break not your oath.

اُولِی الۡاَیۡدِیۡ ہاتھوں والا یعنی طاقتور۔ فعال (خII)
Man of strong hands.

اُولِی الۡاَبۡصَارِ صاحب بصیرت، دوراندیش
Man of powerful vision, highly sagacious.

اَخۡلَصۡنٰهُمۡ ہم نے ان کو چن لیا۔
We chose them.

بِخَالِصَةٍ ایک خاص بات کیلئے۔
For a special purpose.

ذِکۡرَی الدَّارِ اصل گھر کی یاد یعنی آخرت
To remind of the abode of the hereafter.

مُصۡطَفَیۡنَ چنیدہ۔ The elect.

اَخۡیَارِ بہت خیر والے۔برگزیدہ۔نیک۔
The best.

مُفَتَّحَةً کھلے رکھے جائیںگے۔کھلے رہینگے۔
Will be opened, disclosed.

یَدۡعُوۡنَ وہ طلب کریں گے۔
They will call at.

نَفَادٍ ختم ہونا۔ To exhaust.

حَمِیۡمٌ گرم پانی A boiling fluid.

غَسَّاقٌ زخموں کے دھوون Intensely cold and stinking drink.

مُقۡتَحِمٌ داخل ہونے والی (فوج۔جماعت)
(*An army*) rushing.

قَدَّمۡتُمُوۡهُ تم نے اسکو آگے بھیجا ہے۔
You have prepared this.

خَوَّلَهٗ اس (انسان) کو دیتا ہے۔
He confers upon him.

قَانِتٌ فرمانبرداری کرنے والا۔
One who prays devoutly to God.

یَحْذَرُ وہ ڈرتا ہے۔
He fears.

یَتَذَکَّرُ وہ نصیحت حاصل کرتا ہے۔
He takes heed.

الزمر رکوع ۲ پارہ ۲۳ رکوع ۱۶
Part-23. R-16 Al-Zumar. R-2

یُخَوِّفُ وہ (خدا) ڈراتا ہے۔
He (*Allah*) warns.

اِجْتَنَبُوْا بچتے ہیں۔
Shun, avoid.

اَلطَّاغُوْتَ سرکش ہستیاں
False gods.

حَقَّ عَلَیْهِ کَلِمَةُ الْعَذَابِ
اس پر عذاب کی پیشگوئی پوری ہوئی۔
Sentence of punishment has become due against him.

تُنْقِذُ تو بچا سکتا ہے۔
You can rescue.

غُرَفٌ بالاخانے
Lofty mansions.

مَبْنِیَّةٌ بنے ہوئے۔
Built.

سَلَکَهٗ اس (پانی) کو چلایا۔
He caused it to flow.

یَنَابِیْعَ چشمے۔
Springs.

یَهِیْجُ وہ پکنے پر آ جاتی ہے۔
وہ خشک ہو جاتی ہے۔
It dries up.

مُصْفَرًّا زرد۔
Yellow.

حُطَامًا ریزہ ریزہ۔ خس وخاشاک۔
Broken straw.

الزمر رکوع ۳ پارہ ۲۳ رکوع ۱۷
Part-23. R-17 Al-Zumar. R-3

اَحْسَنَ الْحَدِیْثِ بہتر سے بہتر بات۔
The best message.

مَثَانِیَ اس کے مضمون اعلیٰ درجہ کے ہیں (خ۔ll)
Its subjects are of high level, repeated in diverse forms.

تَقْشَعِرُّ کھڑے ہو جاتے ہیں۔
Do creep, tremble, shiver.

جُلُوْدُ رونگٹے۔
Skins.

تَلِیْنُ نرم ہو جاتے ہیں۔
(*Hearts*) soften.

یَتَّقِیْ وہ ڈھال بناتا ہے۔
He takes as a shield.

ضَرَبْنَا ہم نے بیان کیں۔
We have set forth.

قُرْاٰنًا یہ قرآن ایسا ہے۔
The Quran is so.

عَرَبِیًّا جو اپنا مطلب کھول کر بیان کرنے والا ہے
Which describes its meanings openly.

مُتَشٰکِسُوْنَ وہ آپس میں اختلاف رکھتے ہیں
They disagree with one another.

سَلَمًا پورے کا پورا۔
Wholly.

مَیِّتٌ مرنے والا ہے۔
One who will die.

☆☆☆

الزمر رکوع ۴ پارہ ۲۴ رکوع ۱
Part-24. R-1 Al-Zumar. R-4

فَمَنْ اَظْلَمُ کون زیادہ ظالم ہے۔
Who is more unjust.

مَثْوًى ٹھکانا۔ Abode.

لِيُكَفِّرَ تاکہ وہ دور کرے۔ڈھانک دے
So that he will remove, cover.

اَسْوَاَ بُرائی۔بد پہلو۔
The evil consequences.

يُخَوِّفُوْنَ وہ ڈراتے ہیں۔
They frighten.

كَاشِفَاتٌ وہ (معبودانِ باطلہ) دور کرنے والے ہیں یا دور کر سکتے ہیں
Those who are able to remove.

مُمْسِكَاتٌ روکنے والے۔
Those who withhold.

يَحِلُّ وہ اترتا ہے۔ He descends.

عَذَابٌ مُّقِيْمٌ قائم رہنے والا' دائمی عذاب
An abiding punishment.

الزمر رکوع ۵ پارہ ۲۴ رکوع ۲
Part-24. R-2 Al-Zumar. R-5

يَتَوَفّٰى وہ (اللہ) قبض کرتا ہے۔
He (*Allah*) takes away.

اَلْاَنْفُسَ جانیں (واحد sing نَفْسٌ)
The souls. (روحیں)

مَنَام نیند۔ Sleep.

اِشْمَاَزَّتْ نفرت کرتے ہیں۔بُرا مناتے ہیں
Shrink with aversion, dislike.

لَيَسْتَبْشِرُوْنَ وہ خوش ہو جاتے ہیں۔
They begin to rejoice.

تَحْكُمُ تو فیصلہ کرے گا۔
You will judge.

يَخْتَلِفُوْنَ وہ اختلاف کرتے ہیں۔
They differ.

بَدَا ظاہر ہو جائیگا Shall appear.

خَوَّلْنَا ہم دیتے ہیں We bestow.

اُوْتِيْتُ میں دیا گیا ہوں۔
Has been given to me.

الزمر رکوع ۶ پارہ ۲۴ رکوع ۳
Part-24. R-3 Al-Zumar. R-6

اَسْرَفُوْا انہوں نے زیادتی کی۔ They have committed excesses.

لَا تَقْنَطُوْا نہ مایوس ہو Despair not.

اَنِيْبُوْا جھکو Turn, return sincerely again and again.

اَسْلِمُوْا فرمانبردار ہو جاؤ۔
Submit yourselves.

فَرَّطْتُّ میں نے کوتاہی کی۔
I neglected my duty.

فِيْ جَنْبِ اللّٰهِ اللہ کے پہلو میں یعنی سامنے (IV خ)
In the side of Allah.
It means before Him.
اللہ کے حکموں کے بارہ میں۔
In respect of decrees of Allah.

اَلسَّاخِرِيْنَ تمسخر کرنے والے۔مذاق اڑانے والے
The scoffers, mockers.

كَرَّةً لوٹنا۔ Return.

مُسْوَدَّةٌ سیاہ۔ Blackened.

مَقَالِيدُ (واحد sing قَلِيدٌ) چابیاں Keys.

الزمر رکوع ۷ پارہ ۲۴ رکوع ۴
Part-24. R-4 Al-Zumar. R-7

لَيَحْبَطَنَّ ضرور ضائع ہوجائیں گے۔
Shall surely come to naught.

مَطْوِيّٰتٌ لپٹے ہوئے۔ Rolled up.

صَعِقَ بے ہوش ہوجائے گا۔
Will be fall down in a swoon.

اَشْرَقَتْ روشن ہوجائے گی (زمین)۔ (*The earth*) will shine, brighten.

جَآئَ لائے جائیں گے۔ حاضر کئے جائینگے
Will be brought.

وُفِّيَتْ پورا پورا دیا جائے گا۔
Will be fully rewarded.

الزمر رکوع ۸ پارہ ۲۴ رکوع ۵
Part-24. R-5 Al-Zumar. R-8

سِيْقَ ہانک کرلے جایا جائے گا۔ دھکیلا جائے گا۔
Will be driven.

زُمَرًا گروہ در گروہ۔ In troops.

خَزَنَتُهَا اس (دوزخ) کا داروغہ۔ دربان
Its keepers.

يُنْذِرُوْنَ وہ ہوشیار کرتے ہیں۔ They warn.

طِبْتُمْ تم اچھی حالت کو پہنچے ہو۔ Be you happy, and prosperous.

نَتَبَوَّاُ ہم رہیں گے۔
We shall make our abode.

حَآفِّيْنَ حلقہ باندھے ہوئے Going round, crowding around.

حَوْلَ اردگرد۔ Round.

المومن رکوع ۱ پارہ ۲۴ رکوع ۶
Part-24. R-6 Al-Mu`min. R-1

ذِى الطَّوْلِ احسان کرنے والا۔
Possessor of bounty.

لَايَغْرُرْكَ نہ تجھے دھوکا میں ڈالے۔
Let not deceive you.

تَقَلُّبُهُمْ ان کا گھومتے پھرنا۔
Their going about.

اَلْبِلَادُ (واحد sing بَلَدٌ) ملک۔
The land.

هَمَّتْ اُس (اُمّت) نے ارادہ کرلیا۔
He (*the nation*) strove.

يُدْحِضُوْا وہ ہٹادیں۔ جھٹلادیں۔
They rebute, refute, disprove.

وَسِعْتَ تو نے گھیرا ہوا ہے، احاطہ کیا ہوا ہے
You comprehended.

صَلَحَ اس نے اصلاح کی نیکی کی۔
He became virtuous.

وَقِهِمْ اور تو ان کو بچا۔ محفوظ رکھ۔
And guard them.

اَلسَّيِّاٰتِ بدیاں۔ تکالیف۔ دکھ۔ Evils.

تَقِ تو نے بچایا۔ محفوظ رکھا۔ You guarded.

المومن رکوع ۲ پارہ ۲۴ رکوع ۷
Part-24. R-7 Al-Mu`min. R-2

يُنَادَوْنَ وہ پکارے جائیں گے۔
They will be announced.

مَقْتُ اللّٰهِ اللہ کی ناراضگی۔ نفرت۔
Abhorrence of Allah, displeasure.

اَمَتَّنَا تونے ہمیں موت دی۔
You have caused us to die.

اَحْيَيْتَنَا تونے ہمیں زندگی دی۔
You have given us life.

اِثْنَتَيْنِ دو ۲ دفعہ۔ Twice.

اَلْحُكْمُ مکمل حکومت The decision. absolute authority.

يُلْقِي الرُّوحَ وہ اپنا کلام نازل کرتا ہے
He sends His word.

لِيُنْذِرَ تاکہ وہ ڈرائے۔
That he may give warning.

اَلتَّلَاقُ ملاقات۔ Meeting.

بَارِزُوْنَ وہ نکل کھڑے ہونگے۔ حاضر ہو جائینگے They will come forth.

اَلْاٰزِفَةِ قریب آنے والا (دن) ہے۔
Is fast approaching. (*day*)

اَلْحَنَاجِرَ حلق۔ Throats.

كَاظِمِيْنَ غصہ اور غم سے بھرے ہوئے۔
Full of suppressed grief.

حَمِيْمٌ دوست۔ Friend.

يُطَاعُ جس کی بات مانی جائے۔ اسکی اطاعت کی جائے Whose intercession would be accepted, is obeyed.

يَقْضُوْنَ وہ فیصلہ کرتے ہیں۔ They judge.

المومن رکوع ۳ پارہ ۲۴ رکوع ۸
Part-24. R-8 Al-Mu`min. R-3

اٰثَارًا پیچھے چھوڑے ہوئے نشانات۔
Marks, effects, traces.

وَاقٍ بچانے والا۔ Protector.

يُظْهِرَ پھیلا دیگا۔ پیدا کر دیگا (فساد) Will cause (*disorder*) to appear.

المومن رکوع ۴ پارہ ۲۴ رکوع ۹
Part-24. R-9 Al-Mu`min. R-4

ظَاهِرِيْنَ غالب ہونیوالے Dominant.

بَاْسٌ عذاب۔ Punishment.

اُرِيْكُمْ میں تم کو دکھاتا ہوں۔
I point out to you.

سَبِيْلَ الرَّشَادِ ہدایت کا راستہ۔ درست راستہ The path of rectitude, straightforwardness.

دَاْبٌ معاملہ۔ Case.

يَوْمَ التَّنَادِ جس دن لوگ ایک دوسرے کو پکاریں گے۔ (مدد کے لئے)
The day when people will call one another (*for help*).

تُوَلُّوْنَ تم پھر جاؤ گے You will turn.

مُدْبِرِيْنَ پیٹھ پھیرتے ہوئے۔
Back fleeting, turning back.

عَاصِمٌ بچانے والا۔ Defender

فَمَازِلْتُمْ پس ہمیشہ تم رہے۔
But you ceased not.

مُرْتَابٌ شک کرنے والا Doubter.

سُلْطَانٍ دلیل۔ Authority.

مَقْتًا ناراضگی۔ گناہ Hateful, abhorrence, repugnant.

اِبْنِ لِيْ میرے لئے بنا۔ تعمیر کر۔
Build for me.

صَرْحًا محل۔ A lofty tower.

اَ بْلُغُ میں پہنچوں I may attain.

اَلْاَسْبَاب راستوں۔ The means of access.

اَطَّلِعَ میں آگاہ ہوجاؤں۔ I have a look at.

زُیِّنَ خوبصورت کر کے دکھائی گئی۔ Was made to look fair.

سُوْءُ بُرائی۔ Evil.

تَبَاب ہلاکت۔ناکامی۔ Ruin.

المومن رکوع ۵ پارہ ۲۴ رکوع ۱۰
Part-24. R-10 Al-Mu`min. R-5

مَتَاعٌ عارضی سامان۔ A temporary provision.

دَارُالْقَرَار ٹھہرنے کا گھر۔دائمی پائیدار ٹھکانہ The permanent abode,

اُشْرِکَ میں شریک بناؤں۔ I should associate.

لَاجَرَمَ بے شک۔کوئی شک نہیں Surely.

دَعْوَةٌ آواز۔ Call, message.

مَرَدَّنَا ہمارا لوٹنا۔ Our return.

تَذْکُرُوْنَ تم یاد کروگے۔ You will remember.

اُفَوِّضُ میں سپرد کرتا ہوں۔ I entrust.

حَاقَ اُسنے گھیر لیا۔ Heencompassed.

یُعْرَضُوْنَ وہ پیش کئے جائیں گے۔ They will be exposed.

اَدْخِلُوْا داخل کرو۔ Cast into.

یَتَحَآجُّوْنَ وہ بحث کریں گے، جھگڑیں گے They will dispute, argue.

تَبَعًا پیروکار۔تابع۔ Followers.

مُغْنُوْنَ دور کرنے والے۔ہٹانے والے بچانے والے۔ Those who relieve.

یُخَفِّفُ وہ ہلکا کرے۔ He may lighten.

ضَلَال رائیگاں جانیوالی۔اور بے کار ہے Is of no avail.

المومن رکوع ۶ پارہ ۲۴ رکوع ۱۱
Part-24. R-11 Al-Mu`min. R-6

سُوْءُ الدَّار بُرا گھر Evil abode.

کِبْرٌ بڑا بننا To become great.

بَالِغِیْهِ اس تک پہنچنے والے۔پانے والے Those who attain.

اَلْمُسِیْءُ بدکار۔بُرائی کرنیولا۔ Those who do evil.

دَاخِرِیْنَ رسوا ہونیوالے Despised, humble in supplication

المومن رکوع ۷ پارہ ۲۴ رکوع ۱۲
Part-24. R-12 Al-Mu`min. R-7

مُبْصِرًا دکھانے والا۔ One who is enable other to see.

یَجْحَدُوْنَ وہ انکار کرتے ہیں They deny.

یُؤْفَکُ پھیرا جاتا ہے۔ Is turned away.

شُیُوْخًا بوڑھے۔ Old.

المومن رکوع ۸ پارہ ۲۴ رکوع ۱۳
Part-24. R-13 Al-Mu`min. R-8

اَغْلَالُ طوق۔ Iron-collars.

اَعْنَاق گردنیں۔ Necks.

سَلٰسِلُ زنجیریں۔
Chains.

يُسْحَبُوْنَ وہ گھسیٹے جائیں گے۔
They will be dragged.

يُسْجَرُوْنَ وہ جھونکے جائیں گے۔
They will be burnt.

تَفْرَحُوْنَ تم خوش ہوتے ہو
You exult.

تَمْرَحُوْنَ تم اِتراتے ہو۔
You behaved insolently.

قَصَصْنَا ہم نے بیان کیا۔ ذکر کیا۔
We have mentioned.

مُبْطِلُوْنَ جھوٹ بولنے والے' جھٹلانیوالے
Those who utter falsehoods.

المومن رکوع ۹ پارہ ۲۴ رکوع ۱۴
Part-24. R-14 Al-Mu`min. R-9

لِتَرْكَبُوْا تاکہ تم سواری کرو۔
That you may ride.

لِتَبْلُغُوْا تم پہنچو۔
You may satisfy, reach.

تُحْمَلُوْنَ تم سوار کئے جاتے ہو۔
You are borne.

اٰثَارًا نشانات (اپنی عظمت کے مثلاً قلعے' محلات اہرام مصر۔ وغیرہ)
Traces.(*of dignity castles, palaces*)

حم سجدة رکوع ۱ پارہ ۲۴ رکوع ۱۵
Part-24.R-15HaMimSajdah.R-1

فُصِّلَتْ کھول کر بیان کی گئی ہیں
Have been expounded in detail.

اَكِنَّةٌ پردے۔
Coverings.

وَقْرٌ بہراپن۔
Heaviness.

فَاسْتَقِيْمُوْا سیدھے چلو۔ ثباتِ قدم کے ساتھ کھڑے ہو جاؤ (خIV)
Go straight without deviating.

حم سجدة رکوع ۲ پارہ ۲۴ رکوع ۱۶
Part-24.R-16HaMimSajdah.R-2

قَدَّرَ فِيْهَا اس (خدا) نے اس (زمین) میں اندازہ سے رکھا ہے۔
He (*Allah*) provided therein (*the earth*) in proper measure.

اَقْوَاتَهَا اس کی کھانے پینے کی ہر چیز۔
Its foods.

دُخَانٌ دھواں۔ کہر۔
Smoke.

ائْتِيَا تم دونوں آؤ۔
Come both of you.

طَوْعًا خوشی سے۔ مرضی سے۔
Willingly.

كَرْهًا مجبوراً۔
Unwillingly.

طَآئِعِيْنَ خوشی سے۔ فرمانبرداری کرتے ہوئے
Willingly, obediently.

فَقَضٰهُنَّ بنایا ان (سات آسمانوں) کو۔
Completed them (seven heavens)

صٰعِقَةٌ عذاب۔
Calamity, stunning noise, thunderbolt.

صَرْصَرًا تیز اور متواتر چلنے والی (ہوا)
A furious (*wind*).

اِسْتَحَبُّوْا انہوں نے پسند کیا' ترجیح دی۔
They preferred.

اَلْعَمٰى گمراہی۔ اندھاپن۔ جہالت۔
Blindness.

حم سجدة رکوع ۳ پارہ ۲۴ رکوع ۱۷
Part-24.R-17HaMimSajdah.R-3

يُـوْزَعُـوْنَ وہ تقسیم کئے جائیں گے۔
They will be (مختلف درجوں میں)
divided (*into groups*).

اَنْـطَقَـنَـا اللّٰـهُ ہم سے کلام کروایا ہے
اللہ نے۔ بلایا ہم کواللہ نے۔
اللہ نے ہم کو بولنے کی توفیق دی ہے۔
Allah has made us to speak,
has given us speech.

اَرْدٰكُـمْ (اس غلط عقیدہ نے) تم کو ہلاک
کردیا (*This wrong thought*)
has ruined you.

يَـسْـتَـعْـتِـبُـوْا وہ عذر کرنا چاہیں۔
(خدا کے حضور حاضر ہونا چاہیں)
They ask for forgiveness.

اَلْـمُـعْـتَـبِـيْـنَ عذر قبول کئے جانیوالے۔
Those whom forgiveness
can be shown.

قَـيَّـضْـنَـا ہم نے مقرر کیے۔
We had assigned.

قُـرَنَـآءَ جانشین۔ساتھی۔دوست۔
Companions, intimates,
comrades.

زَيَّـنُـوْا انہوں نے خوبصورت کر کے دکھایا۔
They made to appear attractive.

حم سجدۃ رکوع ۴ پارہ ۲۴ رکوع ۱۸
Part-24.R-18HaMimSajdah.R-4

اِلْـغَـوْا تم شور کرو۔ You make noise.

اَسْـوَاَ بُرا۔ The worst.

اَسْـفَـلِـيْـنَ ذلیل۔
Those who may be abased.

تَـدَّعُـوْنَ تم مانگو گے۔
You will ask for.

نُـزُلًا مہمانی۔ Entertainment.

حم سجدۃ رکوع ۵ پارہ ۲۴ رکوع ۱۹
Part-24.R-19HaMimSajdah.R-5

اِدْفَـعْ دور کر۔ Repel, avert, defend.

عَـدَاوَةٌ دشمنی۔ Enmity, hostility.

وَلِـيٌّ حَـمِـيْـمٌ گہرا دوست۔
گرم جوش دوست A warm friend.

يَـنْـزَغَـنَّـكَ پہنچے تجھے Incite you.

نَـزْغٌ کوئی تکلیف کی بات۔وسوسہ۔
An incitement.

اِسْـتَـكْـبَـرُوْا وہ تکبر کریں۔ They
turn away with disdain.

لَايَـسْـئَـمُـوْنَ وہ نہیں تھکتے۔
They are never wearied.

خَـاشِـعَـةً ویران۔خشک۔بے آب وگیاہ
Withered, dry, faded.

اِهْـتَـزَّتْ وہ لہلہانے لگتی ہے۔متحرک ہو
جاتی ہے۔ It stirs, agitates.

رَبَـتْ وہ (زمین) بڑھتی پھولتی ہے۔ It
(*the earth*) swells with verdure.

يُـلْـحِـدُوْنَ وہ کجروی سے کام لیتے ہیں۔
پیچ در پیچ غلط باتیں نکالتے ہیں۔الحاد سے کام
لیتے ہیں They deviate from
the right way.

وَقْـرٌ بہرا پن۔ Deafness.

عَـمًـى پوشیدہ ہے۔مخفی ہے۔
Is blind, hidden.

☆☆☆

حٰمٓ سجدۃ رکوع ٦ پارہ ٢٥ رکوع ١
Part-25. R-1 Ha Mim Sajdah. R-6

اِلَـیۡہِ یُـرَدُّ اسی کی طرف لوٹایا جاتا ہے
To Him is referred.

اَکۡـمَـام Spathes. گابوں۔غلافوں

تَـحۡـمِـلُ She bears. وہ اُٹھاتی ہے۔

اُنۡـثٰی Any female. کوئی مادہ۔

تَـضَـعُ She gives birth. وہ جنتی ہے

اٰذَنّٰـکَ ہم تیرے سامنے اعلان کرتے ہیں۔
We declare unto you.

ضَـلَّ عَـنۡـهُـمۡ وہ (معبودان باطلہ) ان سے کھوئے جائینگے
They will be lost to them.

مَـحِـیۡـص بھاگنے کی جگہ۔
Place of escape.

یَـسۡـئَـمُ He tires. وہ تھکتا ہے۔

فَـیَـؤُسُ پس وہ مایوس ہو جاتا ہے۔
He despairs.

قَـنُـوۡطٌ Giving up all hope. ناامید

لَـنُـنَـبِّـئَـنَّ ہم ضرور خبر دیں گے۔
We will surely inform.

نَـاٰ اس نے دور کر دیا۔ ہٹا کر رکھا۔
He turned aside.

جَـانِـبِـہٖ His aside. اپنا پہلو۔

شِـقَـاقٍۢ بَـعِـیۡـدٍ پرلے درجہ کی مخالفت۔
Going faraway from the truth, in hostility, enmity.

اَلۡاٰفَـاقِ (واحد *sing* اُفُقٌ) اطراف عالم۔
All parts of the earth.

اَنۡـفُـسِـهِـمۡ ان کی جانوں (خاندانوں کے بڑے لوگوں) میں بھی۔
Among their own people.

مِـرۡیَـۃٌ Doubt. شک۔

الشوریٰ رکوع ١ پارہ ٢٥ رکوع ٢
Part-25. R-2 Al-Shura. R-1

حٰـمٓ The Praiseworthy, the Lord of Honour. حمید۔مجید

عٓـسٓـقٓ The High, the All-Knowing, the All-Hearing, the Possessor of Power. عزیز۔علیم۔سمیع۔قدیر

یَـتَـفَـطَّـرۡنَ پھٹ جائیں گے (آسمان)
(*The heavens*) will rend asunder, burst,

اَلۡـوَلِـیُّ پناہ دینے والا۔بہترین دوست ہے
Protector, friend.

الشوریٰ رکوع ٢ پارہ ٢٥ رکوع ٣
Part-25. R-3 Al-Shura. R-2

اُنِـیۡـبُ I turn, bow. میں جھکتا ہوں۔

یَـذۡرَؤُکُـمۡ وہ تم کو بڑھاتا ہے۔پھیلاتا ہے۔
He multiplies you.

مَـقَـالِـیۡـدُ Keys. (واحد *sing* قِلِیۡدٌ) چابیاں

شَـرَعَ اس (خدا) نے مقرر کیا۔
He (*Allah*) has prescribed.

اَلـدِّیۡـنَ Religion. دین۔

وَصّٰـی Enjoined. تاکید کی۔ وصیت کی

تَـدۡعُـوۡ You call. تو بلاتا ہے۔

بَغْيًا سرکشی۔ Oppressing.

حُجَّةٌ جھگڑا۔ Contention.

اُسْتُجِيْبَ لَهٗ اسکی آواز کو قبول کرلیا گیا
His call has been responded.

حُجَّتُهُمْ ان کی دلیل۔ Their contention, argument.

دَاحِضَةٌ توڑی جانے والی ہے۔ باطل ہے (ان کی دلیل) بے حقیقت ہے۔
Is null and void, refutabe.

مَا يُدْرِيْكَ تجھے کیا چیز سمجھائے۔
What will make you know?

يُمَارُوْنَ وہ جھگڑتے ہیں۔ شبہ کرتے ہیں
They dispute, doubt.

الشوریٰ رکوع ۳ پارہ ۲۵ رکوع ۴
Part-25. R-4 Al-Shura. R-3

نَزِدْ ہم بڑھاتے ہیں۔ اضافہ کرتے ہیں
We give increase.

شَرَعُوْا انہوں نے جاری کیا ہے۔
They have made lawful.

يَقْتَرِفْ وہ کماتا ہے۔ He earns.

اَلْغَيْثَ بارش۔ Rain.

اَلْوَلِيُّ سرپرست۔ کارساز۔ Protector.

قَنَطُوْا وہ مایوس و نا اُمید ہوگئے۔
They despaired.

الشوریٰ رکوع ۴ پارہ ۲۵ رکوع ۵
Part-25. R-5 Al-Shura. R-4

اَلْجَوَارِ چلنے والی کشتیاں۔ Sailing ships.

كَالْاَعْلَامِ پہاڑوں جیسی۔
Like mountains.

يُسْكِنِ وہ ٹھہرادے، ساکن کردے (ہوا)
He can cause to become still.

يَظْلَلْنَ وہ (کشتیاں) ہوجائیں گی۔
They (*ships*) will become.

رَوَاكِدَ ٹھہری، کھڑی کی کھڑی۔ Motionless.

ظَهْرِهٖ اس (سمندر) کی پیٹھ یعنی سطح۔
The surface of (*sea*).

يُوْبِقْهُنَّ وہ ہلاک کردے ان (کشتیوں) کو۔
He destroy them.(*ships*)

يُجَادِلُوْنَ وہ بحث کرتے ہیں۔
They dispute. جھگڑتے ہیں

مَحِيْصٍ بھاگنے کی جگہ۔ Refuge.

غَضِبُوْا وہ غصہ میں آتے ہیں۔
They are wroth, angry.

اِسْتَجَابُوْا وہ قبول کرتے ہیں۔
They hearken, accept.

اَصَابَهُمُ الْبَغْيُ ان پر زیادتی ہوتی ہے
A wrong is done to them.

يَنْتَصِرُوْنَ وہ بدلہ لیتے ہیں۔ They defend themselves.

مَنِ انْتَصَرَ جس نے بدلہ لیا One who defends himself.

يَبْغُوْنَ وہ زیادتی اور بغاوت کرتے ہیں۔
They wrong and transgress.

مِنْ عَزْمِ الْاُمُوْرِ ہمت والے کاموں میں سے۔ اولوالعزم باتوں میں سے۔
A matter of high resolve.

الشوریٰ رکوع ۵ پارہ ۲۵ رکوع ٦
Part-25. R-6 Al-Shura. R-5

وَلِيٌّ مددگار۔دوست۔کارساز Protector.

مَرَدٍّ لوٹائے جانے۔ٹالے جانے (کی کوئی صورت۔کوئی راہ)
Any way of return.

يُعْرَضُوْنَ وہ پیش کئے جائیں گے۔
They will be brought.

نَظْرٍ خَفِيٍّ نیچی نگاہوں۔نظر بچا کر۔
With a stealthy glance.

اِسْتَجِيْبُوْا قبول کرو۔ Hearken.

مَلْجَاٌ پناہ کی جگہ۔ Refuge.

نَكِيْرٌ انکار کی گنجائش۔
Chance of denial.

فَرِحَ وہ خوش ہوتا ہے He rejoices.

كَفُوْرٌ ناشکرا۔ Ungrateful.

اِنَاثًا (واحد sing اُنْثٰی)
Daughters. لڑکیاں۔

اَلذُّكُوْر ، ذُكْرَان (واحد sing ذَكَرٌ)
Sons. لڑکے۔

يُزَوِّجُ وہ ملا جلا دیتا ہے۔ He mixes.

عَقِيْمٌ بانجھ۔ Barren.

يُوْحِيُ وہ (فرشتہ رسول) پہنچا دیتا ہے۔
He (*Messenger*) reveals.

اَوْحَيْنَا ہم نے وحی کی۔ہم نے بھیجا۔
We revealed.

رُوْحًا کلام۔ The word.

جَعَلْنٰهُ نُوْرًا ہم نے اس (کلام وحی) کو نور بنا دیا۔
We have made it (*the revelation*) a light.

تَصِيْرُ لوٹتے ہیں۔ Return.

الزخرف رکوع ۱ پارہ ۲۵ رکوع ۷
Part-25. R-7 Al-Zukhruf. R-1

اَفَنَضْرِبُ عَنْكُمْ کیا ہم پھیر لینگے تم سے
Shall we take away from you?

اَلذِّكْرَ نصیحت کرنے سے۔
With guidance.

صَفْحًا پہلو بچانا۔
Turning away, leaving.

بامحاورہ:۔ کیا ہم تم کو نصیحت کرنے سے باز آجائیں گے۔
Shall we leave you without guidance.

بَطْشًا پکڑ میں۔ In power.

مَضٰي گذر چکی ہے Has gone before.

اَنْشَرْنَا ہم نے زندہ کیا We quicken.

بَلْدَةً زمین۔علاقہ۔ Land.

تَسْتَوُا تم اچھی طرح بیٹھ جاؤ۔
You may sit firmly.

سَخَّرَلَنَا اس نے ہمارے لئے مفت میں کام میں لگا دیا۔
He has subjected them to us.

مُقْرِنِيْنَ قابو کرنے والے۔تابع فرمان بنانے والے
Those who have the strength to subdue.

الزخرف رکوع ۲ پارہ ۲۵ رکوع ۸
Part-25. R-8 Al-Zukhruf. R-2

ظَلَّ ہوجاتا ہے۔ Becomes.

مُسْوَدًّا کالا۔ Dark.

كَظِيْمٌ وہ غصہ سے بھر جاتا ہے (خIV)
Repressor of rage
وہ غم کو دبانے کی کوشش کرتا ہے۔ (خIV)
He is choked with grief.
Filled with sorrow that he suppresses.

يُنَشَّؤُا پالا جاتا ہے۔ پالی جاتی ہے۔
Is nurtured, brought up.

اَلْحِلْيَةُ زیورات۔ Ornaments.

اَلْخِصَامِ جھگڑا۔ Disputation.

مُسْتَمْسِكُوْنَ وہ (دلیل) پکڑ رہے ہیں
They are holding fast.

مُتْرَفُوْهَا اس (بستی) کے خوشحال۔
Wealthy ones مالدار لوگ
(*of township*), rich ones.

مُقْتَدُوْنَ پیروی کرنیوالے Followers.

الزخرف رکوع ۳ پارہ ۲۵ رکوع ۹
Part-25. R-9 Al-Zukhruf. R-3

بُرَآءٌ بیزار ہوں۔ I do disown.

كَلِمَةً بَاقِيَةً مستقل یادگار۔
A byword to last, permanent legacy.

عَقِبِهٖ اپنے خاندان۔ نسل His posterity.
offspring, descendants.

سُخْرِيًّا زیرنگین کرلیں۔ ان سے کام لیں
محکوم (بنالیں) Subservient.

فِضَّةٌ چاندی۔ Silver.

سُقُفٌ (واحد *sing* سَقْفٌ)
چھتیں Roofs.

مَعَارِجَ (واحد *sing* مِعْرَاجٌ)
سیڑھیاں Stairways.

يَظْهَرُوْنَ وہ چڑھتے ہیں۔ They ascend.

سُرُرًا واحد *sing* سَرِيْرٌ تخت۔ Couches.

يَتَّكِئُوْنَ وہ تکیہ لگاتے ہیں۔
They recline.

زُخْرُفٌ سونا۔ Gold.

الزخرف رکوع ۴ پارہ ۲۵ رکوع ۱۰
Part-25. R-10 Al-Zukhruf. R-4

يَعْشُ عَنْ ذِكْرِ الرَّحْمٰنِ جو رحمٰن کے ذکر سے منہ موڑ لیتا ہے
Who turns away from the remembrance of the Gracious God.

نُقَيِّضْ ہم مقرر کر دیتے ہیں۔ We appoint.

قَرِيْنٌ ساتھی۔ Companion.

يَصُدُّوْنَ وہ روکتے ہیں۔ They hinder.

مُهْتَدُوْنَ ہدایت یافتہ۔
Rightly guided.

بُعْدَ فاصلہ۔ The distance.

مَشْرِقَيْنِ مغرب و مشرق۔
The West and the East.

مُشْتَرِكُوْنَ شریک۔ Sharers,
Those who act wrongfully.

مُقْتَدِرُوْنَ طاقت رکھتے ہیں۔
Those who have power.

يُعْبَدُوْنَ ان کی عبادت کی جاتی ہے۔
They are worshipped.

الزخرف رکوع ۵ پارہ ۲۵ رکوع ۱۱
Part-25. R-11 Al-Zukhruf. R-5

يَضْحَكُوْنَ وہ ہنستے ہیں،وہ(اس نبی کا)مذاق اڑاتے ہیں
They laugh (*at Messenger*)

يَنْكُثُوْنَ وہ عہد شکنی کرتے ہیں۔
They broke their pledge.

مَهِيْنٌ ذلیل۔ Despicable, contemptible.

اَسْوِرَةٌ کنگن۔ Bracelets.

مُقْتَرِنِيْنَ گروہ در گروہ اکٹھے ہوکر۔
In serried ranks, accompanying ones.

فَاسْتَخَفَّ اس نے بہکادیا، پھسلادیا، کوئی اہمیت نہ دی
He did make light.

اٰسَفُوْنَا انہوں نے ہمیں غصہ دلایا۔
They excited our anger.

سَلَفًا افسانہ۔قصہ ماضی۔ A precedent. bygone stories.

مَثَلاً عبرت۔ An example.

الزخرف رکوع ۶ پارہ ۲۵ رکوع ۱۲
Part-25. R-12 Al-Zukhruf. R-6

يَصِدُّوْنَ وہ تالیاں بجاتے ہیں۔شور مچاتے ہیں
They raise clamour.

جَدَلاً جھگڑا کرنے کے لئے۔
For the sake of disputation.

خَصِمُوْنَ جھگڑالو Contentious.

مَثَلاً عبرت۔مثال An example.

يَخْلُفُوْنَ وہ جانشین ہوتے ہیں۔
They are successors.

اِنَّهٗ لَعِلْمٌ لِّلسَّاعَةِ یقیناً وہ (قرآن) آخری گھڑی کا علم بخشتا ہے۔(خ ۱۱)۔
Verily, he (*Quran*) was a sign of the Hour.

لَا يَصُدَّنَّكُمُ وہ تم کو ہرگز نہ روکے۔
Let not him hinder you.

اَلْاَخِلَّاءُ واحد sing خَلِيْلٌ دوست۔ Friends.

الزخرف رکوع ۷ پارہ ۲۵ رکوع ۱۳
Part-25. R-13 Al-Zukhruf. R-7

تُحْبَرُوْنَ خوشیاں مناتے ہوئے تمہیں بہت خوش کیا جائے گا
You will be honoured and happy.

يُطَافُ باربار لایا جائے گا۔دور چلایا جائیگا
There will be passed round.

صِحَافٌ (واحد sing صَحْفَةٌ) پلیٹیں تھال۔طشت۔(وغیرہ)
Dishes.

اَكْوَابٌ (واحد sing كُوْبٌ) آبخورے کوزے۔جگ۔
Cups.

ذَهَبٍ سونا۔ Gold.

تَشْتَهِيْهِ الْاَنْفُسُ جو دل چاہیں گے
The souls will desire.

تَلَذُّ الْاَعْيُنُ آنکھیں پسند کریں گی۔
The eyes will delight.

اُوْرِثْتُمُوْهَا تم اس (جنت) کے وارث بنائے جاؤ گے۔
You will be made heirs to it (*paradise*).

لَایُفَتَّرُ وقفہ نہیں ڈالا جائے گا۔ کم نہیں کیا جائے گا۔
It will not be lightened.

مُبْلِسُوْنَ وہ مایوس ہونے والے۔
Those who despair.

لِیَقْضِ عَلَیْنَا ہمیں موت دے دے
Let make an end of us.

مَاکِثُوْنَ ٹھہرنے والے۔
Those who stay, remain

اَبْرَمُوْا انہوں نے ارادہ کرلیا ہے۔
They have determined.

اَمْرًا اہم کام۔ A course.

یَخُوْضُوْا وہ لغو باتیں کرتے رہے They indulged in vain discourse.

وَقِیْلِهٖ اس کے قول کی قسم (خ II)
Call to his witness.

الدخان رکوع ۱ پارہ ۲۵ رکوع ۱۴
Part-25. R-14 Al-Dukhan. R-1

یُفْرَقُ فیصلہ کیا جائے گا۔ (خ IV)
Will be decided.

فَارْتَقِبْ پس تو انتظار کر So watch.

اَنّٰى لَهُمُ الذِّکْرٰی ان کو نصیحت کیسے فائدہ دے گی
How can they benefit by admonition.

نَبْطِشُ ہم پکڑیں گے۔
We shall seize.

لَاتَعْلُوْا نہ سرکشی کرو۔
Exalt not in defiance.

فَاعْتَزِلُوْنَ مجھے اکیلا چھوڑ دو۔
Leave me alone.

وَاتْرُکِ الْبَحْرَ سمندر کو چھوڑ دو۔
Leave the sea.

رَهْوًا ٹیلوں پر سے گذرتے ہوئے (خ III)
Crossing over the dunes.

سمندر کو چھوڑ دے جبکہ وہ ابھی پرسکون ہو (خ IV)
Leave the sea at a time when it is motionless.

مَقَامٍ کَرِیْمٍ آرام دہ مقام۔
The noble place.

فٰکِهِیْنَ وہ خوش رہا کرتے تھے۔
They took delight.

الدخان رکوع ۲ پارہ ۲۵ رکوع ۱۵
Part-25. R-15 Al-Dukhan. R-2

عَالِیًا متکبر، حد سے بڑھنے والا Haughty.

لٰعِبِیْنَ کھیلتے ہوئے۔
In sport, those who play.

مِیْقَاتُهُمْ ان کے وعدہ کا وقت۔
Appointed time for them.

الدخان رکوع ۳ پارہ ۲۵ رکوع ۱۶
Part-25. R-16 Al-Dukhan. R-3

یَغْلِیْ ابلے گا۔ Will boil.

اَلْحَمِیْمِ گرم پانی Scalding water.

فَاعْتِلُوْهُ اس کو گھسیٹ کر لے جاؤ۔
Drag him.

صُبُّوْا ڈالو۔ Pour.

زَوَّجْنٰهُمْ ہم ان کو جوڑے کے طور پر دیں گے۔
We shall give them as companions.

حُوْرٍ سیاہ۔ Black.

عِيۡنٍ بڑی بڑی آنکھوں والی عورتیں Fair maidens having large eyes.

الجاثیہ رکوع ۱ پارہ ۲۵ رکوع ۱۷
Part-25. R-17 Al-Jathiah. R-1

اَلۡجَاثِيَةَ گھٹنوں کے بل گری ہوئی۔
kneeling down on knees.

يَبُثُّ وہ پھیلاتا ہے۔
He spreads, scatters.

تَصۡرِيۡفِ الرِّيَاحِ ہواؤں کو پھیر پھیر کر چلانے میں۔ادھر ادھر رخ بدل بدل کر چلانے میں (نشانات ہیں)
In the changing of winds.

اَفَّاكٍ سخت افترا کرنے والے Liar.

يُصِرُّ وہ اصرار کرتا ہے He persists.

مِنۡ رِّجۡزٍ بت پرستی کی وجہ سے (خ II)
Due to idolatry

لرزہ خیز عذاب میں سے۔(خ IV)۔
Due to painful punishment.

الجاثیہ رکوع ۲ پارہ ۲۵ رکوع ۱۸
Part-25. R-18 Al-Jathiah. R-2

يَرۡجُوۡنَ وہ امید رکھتے ہیں۔
They fear, hope, expect.

يَقۡضِيۡ وہ (خدا) فیصلہ کرے گا۔
He (*Lord*) will judge.

شَرِيۡعَةٍ طریقہ۔ Path.

لَنۡ يُّغۡنُوۡا عَنۡكَ وہ ہرگز تیرے کچھ کام نہ آئیں گے۔
They will not avail you aught.

بَصَآئِرُ دلیلیں۔دلائل Evidences.

اِجۡتَرَحُوا انہوں نے کمائیں (بدیاں)
They commit evil deeds.

سَوَآءً برابر۔ Equal.

مَحۡيَاهُمۡ ان کی زندگی Their life.

مَمَاتُهُمۡ ان کی موت Their death.

الجاثیہ رکوع ۳ پارہ ۲۵ رکوع ۱۹
Part-25. R-19 Al-Jathiah. R-3

يَظُنُّوۡنَ وہ گمان کرتے ہیں۔ They do conjecture, guess.

حُجَّتَهُمۡ ان کا جواب۔عذر۔دلیل۔
Their contention.

الجاثیہ رکوع ۴ پارہ ۲۵ رکوع ۲۰
Part-25. R-20 Al-Jathiah. R-4

مُبۡطِلُوۡنَ جھوٹ بولنے والے۔
Those who follow falsehood.

كُنَّا نَسۡتَنۡسِخُ ہم لکھتے جاتے ہیں۔
We caused to that be recorded.

اِنۡ نَّظُنُّ اِلَّا ظَنًّا ہمیں تو صرف ایک گمان سا ہے
We think it to be a conjecture.

بَدَا لَهُمۡ ظاہر ہو جائیں گی ان پر۔ Will become apparent to them.

نَنۡسٰكُمۡ ہم تم کو چھوڑ دیں گے۔
We shall abandon you.

يُسۡتَعۡتَبُوۡنَ وہ عذر قبول کئے جائینگے۔
They will be taken back into favour.

اَلۡكِبۡرِيَآءُ بڑائی The Majesty.

الاحقاف رکوع ۱ پارہ ۲۶ رکوع ۱
Part-26. R-1 Al-Ahqaf. R-1

حٰـمٓ حمید، مجید خدا اس سورت کو نازل کرنے والا ہے
The Praiseworthy, the Lord of Honour, Allah is going to send this verse.

اُنْـذِرُوْا وہ ڈرائے گئے۔
They have been warned.

Vestige, trace, sign. دلیل اَثٰـرَةٍ

He answers. وہ قبول کرتا ہے یَسْتَجِیْبُ

تُـفِیْـضُـوْنَ تم بے مطلب اور لغو باتیں کرتے ہو
You indulge in mischievous talk.

New. نیا۔ پہلا۔ بِـدْعًـا

الاحقاف رکوع ۲ پارہ ۲۶ رکوع ۲
Part-26. R-2 Al-Ahqaf. R-2

An old lie. پرانا جھوٹ اِفْـکٌ قَـدِیْـمٌ

Pain. تکلیف۔ کُـرْهًـا

وَضَـعَـتْ اس (ماں) نے جنا۔
She bears forth.

Thirty. تیس۔ ثَـلٰـثُـوْنَ

He reaches. وہ پہنچا۔ بَـلَـغَ

Forty. چالیس۔ اَرْبَـعِـیْـنَ

Years. سال سَـنَـةً

Grant me. مجھے توفیق دے اَوْزِعْـنِـیْ

تَـرْضٰـهُ تو اس (عمل) کو پسند کرے۔
You may like it (*deed*).

نَـتَـجَـاوَزُ ہم درگذر کریں گے۔
We shall overlook.

Fie, fay, oh. افسوس۔ اُفٍّ

تَـعِـدٰنِـنِـیْ تم ڈراتے ہو مجھے۔
You threaten me.

یَـسْـتَـغِـیْـثٰـنِ الـلّٰـهَ وہ دونوں (والدین) اللہ سے فریاد کرتے ہیں
They both (*parents*) cry unto Allah, turn imploringly.

Woe unto you! تجھ پر افسوس وَیْـلَـکَ

حَـقَّ عَـلَـیْـهِـمُ الْـقَـوْلُ ان کے خلاف عذاب کی پیشگوئی پوری ہوگئی۔
Against them, the sentence of punishment was fulfilled.

اَذْهَـبْـتُـمْ تم ختم کر چکے ہو۔
You have exhausted.

وَاسْـتَـمْـتَـعْـتُـمْ تم فائدہ اٹھا چکے ہو۔
You have fully enjoyed.

عَـذَابُ الْـهُـوْنِ ذلت کا عذاب۔
Ignominious punishment.

الاحقاف رکوع ۳ پارہ ۲۶ رکوع ۳
Part-26. R-3 Al-Ahqaf. R-3

He warned. اس نے ڈرایا۔ اَنْـذَرَ

تَـاْفِـکَـنَـا تو ہم کو ہٹا دے۔
You turn us away.

تَـعِـدُنَـا تو ہم کو ڈراتا ہے۔
You threaten us.

تَـجْـهَـلُـوْنَ تم جہالت کرتے ہو۔
You are ignorant.

رَاَوْهُ انہوں نے اس (عذاب) کو دیکھا۔
They saw it (*punishment*).

عَارِضًا بادل (کی صورت میں)
(*In the form of*) a cloud.

مُسْتَقْبِلَ آتا ہوا۔ Coming.

اَوْدِيَتِهِمْ ان کی وادیوں (کی طرف)۔
(*Towards*) their valleys.

عَارِضٌ بادل۔ Cloud.

مُمْطِرُنَا ہم پر برسائے گا۔
Will give us rain.

تُدَمِّرُ وہ (ہوا) تباہ کرتی جائے گی۔
It (*wind*) will destroy.

فَاَصْبَحُوْا انہوں نے صبح کی۔ They entered upon the morning

Then they became. پس وہ ہوگئے

مَكَّنّٰهُمْ ہم نے ان کو طاقت دی تھی۔
We had established them.

مَا اَغْنٰى عَنْهُمْ نہ کام آئے ان کے۔
Availed them naught.

يَجْحَدُوْنَ وہ انکار کرتے ہیں۔
They denied.

الاحقاف رکوع ۴ پارہ ۲۶ رکوع ۴
Part-26. R-4 Al-Ahqaf. R-4

لَقَدْ اَهْلَكْنَا ہم ہلاک کر چکے ہیں۔
We have destroyed.

قُرْبَانًا قرب الٰہی کے لئے۔
Seeking His nearness.

صَرَفْنَا ہم پھیر کر لے آئے۔ We turned.

نَفَرًا کچھ لوگ۔ کچھ افراد۔ A party.

يُجِرْكُمْ وہ تم کو پناہ دے گا۔
He will protect you.

لَمْ يَعْيَ وہ نہیں تھکا۔
He was not wearied, tired.

لَا تَسْتَعْجِلْ نہ جلدی مانگ۔
Be in no haste.

بَلٰغٌ یہ پیغام ہے۔ نصیحت ہے۔
This is warning, preaching.

محمد رکوع ۱ پارہ ۲۶ رکوع ۵
Part-26. R-5 Muhammad. R-1

اَضَلَّ اس (خدا) نے تباہ کردیا۔
He (*Allah*) rendered vain.

كَفَّرَ اس نے دور کردیا۔ He removed.

اَصْلَحَ اس نے درست کردیا۔
He sets right.

بَالَهُمْ ان کی حالت Their affairs.

اَمْثَالَهُمْ ان کے حالات۔
Their lessons by similitudes.

لَقِيْتُمْ تم ملو (میدان جنگ میں)
You meet. (*in regular battle*)

فَضَرْبَ الرِّقَابِ تم گردنیں مارو۔ کاٹو۔
You smite their necks.

اَثْخَنْتُمُوْهُمْ تم ان کا خون بہالو۔
You make much slaughter.

فَشُدُّوا الْوَثَاقَ مضبوطی سے مشکیں کسو۔
Bind fast the fetters.

مَنًّا احسان (کے طور پر چھوڑ دو)۔
(*Release them as a*) favour.

فِدَآءً تاوان جنگ لے کر۔
Taking ransom.

تَضَعَ الْحَرْبُ جنگ اُتار دے۔
The war lays down. جنگ رکھ دے

اَوْزَارَهَا اپنے ہتھیار (یعنی ختم ہو جائے)
Its burdens.

لَانْتَصَرَ ضرور بدلہ لے لیتا۔
Could have punished them.

لَنْ يُّضِلَّ ہرگز ضائع نہیں کریگا۔
He will never render vain.

عَرَّفَهَا اس (خدا) نے اس (جنت) کا بتا
دیا ہے۔اس (خدا) نے اس (جنت)
کو اعلیٰ بنایا ہے ان کیلئے۔(خ IV)
He (*Allah*) has made known.

يُثَبِّتْ اَقْدَامَكُمْ وہ تمہارے قدموں
He will کو مضبوط کرے گا۔
make your steps firm.

تَعْسًا ہلاکت ہے۔افسوس ہے۔
Perdition is.

اَضَلَّ اس نے ضائع کر دیئے۔
He made vain.

دَمَّرَ اللّٰهُ عَلَيْهِمْ اللہ نے ان پر
عذاب نازل کیا۔
Allah utterly destroyed them.

محمد رکوع ۲ پارہ ۲۶ رکوع ۶
Part-26. R-6 Muhammad. R-2

بَيِّنَةٍ دلیل۔ A clear proof.

زُيِّنَ خوبصورت کر کے دکھائے گئے۔
Made to look attractive.

اٰسِنٍ سڑنے والا۔ Corrupted.

لَمْ يَتَغَيَّرْ نہ بدلے گا۔
Will not change.

طَعْمُهٗ اس کا مزا۔ذائقہ Its taste.

مُصَفًّى پاک وصاف۔خالص Clarified.

عَسَلٍ شہد۔ Honey.

سُقُوْا وہ پلائے جائیں گے۔
They will be given to drink.

فَقَطَّعَ وہ (گرم پانی) کاٹ دے گا۔
It (*boiling water*) will tear.

اَمْعَآءَ انتڑیاں۔ Bowels.

اٰنِفًا ابھی۔ Just now.

فَاَنّٰى لَهُمْ ان کو کیا فائدہ دے گی۔
What avail will be to them.

ذِكْرٰهُمْ ان کا نصیحت پکڑنا۔
Their admonition.

اِذْ جَآءَتْهُمْ جب وہ (ساعت) آ جائیگی
When it will come upon.

مُتَقَلَّبَكُمْ تمہارا ادھر ادھر پھرنا۔
your moving about.

مَثْوٰكُمْ تمہارا ایک جگہ ٹھہرے رہنا۔
The place where you stay.

محمد رکوع ۳ پارہ ۲۶ رکوع ۷
Part-26. R-7 Muhammad. R-3

اَلْمَغْشِيِّ عَلَيْهِ جس پر غشی طاری ہو
One who is fainting.

فَاَوْلٰى لَهُمْ پس ان کیلئے ہلاکت ہے۔
So woe to them.
عَزَمَ الْاَمْرُ بات پختہ اور پکی ہوگئی
The matter was determined upon.
صَدَقُوا اللّٰهَ وہ اللہ کے سامنے سچے بنے
They were true to Allah.
تَوَلَّيْتُمْ تم والی بن جاؤ۔حاکم بن جاؤ۔
You are placed in authority.
تُقَطِّعُوْا تم توڑ دو۔تم کاٹ دو۔
You sever.
اَرْحَامَكُمْ اپنے رحمی رشتے۔
Your ties of kinship.
اَقْفَالُهَا تالے ہیں (ان کے دلوں کے)
Are locks (on their hearts).
سَوَّلَ اس (شیطان) نے خوبصورت کرکے دکھائے
He (satan) has seduced.
اَمْلٰى لَهُمْ ان کو امیدیں دلائیں۔
Hold out false hopes to them.
كَيْفَ کیا حال ہوگا
How will fare.
اَسْخَطَ اللّٰهَ اس نے اللہ کو ناراض کیا۔
He displeased Allah.
اَحْبَطَ اس (اللہ تعالیٰ) نے ضائع کردیا۔
He (*Allah*) rendered vain.

محمد رکوع ۴ پارہ ۲۶ رکوع ۸
Part-26. R-85 Muhammad. R-4

اَضْغَانَهُمْ انکے کینے
Their malice.
اَضْغَانٌ (واحد sing ضِغْنٌ)
Malice, ill-will. کینے

سِيْمَاهُمْ ان کے چہروں کی نشانیاں۔
Their marks. چہروں کی علامتیں
لَحْنِ الْقَوْلِ طرز کلام۔کلام کی ادا۔
The tone of their speech.
نَبْلُوَنَّ ہم آزمائیں گے (ظاہر کریں گے)
We will try, disclose.
اَخْبَارَكُمْ تمہارے (اندرونی) حالات۔
The facts about you.
شَآقُّوا الرَّسُوْلَ انہوں نے اس رسول کی مخالفت کی۔اختلاف کیا۔
They opposed the Messenger.
لَا تُبْطِلُوْا تم نہ ضائع کرو۔
You make not vain.
فَلَا تَهِنُوْا نہ سستی کرو
Be not slack.
وَ تَدْعُوْا اور بلاؤ
And sue, invite.
اَلسَّلْمِ صلح کی طرف
For peace.
لَنْ يَّتِرَكُمْ ہرگز نہ کم کرے گا تمہارے لئے
Will not deprive you.
يُحْفِكُمْ وہ تم سے اصرار کرے۔
He press you.
تَبْخَلُوْا تم بخل کروگے۔
You would be niggardly.
اَضْغَانَكُمْ تمہارے بغض اور کینے۔
Your malice.
تُدْعَوْنَ تم بلائے جاتے ہو۔
You are called upon.

الفتح رکوع ۱ پارہ ۲۶ رکوع ۹
Part-26. R-9 Al-Fath. R-1

نَصۡرًا عَزِیۡزًا شاندارمدد۔
A mighty help.

لِیَزۡدَادُوۡا تاکہ وہ مزید بڑھیں۔
That they might add.

یُکَفِّرَ وہ دورکردے گا۔مٹادیگا۔
He may remove.

Evil thoughts. ظَنَّ السَّوۡءِ بدگمانی

دَآئِرَۃُ السَّوۡءِ بُری گردش۔
An evil calamity.

May (رسول کی) تُعَزِّرُوۡہُ تم اس کی مدد کرو
you help him (*the Messenger*)

تُوَقِّرُوۡہُ تم اس (رسول) کی تعظیم کرو۔
May you honour ادب کرو۔
him.(*the Messenger*)

Morning. بُکۡرَۃً صبح۔

Evening. اَصِیۡلًا شام۔

نَکَثَ اس نے عہد توڑا۔
He broke his oath.

الفتح رکوع ۲ پارہ ۲۶ رکوع ۱۰
Part-26. R-10 Al-Fath. R-2

Those مُخَلَّفُوۡنَ پیچھے چھوڑے گئے
who managed to be left behind.

شَغَلَتۡنَا ہم کو مشغول رکھا۔
Kept us occupied.

You were. کُنۡتُمۡ تم ہو گئے۔

Ruined. بُوۡرًا ہلاک شدہ۔ہلاک ہونیوالے

You go forth. اِنۡطَلَقۡتُمۡ تم چلو

مَغَانِمَ اموال غنیمت(فتوحات سے حاصل
The spoils.(کئے ہوئے مال)

Let us. ذَرُوۡنَا ہم کو اجازت دو۔

نَتَّبِعۡکُمۡ ہم تمہارے پیچھے چلیں گے۔
We shall follow you.

تَحۡسُدُوۡنَنَا تم ہم سے حسد کرتے ہو۔
You envy us.

سَتُدۡعَوۡنَ تم ضرور بلائے جاؤ گے۔
You shall be called.

Mighty valour. اُولِیۡ بَاۡسٍ سخت جنگجو

Blame. حَرَجٌ تنگی۔سختی۔اعتراض

Lame. اَلۡاَعۡرَجِ لنگڑا۔

الفتح رکوع ۳ پارہ ۲۶ رکوع ۱۱
Part-26. R-11 Al-Fath. R-3

اَثَابَھُمۡ بدلہ میں ان کو دی۔
He rewarded them.

عَجَّلَ اس نے جلدی دی۔
He has given in advance.

اَحَاطَ اللّٰہُ اللہ نے احاطہ کرلیا ہے۔اللہ
نے (ان فتوحات) کا فیصلہ کر چھوڑا ہے۔
Allah has encompassed.

اَظۡفَرَکُمۡ اس (خدا) نے تم کو غلبہ اور
He (*Allah*) had کامیابی عطا کی
given you victory.

Prevented. مَعۡکُوۡفًا روکی گئی۔

That reach. یَبۡلُغَ وہ پہنچے۔

مَحِلَّهٗ اپنی جگہ۔ٹھکانے (مکہ)۔
Its place. (*Mecca*)

تَطَئُوْهُمْ تم ان کو پامال کردو گے۔روند ڈالو گے۔کچل دو گے اپنے پاؤں کے نیچے
You might have trampled down.

تُصِيْبَكُمْ وہ پہنچتا تم کو۔
That might have come to you.

مَعَرَّةٌ کوئی نقصان۔(خ IV) عیب۔
Guilt, crime, sin, annoyance.

تَزَيَّلُوْا (وہ پوشیدہ مومن) علیحدہ ہو جاتے الگ ہو جاتے۔ادھر ادھر ہو جاتے
(*Those hidden believers*) had separated.

اَلْحَمِيَّةَ غیرت۔
Prideful indignation.

حَمِيَّةَ الْجَاهِلِيَّةِ جھوٹی غیرت جاہلیت کی غیرت۔ یا جاہلانہ غیرت کا مسئلہ)
Indignation of the days of ignorance.

اَلْزَمَهُمْ ان (مومنوں) کو مضبوط کر دیا۔قائم کر دیا۔
Made them (*belivers*) adhere firmly, stick fast.

الفتح رکوع ۴ پارہ ۲۶ رکوع ۱۲
Part-26. R-12 Al-Fath. R-4

مُحَلِّقِيْنَ منڈوائے ہوئے (اپنے سروں کو) منڈوانے والے۔
Having (*their heads*) shaved.

مُقَصِّرِيْنَ بال کترواتے ہوئے۔بال قینچی وغیرہ سے چھوٹے کرانے والے۔
Having (*their hair*) cut short.

سِيْمَاهُمْ ان کے (چہروں کے) نشانات اور علامات۔
Their marks (*upon their faces*).

شَطْاَهٗ کونپل۔
Sprout.

فَاٰزَرَهٗ اس (کونپل) کو مضبوط کیا۔
Made it (*sprout*) strong.

فَاسْتَغْلَظَ پھر وہ مضبوط ہو گئی۔
It then became stout.

فَاسْتَوٰى قائم ہو گئی
Stood firm.

سُوْقِهٖ اپنے تنہ۔
Its stem.

يُعْجِبُ خوش کرتی ہے
Delights.

اَلزُّرَّاعَ زمیندار
The sowers.

يَغِيْظَ غصہ دلاتی ہے۔جلاتی ہے۔
It cause to boil with rage.

الحجرات رکوع ۱ پارہ ۲۶ رکوع ۱۳
Part-26. R-13 Al-Hujurat. R-1

اَصْوَاتَ (واحد sing صَوْتٌ) آوازیں۔
The voices.

لَا تَجْهَرُوْا بِالْقَوْلِ نہ اونچا بولا کرو۔
Don`t speak loudly.

تَحْبَطَ ضائع ہو جائیں۔
Come to naught.

يَغُضُّوْنَ وہ نیچی رکھتے ہیں۔دھیمی دبا کر رکھتے ہیں۔
They lower.